US-amerikanische Discovery und deutsches Datenschutzrecht

Marion Posdziech

US-amerikanische Discovery und deutsches Datenschutzrecht

Der Konflikt im Falle
der Dokumentenvorlage

Marion Posdziech
Frankfurt am Main, Deutschland

„D30"

Goethe-Universität Frankfurt am Main

ISBN 978-3-658-14409-8   ISBN 978-3-658-14410-4 (eBook)
DOI 10.1007/978-3-658-14410-4

Die Deutsche Nationalbibliothek verzeichnet diese Publikation in der Deutschen Nationalbibliografie; detaillierte bibliografische Daten sind im Internet über http://dnb.d-nb.de abrufbar.

Springer
© Springer Fachmedien Wiesbaden 2017
Das Werk einschließlich aller seiner Teile ist urheberrechtlich geschützt. Jede Verwertung, die nicht ausdrücklich vom Urheberrechtsgesetz zugelassen ist, bedarf der vorherigen Zustimmung des Verlags. Das gilt insbesondere für Vervielfältigungen, Bearbeitungen, Übersetzungen, Mikroverfilmungen und die Einspeicherung und Verarbeitung in elektronischen Systemen.
Die Wiedergabe von Gebrauchsnamen, Handelsnamen, Warenbezeichnungen usw. in diesem Werk berechtigt auch ohne besondere Kennzeichnung nicht zu der Annahme, dass solche Namen im Sinne der Warenzeichen- und Markenschutz-Gesetzgebung als frei zu betrachten wären und daher von jedermann benutzt werden dürften.
Der Verlag, die Autoren und die Herausgeber gehen davon aus, dass die Angaben und Informationen in diesem Werk zum Zeitpunkt der Veröffentlichung vollständig und korrekt sind. Weder der Verlag noch die Autoren oder die Herausgeber übernehmen, ausdrücklich oder implizit, Gewähr für den Inhalt des Werkes, etwaige Fehler oder Äußerungen.

Gedruckt auf säurefreiem und chlorfrei gebleichtem Papier

Springer ist Teil von Springer Nature
Die eingetragene Gesellschaft ist Springer Fachmedien Wiesbaden GmbH

Meinen Großeltern

Vorwort

Die vorliegende Arbeit wurde im Frühjahr 2014 abgeschlossen. Der Fachbereich Rechtswissenschaft der Goethe-Universität Frankfurt am Main nahm die Arbeit im Sommersemester 2015 als Dissertation an. Für die Druckfassung wurden die neueren Entwicklungen im europäischen Datenschutzrecht, die Diskussionen zur Änderung des Vorbehalts nach Art. 23 HBÜ sowie die Reform der FRCP zum 1. Dezember 2015 berücksichtigt.

Die Arbeit wurde von Herrn Prof. Dr. Joachim Zekoll betreut, dem ich an dieser Stelle für seine stets wohlwollende Unterstützung und Förderung danken möchte. Ihm und Herrn Prof. Dr. Richard M. Buxbaum habe ich die Gelegenheit zu einem Studienaufenthalt in Berkeley zu verdanken, der mir vertiefte Einblicke in das amerikanische Recht bot. Mein besonderer Dank gilt ferner Herrn Prof. Dr. Rolf Trittmann für die zügige Erstellung des Zweitgutachtens und Herrn Prof. Dr. Thilo Kuntz für die Lektüre eines früheren Entwurfs.

Der Fazit-Stiftung danke ich für die Gewährung eines Promotionsstipendiums und eines Reisekostenzuschusses für den Aufenthalt in den USA.

Nicht zuletzt danke ich meinen Eltern und Großeltern sowie Alexander. Sie haben mich auf meinem bisherigen Weg begleitet und stets bedingungslos unterstützt.

Freiburg i. Br. im Dezember 2015

Marion Posdziech

Inhaltsübersicht

Vorwort	V
Inhaltsübersicht	VII
Inhaltsverzeichnis	XI
Abkürzungsverzeichnis	XXI

1. Kapitel: Einleitung ... 1
  A. Der Konflikt in rechtstatsächlicher Hinsicht ... 1
  B. Diskussionsstand und Ziel der Untersuchung ... 3
  C. Zu einigen Begriffen ... 4
  D. Gang der Untersuchung ... 5

2. Kapitel: Ursachen und Hintergründe des Konflikts ... 7
  A. Regulierung des Datenschutzes ... 7
  B. Sachverhaltsaufklärung im Zivilprozess ... 23

3. Kapitel: Grundzüge des amerikanischen Zivilprozesses ... 35
  A. Gerichtssystem ... 35
  B. Zuständigkeiten ... 36
  C. Rechtsquellen des Zivilprozesses ... 37
  D. Ablauf des Zivilprozesses in erster Instanz ... 39
  E. Fazit ... 49

4. Kapitel: Dokumentenvorlage in der Discovery ... 51
  A. Umfang ... 51
  B. Ablauf ... 56
  C. Sanktionen ... 59
  D. Zusammenfassung ... 64

5. Kapitel: Anwendbarkeit des BDSG bei der Dokumentenvorlage ... 65
  A. Vorlagepflichtige als verantwortliche Stellen ... 65
  B. Natürliche Personen als Betroffene ... 66
  C. Räumlicher Anwendungsbereich ... 66
  D. Sachlicher Anwendungsbereich ... 71
  E. Zusammenfassung ... 76

6. Kapitel: Datenverarbeitung im amerikanischen Zivilprozess ... 77
A. Anwälte des Vorlagepflichtigen ... 77
B. Anwälte des Vorlageersuchenden ... 81
C. Zusammenfassung ... 85

7. Kapitel: Datenschutz durch eine Protective Order ... 87
A. Vereinbarung der Parteien ... 87
B. Entscheidung des Gerichts ... 88
C. Änderung der Protective Order ... 96
D. Durchsetzung der Protective Order ... 101
E. Ergebnis ... 102

8. Kapitel: Zulässigkeit der Datenübermittlung in die USA aufgrund Einwilligung nach § 4 Abs. 1 BDSG ... 103
A. Rechtsnatur und Form der Einwilligung ... 103
B. Informationspflicht der verantwortlichen Stelle ... 104
C. Bestimmtheit der Einwilligung ... 105
D. Freie Entscheidung des Betroffenen ... 106
E. Kein Widerruf der Einwilligung ... 107
F. Ergebnis ... 107

9. Kapitel: Zulässigkeit der Datenübermittlung in die USA nach § 4b Abs. 2 BDSG ... 109
A. Erfüllung der Vorlagepflichten als berechtigtes Interesse ... 110
B. Erforderlichkeit der Datenübermittlung ... 110
C. Schutzwürdige Interessen des Betroffenen ... 114
D. Angemessenheit des Datenschutzniveaus ... 114
E. Ausnahmen vom Angemessenheitserfordernis nach § 4c BDSG ... 139
F. Ergebnis ... 144

10. Kapitel: Wege der amerikanischen Gerichte zur Konfliktlösung ... 145
A. Vorüberlegungen zum amerikanischen Kollisionsrecht ... 145
B. Deutsches Datenschutzrecht im Vorlagestadium ... 146
C. Deutsches Datenschutzrecht im Sanktionsstadium ... 153
D. Fallbeispiele ... 154
E. Ergebnis ... 167

11. Kapitel: Vertragsklauseln für die Datenübermittlung in der Discovery ... 169
A. Praktische Umsetzung in der Discovery ... 169
B. Genehmigungsverfahren - *de lege lata* ... 171
C. Standardvertragsklauseln - *de lege feranda* ... 172
D. Notwendigkeit eines transatlantischen Datenschutzabkommens ... 173
E. Formulierungsvorschläge ... 174
F. Fazit ... 197

12. Kapitel: Schlussbetrachtung ... 199

Anhang: Standardvertragsklauseln für die Datenübermittlung in der Discovery ... 205

Anhang: Wichtige Regelungen des amerikanischen Zivilprozessrechts .. 217

Literaturverzeichnis ... 235

Stichwortverzeichnis ... 255

Inhaltsverzeichnis

Vorwort V

Inhaltsübersicht VII

Inhaltsverzeichnis XI

Abkürzungsverzeichnis XXI

1. Kapitel: Einleitung 1
   A. Der Konflikt in rechtstatsächlicher Hinsicht 1
   B. Diskussionsstand und Ziel der Untersuchung 3
   C. Zu einigen Begriffen 4
   D. Gang der Untersuchung 5

2. Kapitel: Ursachen und Hintergründe des Konflikts 7
   A. Regulierung des Datenschutzes 7
      I. Deutschland 7
         1. Ausprägungen des allgemeinen Persönlichkeitsrechts 7
         2. BDSG als allgemeines Datenschutzgesetz 8
         3. Harmonisierung durch die EG-Datenschutzrichtlinie 10
         4. Europäisches Grundrecht auf Datenschutz 12
         5. Reform des europäischen Datenschutzrechts 13
      II. USA 14
         1. Das verfassungsrechtliche Right to Privacy 14
         2. Das Common Law Right to Privacy 15
         3. Einfachgesetzlicher Datenschutz im öffentlichen Bereich 16
         4. Selbstregulierung und sektorale Datenschutzgesetze in der Privatwirtschaft 17
         5. Datenschutz in den Bundesstaaten 19
      III. Zusammenfassende Gegenüberstellung 20
         1. Unterschiedliche Regulierungsmodelle 20
         2. Gründe für die umfassende Regulierung in Deutschland 21
         3. Gründe für die restriktive Regulierung in den USA 22
   B. Sachverhaltsaufklärung im Zivilprozess 23
      I. Deutschland 23
         1. Aktive Prozessleitung durch das Gericht 23

  2. Aufklärung des rechtserheblichen Sachverhalts................................. 24
  3. Berücksichtigung des allgemeinen Persönlichkeitsrechts.................... 26
 II. USA.. 27
  1. Zivilprozess als Zweikampf der Parteien... 27
  2. Aufklärung des historischen Gesamtsachverhalts................................ 28
  3. Berücksichtigung des Right to Privacy... 30
 III. Zusammenfassende Gegenüberstellung... 31
  1. Unterschiedliche Reichweite der Sachverhaltsaufklärung.................... 31
  2. Gründe für die restriktive Sachverhaltsaufklärung in Deutschland...... 32
  3. Gründe für die umfassende Sachverhaltsaufklärung in den USA........ 33

3. Kapitel: Grundzüge des amerikanischen Zivilprozesses.......... 35

A. Gerichtssystem.. 35
B. Zuständigkeiten... 36
C. Rechtsquellen des Zivilprozesses.. 37
 I. Federal Rules of Civil Procedure.. 37
 II. Local Rules und Standing Orders.. 37
 III. Sonstige Regelungswerke... 38
D. Ablauf des Zivilprozesses in erster Instanz... 39
 I. Pretrial.. 39
  1. Verfahrenseinleitung.. 39
  2. Klagezustellung in Deutschland.. 40
  3. Conference of the Parties und Discovery Plan.................................... 40
  4. Initial Disclosure... 41
  5. Pretrial Conferences und Pretrial Orders... 42
  6. Discovery.. 43
   a) Instrumente der Discovery... 43
    aa) Interrogatories.. 43
    bb) Production of Documents, Electronically Stored Information and Tangible Things.. 43
    cc) Depositions... 44
    dd) Weitere Instrumente... 45
   b) Discovery von Beweismitteln aus dem Ausland............................ 46
    aa) Vorbehalt des Art. 23 HBÜ... 46

bb) Exklusivität des HBÜ?... 47
   7. Pretrial Disclosure und Final Pretrial Conference.. 48
   II. Hauptverhandlung.. 48
E. Fazit.. 49

4. Kapitel: Dokumentenvorlage in der Discovery 51

A. Umfang.. 51
   I. Papierdokumente und elektronisch gespeicherte Informationen........................ 51
   II. Relevanz.. 52
   III. Besitz, Gewahrsam oder Kontrolle.. 53
   IV. Kein Weigerungsrecht.. 54
B. Ablauf.. 56
   I. Aufbewahrung der Dokumente.. 56
   II. Vorlageersuchen.. 57
   III. Beantwortung des Vorlageersuchens.. 58
   IV. Vorlage der Dokumente.. 59
C. Sanktionen.. 59
   I. Verstoß gegen eine Gerichtsanordnung.. 60
      1. In Betracht kommende Gerichtsanordnungen... 60
      2. Sanktionsarten.. 60
         a) Indirekte Sanktionen.. 60
         b) Zwangsmittel des Contempt of Court... 61
         c) Kostentragung... 62
   II. Nichtbeantwortung eines Vorlageersuchens.. 62
   III. Spoliation of Evidence... 62
   IV. Verstoß gegen eine Subpoena.. 63
D. Zusammenfassung... 64

5. Kapitel: Anwendbarkeit des BDSG bei der Dokumentenvorlage 65

A. Vorlagepflichtige als verantwortliche Stellen.. 65
B. Natürliche Personen als Betroffene... 66
C. Räumlicher Anwendungsbereich... 66
   I. Maßgebliche Niederlassung in der Europäischen Union.................................... 67
      1. Regelung des § 1 Abs. 5 Satz 1 BDSG.. 67
      2. Richtlinienkonforme Auslegung.. 67

3. Zwischenergebnis... 70
II. Maßgebliche Niederlassung in einem Drittland... 71
D. Sachlicher Anwendungsbereich... 71
   I. Personenbezogene Daten... 71
      1. Einzelangaben über persönliche oder sachliche Verhältnisse... 72
      2. Bestimmte oder bestimmbare natürliche Person... 72
   II. Einsatz von Datenverarbeitungsanlagen oder nicht automatisierten Dateien... 73
   III. Datenverarbeitungsphasen... 74
      1. Aufbewahrung der personenbezogenen Daten... 74
      2. Interne Sichtung und Speicherung der personenbezogenen Daten... 75
      3. Einschaltung externer Anwälte und IT-Experten im Inland... 75
      4. Übermittlung der personenbezogenen Daten in die USA... 75
E. Zusammenfassung... 76

6. Kapitel: Datenverarbeitung im amerikanischen Zivilprozess... 77

A. Anwälte des Vorlagepflichtigen... 77
   I. Zwecke des Rechtsstreits... 77
      1. Sichtung durch eigene Mitarbeiter und externe Dienstleister... 77
      2. Übermittlung an Anwälte des Vorlageersuchenden... 78
      3. Verwendung während der Depositions... 78
      4. Übermittlung an das Gericht... 79
      5. Verwendung in der Hauptverhandlung... 79
   II. Sonstige Zwecke... 80
B. Anwälte des Vorlageersuchenden... 81
   I. Zwecke des Rechtsstreits... 81
      1. Sichtung durch eigene Mitarbeiter und externe Dienstleister... 81
      2. Übermittlung an den Vorlageersuchenden... 81
      3. Verwendung während der Depositions... 82
      4. Übermittlung an das Gericht... 82
      5. Verwendung in der Hauptverhandlung... 82
   II. Sonstige Zwecke... 82
      1. Übermittlung an Medienvertreter und Verbraucherorganisationen... 82
      2. Übermittlung an andere Anwälte für Parallelverfahren... 83
      3. Verwendung für Werbezwecke und eigene Parallelverfahren... 84

       4. Verwendung für parallele Strafverfahren... 85
C. Zusammenfassung.. 85
7. Kapitel: Datenschutz durch eine Protective Order............................ 87
A. Vereinbarung der Parteien... 87
B. Entscheidung des Gerichts.. 88
   I. Verfahren... 88
   II. Wichtiger Grund für die Protective Order.. 89
   III. Relevanz und Notwendigkeit der personenbezogenen Daten................. 90
   IV. Interessenabwägung.. 91
   V. Schutzmaßnahmen der Protective Order... 92
       1. Unkenntlichmachen von personenbezogenen Daten........................ 92
       2. Stichprobenverfahren.. 93
       3. Vertraulichkeitsvermerk und Begrenzung des Personenkreises....... 93
       4. Rückforderungsvereinbarung.. 94
       5. Vertraulichkeitserklärung.. 94
       6. Verwendungsbeschränkung... 94
       7. Bedingungen für das Anfertigen von Kopien und sonstigen Schriftstücken......... 95
       8. Gesicherte Aufbewahrung... 95
       9. Bedingungen für die Verwendung während der Depositions........... 95
       10. Bedingungen für die Einreichung bei Gericht................................ 95
       11. Bedingungen für die Verwendung in der Hauptverhandlung......... 96
       12. Rückgabe oder Löschung.. 96
C. Änderung der Protective Order... 96
   I. Antrag einer Prozesspartei.. 97
   II. Antrag eines Dritten... 98
       1. Medienvertreter und Verbraucherorganisationen............................. 99
       2. Anwälte eines Parallelverfahrens... 99
       3. Staatliche Ermittlungsorgane.. 100
D. Durchsetzung der Protective Order.. 101
   I. Maßnahmen des einstweiligen Rechtsschutzes.. 101
   II. Sanktionen.. 101
E. Ergebnis.. 102

8. Kapitel: Zulässigkeit der Datenübermittlung in die USA aufgrund Einwilligung nach § 4 Abs. 1 BDSG ... 103
A. Rechtsnatur und Form der Einwilligung ... 103
B. Informationspflicht der verantwortlichen Stelle ... 104
C. Bestimmtheit der Einwilligung ... 105
D. Freie Entscheidung des Betroffenen ... 106
E. Kein Widerruf der Einwilligung ... 107
F. Ergebnis ... 107

9. Kapitel: Zulässigkeit der Datenübermittlung in die USA nach § 4b Abs. 2 BDSG ... 109
A. Erfüllung der Vorlagepflichten als berechtigtes Interesse ... 110
B. Erforderlichkeit der Datenübermittlung ... 110
    I. Umgrenzung des Vorlageersuchens ... 110
    II. Nutzung anderer Informationsquellen ... 111
    III. Änderung des Vorlageformats ... 112
    IV. Anonymisierung und Pseudonymisierung ... 112
    V. Filterung ... 113
    VI. Vorlage in mehreren Phasen ... 114
C. Schutzwürdige Interessen des Betroffenen ... 114
D. Angemessenheit des Datenschutzniveaus ... 114
    I. Safe-Harbor-Abkommen ... 115
    II. Beurteilung des Datenschutzniveaus in der Discovery ... 117
        1. Vorüberlegungen zur Angemessenheitsprüfung ... 117
            a) Beurteilungsmaßstab ... 117
            b) Besonderheiten der anwaltlichen Datenverarbeitung ... 119
        2. Inhaltliche Datenschutzgarantien ... 120
            a) Grundsatz der Zweckbindung ... 120
            b) Grundsatz der Datenverhältnismäßigkeit ... 121
            c) Grundsatz der Datenqualität ... 122
            d) Grundsatz der Datentransparenz ... 123
                aa) Informationspflicht ... 123
                bb) Auskunftsrecht ... 124
            e) Grundsatz der Datensicherheit ... 125

f) Recht auf Berichtigung, Löschung und Sperrung 126
g) Widerspruchsrecht 127
h) Beschränkung der Weiterübermittlung 128
3. Funktionelle Datenschutzgarantien 128
  a) Gewährleistung einer guten Befolgungsrate 128
  b) Unterstützung des Betroffenen 129
  c) Gewährleistung einer angemessenen Entschädigung 130
4. Rechtsinstrumente zur Absicherung der Datenschutzgarantien 130
  a) Datenschutzgesetze 131
  b) Federal Rules of Civil Procedure 132
  c) Anwaltliche Standesregeln 132
  d) Vertragsklauseln 133
  e) Protective Order 134
    aa) Antragserfordernis 134
    bb) Ermessensentscheidung des zuständigen Gerichts 134
    cc) Änderungsgefahr 135
    dd) Kein Schutz gegenüber den Anwälten der verantwortlichen Stelle 135
    ee) Teilweise Absicherung der inhaltlichen Datenschutzgarantien 135
    ff) Unzureichende Absicherung der funktionellen Datenschutzgarantien ... 136
  f) International Principles on Discovery, Disclosure and Data Protection 138
    aa) Inhalt 138
    bb) Bewertung 139
5. Zwischenergebnis 139
E. Ausnahmen vom Angemessenheitserfordernis nach § 4c BDSG 139
  I. Geltendmachung von Rechtsansprüchen vor Gericht 140
    1. Auslegung des § 4c Abs. 1 Satz 1 Nr. 4 Alt. 2 BDSG 140
    2. Keine Anwendbarkeit auf die Datenübermittlung in der Discovery 141
    3. Konfliktlösung durch Änderung des Vorbehalts nach Art. 23 HBÜ? 141
  II. Verbindliche Unternehmensregelungen 142
  III. Vertragsklauseln 143
F. Ergebnis 144

10. Kapitel: Wege der amerikanischen Gerichte zur Konfliktlösung....... 145
A. Vorüberlegungen zum amerikanischen Kollisionsrecht........................... 145
B. Deutsches Datenschutzrecht im Vorlagestadium................................ 146
    I. Entsprechende Anwendung des interlokalen Kollisionsrechts............................ 146
    II. Völkerrecht.. 147
        1. Grundlagen der Comity-Analyse... 148
        2. Vorliegen eines Konflikts... 148
        3. Interessenabwägung nach Restatement Second of Foreign Relations Law.......... 149
        4. Interessenabwägung nach Restatement Third of Foreign Relations Law............ 151
C. Deutsches Datenschutzrecht im Sanktionsstadium............................. 153
D. Fallbeispiele.. 154
    I. Accessdata Corp. v. Alste Technologies GmbH........................... 154
        1. Streitgegenständliche Discovery-Ersuchen............................. 155
        2. Vorbringen der Beklagten... 155
        3. Entscheidung des US District Court for the District of Utah........... 156
        4. Bewertung.. 157
    II. Volkswagen AG v. Valdez.. 157
        1. Streitgegenständliches Discovery-Ersuchen............................ 158
        2. Vorlageanordnung des Richters Valdez................................ 158
        3. Entscheidung des Corpus Christi Court of Appeals.................... 158
        4. Entscheidung des Supreme Court of Texas............................ 159
        5. Bewertung.. 160
    III. Vitamins Antitrust... 161
        1. Streitgegenständliche Discovery-Ersuchen............................ 161
        2. Vorbringen der deutschen Beklagten.................................. 162
        3. Vorbringen der Kläger.. 163
        4. Special Master's Report and Recommendation........................ 164
        5. Entscheidung des US District Court for the District of Columbia..... 165
        6. Bewertung.. 166
E. Ergebnis... 167

11. Kapitel: Vertragsklauseln für die Datenübermittlung in der Discovery 169
A. Praktische Umsetzung in der Discovery 169
   I. Einvernehmliches Vorgehen der Parteien 169
   II. Entscheidung des Gerichts 170
B. Genehmigungsverfahren - *de lege lata* 171
C. Standardvertragsklauseln - *de lege feranda* 172
D. Notwendigkeit eines transatlantischen Datenschutzabkommens 173
E. Formulierungsvorschläge 174
   I. Allgemeine Bestimmungen 174
      1. Begriffsbestimmungen 174
      2. Anwendungsbereich und Zweck der Vertragsklauseln 175
      3. Einzelheiten der Datenübermittlung 176
   II. Pflichten des Datenexporteurs 176
      1. Gesetzmäßigkeit der bisherigen Datenverarbeitungen 176
      2. Information des Betroffenen 177
   III. Pflichten der Datenempfänger 179
      1. Zweckbindung 179
      2. Information des Betroffenen bei Zweckänderung 180
      3. Datenverhältnismäßigkeit 181
      4. Datenqualität 182
      5. Datensicherheit 183
      6. Beschränkung der Weiterübermittlung 184
      7. Keine entgegenstehenden Verpflichtungen 185
   IV. Gemeinsame Pflichten der Vertragsparteien 186
      1. Reduktion der Datenübermittlung 186
      2. Beantragung einer Protective Order 187
   V. Rechte des Betroffenen 190
      1. Auskunft 190
      2. Berichtigung, Löschung und Sperrung 191
      3. Widerspruch 192
      4. Schadensersatz 192
   VI. Schlussbestimmungen 193

    1. Befugnisse der Aufsichtsbehörde 193
    2. Anwendbares Recht 194
    3. Streitbeilegung 195
    4. Änderung der Vertragsklauseln 196
F. Fazit 197

12. Kapitel: Schlussbetrachtung 199

Anhang: Standardvertragsklauseln für die Datenübermittlung in der Discovery 205

Anhang: Wichtige Regelungen des amerikanischen Zivilprozessrechts 217

Literaturverzeichnis 235

Stichwortverzeichnis 255

Abkürzungsverzeichnis

1st Cir.	First Circuit, US Court of Appeals
2d Cir.	Second Circuit, US Court of Appeals
3d Cir.	Third Circuit, US Court of Appeals
4th Cir.	Fourth Circuit, US Court of Appeals
5th Cir.	Fifth Circuit, US Court of Appeals
6th Cir.	Sixth Circuit, US Court of Appeals
7th Cir.	Seventh Circuit, US Court of Appeals
8th Cir.	Eighth Circuit, US Court of Appeals
9th Cir.	Ninth Circuit, US Court of Appeals
10th Cir.	Tenth Circuit, US Court of Appeals
11th Cir.	Eleventh Circuit, US Court of Appeals
A.2d	Atlantic Reporter, Second Series
a. A.	anderer Ansicht
AAJ	American Association for Justice
ABA	American Bar Association
Abs.	Absatz
a. E.	am Ende
A.L.I.	American Law Institute
Alt.	Alternative
Am.	American
Am. J. Comp. L.	American Journal of Comparative Law
Am. J. Int'l L.	American Journal of International Law
Am. J. Trial Advoc.	American Journal of Trial Advocacy
App. Div.	Appellate Division
Art.	Artikel
Ass'n	Association
Assoc., Assocs.	Associate, - s
ATLA	Association of Trial Lawyers of America
Bankr. D. Del.	Bankrupty Court of the District of Delaware
B. C. L. Rev.	Boston College Law Review
Begr.	Begründer
B.R.	Bankruptcy Reporter
B.U. Int'l L.J.	Boston University International Law Journal

B.U.L. Rev.	Boston University Law Review
Bus. L. Int'l	Business Law International
C.A.D.C.	Court of Appeals of the District of Columbia
Cal.	California, Supreme Court of California
Cal. 3d	California Reports, Third Series
Cal. 4th	California Reports, Fourth Series
Cal. App.	California Court of Appeal
Cal. App. 1st Dist.	California Court of Appeal, First District
Cal. App. 2d Dist.	California Court of Appeal, Second District
Cal. App. 4th Dist.	California Court of Appeal, Fourth District
Cal. App. 5th Dist.	California Court of Appeal, Fifth District
Cal. App. 6th Dist.	California Court of Appeal, Sixth District
Cal. App. 3d	California Appellate Reports, Third Series
Cal. App. 4th	California Appellate Reports, Fourth Series
Cal. Civ. Code	California Civil Code
Cal. L. Rev.	California Law Review
C.D. Cal.	Central District of California, US District Court
C.F.R.	Code of Federal Regulations
Ch.	Chapter
Ch. Div.	Chancery Division
Chem.	Chemical
Chi.-Kent. L. Rev.	Chicago-Kent Law Review
Cir.	Circuit
Cl.	Clause
Co.	Company
Colo.	Colorado, Supreme Court of Colorado
Colo. App.	Colorado Court of Appeals
Colum. L. Rev.	Columbia Law Review
Conn.	Connecticut, Supreme Court of Connecticut
Cornell L. Rev.	Cornell Law Review
Corp.	Corporation
Ct.	Court
Ctr./ Ctrs.	Center, -s
D. Ariz.	District of Arizona, US District Court
D.C. Cir.	District of Columbia Circuit, US Court of Appeals

D. Colo.	District of Colorado, US District Court
D. Conn.	District of Connecticut, US District Court
D.D.C.	District of Columbia, US District Court
D. Del.	District of Delaware, US District Court
Del.	Delaware, Delaware Supreme Court
Del. Super.	Superior Court of Delaware
Def. Couns. J.	Defense Counsel Journal
Dep.	Department
ders.	derselbe
D. Idaho	District of Idaho, US District Court
dies.	dieselbe, -n
D. Kan.	District of Kansas, US District Court
D. Mass.	District of Massachusetts, US District Court
D. Md.	District of Maryland, US District Court
D. Me.	District of Maine, US District Court
D. Minn.	District of Minnesota, US District Court
D. Neb.	District of Nebraska, US District Court
D. Nev.	District of Nevada, US District Court
D.N.H.	District of New Hampshire, US District Court
D.N.J.	District of New Jersey, US District Court
D.S.C.	District of South Carolina, US District Court
Duke J. Comp. & Int'l L.	Duke Journal of Comparative & International Law
D. Utah	District of Utah, US District Court
D.V.I.	District of the Virgin Islands, US District Court
D. Vt.	District of Vermont, US District Court
E.D. Cal.	Eastern District of California, US District Court
E.D. La.	Eastern District of Louisiana, US District Court
E.D. Mich.	Eastern District of Michigan, US District Court
E.D. Mo.	Eastern District of Missouri, US District Court
E.D.N.Y.	Eastern District of New York, US District Court
E.D. Pa.	Eastern District of Pennsylvania, US District Court
E.D. Wis.	Eastern District of Wisconsin, US District Court
Elec.	Electric
endg.	endgültig

F.	Federal Reporter
F.2d	Federal Reporter, Second Series
F.3d	Federal Reporter, Third Series
Fed. Appx.	Federal Appendix
Fed. Cir.	Federal Circuit, US Court of Appeals
Fed. Comm. L. J.	Federal Communications Law Journal
Fed. Cts. L. Rev.	Federal Courts Law Review
Fla.	Florida, Supreme Court of Florida
Fla. 1st DCA	Florida First District Court of Appeal
Fla. 4th DCA	Florida Fourth District Court of Appeal
Fla. Stat.	Florida Statutes
Fn.	Fußnote
FRAP	Federal Rules of Appellate Procedure
FRCP	Federal Rules of Civil Procedure
FRCrP	Federal Rules of Criminal Procedure
F.R.D.	Federal Rules Decisions
FRE	Federal Rules of Evidence
F.Supp.	Federal Supplement
F.Supp. 2d	Federal Supplement, Second Series
FTC	Federal Trade Commission
Ga.	Georgia, Supreme Court of Georgia
Geo. L.J.	Georgetown Law Journal
Geo. J. Legal Ethics	Georgetown Journal of Legal Ethics
Harv. L. Rev.	Harvard Law Review
Hastings L. J.	Hastings Law Journal
Hastings Int'l & Comp. L. Rev.	Hastings International and Comparative Law Review
Hofstra Lab. & Emp. L. J.	Hofstra Labor & Employment Law Journal
Hosp.	Hospital
H.R.	House of Representatives
Hrsg.	Herausgeber
Ill.	Illionois, Supreme Court of Illinois
I.L.M.	International Legal Materials
Inc.	Incorporated

Ind.	Indiana, Supreme Court of Indiana
Ind. App.	Court of Appeals of Indiana
Ind. L. Rev.	Indiana Law Review
Indep.	Independent
Ins.	Insurance
Int'l	International
Iowa L. Rev.	Iowa Law Review
i. V. m.	in Verbindung mit
J. Corp. L.	Journal of Corporation Law
J. Inst. Stud. Leg. Eth.	Journal of the Institute for the Study of Legal Ethics
J. L. & Pol'y	Journal of Law and Policy
La. Code Civ. Proc.	Louisiana Code of Civil Procedure
Lab.	Laboratories
Law & Contemp. Probs.	Law and Contemporary Problems
Litig.	Litigation
LLC	Limited Liability Company
LLP	Limited Liability Partnership
Loy. L.A. L. Rev.	Loyola of Los Angeles Law Review
LP, L.P.	Limited Partnership
L.R.	Local Rules
Ltd.	Limited
Mass.	Massachusetts, Supreme Court of Massachusetts
M.D. Fla	Middle District of Florida, US District Court
M.D.N.C.	Middle District of North Carolina, US District Court
M.D. Pa.	Middle District of Pennsylvania, US District Court
Mfg.	Manufacturing
Minn.	Minnesota, Supreme Court of Minnesota
Mut.	Mutual
m. w. N.	mit weiteren Nachweisen
Nat'l	National
N.D. Cal.	Northern District of California, US District Court
N.D. Ga.	Northern District of Georgia, US District Court
N.D. Ill.	Northern District of Illinois, US District Court

N.D. Ind.	Northern District of Indiana, US District Court
N.D.N.Y.	Northern District of New York, US District Court
N.D. Tex.	Northern District of Texas, US District Court
N.D. W.Va.	Northern District of West Virginia, US District Court
N.E.	North Eastern Reporter
N.E. 2d	North Eastern Reporter, Second Series
N.J. Super.	New Jersey Superior Court Reports
No.	Number
Notre Dame L. Rev.	Notre Dame Law Review
Nr.	Nummer
N.W.	Northwestern Reporter
N.W. 2d	Northwestern Reporter, Second Series
Nw. J. Int.'l L. & Bus.	Northwestern Journal of International Law & Business
Nw. J. of Tech. & Intell. Prop.	The Northwestern Journal of Technology and Intellectual Property
N.Y.	New York
N.Y. App. Div.	Supreme Court of New York, Appellate Division
N.Y.L.J.	New York Law Journal
N.Y.S. 2d	New York Supplement Reporter, Second Series
N.Y.U.L. Rev.	New York University Law Review
Ohio App.	Ohio Court of Appeals
Ohio App.2d	Ohio Appellate Reports, Second Series
Or.	Oregon, Supreme Court of Oregon
P.	Pacific Reporter
P.3d	Pacific Reporter Third
Pa.	Pennsylvania, Supreme Court of Pennsylvania
Prods.	Products
Pub. L.	Public Law
REST 2d CONFL	Restatement Second of Conflict of Laws
REST 3d CONFL	Restatement Third of Conflict of Laws
Rev. Code Wash.	Revised Code of Washington
Rich. J. L. & Tech.	Richmond Journal of Law & Technology
Rich. J. Global L. & Bus.	Richmond Journal of Global Law and Business
R. L. R.	Ritsumeikan Law Review

Rn.	Randnummer
Rutgers L. J.	Rutgers Law Journal
S.	Seite
S.A.	Société Anonyme
San Diego Int'l L.J.	San Diego International Law Journal
S.C. App.	Court of Appeals of South Carolina
S.Ct.	US Supreme Court
S.D. Cal.	Southern District of California, US District Court
S.D. Fla.	Southern District of Florida, US District Court
S.D. Ill.	Southern District of Illinois, US District Court
S.D. Ind.	Southern District of Indiana, US District Court
S.D. Iowa	Southern District of Iowa, US District Court
S.D. Tex.	Southern District of Texas, US District Court
S.D.N.Y.	Southern District of New York, US District Court
S.E.	South Eastern Reporter
S.E.2d	South Eastern Reporter, Second Series
Seattle Univ. L. R.	Seattle University Law Review
SEC	Securities and Exchange Commission
Sec.	Section, Securities
Serv.	Service
So.	Southern Reporter
So.2d	Southern Reporter, Second Series
S.p.A.	Società per Azioni
Stan. L. Rev.	Stanford Law Review
Stat.	Statute
S.W.	Southwestern Reporter
S.W.2d	South Western Reporter Second
Temp. L. Rev.	Temple Law Review
Tenn. L. Rev.	Tennessee Law Review
Tex.	Texas, Texas Supreme Court
Tex. App.	Texas Court of Appeals
Tex. Int'l L. J.	Texas International Law Journal
Tex. L. Rev.	Texas Law Review
Tex. R. Civ. P.	Texas Rules of Civil Procedure
T.I.A.S.	Treaties and Other International Acts Series

Tul. L. Rev.	Tulane Law Review
Tul. J. Int'l & Comp. L.	Tulane Journal of International and Comparative Law
U. Chi. L. Rev.	The University of Chicago Law Review
U.N.T.S.	United Nations Treaty Series
U. Pa. L. Rev.	University of Pennsylvania Law Review
US, U.S.	United States, United States Reports
USA	United States of America
U.S. App.	United States Court of Appeals
USC	United States Code
U.S.T.	United States Treaties and Other International Agreements
v.	versus
Va. Code Ann.	Code of Virginia Annotated
Val. U. L. Rev.	Valparaiso University Law Review
Vand. L. Rev.	Vanderbilt Law Review
Var.	Variante
Vgl.	vergleiche
Wash.	Washington, Supreme Court of Washington
Wash. L. Rev.	Washington Law Review
Wash. & Lee L. Rev.	Washington and Lee Law Review
W.D. Mo.	Western District of Missouri, US District Court
W.D.N.Y.	Western District of New York, US District Court
W.D. Pa.	Western District of Pennsylvania, US District Court
W.D. Tenn.	Western District of Tennessee, US District Court
W.D. Tex.	Western District of Texas, US District Court
WL	Westlaw
Wn.2d	Washington Reports, Second Series
WP	Working Paper
Yale L. J.	Yale Law Journal
Yale J. Int'l L.	Yale Journal of International Law

Im Übrigen wird hinsichtlich der verwendeten Abkürzungen verwiesen auf:
Kirchner, Hildebert (Begr.)/ Abkürzungsverzeichnis der Rechtssprache, 8. Auflage,
Böttcher, Eike Berlin 2015.

1. Kapitel: Einleitung

A. Der Konflikt in rechtstatsächlicher Hinsicht

Sind bei der Sachverhaltsaufklärung in einem Zivilprozess personenbezogene Daten offenzulegen, steht dem Informationsinteresse der Parteien das Datenschutzinteresse der Betroffenen gegenüber. Dies gilt in Deutschland ebenso wie in den USA. Allerdings weicht das Verfahren zur Sachverhaltsaufklärung in beiden Ländern deutlich voneinander ab. Im deutschen Zivilprozess müssen Parteien und Dritte lediglich ausgewählte Beweismittel vor Gericht präsentieren. Im amerikanischen[1] Zivilprozess hingegen sind Parteien und Dritte verpflichtet, während der Pretrial Discovery[2] sämtliche Informationen offenzulegen, die in irgendeiner Hinsicht für den Rechtsstreit relevant sind. Die Discovery geschieht vor der Hauptverhandlung und wird in Eigenregie der Parteien geführt. Im Datenschutzrecht verfolgen beide Länder ebenfalls unterschiedliche Ansätze: Deutschland verfügt mit dem Bundesdatenschutzgesetz (BDSG)[3] über ein allgemeines Gesetz, das auf die Verarbeitung[4] personenbezogener Daten im öffentlichen und im privatwirtschaftlichen Bereich anwendbar ist. Grundsätzlich sind Datenverarbeitungen nach dem BDSG verboten. Dieses Verbot wird gemäß § 4 Abs. 1 BDSG nur bei Vorliegen eines Zulässigkeitstatbestandes oder der Einwilligung des Betroffenen aufgehoben. Die USA dagegen kennen kein generelles Datenverarbeitungsverbot. Der Datenschutz in der Privatwirtschaft beschränkt sich auf bereichsspezifische Vorschriften und selbstregulierende Maßnahmen.

Bezieht sich ein Vorlageersuchen in der Discovery auf dem BDSG unterliegende personenbezogene Daten, treffen beide Rechtskulturen aufeinander. Dies sei anhand eines Beispielsfalls veranschaulicht: Die Volkswagen AG war Beklagte in einem Produkthaftungsverfahren vor dem District Court of Cameron County.[5] Die Kläger machten Konstruktionsfehler eines Volkswagen-Modells geltend. In der Discovery verlangten die Kläger die Vorlage des aktuellen Telefonbuchs der Volkswagen AG aus Deutschland. Damit

---

[1] „Amerikanisch" wird im Rahmen dieser Arbeit gleichbedeutend mit „US-amerikanisch" verwendet.
[2] Die Pretrial Discovery wird nachfolgend als „Discovery" bezeichnet.
[3] Gesetz zum Schutz vor Missbrauch personenbezogener Daten bei der Datenverarbeitung vom 27. Januar 1977, BGBl. I, S. 201; zuletzt geändert durch: Gesetz zur Änderung datenschutzrechtlicher Vorschriften vom 14. August 2009, BGBl. I, S. 2814.
[4] Der Begriff „Verarbeitung" bzw. „Datenverarbeitung" wird im BDSG und in dieser Arbeit als Oberbegriff für die verschiedenen Phasen der Datenverarbeitung verwendet. Im Einzelnen unterscheidet das BDSG folgende Phasen der Datenverarbeitung: Erheben (§ 3 Abs. 3 BDSG), Verarbeiten (§ 3 Abs. 4 BDSG) und Nutzen (§ 3 Abs. 5 BDSG).
[5] Das Verfahren vor dem District Court of Cameron County ist auszugsweise in der Folgeentscheidung wiedergegeben: Volkswagen AG v. Valdez, 897 S.W. 2d 458, 459 f. (Tex. App. Corpus Christi 1995). Siehe dazu: 10. Kapitel, D. II.

wollten die Kläger Personen ausfindig machen, die Auskunft über die Konstruktion des Volkswagen-Modells geben können. Das Telefonbuch enthielt Namen, Berufsbezeichnungen, Unternehmenspositionen und betriebliche Durchwahlen von über 20.000 Mitarbeitern sowie Privattelefonnummern von Managern. Die Volkswagen AG verweigerte die Vorlage unter Berufung auf deutsches Datenschutzrecht. Damit fand sie jedoch weder bei den Klägern noch bei dem zuständigen Richter Gehör. Die Volkswagen AG war daher dem Konflikt ausgesetzt, entweder gegen das BDSG oder das amerikanische Zivilprozessrecht zu verstoßen und mit den jeweiligen Sanktionen konfrontiert zu werden.

Der seit den 1980er Jahren bestehende transatlantische Justizkonflikt zeigt sich hier in verstärkter Form, da nicht nur die unterschiedlichen Vorstellungen bei der Sachverhaltsaufklärung im Zivilprozess, sondern auch im Datenschutz aufeinandertreffen.[6] Besonders häufig tritt der Konflikt auf, wenn in der Discovery elektronisch gespeicherte Informationen vorzulegen sind (Electronic Discovery).[7] Vorlageersuchen erfassen oft E-Mails über mehrere hundert Seiten.[8] Zugleich ist das BDSG prinzipiell auf alle Datenverarbeitungen nichtöffentlicher Stellen unter Einsatz von Datenverarbeitungsanlagen anwendbar.[9] Der Grundrechtsrang des Datenschutzes in Deutschland[10] und der Europäischen Union[11] verdeutlicht die verfassungsrechtliche Dimension des Konflikts. Berührt sind nicht allein die Belange der vorlagepflichtigen Partei, sondern zugleich die Interessen der Betroffenen sowie diejenigen Deutschlands und der Europäischen Union, denen eine Pflicht zum Datenschutz zukommt.

---

[6] Vgl. Hess, AG 2005, 897, 904; Whitman, 113 Yale L. J. 1151, 1156 ff. (2004). Ausführlich zum transatlantischen Justizkonflikt: Habscheid, Der Justizkonflikt mit den Vereinigten Staaten von Amerika; Schlosser, Der Justizkonflikt zwischen den USA und Europa.
[7] Der Begriff „Electronic Discovery" umfasst jede Maßnahmen, durch die elektronisch gespeicherte Informationen in körperlicher oder unkörperlicher Form erlangt werden, Einblick in elektronische Datensammlungen gewährt wird oder die Existenz von elektronisch gespeicherten Informationen oder Datensammlungen ausfindig gemacht wird. Dazu: Junker, Electronic Discovery, S. 19; Scheindlin/Rabkin, 41 B. C. L. Rev. 327, 332 ff. (2000).
[8] Exemplarisch: Zubulake v. UBS Warburg LLC, 217 F.R.D. 309, 313 (S.D.N.Y. 2003).
[9] § 1 Abs. 2 Nr. 3 Halbsatz 1 BDSG. Eine Ausnahme gilt nach § 1 Abs. 2 Nr. 3 Halbsatz 2 BDSG, wenn die Verarbeitung ausschließlich für persönliche oder familiäre Tätigkeiten erfolgt.
[10] BVerfGE 65, 1, 41 ff.
[11] Art. 8 Abs. 1 GRCh.

B. Diskussionsstand und Ziel der Untersuchung

Auf beiden Seiten des Atlantiks wird der Konflikt in der Literatur[12] und in Expertengremien[13] diskutiert. Zu erwähnen sind insbesondere die Arbeiten der amerikanischen Sedona Conference[14] und der europäischen Artikel-29-Datenschutzgruppe[15]. Die Sedona Conference veröffentlichte 2008 einen Bericht zu grenzüberschreitenden Discovery-Konflikten[16] sowie 2009 eine länderübergreifende Studie zu bestehenden Discovery- und Datenschutzpflichten[17]. Die Artikel-29-Datenschutzgruppe gab 2009 einen Leitfaden für die Behandlung von Discovery-Ersuchen um die Übermittlung personenbezogener Daten heraus.[18] Dieser Leitfaden diente als Grundlage für einen Dialog zwischen Vertretern der Artikel-29-Datenschutzgruppe und der Sedona Conference.[19] Als erstes Ergebnis des Dialogs veröffentlichte die Sedona Conference 2011 mit den International Principles on Discovery, Disclosure and Data Protection eine Handlungsempfehlung für Gerichte, Parteien und Aufsichtsbehörden.[20] Eine Lösung des Konflikts ist jedoch noch nicht in Sicht.

---

[12] USA: Berman, 11 Bus. L. Int'l 123, 125 ff. (2010); Blanchard, For The Defense, No. 1, 2013, 12; Branigan/Gentile, For The Defense, No. 3, 2008, 62; Caylor, 28 B.U. Int'l L.J. 341 (2010); Forster/Almughrabi, 36 Hastings Int'l & Comp. L. Rev. 111 (2013); Friederich, 12 San Diego Int'l L.J. 263 (2010); Klein, 25 Geo. J. Legal Ethics 623 (2012); Knapp, 10 Rich. J. Global L. & Bus. 11 (2010); Reyes, 19 Duke J. Comp. & Int'l L. 357 (2009). Deutschland: Gola/Schomerus, BDSG, § 4c Rn. 7a; Bareiß, Pflichtenkollisionen, S. 8 ff., 46 ff., 106 ff. und 164 ff.; von Bodenhausen, DAJV Newsletter 1/2012, 14; Brisch/Laue, RDV 2010, 1; Deutlmoser/Filip, ZD-Beilage 6/2012, 1; nahezu wortgleich dies. in Hören/Sieber/Holznagel, Multimedia-Recht, Teil 16.6 (in dieser Arbeit wird allein die ZD-Beilage 6/2012 zitiert); Flägel/von Georg, RIW 2013, 439; Freeman/Duchesne/Polly, PHI 2012, 22; Hanloser, DuD 2008, 785; Hess, AG 2005, 897, 904; Junker, Electronic Discovery, S. 73 ff.; Lux/Glienke, RIW 2010, 603; Brunsch in Hartmann, Internationale E-Discovery, S. 151; Laue in Hartmann, Internationale E-Discovery, S. 109; Meyer in Hartmann, Internationale E-Discovery, S. 123; Özbek, DuD 2010, 576; Rath/Klug, e-Discovery in Germany?, K&R 2008, 596; Scheben/Klos/Geschonneck, CCZ 2012, 13; Seffer, ITRB 2002, 66; Spies, MMR 2010, 275; ders., MMR 2007, V; Spies/Schröder, MMR 2008, 275; Thole/ Gnauck, RIW 2012, 417.
[13] USA: American Bar Association, Resolution 103 vom 6. Februar 2012. Deutschland: Berliner Beauftragten für Datenschutz und Informationsfreiheit, Jahresbericht 2009, S. 162; ders., Jahresbericht 2007, S. 191; ders., Jahresbericht 2006, S. 170 f.
[14] Die Sedona Conference ist eine private Forschungs- und Bildungseinrichtung für Juristen mit Sitz in Sedona, Arizona.
[15] Die Artikel-29-Datenschutzgruppe ist ein nach Art. 29 Richtlinie 95/46/EG eingesetztes unabhängiges Beratungsgremium in Fragen des Datenschutzes. Sie besteht aus Vertretern der mitgliedstaatlichen Aufsichtsbehörden, dem Europäischen Datenschutzbeauftragten und einem Vertreter der Europäischen Kommission.
[16] Sedona Conference, Framework for Analysis of Cross-Border Discovery Conflicts, August 2008.
[17] Sedona Conference, International Overview of Discovery, Data Privacy and Disclosure Requirements, September 2009.
[18] Artikel-29-Datenschutzgruppe, Arbeitsunterlage 1/2009 über Offenlegungspflichten im Rahmen der vorprozessualen Beweiserhebung bei grenzübergreifenden zivilrechtlichen Verfahren (pre-trial discovery), WP 158.
[19] Sedona Conference, Comment of Working Group 6 to Article 29 Data Protection Working Party Working Document 1/2009 vom 30. Oktober 2009.
[20] Sedona Conference, International Principles on Discovery, Disclosure and Data Protection, Dezember 2011.

Ziel der vorliegenden Arbeit ist es, einen Lösungsvorschlag zu erarbeiten. Da der Prüfungsmaßstab in der konkreten Konfliktsituation das mitgliedstaatliche Recht ist, konzentriert sich die Untersuchung auf das deutsche Datenschutzrecht. Aufgrund der verbindlichen Vorgaben der EG-Datenschutzrichtlinie[21] hinsichtlich der Gewährleistung eines angemessenen Schutzniveaus bei Datenübermittlungen in Drittländer gelten die Ausführungen für die übrigen Mitgliedstaaten entsprechend. Da diese Vorgaben in die geplante Datenschutz-Grundverordnung aufgenommen werden sollen, ist der vorgeschlagene Lösungsweg auch nach deren Inkrafttreten gültig.

C. Zu einigen Begriffen

Das deutsche Datenschutzrecht orientiert sich am allgemeinen Persönlichkeitsrecht in den Ausprägungen, die es durch die Rechtsprechung des Bundesverfassungsgerichts (BVerfG) erfahren hat.[22] Hierzu zählt vor allem das im Volkszählungsurteil formulierte Recht auf informationelle Selbstbestimmung.[23] Da die bisherige Rechtsprechung des BVerfG das allgemeine Persönlichkeitsrecht nicht abschließend erfasst[24], wird das Schutzgut des Datenschutzrechts in dieser Arbeit im Einklang mit der Terminologie des BDSG[25] mit dem Begriff des Persönlichkeitsrechts umschrieben.

Der Konflikt zwischen der Discovery und deutschem Datenschutzrecht tritt vornehmlich bei der Dokumentenvorlage auf. Sie steht daher im Fokus dieser Untersuchung. Im Zuge der Reform der Federal Rules of Civil Procedure (FRCP)[26] von 1970 wurde der Ausdruck „Documents" als Oberbegriff für die einzelnen Vorlagegegenstände in FRCP 34(a) gewählt.[27] Die Neufassung der FRCP aus dem Jahr 2006 fügte „Electronically Stored Information" als weitere Vorlagegegenstände hinzu.[28] Entsprechend der herkömmlichen Verwendung umfasst der Begriff „Dokumente" in dieser Arbeit Papierdokumente und elektronisch gespeicherte Informationen.

---

[21] Richtlinie 95/46/EG des Europäischen Parlaments und des Rates zum Schutz natürlicher Personen bei der Verarbeitung personenbezogener Daten und zum freien Warenverkehr vom 24. Oktober 1995, ABl. L 281, S. 31.
[22] Gola/Schomerus, BDSG, § 1 Rn. 6.
[23] BVerfGE 65, 1, 41 ff.
[24] Zur Entwicklungsoffenheit des allgemeinen Persönlichkeitsrechts: BVerfGE 54, 148, 153 f.; später auch: BVerfGE 72, 155, 170; 79, 256, 268; 120, 274, 303.
[25] Vgl. § 1 Abs. 1 BDSG.
[26] Die für diese Untersuchung wichtigen Vorschriften der FRCP sind im Wortlaut im Anhang aufgeführt. Der komplette Text der FRCP ist abrufbar unter: http://www.uscourts.gov/rules-policies/current-rules-practice-procedure/federal-rules-civil-procedure.
[27] FRCP 34(a) in der Fassung von 1970: „[...] any designated documents (including writings, drawings, graphs, charts, photographs, phono-records, and other data compilations from which information can be obtained, translated, if necessary, by the respondent through detection devices into reasonably usable form) [...]" - abgedruckt bei 7-34 Moore's Federal Practice - Civil § 34App.03.
[28] FRCP 34 ist als Volltext im Anhang zu finden.

D. Gang der Untersuchung

Für ein besseres Verständnis des Konflikts veranschaulicht das zweite Kapitel dieser Arbeit seine Ursachen und Hintergründe. Einem Kontinentaleuropäer erschließt sich die Bedeutung der Discovery für den amerikanischen Zivilprozess nicht ohne Weiteres. Um eine Einordnung der Discovery zu ermöglichen, erklärt das dritte Kapitel die Grundzüge des amerikanischen Zivilprozesses. Das vierte Kapitel widmet sich anschließend der Dokumentenvorlage in der Discovery.

Im fünften Kapitel wird im Einzelnen dargestellt, unter welchen Voraussetzungen das BDSG bei der Dokumentenvorlage Anwendung findet und die datenschutzrechtliche Zulässigkeit zu prüfen ist. Die vorbereitenden Datenverarbeitungen in der Europäischen Union sind in der Regel zulässig, soweit die Daten in Zusammenhang mit dem Rechtsstreit stehen und der Verhältnismäßigkeit Rechnung getragen wird.[29] Der Schwerpunkt der Zulässigkeitsprüfung und folglich auch dieser Arbeit liegt bei der Datenübermittlung in die USA. Bei Unzulässigkeit der Datenübermittlung ist die Partei dem Konflikt ausgesetzt, entweder gegen das BDSG oder die Vorlagepflichten im amerikanischen Zivilprozess zu verstoßen.

Die Zulässigkeit der Datenübermittlung hängt maßgeblich davon ab, auf welche Weise die personenbezogenen Daten in den USA verarbeitet werden und welche Gefahren dabei für das Persönlichkeitsrecht der Betroffenen auftreten. Deshalb beleuchtet das sechste Kapitel die typischen Phasen der Datenverarbeitung im amerikanischen Zivilprozess. In vielen Fällen verwenden Anwälte in der Discovery erlangte Daten für Zwecke außerhalb des Rechtsstreits. So übermitteln sie die Daten zum Beispiel an Anwälte aus Parallelverfahren oder Medienvertreter.[30] Schutz vor einer ungehinderten Datenverwendung gewährt lediglich eine Protective Order, welche auch bei personenbezogenen Daten im Sinne des BDSG eingesetzt wird.[31] Aus diesem Grund stellt das siebente Kapitel dieser Arbeit das Instrument der Protective Order näher vor.

Die Datenübermittlung in die USA bedeutet grundsätzlich einen Eingriff in das Persönlichkeitsrecht des Betroffenen. Etwas anderes gilt, wenn der Betroffene einwilligt.[32] Das achte Kapitel zeigt auf, unter welchen Umständen eine Einwilligung als Rechtsgrundlage für die Datenübermittlung in Betracht kommt. Ohne eine Einwilligung bleibt nur der Rückgriff auf

---

[29] Dazu ausführlich: Deutlmoser/Filip, ZD-Beilage 6/2012, 1, 5 ff. und 13 ff.
[30] Dies wird in einigen Bundesstaaten ausdrücklich gewünscht und durch sogenannte „Sunshine in Litigation Acts" gefördert (so etwa in Florida: Fla. Stat. § 69.081). Siehe dazu: 6. Kapitel, B. II. 1.
[31] In re Yasmin & Yaz (Drospirenone) Marketing, Sales Practices & Products Liability Litigation, 2011 U.S. Dist. LEXIS 130610 (S.D. Ill. 2011); In re Vitamins Antitrust Litig., 2001 U.S. Dist. LEXIS 8904 (D.D.C. 2001).
[32] Zur verfassungsrechtlichen Qualifizierung der Einwilligung: Di Fabio in Maunz/Dürig, GG, Art. 2 Rn. 228; Geiger, NVwZ 1989, 35, 37 f.; Riesenhuber, RdA 2011, 257, 258.

die gesetzlichen Zulässigkeitstatbestände. Im neunten Kapitel ist daher die Zulässigkeit der Datenübermittlung nach § 4b Abs. 2, Abs. 1 i. V. m. § 28 Abs. 2 Nr. 1, Abs. 1 Satz 1 Nr. 2 BDSG zu prüfen. Im Ergebnis wird sich zeigen, dass in der Discovery nach europäischen Maßstäben kein angemessenes Datenschutzniveau gewährleistet ist. Die verantwortliche Stelle darf somit grundsätzlich keine personenbezogenen Daten in die USA übermitteln und muss die Vorlage in der Discovery verweigern.

Das zehnte Kapitel analysiert, wie die amerikanischen Gerichte auf eine Vorlageverweigerung unter Berufung auf deutsches Datenschutzrecht reagieren und welche Wege sie zur Lösung des Konflikts beschreiten. Aus deutscher Sicht darf die verantwortliche Stelle ausnahmsweise personenbezogene Daten in die USA übermitteln, wenn sie durch Vertragsklauseln[33] ausreichende Datenschutzgarantien bietet und eine Genehmigung der zuständigen Aufsichtsbehörde einholt. Das elfte Kapitel behandelt deswegen die Frage, auf welche Weise durch Vertragsklauseln in der Discovery ausreichende Datenschutzgarantien hergestellt werden können. Dabei wird ein konkreter Vorschlag für die Formulierung entsprechender Vertragsklauseln unterbreitet. Das zwölfte Kapitel fasst sodann die Schlussfolgerungen dieser Arbeit zusammen.

---

[33] Entsprechend Art. 26 Abs. 2 DSRL und § 4c Abs. 2 Satz 1 Halbsatz 2 Alt. 1 BDSG wird in dieser Arbeit für die Vertragslösung der Begriff „Vertragsklauseln" verwendet.

2. Kapitel: Ursachen und Hintergründe des Konflikts

A. Regulierung des Datenschutzes

Wesentliche Ursache für den Konflikt zwischen der Discovery und deutschem Datenschutzrecht ist das unterschiedliche Regulierungsverständnis Deutschlands und der USA auf dem Gebiet des Datenschutzes. In diesem Abschnitt werden die Datenschutzmodelle Deutschlands (I.) und der USA (II.) zunächst veranschaulicht und anschließend gegenübergestellt (III.).

I. Deutschland

1. Ausprägungen des allgemeinen Persönlichkeitsrechts

In Deutschland ist der Datenschutz verfassungsrechtlich verankert. Die meisten Bundesländer garantieren in ihren Verfassungen ausdrücklich ein Grundrecht auf Datenschutz.[34] Das Grundgesetz (GG) sieht kein eigenständiges Grundrecht auf Datenschutz vor. Allerdings leitete das BVerfG bereits 1969 im Mikrozensus-Beschluss aus Art. 2 Abs. 1 i. V. m. Art. 1 Abs. 1 GG ein Selbstbestimmungsrecht des Einzelnen im Hinblick auf Informationen aus der Intimsphäre und solche mit Geheimnischarakter ab.[35] Im Volkszählungsurteil von 1983 formulierte das BVerfG schließlich grundsätzliche Vorgaben für den Datenschutz.[36] Das allgemeine Persönlichkeitsrecht beinhalte ein umfassendes Recht auf informationelle Selbstbestimmung. Danach sei der Betroffene befugt, selbst über die Preisgabe und Verwendung seiner Daten zu bestimmen. In den Schutzbereich falle jedes personenbezogene Datum, da es unter den Bedingungen der automatisierten Datenverarbeitung kein „belangloses" Datum gebe. Die automatisierte Datenverarbeitung ermögliche es, personenbezogene Daten zu einem Persönlichkeitsbild zusammenzufügen, ohne dass der Betroffene dessen Richtigkeit und Verwendung hinreichend kontrollieren könne. Zugleich wies das BVerfG aber darauf hin, dass das Recht auf informationelle Selbstbestimmung nicht schrankenlos gewährleistet sei.[37] Der Betroffene müsse Einschränkungen im überwiegenden Allgemeininteresse hinnehmen.

Das BVerfG betont seit jeher die Entwicklungsoffenheit des allgemeinen Persönlichkeitsrechts in Bezug auf den technischen und gesellschaftlichen Fortschritt.[38] In seinem Urteil zur Online-Durchsuchung erkannte das BVerfG 2008 als weitere Ausprägung des allge-

---

[34] Berlin: Art. 33; Brandenburg: Art. 11; Bremen: Art. 12 Abs. 3; Mecklenburg-Vorpommern: Art. 6 Abs. 1; Nordrhein-Westfalen: Art. 4 Abs. 2; Rheinland-Pfalz: Art. 4a; Saarland: Art. 2 Satz 2; Sachsen: Art. 33; Sachsen-Anhalt: Art. 6 Abs. 1; Thüringen: Art. 6 Abs. 2.
[35] BVerfGE 27, 1, 6 ff.
[36] BVerfGE 65, 1, 41 ff.
[37] BVerfGE 65, 1, 43 ff.
[38] BVerfGE 54, 148, 153 f.; später auch: BVerfGE 72, 155, 170; 79, 256, 268.

meinen Persönlichkeitsrechts das Recht auf Gewährleistung der Vertraulichkeit und Integrität informationstechnischer Systeme an.[39] Der Schutzbereich erfasse Systeme, „die allein oder in ihren technischen Vernetzungen personenbezogene Daten in einem Umfang und in einer Vielfalt enthalten können, sodass ein Zugriff auf das System es ermöglicht, einen Einblick in wesentliche Teile der Lebensgestaltung einer Person zu gewinnen oder gar ein aussagekräftiges Bild der Persönlichkeit zu erhalten".[40] Als Beispiele nannte das BVerfG Computer, Mobiltelefone und elektronische Terminkalender.[41]

Direkte Wirkung entfalten die datenschutzrechtlichen Ausprägungen des allgemeinen Persönlichkeitsrechts lediglich gegenüber dem Staat.[42] Dennoch werden sie zugleich bei der privaten Datenverarbeitung berücksichtigt. Aus dem allgemeinen Persönlichkeitsrecht folgen staatliche Schutzpflichten.[43] Der Gesetzgeber hat dafür zu sorgen, dass der Betroffene auch bei Eingriffen privater Datenverarbeiter geschützt ist.[44] Die Gerichte müssen das allgemeine Persönlichkeitsrecht bei der Anwendung zivilrechtlicher Normen im Sinne mittelbarer Drittwirkung als Auslegungsmaßstab beachten.[45] Überdies genießt das allgemeine Persönlichkeitsrecht deliktsrechtlichen Schutz nach § 823 Abs. 1 des Bürgerlichen Gesetzbuches (BGB).[46] Bei einem Eingriff kann der Betroffene mithin Schadensersatz- und Unterlassungsansprüche geltend machen.

2. *BDSG als allgemeines Datenschutzgesetz*

Deutschland reagierte auf die Gefahren der automatisierten Datenverarbeitung bereits früh mit Gesetzgebungsmaßnahmen. Am 30. September 1970 verabschiedete Hessen das weltweit erste Datenschutzgesetz.[47] In den folgenden Jahren erließen die übrigen Bundesländer ebenfalls Datenschutzgesetze.[48] Am 1. Januar 1978 trat sodann das BDSG in Kraft.[49] Das

---

[39] BVerfGE 120, 274, 274 ff. Gegenstand der Verfassungsbeschwerden war § 5 Abs. 2 Nr. 11 des Verfassungsschutzgesetzes NRW, der das heimliche Beobachten des Internets und den heimlichen Zugriff auf informationstechnische Systeme gestattet. Dazu: Luch, MMR 2011, 75, 75 ff.; Kutscha, NJW 2008, 1042, 1042 ff.; Roßnagel/Schnabel, NJW 2008, 3534, 3534 ff.
[40] BVerfGE 120, 274, 314.
[41] BVerfGE 120, 274, 314.
[42] Vgl. Art. 1 Abs. 3 GG.
[43] BVerfGE 117, 202, 227; 96, 56, 62 ff.; Di Fabio in Maunz/Dürig, GG, Art. 2 Rn. 189; Buchner, Informationelle Selbstbestimmung, S. 51 ff.
[44] Masing, NJW 2012, 2307, 2307 f.
[45] BVerfGE 84, 192, 194 ff.; BAG, NJW 1986, 85, 86 f.; Di Fabio in Maunz/Dürig, GG, Art. 2 Rn. 191; Wente, NJW 1984, 1446, 1446 f.
[46] BGH, NJW 2004, 762, 765; DtZ 1994, 343, 344; Sprau in Palandt, BGB, § 823 Rn. 84 ff. Zum deliktsrechtlichen Schutz des Rechts auf Gewährleistung der Vertraulichkeit und Integrität informationstechnischer Systeme: Roßnagel/Schnabel, NJW 2008, 3534, 3535 f.
[47] GVBl. I 1970, 625.
[48] Zu den Landesdatenschutzgesetzen: Simitis in Simitis, BDSG, Einleitung, Rn. 1; Gola, MDR 1980, 181, 181 ff.

2. Kapitel: Ursachen und Hintergründe des Konflikts

BDSG wurde von Anfang an als allgemeines Datenschutzgesetz konzipiert, das sowohl die Datenverarbeitung durch öffentliche als auch durch nicht-öffentliche Stellen regelt. Das BDSG schützt den Einzelnen davor, dass er durch den Umgang mit personenbezogenen Daten in seinem Persönlichkeitsrecht beeinträchtigt wird.[50] Die geschützten Personen bezeichnet das BDSG als „Betroffene".[51] Zentrale Bedeutung kommt im BDSG dem Begriff der „personenbezogenen Daten" zu. Darunter fallen nach § 3 Abs. 1 BDSG sämtliche Einzelangaben über persönliche oder sachliche Verhältnisse einer bestimmten oder bestimmbaren Person. Erhöhter Schutz gilt für besondere Arten personenbezogener Daten, sogenannte „sensible Daten".[52] Dies sind nach § 3 Abs. 9 BDSG Angaben über rassische und ethnische Herkunft, politische Meinungen, religiöse oder philosophische Überzeugungen, Gewerkschaftszugehörigkeit, Gesundheit oder Sexualleben.

Ausgangspunkt des Schutzkonzeptes ist das Verbot mit Erlaubnisvorbehalt in § 4 Abs. 1 BDSG. Danach ist die Verarbeitung personenbezogener Daten nur zulässig, soweit das BDSG oder eine andere Rechtsvorschrift dies erlaubt oder der Betroffene einwilligt. Die Zulässigkeitstatbestände des BDSG basieren auf dem Grundsatz der Zweckbindung.[53] Verantwortliche Stellen dürfen personenbezogene Daten grundsätzlich allein für den Zweck ihrer Erhebung verarbeiten. Dies soll verhindern, dass personenbezogene Daten beliebig in Datensammlungen zusammengeführt und ausgewertet werden.[54] Ergänzt wird der Grundsatz der Zweckbindung durch den Grundsatz der Erforderlichkeit.[55] Demgemäß ist die Datenverarbeitung nur zulässig, soweit es für den jeweiligen Zweck erforderlich ist. § 3a BDSG konkretisiert den Grundsatz der Erforderlichkeit durch die Grundsätze der Datenvermeidung und Datensparsamkeit. Demzufolge ist möglichst von Methoden zur Anonymisierung und Pseudonymisierung Gebrauch zu machen.[56] Das BDSG verlangt eine weitgehende Transparenz der Datenverarbeitung, indem es Informationspflichten der verantwortlichen Stelle und Auskunftsrechte des Betroffenen statuiert.[57] Darüber hinaus garantiert das BDSG dem Betroffenen die Rechte auf Widerspruch sowie Berichtigung, Löschung oder Sperrung seiner

---

[49] Gesetz zum Schutz vor Missbrauch personenbezogener Daten bei der Datenverarbeitung vom 27. Januar 1977, BGBl. I, S. 201; zuletzt geändert durch: Gesetz zur Änderung datenschutzrechtlicher Vorschriften vom 14. August 2009, BGBl. I, S. 2814.
[50] § 1 Abs. 1 BDSG.
[51] § 3 Abs. 1 BDSG.
[52] Bergmann/Möhrle/Herb, BDSG, § 3 Rn. 166; Schaffland/Wiltfang, BDSG, § 3 Rn. 107; Seifert in Simitis, BDSG, § 32 Rn. 63 und 70; Scholz/Sokol in Simitis, BDSG, § 13 Rn. 33. Teilweise wird auch der Begriff „sensitive Daten" verwendet (so z.B. Simitis in Simitis, BDSG, § 3 Rn. 250 ff.).
[53] Siehe: §§ 14 Abs. 1, 28 Abs. 1 BDSG.
[54] Vgl. von Zezschwitz in Roßnagel, Handbuch Datenschutzrecht, Kap. 3.1 Rn. 1, S. 221.
[55] Siehe: §§ 14 Abs. 1, 15 Abs. 1, 16 Abs. 1 Nr. 1, 28 Abs. 1, Abs. 2, Abs. 3 Satz 2, Abs. 6, Abs. 7, Abs. 8 und Abs. 9 BDSG.
[56] § 3a Satz 2 BDSG.
[57] Siehe etwa: §§ 4 Abs. 3 Satz 1, 33 und 34 BDSG.

Daten.[58] Fügt die verantwortliche Stelle dem Betroffenen durch eine unzulässige Datenverarbeitung schuldhaft Schaden zu, ist sie nach § 7 Abs. 1 BDSG zum Schadensersatz verpflichtet.[59]

Um die Einhaltung der Datenschutzvorschriften zu gewährleisten, sieht das BDSG ein doppeltes Kontrollsystem bestehend aus Selbst- und Fremdkontrolle vor. Die Selbstkontrolle wird von behördlichen bzw. betrieblichen Beauftragten für den Datenschutz ausgeübt.[60] Die Fremdkontrolle ist zwischen Bund und Ländern aufgeteilt. Der Bundesbeauftragte für den Datenschutz und die Informationsfreiheit kontrolliert und berät Bundesbehörden, öffentliche Stellen des Bundes sowie Telekommunikations- und Postdienstunternehmen.[61] Den Ländern obliegt die Aufsicht über nicht-öffentliche Stellen, Landesbehörden und sonstige Landesstellen. Die Aufsicht übernimmt entweder das Landesinnenministerium[62] oder ein speziell ernannter Landesdatenschutzbeauftragter[63]. Für die Durchsetzung des Datenschutzrechts stehen den Aufsichtsbehörden nach § 38 Abs. 5 BDSG Anordnungs- und Untersagungsbefugnisse zu. Verstöße können gemäß § 43 Abs. 3 Satz 1 BDSG als Ordnungswidrigkeit mit einem Bußgeld von bis zu 300.000,00 Euro oder nach § 44 Abs. 1 BDSG als Straftat mit einer Freiheitsstrafe von bis zu zwei Jahren sanktioniert werden. Übersteigt der wirtschaftliche Vorteil, den die verantwortliche Stelle aus der Ordnungswidrigkeit gezogen hat, die vorgesehenen Beträge, können nach § 43 Abs. 3 Satz 3 BDSG höhere Bußgelder verhängt werden. Hinzu kommen für die verantwortliche Stelle die mit Datenschutzskandalen verbundenen Reputationsschäden.[64]

3. Harmonisierung durch die EG-Datenschutzrichtlinie

Anfang der 1990er Jahre verfügten in der Europäischen Union neben Deutschland auch Frankreich, Luxemburg, die Niederlande, Dänemark, Irland und das Vereinigte Königreich über Datenschutzgesetze. Die übrigen Mitgliedstaaten hatten noch keine Datenschutzgesetze erlassen. Das Schutzniveau war mithin in der Europäischen Union sehr unterschiedlich, worin ein Handelshemmnis gesehen wurde.[65] Aus diesem Grund schaltete sich der europäische Gesetzgeber ein. Am 24. Oktober 1995 verabschiedete die Europäische Kommission (EU-

---

[58] §§ 6 Abs. 1, 19, 20, 35 BDSG.
[59] Für öffentliche Stellen enthält § 8 Abs. 1 BDSG zusätzlich eine Gefährdungshaftung.
[60] § 4f BDSG.
[61] § 24 BDSG, § 115 Abs. 4 TKG, § 42 Abs. 3 PostG.
[62] So in Baden-Württemberg, Brandenburg, Hessen, Mecklenburg-Vorpommern, Rheinland-Pfalz, Saarland, Sachsen, Sachsen-Anhalt und Thüringen.
[63] So in Berlin, Bremen, Hamburg, Niedersachsen, Nordrhein-Westfalen und Schleswig-Holstein.
[64] Dazu: Scherer, MMR 2008, 433, 434; Bull, ZRP 2008, 233, 233; Kutscha, ZRP 2010, 112, 112.
[65] Wuermeling, Handelshemmnis Datenschutz, S. 6.

2. Kapitel: Ursachen und Hintergründe des Konflikts

Kommission) die EG-Datenschutzrichtlinie (DSRL).[66] Die DSRL gilt für alle Mitgliedstaaten der Europäischen Union sowie für Island, Liechtenstein und Norwegen als Mitgliedstaaten des Europäischen Wirtschaftsraumes (EWR).[67] Die DSRL hat eine doppelte Schutzrichtung: Zunächst bezweckt sie den Schutz der Privatsphäre.[68] Zusätzlich soll sie die unterschiedlichen Datenschutzstandards in den Mitgliedstaaten ausgleichen und einen freien Datenverkehr im Binnenmarkt sicherstellen.[69] In der Folgezeit setzten alle Mitgliedstaaten die DSRL in nationales Recht um. Auch das BDSG wurde im Zuge der Umsetzung der DSRL novelliert[70] und ist deshalb richtlinienkonform auszulegen[71].

Inhaltlich knüpft die DSRL an die Datenschutzkonvention des Europarates vom 1. Oktober 1981 an.[72] Sämtliche Regelungen der DSRL gelten gleichermaßen für den öffentlichen und den nicht-öffentlichen Bereich. Art. 7 DSRL enthält ebenso wie § 4 Abs. 1 BDSG ein Verbot mit Erlaubnisvorbehalt. Die Mitgliedstaaten dürfen die Verarbeitung personenbezogener Daten nur dann gestatten, wenn der Betroffene gemäß Art. 7 a) DSRL einwilligt oder ein Zulässigkeitstatbestand nach Art. 7 b) bis f) DSRL eingreift. Die Verarbeitung sensibler Daten ist gemäß Art. 8 Abs. 1 DSRL grundsätzlich zu untersagen. Ausnahmen sind lediglich in den Fällen des Art. 8 Abs. 2 bis 5 DSRL zulässig. Zudem müssen die Mitgliedstaaten folgende in Art. 6 Abs. 1 DSRL geregelte Datenschutzgrundsätze gewährleisten: (1) die Datenverarbeitung nach Treu und Glauben, (2) den Grundsatz der Zweckbindung, (3) den Grundsatz der Datenverhältnismäßigkeit sowie (4) den Grundsatz der Datenqualität. Nach Art. 10 und 11 DSRL ist im Sinne der Transparenz sicherzustellen, dass die verantwortliche Stelle den Betroffenen über die Einzelheiten der Datenverarbeitung informiert. Ferner ist dem Betroffenen nach Art. 12 DSRL ein Auskunfts-, Berichtigungs- und Löschungsrecht sowie gemäß Art. 14 DSRL ein Widerspruchsrecht einzuräumen. Bei rechtswidrigen Datenverarbeitungen müssen die Mitgliedstaaten dem Betroffenen nach Art. 23 Abs. 1 DSRL außerdem ein Recht auf Schadensersatz gegenüber der verantwortlichen Stelle gewähren. Für

---

[66] Richtlinie 95/46/EG des Europäischen Parlaments und des Rates zum Schutz natürlicher Personen bei der Verarbeitung personenbezogener Daten und zum freien Warenverkehr vom 24. Oktober 1995, ABl. L 281, S. 31.
[67] Beschluss des Gemeinsamen EWR-Ausschusses Nr. 83/1999 zur Änderung des Protokolls 37 und des Anhangs IX zum EWR-Abkommen vom 25. Juni 1999, ABl. L 296, S. 41.
[68] Art. 1 Abs. 1 DSRL; Erwägungsgrund 10 DSRL.
[69] Art. 1 Abs. 2 DSRL; Erwägungsgründe 7 bis 9 DSRL.
[70] Gesetz zur Änderung des Bundesdatenschutzgesetzes und anderer Gesetze vom 18. Mai 2001, BGBl. I S. 904. Dazu: Tinnefeld, NJW 2001, 3078, 3078 ff.
[71] Die Pflicht zur richtlinienkonformen Auslegung folgt aus dem Umsetzungsgebot des Art. 288 Abs. 3 AEUV und dem Grundsatz der loyalen Zusammenarbeit des Art. 4 Abs. 3 EUV. Vgl. EuGH, Rs. 14/83, Slg. 1984, 1891, Rn. 26 - von Colson und Kamann/Land Nordrhein-Westfalen; ebenso: EuGH, Rs. C-106/89, Slg. 1990, I-4135, Rn. 8 - Marleasing; Rs. C-91/92, Slg. 1994, I-3325, Rn. 26 - Facini Dori. Dazu: Ruffert in Calliess/ Ruffert, EUV/AEUV, Art. 288 AEUV Rn. 77 ff.
[72] Übereinkommen zum Schutz des Menschen bei der automatischen Verarbeitung personenbezogener Daten vom 28. Januar 1981, BGBl. 1985 II, S. 539.

Datenübermittlungen in Drittländer bestimmt die DSRL ein einheitliches Vorgehen: Nach Art. 25 Abs. 1 DSRL sind Datenübermittlungen zulässig, wenn das Drittland ein angemessenes Schutzniveau gewährleistet. Fehlt es daran, dürfen die Mitgliedstaaten Datenübermittlungen nur unter den engen Voraussetzungen der Ausnahmetatbestände des Art. 26 DSRL gestatten.

4. Europäisches Grundrecht auf Datenschutz

Bereits in der Vergangenheit erkannte der Europäische Gerichtshof (EuGH) das Grundrecht auf Datenschutz als Teil der ungeschriebenen allgemeinen Rechtsgrundsätze an.[73] Dazu zog er die Verfassungstraditionen der Mitgliedstaaten und das in Art. 8 Europäische Menschenrechtskonvention (EMRK) geregelte Recht auf Schutz des Privatlebens als Rechtserkenntnisquellen heran. Seit Inkrafttreten des Vertrages von Lissabon am 1. Dezember 2009 verfügt die Europäische Union mit der Grundrechte-Charta (GRCh) über einen geschriebenen Grundrechtskatalog.[74] Art. 8 Abs. 1 GRCh sieht ausdrücklich ein Grundrecht auf Datenschutz vor.[75] Danach hat jede Person das Recht auf Schutz sie betreffender personenbezogener Daten. Gemäß dem in Art. 8 Abs. 2 Satz 1 GRCh geregelten Verbot mit Erlaubnisvorbehalt dürfen personenbezogene Daten allein nach Treu und Glauben für festgelegte Zwecke und mit Einwilligung der betroffenen Person oder auf einer gesetzlichen legitimen Grundlage verarbeitet werden. Nach Art. 8 Abs. 2 Satz 2 GRCh hat jede Person zudem das Recht, Auskunft über sie betreffende personenbezogene Daten zu erhalten und deren Berichtigung zu erwirken.

In erster Linie begründet Art. 8 GRCh ein Abwehrrecht gegenüber den Organen der Europäischen Union und den Mitgliedstaaten bei der Durchführung von Unionsrecht.[76] Auf private Datenverarbeiter ist Art. 8 GRCh nicht unmittelbar anwendbar.[77] Allerdings folgt aus Art. 8 GRCh eine Schutzpflicht des Unionsgesetzgebers zum Erlass entsprechenden Sekundärrechts.[78] Dieser Pflicht kam der Unionsgesetzgeber mit der DSRL nach. Die DSRL konkretisiert mithin das Grundrecht auf Datenschutz und ist im Lichte des Grundrechts auszulegen.[79] Der EuGH zieht das Grundrecht daher bei privatrechtlichen Sachverhalten zur

---

[73] EuGH, Rs. 29/69, Slg. 1969, 419 - Stauder; ebenso: EuGH, Rs. C-404/92 P, Slg. 1994, 4780, Rn. 17 - Aids-Test; Rs. C-369/98, Slg. 2000, I-6751, Rn. 32 ff. - Fisher; Rs. C-465/00, C-138/01 und C-139/01, Slg. 2003, I-4989, Rn. 39 ff. und 69 ff. - Österreichischer Rundfunk; Rs. C-101/01, Slg. 2003, I-12971, Rn. 86 ff. - Lindqvist.
[74] Charta der Grundrechte der Europäischen Union vom 14. Dezember 2007, ABl. C 303, S. 1.
[75] Zur Diskussion des Art. 8 GRCh im Grundrechtekonvent: Bernsdorff in Meyer, Charta der Grundrechte der Europäischen Union, Art. 8 Rn. 5 ff.
[76] Vgl. Art. 51 Abs. 1 GRCh.
[77] Jarass, Charta der Grundrechte der Europäischen Union, Art. 8 Rn. 3.
[78] Streinz/Michl, EuZW 2011, 384, 386 f.
[79] EuGH, Rs. C-465/00, C-138/01 und C-139/01, Slg. 2003, I-4989, Rn. 68 ff. - Österreichischer Rundfunk. Die Mitgliedstaaten sind bei der Auslegung nationaler Umsetzungsvorschriften ebenfalls an Art. 8 GRCh

2. Kapitel: Ursachen und Hintergründe des Konflikts

Interpretation der DSRL heran.[80] Auf diese Weise entfaltet das Grundrecht zwischen Privaten mittelbare Drittwirkung.[81]

5. Reform des europäischen Datenschutzrechts

Aufgrund des schnellen technologischen Fortschritts und der daraus erwachsenden Herausforderungen für den Datenschutz plant die EU-Kommission gegenwärtig eine Reform des europäischen Datenschutzrechts.[82] Ziel ist die Schaffung eines umfassenden und kohärenteren Konzepts für das Grundrecht auf Datenschutz. Am 25. Januar 2012 veröffentlichte die EU-Kommission als Teil der geplanten Reform einen Vorschlag für eine Datenschutz-Grundverordnung (DS-GVO), der die Grundsätze der DSRL konkretisiert und erweitert.[83] Die Vertreter der Mitgliedstaaten brachten in der Folgezeit zahlreiche Bedenken gegen den Vorschlag vor.[84] Am 21. Oktober 2013 nahm das Europäische Parlament im Innen- und Justizausschuss einen Standpunkt mit einem überarbeiten Entwurf an und bestätigte diesen am 12. März 2014 im Plenum.[85] Die Justizminister der Mitgliedstaaten einigten sich sodann am 15. Juni 2015 auf eine Entwurfsfassung.[86] Im Anschluss begannen im Rahmen des Trilogs die Verhandlungen zwischen Rat, Parlament und EU-Kommission. Eine informell erzielte Einigung wurde schließlich am 17. Dezember 2015 vom Innen- und Rechtsausschuss des Europäischen Parlaments angenommen.[87] Das Plenum des Europäischen Parlaments wird hierüber voraussichtlich im Frühjahr 2016 abstimmen. Nach Inkrafttreten der DS-GVO haben die Mitgliedstaaten zwei Jahre Zeit für die Umsetzung. Die DS-GVO wird die DSRL ersetzen

---

gebunden. Das BVerfG beschränkt die Bindungswirkung deutscher Träger öffentlicher Gewalt aber auf zwingende Vorgaben des Unionsgrundrechts. Außerhalb dieses Bereichs seien die deutschen Grundrechte anwendbar, auch im Bereich von Umsetzungsspielräumen und Öffnungsklauseln im Sekundärrecht. So: BVerfGE 121, 1, 15. Dazu: Streinz/Michl, EuZW 2011, 384, 385 ff.

[80] EuGH, Rs. C-369/98, Slg. 2000, I-6751, Rn. 32 ff. - Fisher; Rs. C-465/00, C-138/01 und C-139/01, Slg. 2003, I-4989, Rn. 68 ff. - Österreichischer Rundfunk.

[81] Streinz/Michl, EuZW 2011, 384, 387.

[82] Mitteilung der Kommission an das Europäische Parlament, den Rat, den Europäischen Wirtschafts- und Sozialausschuss und den Ausschuss der Regionen über ein Gesamtkonzept für den Datenschutz in der Europäischen Union vom 4. November 2010, KOM 2010/609 endg.

[83] Vorschlag für eine Verordnung des Europäischen Parlaments und des Rates zum Schutz natürlicher Personen bei der Verarbeitung personenbezogener Daten und zum freien Datenverkehr (Datenschutz-Grundverordnung) vom 25. Januar 2012, KOM 2012/11 endg.

[84] Von deutscher Seite werden insbesondere verfassungsrechtliche Bedenken geltend gemacht. Die deutschen Grundrechte würden im Anwendungsbereich der DS-GVO ihre Geltung verlieren. Auf europäischer Ebene stünde den Bürgern kein der Verfassungsbeschwerde vergleichbarer Rechtsbehelf zur Verfügung. Für die Auslegung der DS-GVO wäre der EuGH zuständig, dessen Rechtsprechung zu den Grundrechten bislang weit hinter der ausdifferenzierten Dogmatik des BVerfG zurückbleibt. Dazu: Hornung, ZD 3/2012, 99, 100; Masing, Süddeutsche Zeitung, Ausgabe vom 9. Januar 2012, S. 10.

[85] Der Entwurf des Europäischen Parlaments ist abrufbar unter: http://www.europarl.europa.eu/sides/getDoc.do?pubRef=-//EP//TEXT+TA+P7-TA-2014-0212+0+DOC+XML+V0//DE.

[86] Der Entwurf des Rates ist abrufbar unter: http://data.consilium.europa.eu/doc/document/ST-9565-2015-INIT/de/pdf.

[87] Die konsolidierte Fassung ist abrufbar unter: http://www.emeeting.europarl.europa.eu/committees/agenda/201512/LIBE/LIBE%282015%291217_1/sitt-1739884.

und nach Art. 288 Abs. 2 AEUV für alle Mitgliedstaaten unmittelbare Wirkung entfalten. Die deutschen Gerichte, Behörden und Datenverarbeiter werden anstelle des BDSG und der Landesdatenschutzgesetze in ihrem inhaltlichen Geltungsbereich direkt die DS-GVO anwenden müssen. Da sich die hier relevanten Vorgaben der DSRL bezüglich der Gewährleistung eines angemessenen Schutzniveaus bei Datenübermittlungen in Drittländer auch in der DS-GVO wiederfinden[88], gelten die vorliegenden Ausführungen nach deren Inkrafttreten entsprechend.

II. USA

1. Das verfassungsrechtliche Right to Privacy

Das Datenschutzrecht der USA unterscheidet sich grundlegend von dem deutschen Modell. Der US Supreme Court erkennt lediglich für einzelne Bereiche ein Recht auf Privatsphäre (Right to Privacy) an.[89] In der Leitentscheidung *Katz v. United States* befand der US Supreme Court 1967, dass das polizeiliche Abhören eines öffentlichen Telefons gegen das Fourth Amendment verstoße.[90] Die Schutzgewährung sei jedoch davon abhängig, ob der Betroffene eine berechtigte Erwartung am Schutz seiner Privatsphäre hat. Der Betroffene müsse den Schutz in der Situation tatsächlich erwartet haben und diese Erwartung müsse den allgemeinen gesellschaftlichen Vorstellungen entsprechen. Im Februar 1977 befasste sich der US Supreme Court in dem Verfahren *Whalen v. Roe* erstmals mit Datensammlungen.[91] Die streitgegenständliche Vorschrift verpflichtete Ärzte zur Weitergabe von Rezepten für Arzneimittel einschließlich der darin enthaltenen Patientendaten an das US State Department of Health. Die Richter befanden, dass das Right to Privacy das Interesse an der Vermeidung der Offenlegung persönlicher Angelegenheiten umfasse. Das zweite bedeutende Urteil zu Datensammlungen verkündete der US Supreme Court im Juni 1977 in *Nixon v. Administrator of General Services*.[92] In dieser Sache stellte sich die Frage nach der Rechtmäßigkeit des während der Watergate-Affäre erlassenen Presidential Recordings and Materials Preservation Act, der den Administrator of General Services zur Beschlagnahme von Unterlagen des ehe-

---

[88] Kapitel V, Artikel 40 bis 45 des Vorschlags für eine DS-GVO.
[89] Je nach Zusammenhang leitet der US Supreme Court das Right to Privacy aus dem First, Third, Fourth, Fifth, Ninth oder Fourteenth Amendment ab, vgl. Griswold v. Connecticut, 381 U.S. 479, 484 ff. (1965); Rubenfeld, 102 Harv. L. Rev. 737, 740 ff. (1989); Solove, 90 Cal. L. Rev. 1087, 1106 ff. (2002), jeweils m. w. N.
[90] Katz v. United States, 389 U.S. 347, 350 ff. (1967). Das Fourth Amendment der US Constitution lautet wie folgt: „The right of the people to be secure in their persons, houses, papers, and effects, against unreasonable searches and seizures, shall not be violated, and no warrants shall issue, but upon probable cause, supported by oath or affirmation, and particularly describing the place to be searched, and the persons or things to be seized.". Zur Herleitung des Right to Privacy aus dem Fourth Amendment: DeFilippis, 115 Yale L. J. 1086, 1086 ff. (2006).
[91] Whalen v. Roe, 429 U.S. 589, 591 ff. (1977).
[92] Nixon v. Administrator of General Services, 433 U.S. 425, 429 ff. (1977).

maligen Präsidenten Richard Nixon berechtigte. Die Richter entschieden, dass die Beschlagnahme von Unterlagen mit Bezug zur Präsidententätigkeit rechtmäßig sei, da sie der Aufklärung der Watergate-Affäre und dem öffentlichen Interesse diene. In rein privaten Angelegenheiten habe dagegen auch der ehemalige President eine berechtigte Erwartung am Schutz seines Right to Privacy.

Seit diesen Entscheidungen gehen die amerikanischen Gerichte überwiegend davon aus, dass das Recht auf informationelle Privatsphäre (Right to Information Privacy) als Unterfall des Right to Privacy verfassungsrechtlich geschützt sei.[93] Die genauen Konturen des Right to Information Privacy sind aber unklar. Zumeist erwähnen die Gerichte das Right to Information Privacy nicht gesondert, sondern sprechen allgemein von dem Right to Privacy.[94] Eine dem deutschen Volkszählungsurteil vergleichbare Entscheidung erließ der US Supreme Court bisher nicht.

Nach der amerikanischen State Action Doctrine ist das Right to Privacy in erster Linie ein Abwehrrecht gegenüber staatlichen Stellen.[95] Das Right to Privacy entfaltet weder Drittwirkung, noch begründet es Schutzpflichten des Staates hinsichtlich der Eingriffe durch Private.[96] Lediglich in Einzelfällen kommt es zu einer faktischen Wirkung des Right to Privacy im Verhältnis zwischen Privaten. So wird staatliches Handeln bei der Durchsetzung privater Rechte durch die Gerichte oder der Übernahme öffentlicher Funktionen durch Private angenommen.[97]

2. *Das Common Law Right to Privacy*

Bereits Anfang des 20. Jahrhunderts erkannten die amerikanischen Gerichte das Right to Privacy als Common Law an und sprachen ihm deliktsrechtlichen Schutz zu.[98] Die von den Gerichten entwickelten Grundsätze veröffentlichte das American Law Institute in § 652 A bis

---

[93] NASA v. Nelson, 131 S.Ct. 746, 757 (2011); State v. Russo, 790 A.2d 1132, 1147 ff. (2002); Denius v. Dunlap, 209 F.3d 944, 955 ff. (7th Cir. 2000); Sterling v. Borough of Minersville, 232 F.3d 190, 194 ff. (3rd Cir. 2000); Chlapowski, 71 B.U.L. Rev. 133, 135 (1991) m. w. N.
[94] State v. Russo, 790 A.2d 1132, 1147 ff. (2002); Doe v. Attorney General, 941 F.2d 780, 796 (9th Cir. 1991); Doe v. Barrington, 729 F.Supp. 376, 382 ff. (D.N.J. 1990).
[95] Vgl. Houghton v. New Jersey Manufacturers Ins. Co., 615 F. Supp. 299, 306 (E.D. Pa. 1985); Miami Herald Pub. Co. v. Ferre, 636 F.Supp. 970, 975 f. (S.D. Fla. 1985); Giegerich, Privatwirkung der Grundrechte in den USA, S. 38 ff.; Buchner, Informationelle Selbstbestimmung, S. 9.
[96] Genz, Datenschutz in Europa und den USA, S. 49; Wuermeling, Handelshemmnis Datenschutz, S. 179; Wilske, CR 1993, 297, 299 und 304.
[97] Skinner v. Ry. Labor Executives Ass'n, 489 U.S. 602, 614 f. (1989); United States v. Jacobsen, 466 U.S. 109, 113 ff. (1984); Cooper, 36 Rutgers L. J. 775, 815 ff. (2005).
[98] Pavesich v. New England Life Ins. Co., 122 Ga. 190, 213 ff. (1905); Solove, 90 Cal. L. Rev. 1087, 1099 ff. (2002) m. w. N. Das Common Law Right to Privacy geht zurück auf den berühmten Artikel „The Right to Privacy" von Samuel D. Warren und Louis D. Brandeis. Die Autoren beschrieben das Right to Privacy als „right to be let alone", also das Recht, alleine gelassen zu werden, vgl. Warren/Brandeis, 4 Harv. L. Rev. 193 (1890).

E Restatement of the Law Second, Torts.[99] Danach muss derjenige, der das Right to Privacy eines anderen verletzt, diesem den entstandenen Schaden ersetzen. Im Einzelnen werden vier Tatbestände unterschieden: (1) Eindringen in den privaten Bereich, (2) unbefugter Gebrauch des Namens oder der Persönlichkeitsmerkmale zum eigenen Vorteil, (3) unbefugte Veröffentlichung privater Sachverhalte sowie (4) falsche oder entstellende Darstellung in der Öffentlichkeit.[100] Das Right to Information Privacy stellt kein selbstständiges Common Law dar. Bei Datenverarbeitungen wird deliktsrechtlicher Schutz allenfalls dann gewährt, wenn der jeweilige Fall einem der genannten Tatbestände zuzuordnen ist.[101]

3. Einfachgesetzlicher Datenschutz im öffentlichen Bereich

Die gesetzgeberischen Maßnahmen konzentrierten sich in den USA von Anfang an auf die staatliche Datenverarbeitung. Das wichtigste Gesetz ist der Federal Privacy Act von 1974, der für Datensammlungen von Bundesbehörden gilt.[102] Der Federal Privacy Act bestimmt allgemeine Datenschutzprinzipien. Dazu zählen der Grundsatz persönliche Daten nur bei Einwilligung oder gesetzlicher Erlaubnis offenzulegen, die Pflicht zum Schutz gespeicherter Daten vor Verlust und Missbrauch sowie das Recht des Betroffenen auf Einsicht, Berichtigung und Schadensersatz.[103] Im Gegenzug enthält der Federal Privacy Act aber auch großzügige Erlaubnistatbestände.[104] Datenverarbeitungen sind zum Beispiel zulässig, soweit sie dem Routinegebrauch entsprechen und mit dem Zweck der ursprünglichen Datenerhebung übereinstimmen.[105]

In der Folgezeit erließ der Bundesgesetzgeber weitere Vorschriften für spezielle Bereiche staatlicher Datenverarbeitung, so etwa den Right to Financial Privacy Act von 1978[106], den Privacy Protection Act von 1980[107] und den Drivers Privacy Protection Act von 1994[108]. Über ein dem BDSG vergleichbares Datenschutzgesetz verfügen die USA nicht. Weder der Federal Privacy Act noch die sektoralen Gesetze sehen ein grundsätzliches Verbot der Datenverarbeitung vor. Im Anschluss an die Terrorangriffe vom 11. September 2001 erfuhr die Entwicklung des Datenschutzes in den USA eine Umkehrung, indem Datenverarbeitungen

---

[99] American Law Institute, Restatement of the Law Second, Torts, St. Paul, MN 1965.
[100] Zu den einzelnen Tatbeständen: Prosser, 48 Cal. L. Rev. 383, 389 ff. (1960); Wuermeling, Handelshemmnis Datenschutz, S. 185 ff.; Wilske, CR 1993, 297, 304 f.
[101] Vgl. Elli Lake v. Wal-Mart Stores Inc., 582 N.W.2d. 231 (Minn. 1998); Shibley v. Time Inc., 45 Ohio App. 2d 69, 71 ff. (Ohio App. 1975).
[102] 5 USC § 552a.
[103] 5 USC § 552a (b), (d), (e)(9) und (10), (g).
[104] 5 USC § 552a (b)(1) bis (10).
[105] 5 USC § 552a (b)(3).
[106] 12 USC §§ 3401 bis 3422.
[107] 42 USC § 2000aa.
[108] 18 USC §§ 2721 bis 2725.

durch staatliche Behörden in weitem Umfang für zulässig erklärt wurden. Vor allem der 2001 erlassene Patriot Act verleiht staatlichen Behörden extensive Datenverarbeitungsbefugnisse zur Prävention und Verfolgung terroristischer Straftaten.[109]

4. Selbstregulierung und sektorale Datenschutzgesetze in der Privatwirtschaft

Seit den 1960er Jahren wurde in den USA der Datenschutz in der Privatwirtschaft erörtert.[110] Allerdings befand eine vom Kongress eingesetzte Kommission 1977, dass die umfassende staatliche Regulierung nicht erforderlich sei, da die Konkurrenz in der Privatwirtschaft zu ausreichenden Datenschutzmaßnahmen führen würde.[111] Im privatwirtschaftlichen Bereich wird seither vorwiegend auf die Selbstregulierung vertraut.[112] Zahlreiche amerikanische Konzerne bestimmen in internen Richtlinien (Privacy Policies) Grundsätze für den Umgang mit personenbezogenen Daten.[113] Inhaltlich orientieren sich die Instrumente der Selbstregulierung zumeist an den Vorgaben der OECD-Richtlinien von 1980[114].[115] Die Wirksamkeit der Instrumente ist aber von vornherein dadurch beschränkt, dass ihre Implementierung freiwillig ist und eine unabhängige Kontrolle fehlt.[116]

Der gesetzliche Schutz gegenüber Datenverarbeitungen der Privatwirtschaft beschränkt sich auf Bereiche, in denen besondere Risiken bestehen.[117] Die Mehrzahl der Vorschriften betrifft den Finanzsektor.[118] Hierzu zählt insbesondere der Fair Credit Reporting Act (FRCA) aus dem Jahr 1970.[119] Der FRCA richtet sich an Kreditauskunfteien, Nutzer von Kreditauskünften sowie alle Stellen, die Daten an Kreditauskunfteien weitergeben. Der FRCA regelt die Voraussetzungen für die Übermittlung von Daten über die Kreditwürdigkeit, den Charakter, die allgemeine Reputation und die Lebensweise einer Person.[120] Den Betroffenen stehen

---

[109] Uniting and Strengthening America by Providing Appropriate Tools Required to Intercept and Obstruct Terrorism (Patriot Act) of 2001, Pub. L. 107-56, 115 Stat. 272, H. R. 3162.
[110] Insbesondere Alan Westin leistete mit seinen Werken „Privacy and Freedom" von 1967 und „Databanks in a Free Society" von 1972 Pionierarbeit.
[111] Privacy Protection Study Commission, Personal Privacy in an Information Society, Ch. 13.
[112] Reidenberg, Privacy Protection and the Interdependence of Law, Technology and Self-Regulation, S. 1 ff.; Jacob in Büllesbach, Datenverkehr ohne Datenschutz?, S. 28; Genz, Datenschutz in Europa und den USA, S. 86 ff.
[113] So etwa General Motors (https://media.gm.com/media/us/en/gm/account/privacy_policy.html) oder die Coca-Cola Company (http://www.coca-colacompany.com/our-company/privacy-policy).
[114] OECD, Guidelines governing the Protection of Privacy and Transborder Flows of Personal Data (1980), Document C (89) 58 (Final) vom 23. September 1980. Die überarbeitete Fassung der Richtlinien von Juli 2013 ist abrufbar unter: http://www.oecd.org/sti/ieconomy/2013-oecd-privacy-guidelines.pdf.
[115] Wellberry in Büllesbach, Datenverkehr ohne Datenschutz?, S. 172; Wuermeling, Handelshemmnis Datenschutz, S. 187.
[116] Wuermeling, Handelshemmnis Datenschutz, S. 189.
[117] Hoofnagle, Comparative Study on different approaches to new privacy challenges, USA, S. 1 ff. und 11 ff.
[118] Zum Datenschutz im Finanzsektor: Genz, Datenschutz in Europa und den USA, S. 59 ff.
[119] 15 USC § 1681.
[120] 15 USC § 1681a(d)(1).

Auskunftsrechte sowie Berichtigungs- und Schadensersatzansprüche zu.[121] Wichtige Datenschutzbestimmungen enthält darüber hinaus der Gramm-Leach-Bliley-Act (GLBA) von 1999.[122] Der GLBA gilt für Finanzinstitute, worunter neben Banken, Versicherungen und Investmentgesellschaften auch Aussteller von Kreditkarten und Anbieter von Leasingverträgen fallen. Nach dem GLBA sind Finanzinstitute dazu verpflichtet, Verbraucher über sie betreffende Datenverarbeitungen zu informieren.[123] Datenübermittlungen dürfen nur stattfinden, wenn ein Erlaubnistatbestand greift oder dem Verbraucher ein Widerspruchsrecht eingeräumt wird.[124]

Für den Telekommunikationssektor bestehen ebenfalls Datenschutzgesetze. Der Electronic Communications Privacy Act von 1986 garantiert etwa die Vertraulichkeit von Kommunikationsvorgängen.[125] Er erstreckt sich auf sämtliche Formen der mündlichen, drahtgebundenen und elektronischen Kommunikation, wie Telefongespräche, E-Mails und Voice-Mails. Direkte Kommunikationsvorgänge werden vor unzulässigem Abhören und gespeicherte Kommunikationsvorgänge vor unbefugtem Zugriff geschützt.[126] In den Schutzbereich fallen ausschließlich die Inhalte der Kommunikationsvorgänge.[127] Der Telecommunications Act von 1996 indes schützt Sekundärinformationen wie Zeitpunkt, Dauer und Zielnummer von Telefongesprächen.[128] Diese Informationen dürfen erst nach gesetzlicher Anordnung oder zur Erfüllung eigener Leistungsverpflichtungen genutzt werden.[129] Das bedeutendste Datenschutzgesetz im Online-Bereich ist der Children's Online Privacy Act (COPPA) aus dem Jahr 1998.[130] Der COPPA regelt die Verarbeitung von Kinderdaten im Internet, wenn Betreiber ihr Angebot gezielt an Kinder richten oder Kenntnis erlangen, dass Daten von Kindern stammen.[131] Die Betreiber sind verpflichtet, über die Verarbeitung der Kinderdaten zu informieren und das Einverständnis der Eltern einzuholen.[132]

Im Gesundheitsbereich gewährleisten seit 2003 die auf Grundlage des Health Insurance Portability and Accountability Act (HIPAA) erlassenen Standards for Privacy of Individually Identifiable Health Information einen Mindestschutz für Gesundheitsdaten.[133] Die Regelungen

---

[121] 15 USC §§ 1681g und 1681n ff.
[122] 15 USC §§ 6801 bis 6809, §§ 6821 bis 6827.
[123] 15 USC §§ 6802(a) und 6803.
[124] 15 USC § 6802(b).
[125] 18 USC §§ 2510 bis 2522, §§ 2701 bis 2712 und §§ 3121 bis 3123.
[126] 18 USC §§ 2511 und 2701.
[127] 18 USC § 2510(8).
[128] 47 USC § 222.
[129] 47 USC § 222(c).
[130] 15 USC §§ 6501 bis 6506.
[131] 15 USC § 6502(a)(1).
[132] 15 USC § 6502(b)(1)(A)(i) und (ii).
[133] 45 C.F.R. §§ 160 und 164. Dazu: Oates, 30 Seattle U. L. Rev. 745, 745 ff. (2007).

richten sich an Krankenversicherungen, Clearingstellen und Anbieter von Gesundheitsleistungen, die elektronische Daten übermitteln.[134] Geschützt sind Daten, die den Gesundheitsstatus, die Krankenversicherung oder die Zahlung von Gesundheitsleistungen betreffen und einen Bezug zu einer bestimmten Person aufweisen.[135] Diese Daten dürfen einzig zur Durchführung und Zahlung von Gesundheitsleistungen oder zu ausdrücklich zugelassenen Zwecken verarbeitet werden.[136] In anderen Fällen bedarf es der Einwilligung des Betroffenen.[137]

An dieser Stelle ist festzuhalten, dass in den USA auf Bundesebene zwar zahlreiche Gesetze die Datenverarbeitung in der Privatwirtschaft regeln, es aber an einer einheitlichen Systematik fehlt.[138] Die Gesetze haben einen engen Anwendungsbereich und behandeln Datenschutzfragen bloß anlassbezogen. Sie beruhen auf unterschiedlichen Ansätzen und beziehen sich zumeist auf bestimmte Datenarten und Verarbeitungsphasen. Für die Betroffenen ist oft nicht erkennbar, welche Rechte ihnen zustehen.[139]

5. *Datenschutz in den Bundesstaaten*

Im Gegensatz zur US Constitution sehen die Verfassungen einiger Bundesstaaten ausdrücklich ein Right to Privacy vor.[140] Die meisten Regelungen schützen aber nur vor Eingriffen durch staatliche Stellen. Eine Ausnahme bildet Art. 1 Sec. 1 der kalifornischen Verfassung.[141] Der California Supreme Court befand 1994 in der Sache *Hill v. National Collegiate Athletic Assn.*, dass die Vorschrift das Right to Privacy auch im Verhältnis zwischen Privaten gewährleiste.[142] Es bedürfe jedoch einer schwerwiegenden Beeinträchtigung der Privatsphäre. Der Betroffene müsse ein rechtlich anerkanntes Interesse am Schutz des Right to Privacy und eine berechtigte Schutzerwartung im Einzelfall darlegen. Die Anforderungen an die Schutzgewährung sind somit hoch.

---

[134] 45 C.F.R. § 160.102.
[135] 45 C.F.R. § 160.103.
[136] 45 C.F.R. §§ 164.502 bis 164.506.
[137] 45 C.F.R. § 164.508.
[138] Hoofnagle, Comparative Study on different approaches to new privacy challenges, USA, S. 1 ff.; Reidenberg, 44 Fed. Comm. L. J. 195, 208 f. (1992); Schwartz, 52 Vand. L. Rev. 1607, 1632 ff. (1999); Solove, 53 Stan. L. Rev. 1393, 1444 (2001).
[139] Vgl. Hoofnagle, Comparative Study on different approaches to new privacy challenges, USA, S. 5.
[140] Alaska: Art. I Sec. 22; Arizona: Art. II Sec. 8; Florida: Art. I Sec. 23; Hawaii: Art. I Sec. 6 und 7; Illinois: Art. I Sec. 6; Kalifornien: Art. I Sec. 1; Louisiana: Art. I Sec. 5; Montana: Art. II Sec. 10; South Carolina: Art. I Sec. 10; Washington: Art. I Sec. 7.
[141] Art. 1 Sec. 1 California Constitution lautet: „All people are by nature free and independent and have inalienable rights. Among these are enjoying and defending life and liberty, acquiring, possessing, and protecting property, and pursuing and obtaining safety, happiness, and privacy.".
[142] Hill v. National Collegiate Athletic Assn., 7 Cal. 4th 1, 20 ff. und 37 (1994). Ebenso: Pioneer Electronics Inc. v. Superior Court, 40 Cal. 4th 360, 370 ff. (2007); Hernandez v. Hillsides Inc., 47 Cal. 4th 272, 295 ff. (2009).

Einige Bundesstaaten erließen zudem Datenschutzgesetze für den privaten Bereich.[143] Vor allem Kalifornien verfügt über eine Vielzahl von Gesetzen, die über das Schutzniveau der Bundesgesetze hinausgehen.[144] Das Gesetz zur Datensicherheit (Data Security Law) verpflichtet Unternehmen zum Beispiel zu Schutzmaßnahmen vor Zerstörung, Veränderung und Offenlegung persönlicher Informationen.[145] Über etwaige Verstöße müssen Unternehmen die Betroffenen in Kenntnis setzen.[146] Im Jahr 2001 richtete Kalifornien überdies beim Department of Consumer Affair das Office for Privacy Protection ein.[147] Diese Behörde formuliert Richtlinien zum Datenschutz, informiert Verbraucher und setzt sich für deren Rechte ein. Gleichwohl fehlt es selbst in Bundesstaaten mit vergleichsweise umfänglichen Datenschutzregeln wie Kalifornien an einem einheitlichen Konzept.[148] Der Schutz ist zumeist auf Bewohner des Bundesstaates beschränkt. So ist das kalifornische Gesetz zur Datensicherheit ausschließlich auf Unternehmen anwendbar, die persönliche Informationen von Bewohnern Kaliforniens besitzen oder lizensieren.[149] Ausländer und Bewohner anderer Bundesstaaten sind nicht geschützt. Die Unternehmen können Daten ferner ungehindert in andere Bundesstaaten und das Ausland übermitteln.

III. Zusammenfassende Gegenüberstellung

1. Unterschiedliche Regulierungsmodelle

Die vorstehende Darstellung verdeutlicht die unterschiedlichen Regulierungsmodelle des deutschen und des amerikanischen Datenschutzrechts. Das deutsche Datenschutzrecht geht von einem einheitlichen Modell aus, das den öffentlichen und den nicht-öffentlichen Bereich erfasst.[150] Die Gefahren für das Persönlichkeitsrecht werden sowohl in der staatlichen als auch in der privaten Datenverarbeitung gesehen.[151] Das Persönlichkeitsrecht ist daher nicht nur ein Abwehrrecht gegenüber staatlichen Stellen, sondern begründet zugleich die Pflicht des Staates, den Einzelnen vor Gefahren privater Datenverarbeiter zu schützen.

Anders als in Deutschland basiert das Datenschutzrecht in den USA auf einem zweigeteilten Modell, das zwischen der staatlichen und der privaten Datenverarbeitung differenziert.[152] Die

---

[143] Schwartz, 118 Yale L. J. 902, 916 ff. (2009); Wilske, CR 1993, 297, 304 ff.
[144] Hoofnagle, Comparative Study on different approaches to new privacy challenges, USA, S. 15 ff.
[145] Cal. Civ. Code § 1798.81.5.
[146] Cal. Civ. Code § 1798.29.
[147] Die Homepage des Office for Privacy Protection ist abrufbar unter: http://www.oag.ca.gov/privacy.
[148] Genz, Datenschutz in Europa und den USA, S. 75.
[149] Cal. Civ. Code § 1798.81.5.
[150] Ausführlich zum einheitlichen Modell: Buchner, Informationelle Selbstbestimmung, S. 26 ff.
[151] Vgl. Entwurf eines Gesetzes zum Schutz vor Mißbrauch personenbezogener Daten bei der Datenverarbeitung, BT-Drs. 7/1027 vom 21. September 1973, S. 14 und 17.
[152] Ausführlich zum zweigeteilten Modell: Buchner, Informationelle Selbstbestimmung, S. 7 ff.

Gefahren für das Right to Privacy werden in erster Linie in der staatlichen Datenverarbeitung gesehen. Die Datenverarbeitung in der Privatwirtschaft bleibt vorrangig der Selbstregulierung überlassen. Die bereichsspezifischen Vorschriften schützen das Persönlichkeitsrecht nur bruchstückhaft vor Eingriffen.[153] Der unzureichende Datenschutz in der Privatwirtschaft wirkt sich vor allem deshalb deutlich aus, weil es an hinreichenden verfassungsrechtlichen Vorgaben fehlt.

2. Gründe für die umfassende Regulierung in Deutschland

Die umfassende Regulierung des Datenschutzes in Deutschland entspricht dem traditionellen kontinental-europäischen Staats- und Grundrechtsverständnis. Sowohl die französische Erklärung der Menschen- und Bürgerrechte von 1789 als auch die Vertreter des deutschen Vormärz forderten, dass der Staat nicht nur selbst Angriffe auf die bürgerlichen Freiheiten unterlässt, sondern, dass er daneben die Freiheitssphäre der Bürger gegen Leibeigenschaft, Grundlasten und Dienstpflichten sichert.[154] In Deutschland führte die ständische Ordnung zur Herausbildung eines paternalistischen Staates, in dem die Freiheit der Bürger von nachrangiger Bedeutung war.[155] Die Reformen unter Bismarck von 1883 und 1889 waren nicht der Erfolg einer Freiheitsbewegung der Bürger, sondern des reaktionären Staatsregimes.[156]

Das BVerfG leitet in ständiger Rechtsprechung aus den Grundrechten staatliche Schutzpflichten ab.[157] Die besonderen Schutzpflichten des Staates auf dem Gebiet des Datenschutzes erklären sich durch die Nähe des allgemeinen Persönlichkeitsrechts zur Menschenwürde. In Abkehr von der nationalsozialistischen Vergangenheit formulierte der Parlamentarische Rat die Menschenwürde als Höchstwert des Grundgesetzes.[158] Das BVerfG betonte im Volkszählungsurteil die herausragende Bedeutung der Würde der Person, die in freier Selbstbestimmung als Glied einer freien Gesellschaft wirkt.[159] Ihrem Schutz diene das durch Art. 2 Abs. 1 i. V. m. Art. 1 Abs. 1 GG gewährleistete allgemeine Persönlichkeitsrecht. Dabei hob das BVerfG die Wichtigkeit der Ausweitung des Grundrechtsschutzes hervor, wenn die Persönlichkeit wegen gesellschaftlicher oder technischer Entwicklung neuen Gefährdungen

---

[153] Genz, Datenschutz in Europa und den USA, S. 125 ff.
[154] Fröhlich in Beiträge Nürnberger Menschenrechtszentrum, S. 10.
[155] Huber, Transnationale Modellregeln, S. 346.
[156] Huber, Transnationale Modellregeln, S. 346 f.; Wahl in Isensee/Kirchhof, Handbuch des Staatsrechts, Band I, § 2 Rn. 14 f.
[157] BVerfGE 56, 54, 71 ff.; 46, 160, 164 f.; 39, 1, 41 f.; Isensee in Isensee/Kirchhof, Handbuch des Staatsrechts, Band IX, § 191 Rn. 33 ff.; Fröhlich in Beiträge Nürnberger Menschenrechtszentrum, S. 12; Klein, NJW 1989, 1633, 1633 ff.
[158] Herdegen in Maunz/Dürig, GG, Art. 1 Rn. 4, 16 und 21.
[159] BVerfGE 65, 1, 41.

ausgesetzt wird.[160] Der Gesetzgeber müsse Normen erlassen, die den Schutz des Persönlichkeitsrechts unter den jeweiligen Bedingungen bestmöglich gewährleisten.

3. Gründe für die restriktive Regulierung in den USA

Das Staats- und Grundrechtsverständnis der USA unterscheidet sich grundlegend von dem Deutschlands. Die reservierte Haltung des amerikanischen Bundesgesetzgebers bei der Normierung des Datenschutzes in der Privatwirtschaft geht zurück auf die ausgeprägt liberale Regulierungsphilosophie.[161] Im Zuge der Loslösung von den europäischen Heimatstaaten entwickelte sich in den USA ein allgemeiner Freiheitsgedanke.[162] Während in Kontinentaleuropa der Staat gesellschaftliche Zusammenhänge umfassend regele, stellten die USA die Begrenzung des Staates in den Vordergrund.[163] Die US Constitution von 1789 basiert auf der Überzeugung, dass dem Menschen unveräußerliche Freiheitsrechte zustehen.[164] Der Staat soll sich auf die Gewähr der individuellen Freiheit und den Schutz des Privateigentums beschränken.[165]

Die amerikanischen Grundrechte sind primär Abwehrrechte gegenüber dem Staat.[166] Dem Gesetzgeber kommt im Bereich der privaten Datenverarbeitung kein allgemeiner Schutzauftrag zu. Das Right to Privacy steht auch nicht in direktem Zusammenhang mit der Menschenwürde. Anders als das deutsche Grundgesetz gibt die US Constitution die Menschenwürde nicht als materielles Staatsziel vor.[167] Die US Constitution betont vielmehr die Rede- und Pressefreiheit des First Amendment, die den freien Informationsaustausch beinhaltet.[168] Der US Supreme Court ordnet das Right to Privacy daher regelmäßig als nachrangig gegenüber der Rede- und Pressefreiheit ein.[169] Eine umfassende Regulierung der Datenverarbeitung zwischen Privaten wäre nicht mit dem First Amendment vereinbar, da sie den freien Informationsaustausch einschränken würde.[170]

---

[160] BVerfGE 65, 1, 41 ff.
[161] Wuermeling, Handelshemmnis Datenschutz, S. 177.
[162] Huber, Transnationale Modellregeln, S. 343.
[163] Hess, American Social and Political Thought, S. 37 ff.; Fink, Datenschutz zwischen Staat und Markt, S. 43 f.
[164] Huber, Transnationale Modellregeln, S. 343.
[165] Huber, Transnationale Modellregeln, S. 343.
[166] Fröhlich in Beiträge Nürnberger Menschenrechtszentrum, S. 9 f.
[167] Vöneky, Recht, Moral und Ethik, S. 483; Brugger, JZ 2008, 773, 774; ders., Demokratie, Freiheit und Gleichheit, S. 37 ff.; Kommers, Der Staat 37 (1998), 335, 338.
[168] Froomkin, 52 Stan. L. Rev. 1461, 1506 ff. (2000); Wellbery in Büllesbach, Datenverkehr ohne Datenschutz?, S. 170; Buchner, Informationelle Selbstbestimmung, S. 20 ff.
[169] Bartnicki v. Vopper, 532 U.S. 514, 527 ff. (2001); Florida Star v. B. J. F., 491 U.S. 524, 533 (1989); Smith v. Daily Mail Publishing Co., 443 U.S. 97, 1032 f. (1979).
[170] Volokh, 52 Stan. L. Rev. 1049, 1049 ff. (2000).

2. Kapitel: Ursachen und Hintergründe des Konflikts

Die bereichsspezifischen Datenschutzgesetze spiegeln zugleich die amerikanische Tradition einer fallbezogenen Gesetzgebung wider, die darauf ausgerichtet ist, einzelne Rechte als Reaktion auf spezielle Probleme zu begründen.[171] Gesetze dienen traditionell lediglich der Ergänzung des Common Law.[172] Die staatliche Regulierung privater Aktivitäten wird gemeinhin als Gefahr für die Freiheiten der Bürger angesehen.[173] Diese abwehrende Haltung behindert die Gesetzgebung auf dem Gebiet des Datenschutzes. Trotz einer Hinwendung zu mehr Gesetzgebungsmaßnahmen unter der Präsidentschaft von Barack Obama wird die Selbstregulierung in den USA nach wie vor als bevorzugte Regelungsmethode angesehen.[174]

B. Sachverhaltsaufklärung im Zivilprozess

Die zweite Hauptursache für den Konflikt zwischen der Discovery und deutschem Datenschutzrecht ist die unterschiedliche Auffassung von der Sachverhaltsaufklärung im Zivilprozess. Sowohl der deutsche als auch der amerikanische Zivilprozess basieren auf dem Beibringungsgrundsatz.[175] Danach ist es Sache der Parteien, die relevanten Tatsachen vorzutragen und einschlägige Beweismittel beizubringen. Allerdings geschieht dies in Deutschland und den USA auf ganz unterschiedliche Weise. Nachfolgend wird das Verfahren zur Sachverhaltsaufklärung in Deutschland (I.) und den USA (II.) erläutert und gegenübergestellt (III.).

I. Deutschland

1. Aktive Prozessleitung durch das Gericht

In Deutschland begleitet das Gericht den Zivilprozess von Anfang an und gewährleistet einen gesetzmäßigen Ablauf. Die formelle Prozessleitung umfasst den äußeren Ablauf des Verfahrens.[176] Dem Gericht obliegen insbesondere die Zustellung, die Fristsetzung, die Terminierung, die Ladung und die Festlegung der Verfahrensweise.[177] Im Rahmen der materiellen Prozessleitung sorgt das Gericht für eine sachangemessene Verhandlung des Falles.[178] Es legt fest, welche Streitpunkte entscheidungserheblich sind und worüber Beweis zu erheben ist.

---

[171] Buchner, Informationelle Selbstbestimmung, S. 15.
[172] Miedbrodt in Freundesgabe Büllesbach, S. 276; Lepsius, Verwaltungsrecht unter dem Common Law, S. 37 ff.
[173] Reidenberg, 52 Stan. L. Rev. 1315, 1342 f. (2000); ders., 80 Iowa L. Rev. 497, 501 (1995).
[174] The White House, Consumer Data Privacy in a Networked World: A Framework for Protecting Privacy and Promoting Innovation in the Global Digital Economy, Februar 2012, S. 1 ff. Danach sollen Unternehmen die Datenschutzrechte der Verbraucher vor allem durch Verhaltensregeln (Codes of Conduct) umsetzen.
[175] Krapfl, Dokumentenvorlage, S. 122; Gerber, 34 Am. J. Comp. L. 745, 767 f. (1986); Langbein, 52 U. Chi. L. Rev. 823, 827 ff. (1985); Stürner in FS Stiefel, 763, 763 ff.
[176] Prütting in Prütting/Gehrlein, ZPO, § 136 Rn. 2; Stadler in Musielak, ZPO, § 136 Rn. 2; Stürner in FS Stiefel, 763, 767.
[177] §§ 136 Abs. 1, 2 und 4, 166 bis 190, 214, 216, 227, 270, 272 ZPO.
[178] §§ 136 Abs. 3, 139 ZPO; Prütting in Prütting/Gehrlein, ZPO, § 136 Rn. 5.

24 B. Sachverhaltsaufklärung im Zivilprozess

Das Gericht ist verpflichtet, den Streitstand in rechtlicher und tatsächlicher Hinsicht aktiv mit den Parteien zu erörtern.[179] Es weist die Parteien auf fehlenden Tatsachenvortrag hin und regt Beweisanträge an.[180] Das Gericht führt auch die Beweiserhebung durch, indem es Augenschein einnimmt, Zeugen und Parteien hört, Sachverständige hinzuzieht und Urkunden einsieht.[181] Bis auf den Zeugenbeweis darf das Gericht alle Beweismittel von Amts wegen erheben.[182] Der Zivilprozess kann aus mehreren Terminen zur mündlichen Hauptverhandlung und zur Beweiserhebung bestehen. Die Parteien müssen nicht sämtliche Tatsachen und Beweismittel bei Verfahrensbeginn präsentieren, sondern können diese, soweit keine Verspätung vorliegt, bis zum Schluss der mündlichen Hauptverhandlung ergänzen. Anders als in den USA gibt es im deutschen Zivilprozess keine aus juristischen Laien bestehende Jury. Das Gericht ist vornehmlich mit Berufsrichtern besetzt.[183]

2. *Aufklärung des rechtserheblichen Sachverhalts*

Die Sachverhaltsaufklärung ist im deutschen Zivilprozess auf rechtserhebliche Tatsachen begrenzt.[184] Der Kläger muss bereits in der Klageschrift den maßgeblichen Lebenssachverhalt schildern und einen bestimmten Klageantrag stellen.[185] Beabsichtigt der Beklagte eine Verteidigung, hat er in der Klageerwiderung seine Verteidigungsmittel vorzubringen.[186] Das Gericht prüft im Zuge der Schlüssigkeitskontrolle, ob das Vorbringen des Klägers seinen Klageantrag rechtfertigt. Ist dies zu verneinen, kann das Gericht die Klage ohne Prüfung der Verteidigungsmittel des Beklagten abweisen. Ist das Vorbringen des Klägers hingegen schlüssig, kontrolliert das Gericht im zweiten Schritt, ob das Vorbringen des Beklagten für die Entscheidung rechtlich von Bedeutung ist. Allein hinsichtlich der zwischen den Parteien streitigen und rechtserheblichen Tatsachen nimmt das Gericht eine Beweiserhebung vor.

Bei der Aufklärung des rechtserheblichen Sachverhalts ist die beweisbelastete Partei zunächst auf solche Beweismittel beschränkt, über die sie selbst verfügt. Die Gegenseite ist grundsätzlich nicht prozessual zur Aufklärung verpflichtet.[187] Von dieser Grundregel sieht die Zivilprozessordnung (ZPO) wenige Ausnahmen vor. So kann eine Partei nach § 421 ZPO den Beweis antreten, indem sie bei Gericht beantragt, dem Gegner die Vorlage einer Urkunde aufzu-

---

[179] § 139 Abs. 1 Satz 1 ZPO; Prütting in Prütting/Gehrlein, ZPO, § 139 Rn. 1 ff.
[180] § 139 Abs. 1 Satz 2 ZPO.
[181] §§ 284, 355 bis 484 ZPO.
[182] §§ 142, 144, 293, 448 ZPO.
[183] Ehrenamtliche Richter werden in der Zivilgerichtsbarkeit lediglich in den Kammern für Handelssachen eingesetzt, vgl. § 105 Abs. 1 GVG.
[184] BGH, NJW 1990, 3151, 3151; Stürner in FS Stiefel, 763, 765 f.
[185] § 253 Abs. 2 Nr. 2 ZPO.
[186] § 277 Abs. 1 Satz 1 ZPO.
[187] BGH, NJW 1992, 1817, 1819; NJW 1990, 3151, 3151; OLG Hamm, NJW 1998, 3358, 3358; Leipold in Stein/Jonas, ZPO, § 138 Rn. 25 ff.; a. A. Stürner, Aufklärungspflicht, S. 56 ff., 92 ff. und 134 ff.

geben.[188] Voraussetzung dafür ist, dass den Gegner eine Vorlagepflicht nach den §§ 422, 423 ZPO trifft. Gemäß § 423 ZPO ist der Gegner zur Vorlage verpflichtet, wenn er im Prozess selbst auf die Urkunde Bezug genommen hat. Nach § 422 ZPO ist der Gegner zur Vorlage verpflichtet, wenn die beweisbelastete Partei einen materiell-rechtlichen Anspruch auf Herausgabe oder Vorlage hat. In Betracht kommen zum Beispiel die Ansprüche auf Herausgabe der §§ 371, 402, 985, 1144 BGB oder auf Einsichtnahme und Rechnungslegung der §§ 666, 716, 810 BGB sowie der §§ 118, 157 Abs. 3, 166, 233 HGB. Außerhalb des Beweisverfahrens kann die beweisbelastete Partei materiell-rechtliche Vorlageansprüche nur in einer Stufenklage oder einem gesonderten Prozess geltend machen.[189]

Besitzt ein Dritter die Urkunde und überlässt er diese nicht freiwillig, muss die beweisbelastete Partei nach § 428 Alt. 1 ZPO bei Gericht eine Fristsetzung beantragen. Die Fristsetzung bewirkt die Unterbrechung des Verfahrens und ermöglicht der Partei, die Vorlage der Urkunde außerhalb des Verfahrens, soweit erforderlich auf dem Klageweg, durchzusetzen.[190] Nach § 429 ZPO ist der Dritte unter den gleichen Voraussetzungen wie der Beweisgegner zur Urkundenvorlage verpflichtet.[191]

Daneben ist die beweisbelastete Partei berechtigt, die Urkundenvorlage gemäß § 142 Abs. 1 ZPO anzuregen.[192] Nach dieser im Rahmen der ZPO-Reform von 2001 neu gefassten Vorschrift kann das Gericht Parteien und Dritte auffordern, in ihrem Besitz befindliche Urkunden und sonstige Unterlagen vorzulegen, auf die sich eine Partei bezogen hat.[193] Die Entscheidung über die Anordnung steht im pflichtgemäßen Ermessen des Gerichts. Die Anordnung ist unabhängig von materiell-rechtlichen Ansprüchen und der Beweislast. Voraussetzung ist aber, dass neben der Bezugnahme ein schlüssiger Parteivortrag vorliegt.[194] § 142 Abs. 1 ZPO begründet somit keine allgemeine Aufklärungspflicht und ist nicht mit der amerikanischen Discovery vergleichbar.[195]

---

[188] Auf elektronische Dokumente und andere Augenscheinsobjekte sind die §§ 421 ff. ZPO nach § 371 Abs. 2 Satz 2 ZPO entsprechend anwendbar.
[189] Foerste in Musielak, ZPO, § 254 Rn. 1 ff. (zur Stufenklage); Krapfl, Dokumentenvorlage, S. 10 ff.
[190] Preuß in Prütting/Gehrlein, ZPO, § 428 Rn. 4.
[191] Eine Vorlagepflicht nach §§ 429, 422 ZPO wegen Bezugnahme auf die Urkunde kommt in Betracht, wenn der Dritte als Streithelfer am Prozess beteiligt ist oder früher Partei war, vgl. Preuß in Prütting/Gehrlein, ZPO, § 429 Rn. 2; Leipold in Stein/Jonas, ZPO, § 429 Rn. 1.
[192] Für elektronische Dokumente und andere Augenscheinsobjekte enthält § 144 ZPO die entsprechende Regelung.
[193] Zuvor war § 142 Abs. 1 ZPO auf Urkunden einer Partei beschränkt, auf die sich *diese* Partei bezogen hat. Bei der Reform von 2001 wurde § 142 Abs. 1 ZPO insofern erweitert, als dass Parteien und Dritte nunmehr Urkunden vorlegen müssen, wenn sich *eine* Partei auf sie bezogen hat.
[194] Krapfl, Dokumentenvorlage, S. 26 f. und 31 f.
[195] Beschlussempfehlung und Bericht des Rechtsausschusses des Deutschen Bundestags, BT-Drs. 14/6036 vom 15. Mai 2001, S. 120 f.; Zekoll/Bolt, NJW 2002, 3129, 3133 f.

In all diesen Fällen ist die Beweiserhebung im deutschen Zivilprozess durch das Ausforschungsverbot beschränkt.[196] Besteht die Gefahr einer Ausforschung, lehnt das Gericht den Beweisantrag als unzulässig ab. Von der Gefahr einer Ausforschung ist in folgenden drei Fallgruppen auszugehen: Die erste Gruppe bilden Beweisanträge, bei denen eine Partei die unter Beweis gestellten Tatsachen so ungenau angibt, dass das Gericht ihre Erheblichkeit nicht beurteilen kann.[197] Die zweite Gruppe erfasst Behauptungen, die eine Partei ohne konkreten Anhaltspunkt, also „ins Blaue hinein", aufstellt.[198] Bei der dritten Gruppe handelt es sich um Beweisanträge ohne Angabe beweisbedürftiger Behauptungen, mit denen Hinweise auf prozessrelevante Tatsachen erst in Erfahrung gebracht werden sollen.[199]

3. Berücksichtigung des allgemeinen Persönlichkeitsrechts

Im deutschen Zivilprozess erfolgt die Vorlage von personenbezogenen Daten unter Beteiligung des Gerichts, welches den Prozessbeteiligten in Ausübung staatlicher Hoheitsgewalt gegenübertritt. Nach Art. 1 Abs. 3 GG ist das Gericht an die Grundrechte und somit auch an die datenschutzrechtlichen Ausprägungen des allgemeinen Persönlichkeitsrechts gebunden. Zwar begründet das allgemeine Persönlichkeitsrecht kein Zeugnisverweigerungsrecht, gleichwohl berücksichtigt es das Gericht bei der Ermessensausübung.[200] Die Verwendung personenbezogener Daten ohne Einwilligung des Betroffenen bedeutet einen Eingriff in dessen Persönlichkeitsrecht. Das Gericht prüft im Einzelfall, ob der Eingriff gerechtfertigt ist. Nach Art. 2 Abs. 1 GG wird das allgemeine Persönlichkeitsrecht unter anderem durch die verfassungsmäßige Ordnung beschränkt. Zur verfassungsmäßigen Ordnung zählt der aus dem Rechtsstaatsprinzip folgende Anspruch der Parteien auf eine faire Handhabung des Beweisrechts.[201] Danach ist das Gericht gehalten, von den Parteien angebotene Beweismittel zu berücksichtigen. Dies gilt aber nur insoweit, als eine Behauptung rechtserheblich und beweisbedürftig ist. Daher besteht im Regelfall lediglich für eine

---

[196] Laumen in Prütting/Gehrlein, ZPO, § 284 Rn. 24 f.; Beckhaus, Die Bewältigung von Informationsdefiziten, S. 247 ff.
[197] BGH, NJW 2005, 2710, 2711; NJW 1991, 2707, 2709; NJW-RR 1996, 183, 184; NJW 1974, 1710, 1711; Prütting in Müko-ZPO, § 284 Rn. 79; Beckhaus, Die Bewältigung von Informationsdefiziten, S. 247.
[198] BGH, NJW-RR 2011, 1350, 1351; NJW 2005, 2710, 2711; NJW 1995, 2111, 2112; Foerste in Musielak, ZPO, § 284 Rn. 18; Prütting in Müko-ZPO, § 284 Rn. 79; Beckhaus, Die Bewältigung von Informationsdefiziten, S. 247.
[199] BGH, NJW-RR 1986, 480, 482; NJW 1979, 1832, 1832 f.; NJW 1964, 1179, 1179; Beckhaus, Die Bewältigung von Informationsdefiziten, S. 247.
[200] BVerfGE 117, 202, 240; 106, 28, 48; 52, 203, 207; BGHZ 27, 284, 291; BAG, NZA 2011, 571, 573 f.; NZA 2008, 1008, 1011 f.; OLG Braunschweig, Urteil vom 5. November 2006, 1 W 64/08, juris; OLG München, Urteil vom 9. November 2001, 1 U 2742/06, juris; OLG Hamm, Urteil vom 30. Juni 1992, 4 U 321/91, juris; Dauster/Braun, NJW 2000, 313, 316 ff.; Konrad, NJW 2004, 710, 711; Wagner, JZ 2007, 706, 715; ders. ZZP 15 (1995), 193, 213 ff; Werner, NJW 1988, 993, 997 ff.
[201] BVerfGE 117, 202, 240; 106, 28, 48; 52, 131, 145; BAG, NZA 2011, 571, 573; NZA 2008, 1008, 1010; Prütting in MüKo-ZPO, § 284 Rn. 18; Habscheid, ZZP 96 (1983), 306, 307 f.; Dauster/Braun, NJW 2000, 313, 319; Werner, NJW 1988, 993, 998.

überschaubare Anzahl von personenbezogenen Daten eine Vorlagepflicht. Das Gericht prüft, ob und in welchem Umfang die Offenlegung der personenbezogenen Daten tatsächlich für die Beweisführung erforderlich ist. In Bezug auf die erforderlichen personenbezogenen Daten wägt das Gericht das Persönlichkeitsrecht des Betroffenen gegen das Beweisführungsinteresse der Partei nach den Grundsätzen der praktischen Konkordanz ab. Entscheidende Bedeutung kommt der Art der personenbezogenen Daten zu.[202] Je sensibler und intimer die personenbezogenen Daten sind, desto mehr ist der Abwägungsspielraum des Gerichts eingeschränkt. Auf Seiten des Beweisführers ist zu berücksichtigen, ob andere Beweismittel zur Verfügung stehen.[203] Das Interesse an der Sicherung eines Beweismittels allein rechtfertigt nicht den Eingriff in das Persönlichkeitsrecht.[204] Vielmehr muss den personenbezogenen Daten eine besondere Bedeutung für die Rechtsdurchsetzung der Partei zukommen.[205]

II. USA

1. Zivilprozess als Zweikampf der Parteien

Die Rollenverteilung des amerikanischen Zivilprozesses unterscheidet sich grundlegend von der des deutschen Zivilprozesses. Nach dem Adversary System wird das Verfahren in erster Linie von den Parteien und ihren Anwälten gestaltet.[206] Dem liegt die Vorstellung zugrunde, dass der Zweikampf der Parteien die beste Methode zur Herstellung von Gerechtigkeit sei (Sporting Theory of Justice).[207] Im Pretrial besprechen die Parteien ohne Beteiligung des Gerichts den Ablauf des Verfahrens und formulieren einen Plan für die Discovery, aus dem sich deren Fristen und Maßnahmen ergeben.[208] Das Gericht kann die Parteien zu einer Pretrial Conference laden und Verfahrensanordnungen erlassen.[209] Weitere formelle Prozessleitungsmaßnahmen sind nicht ausgeschlossen, allerdings handelt das Gericht selten von sich aus. Im Regelfall nimmt das Gericht eine passive Rolle ein. Zustellungen und Mitteilungen erfolgen grundsätzlich im Parteibetrieb.[210] Materielle Prozessleitungsmaßnahmen des Gerichts sind ebenfalls ungewöhnlich. Gerichtliche Hinweis- und Aufklärungspflichten entsprechend der ZPO kennt der amerikanische Zivilprozess nicht.[211] Die Parteien gestalten die Discovery und

---

[202] Vgl. BVerfGE 80, 367, 374; 34, 238, 248.
[203] OLG Braunschweig, Urteil vom 5. November 2006, 1 W 64/08, juris; OLG Hamm, Urteil vom 30. Juni 1992, 4 U 321/91, juris.
[204] BVerfGE 117, 202, 240; 106, 28, 48 f.
[205] BVerfGE 106, 28, 48.
[206] Junker, Discovery, S. 78 ff.; Gerber, 34 Am. J. Comp. L., 745, 767 ff. (1986); Frankel, 123 U. Pa. L. Rev. 1031, 1031 ff. (1975).
[207] Stürner in FS Stiefel, 763, 777; Frankel, 123 U. Pa. L. Rev. 1031, 1033 (1975).
[208] FRCP 26(f)(1) bis (3).
[209] FRCP 16(a), (c) und (d); Peckham, 69 Cal. L. Rev. 770, 770 ff. (1990).
[210] FRCP 4(c) und 5.
[211] Junker, Discovery, S. 80.

entscheiden, welche Beweise zu erheben sind. Sie können ohne gerichtliche Anordnung Auskünfte und Dokumente von der Gegenseite und Dritten anfordern.[212] Bei Streitigkeiten bestimmen die Parteien, ob sie das Gericht einschalten. Das Gericht befindet sodann ausschließlich über die Zulässigkeit der streitigen Maßnahme.

Für die mündliche Hauptverhandlung ist zumeist ein einziger Termin anberaumt. Die sorgfältige und umfassende Vorbereitung im Pretrial ist daher entscheidend für den Prozessausgang. Die Anwälte sind die zentralen Akteure der Hauptverhandlung. Überwiegend findet die Hauptverhandlung unter Beteiligung einer Jury statt, der die Anwälte ihre Version des Rechtsstreits und die von ihnen für relevant befundenen Beweismittel präsentieren.[213] Der Richter überwacht diesen Vorgang lediglich. Theoretisch kann der Richter einen aktiven Verhandlungsstil wählen und zum Beispiel von Amts wegen Zeugen und Sachverständige laden.[214] In der Praxis kommt dies so gut wie nicht vor.[215] Die Richter stammen vorwiegend aus der Anwaltschaft und sind es gewohnt, den Prozess aus Sicht des Anwalts zu sehen.[216]

2. *Aufklärung des historischen Gesamtsachverhalts*

Anders als in Deutschland müssen die Parteien im amerikanischen Zivilprozess ihr Vorbringen dem Gericht nicht umfänglich in Schriftsätzen unterbeiten. Das Gericht unterzieht die Klage im Pretrial keiner Schlüssigkeitskontrolle. Die Klageschrift dient allein der Benachrichtigung des Gegners (Notice Pleading).[217] Sie enthält regelmäßig keinen ausführlichen Sachverhaltsvortrag oder gar Beweisangebote.[218] Der Kläger kann die Klage ohne Kenntnis der genauen Gründe erheben und diese erst in der Discovery ausfindig machen. Die Jury beurteilt den Rechtsstreit primär nach dem tatsächlichen Geschehen und weniger nach rechtlichen Vorgaben.[219] Deshalb erfolgt die Sachverhaltsaufklärung in der Discovery weitgehend unabhängig von rechtlichen Anspruchsgrundlagen. Angestrebt wird die Aufklärung des historischen Gesamtsachverhalts.[220] So befand auch der US Supreme Court bereits

---

[212] Bis zur Reform der FRCP von 1970 mussten die Anwälte die Dokumentenvorlage bei Gericht beantragen und dafür einen vernünftigen Grund angeben. Dazu: Junker, Discovery, S. 166 f.
[213] Junker, Discovery, S. 75.
[214] FRE 614(a) und 706(a).
[215] Osthaus, Informationszugang, S. 55; Langbein, 52 U. Chi. L. Rev., 823, 840 (1985).
[216] Stürner in FS Stiefel, 763, 778; Frankel, 123 U. Pa. L. Rev. 1031, 1033 (1975).
[217] Osthaus, Informationszugang, S. 84; Marcus, 86 Colum. L. Rev. 433, 451 ff. (1986).
[218] Osthaus, Informationszugang, S. 84.
[219] Stürner in FS Stiefel, 763, 764.
[220] Krapfl, Dokumentenvorlage, S. 123; Frankel, 123 U. Pa. L. Rev. 1031, 1036 (1975); Stürner in FS Stiefel, 763, 766.

1947 in der Leitentscheidung *Hickman v. Taylor*, dass die Discovery den Parteien größtmögliche Kenntnis der Tatsachen und Streitfragen vermitteln solle.[221] Aufgrund dieser Zielsetzung verfügen die Parteien über weitreichende Befugnisse zur Sachverhaltsaufklärung. Die Discovery kann sich auf alle Informationen erstrecken, die für ein Angriffs- oder Verteidigungsmittel einer Partei relevant sind und keinem Weigerungsrecht unterliegen.[222] Es muss sich nicht um Informationen handeln, die als Beweismittel für die mündliche Hauptverhandlung in Betracht kommen.[223] Vielmehr ist ausreichend, wenn die Informationen zur Aufdeckung zulässiger Beweismittel geeignet erscheinen. Der Prozessausgang soll nicht vom bloßen Informationsvorsprung einer Seite abhängen.[224] Für die umfassende Sachverhaltsaufklärung stehen den Parteien folgende Instrumente zur Verfügung:

(1) Der Austausch von schriftlichen Fragen (Interrogatories) und Antworten zwischen Parteien[225];

(2) die Aufforderung von Parteien und Dritten zur Vorlage von Dokumenten, elektronisch gespeicherten Informationen und körperlichen Gegenständen (Production of Documents, Electronically Stored Information and Tangible Things)[226];

(3) die Vernehmung von Parteien und Dritten unter Eid (Depositions)[227];

(4) die Aufforderung von Parteien und Dritten zur Gestattung des Zutritts zu Grundstücken und anderem Besitztum (Entry onto Land or other Property)[228];

(5) die körperliche und geistige Untersuchung (Physical and Mental Examination) von Parteien[229] sowie

(6) die Aufforderung von Parteien zum Geständnis (Request for Admission)[230].

Die Kehrseite der umfassenden Sachverhaltsaufklärung ist die Gefahr von Beweisfischzügen (Fishing Expeditions) und einer Ausforschung der Gegenseite.[231] Anders als in Deutschland wird dies in den USA im Interesse der Wahrheitsfindung bewusst in Kauf genommen.[232]

---

[221] Hickman v. Taylor, 329 U.S. 495, 501 (1947).
[222] FRCP 26(b)(1) Satz 1.
[223] FRCP 26(b)(1) Satz 3.
[224] Hickman v. Taylor, 329 U.S. 495, 507 (1947).
[225] FRCP 33.
[226] FRCP 34(a)(1).
[227] FRCP 30 und 31.
[228] FRCP 34(a)(2).
[229] FRCP 35.
[230] FRCP 36.
[231] Mössle, Extraterritoriale Beweisbeschaffung, S. 104 ff.; Lorenz, ZZP 111 (1998), 35, 49 f.; Reimann, IPrax 1994, 152, 152.
[232] Hickman v. Taylor, 329 US 495, 507 f. (1947).

Spätestens mit Abschluss der Discovery können die Parteien ihre eigene und die gegnerische Position einschätzen. Die Mehrzahl der Verfahren wird vor der Hauptverhandlung durch Vergleich beendet.[233] Aus diesem Grund wird der Discovery eine vergleichsfördernde Wirkung zugesprochen.[234] Zum Teil sind Beklagte auch nur zur Vermeidung hoher Discovery-Kosten bereit, einen unbegründeten Anspruch vergleichsweise zu befriedigen.[235] Denn die Discovery-Kosten trägt grundsätzlich jede Partei selbst.[236] Für Kläger ist das anfängliche Kostenrisiko gering, da die Gerichtsgebühren niedrig sind und viele Klägeranwälte auf der Basis von Erfolgshonoraren (Contingency Fees) tätig werden.[237]

3. Berücksichtigung des Right to Privacy

Die Gerichte haben dem Right to Privacy bislang nicht den Schutz eines Weigerungsrechts zuerkannt, sodass personenbezogene Daten in der Discovery prinzipiell offenzulegen sind. Anders als in Deutschland greift das Gericht in den USA nicht von sich aus in das Verfahren ein, um das Right to Privacy zu schützen. Die Discovery ist ein Parteiverfahren. Die Parteien bestimmen den Umfang der Discovery und die Schutzwürdigkeit von Informationen. Das Gericht berücksichtigt das Right to Privacy erst auf Antrag einer Partei oder des Betroffenen. Dazu muss der Antragsteller eine berechtigte Erwartung am Schutz des Right to Privacy darlegen.[238] Für die Schutzwürdigkeit stellen die Gerichte in erster Linie auf die Art der Daten ab.[239] Die Schutzerwartung ist besonders hoch bei Informationen über intime Beziehungen des Betroffenen zu anderen Personen[240], Namen und Adressen von Patienten einer Arztpraxis[241] sowie Gesundheitsdaten[242]. Geringer Schutz kommt demgegenüber Namen und Adressen außerhalb des Gesundheitskontexts sowie Angaben über den Familienstand und das Arbeitsverhältnis zu.[243] Darüber hinaus stellen die Gerichte darauf ab, wessen Daten betroffen

---

[233] Zu einer Hauptverhandlung kommt es in weniger als zehn Prozent der eingeleiteten Verfahren, vgl. Higginbotham, 6-26 Moore's Federal Practice - Civil § 26.101[1].
[234] Higginbotham, 6-26 Moore's Federal Practice - Civil § 26.02; Lange/Black, Der Zivilprozess in den Vereinigten Staaten, S. 62; Zekoll, 50 Am. J. Comp. L. 121, 149 f. (2002).
[235] Junker, Discovery, 91 f.; Schack, Einführung in das US-amerikanische Zivilprozessrecht, S. 46.
[236] Dies entspricht der im amerikanischen Zivilprozess geltenden „American Rule", wonach eine Partei grundsätzlich keine Kostenerstattung von der Gegenseite verlangen kann. Dazu: Breyer, Kostenorientierte Steuerung des Zivilprozesses, S. 108 ff.
[237] Junker, Discovery, S. 90 f. Die Gebühr für die Klageeinreichung bei den Bundesgerichten beträgt lediglich 350 USD (siehe: http://www.uscourts.gov/FormsAndFees/Fees/USCourtOfFederalClaimsFeeSchedule.aspx)
[238] Hill v. National Collegiate Athletic Assn., 7 Cal. 4th 1, 36 f. (1994).
[239] Adelman v. BSA, 276 F.R.D. 681, 694 ff. (S.D. Fla. 2011); Schnabel v. Superior Court, 5 Cal. 4th 704, 714 (1993).
[240] Fults v. Superior Court, 88 Cal. App. 3d 899, 902 (Cal. App. 1st Dist. 1979); Martinelli v. District Court of Denver, 199 Colo. 163, 174 (1980); Byron & Assocs. Inc. v. State, 169 So.2d 83, 95 (Fla. 1st DCA 1978).
[241] Colonial Medical Spec. v. United Diagnostic Lab., 674 So.2d 923, 923 f. (Fla. 4th DCA 1996).
[242] Pagano v. Oroville Hosp., 145 F.R.D. 683, 697 (E.D. Cal. 1993); Heda v. Superior Court, 225 Cal. App. 3d 525, 527 (Cal. App. 1st Dist. 1990).
[243] ACLU v. Whitman, 159 P.3d 707, 710 (Colo. App. 2006).

sind. Bei Daten des Klägers gehen die Gerichte regelmäßig von einer eingeschränkten Schutzwürdigkeit aus, da er den Rechtsstreit und damit die Discovery eingeleitet hat.[244] Bei Daten des Beklagten hängt die Schutzwürdigkeit davon ab, ob er den Rechtsstreit provoziert hat. Am ehesten schützen die Gerichte Daten unbeteiligter Dritter.[245]

Bei Vorliegen einer berechtigten Schutzerwartung des Antragstellers prüft das Gericht im nächsten Schritt, ob der Vorlageersuchende ein überwiegendes Interesse an der Offenlegung der Daten hat. Dies ist der Fall, wenn die Informationen für den Vorlageersuchenden von wesentlicher Bedeutung sind und er sie nicht auf anderem zumutbaren Wege erlangen kann.[246] Die Gerichte gehen überwiegend davon aus, dass dem Right to Privacy durch eine Schutzanordnung (Protective Order) genüge getan wird.[247] Daher ordnen sie tendenziell eher die Dokumentenvorlage unter Schutzmaßnahmen an, anstatt sie zu versagen. Hat die Öffentlichkeit ein besonderes Interesse an den Informationen, ordnen die Gerichte zumeist die ungeschützte Vorlage an.[248]

III. Zusammenfassende Gegenüberstellung

1. Unterschiedliche Reichweite der Sachverhaltsaufklärung

In Deutschland leitet das Gericht den Zivilprozess aktiv und nimmt die Beweiserhebung vor. In den USA hingegen ist der Zivilprozess ein Zweikampf der Parteien, bei dem das Gericht eine passive Rolle einnimmt. Den Parteien obliegt die Sachverhaltsaufklärung in der Discovery. Dabei müssen die Gegenseite und Dritte sämtliche Informationen offenlegen, die für den Rechtsstreit potentiell relevant sein können. Im deutschen Zivilprozess ist die Sachverhaltsaufklärung indessen auf rechtserhebliche Tatsachen beschränkt. Die Gegenseite und Dritte sind grundsätzlich nicht prozessual zur Sachverhaltsaufklärung verpflichtet. Während eine Ausforschung der Gegenseite und Dritter in Deutschland verhindert werden soll, ist sie in den USA gerade Zweck der Discovery. Die Anzahl der im Zivilprozess vorzulegenden personenbezogenen Daten ist demzufolge in Deutschland von vornherein weitaus geringer als in den USA. Im Übrigen sichert die Grundrechtsbindung der deutschen Gerichte

---

[244] Vassiliades v. Israely, 714 F.Supp. 604, 616 (D. Conn. 1989).
[245] American Friends Service Committee v. City & County of Denver, 2004 U.S. Dist. LEXIS 18474 (D. Colo. 2004); Planned Parenthood Golden Gate v. Superior Court, 83 Cal. App. 4th 347, 358 (Cal. App. 1st Dist. 2000).
[246] Pagano v. Oroville Hosp., 145 F.R.D. 683, 698 f. (E.D. Cal. 1993); Schnabel v. Superior Court, 5 Cal. 4th 704, 717 (1993); Vinson v. Superior Court 43 Cal. 3d 833, 842 (1987); Planned Parenthood Golden Gate v. Superior Court, 83 Cal. App. 4th 347, 367 (Cal. App. 1st Dist. 2000).
[247] Kahn v. Superior Court, 188 Cal. App. 3d 752, 766 (Cal. App. 6th Dist. 1987); Board of Trustees v. Superior Court, 119 Cal. App. 3d 516, 532 (Cal. App. 1st Dist. 1981).
[248] In re Roman Catholic Archbishop, 661 F.3d 417, 428 (9th Cir. 2011); Public Citizen v. Liggett Group Inc., 858 F.2d 775, 780 und 787 (1st Cir. 1988); In re Agent Orange Product Liability Litigation, 98 F.R.D. 539, 547 (E.D.N.Y. 1983).

ein verfassungsgemäßes Verfahren. Kommen personenbezogene Daten als Beweismittel in Betracht, wägt das Gericht das allgemeine Persönlichkeitsrecht des Betroffenen gegen das Beweisführungsinteresse der Partei ab. Anders verhält es sich in den USA. Die Discovery ist nur durch wenige eng gefasste Weigerungsrechte begrenzt. Das Right to Privacy begründet kein Weigerungsrecht, weshalb personenbezogene Daten grundsätzlich offenzulegen sind.

2. Gründe für die restriktive Sachverhaltsaufklärung in Deutschland

Die restriktive Sachverhaltsaufklärung im deutschen Zivilprozess geht historisch auf das Aktionendenken des römischen Rechts zurück.[249] Im römischen Formularprozess legte der Prätor vor der Verhandlung die zwischen den Parteien streitigen Fragen fest.[250] Diese ergaben sich aus dem Antrag des Klägers auf Erteilung einer bestimmten „actio" und der Einlassung des Beklagten.[251] Der Richter entschied ausschließlich die vom Prätor für erheblich befundenen Streitfragen. In Deutschland wurde die rechtsgebundene Sachverhaltsaufklärung des römischen Rechts während der Rezeption im 14. und 15. Jahrhundert übernommen und 1879 in die ZPO eingeführt.[252] Den Prozessbetrieb überließ die ZPO zunächst noch den Parteien, während dem Richter eine passive Position zukam. Dies änderte sich Anfang des 20. Jahrhunderts mit dem Aufkommen der Idee des sozialen Zivilprozesses. Der Zivilprozess sei eine soziale Massenerscheinung, für die der Staat eine Wohlfahrtseinrichtung zur Verfügung zu stellen habe.[253] Dementsprechend führte die ZPO-Novelle von 1909 vor den deutschen Amtsgerichten den Amtsbetrieb ein, der die Grundlage für die Stärkung der Richtermacht bildete.[254] Fortan wurde die Rechtsprechung nicht als Akt bürgerlicher Selbstverwaltung, sondern als staatliche Daseinsvorsorge betrachtet.[255]

In seinen Grundzügen ist der deutsche Zivilprozess auch heute noch hoheitlich geprägt.[256] Der Verfahrensablauf ist durch die ZPO vorgegeben und stark formalisiert. Das Gericht überwacht den Prozess und wirkt durch Hinweise auf die Klärung des Sachverhalts hin. Vorrangig dient der deutsche Zivilprozess dem Individualrechtsschutz.[257] Generalpräventive Zwecke und der Schutz von Allgemeininteressen spielen eine nachrangige Rolle. Aufgrund der eingeschränk-

---

[249] Huber, Transnationale Modellregeln, S. 107 f.; Stürner in FS Stiefel, 763, 775.
[250] Kaser/Hackl, Das römische Zivilprozessrecht, S. 69 ff. und 151 ff.; Hausmaninger/Selb, Römisches Privatrecht, S. 374 f. und 382; Nakamura, ZZP 99 (1986), 1, 4.
[251] Kaser/Hackl, Das römische Zivilprozessrecht, S. 231 ff. und 256 ff.; Nakamura, ZZP 99 (1986), 1, 6.
[252] Vgl. Prütting in Prütting/Gehrlein, ZPO, Einleitung Rn. 5; Nakamura, ZZP 99 (1986), 1, 6.
[253] Zur Idee des sozialen Zivilprozesses: Rechberger, R.L.R. 25 (2008), 101, 101 ff.
[254] Brehm in Stein/Jonas, ZPO, vor § 1 Rn. 150; Rechberger, R.L.R. 25 (2008), 101, 105.
[255] Stürner in FS Stiefel, 763, 781 f.
[256] Krapfl, Dokumentenvorlage, S. 124 f.
[257] Brehm in Stein/Jonas, ZPO, vor § 1 Rn. 9; Prütting in Prütting/Gehrlein, ZPO, Einleitung Rn. 3; Stürner, Aufklärungspflicht, S. 49 f.; ders. in FS Stiefel, 763, 783.

ten Mitwirkungspflichten und der Grundrechtsbindung des Gerichts ist die Eingriffswirkung des Zivilprozesses für nicht beweisbelastete Parteien und Dritte gering.[258]

3. Gründe für die umfassende Sachverhaltsaufklärung in den USA

Die umfassende Sachverhaltsaufklärung in der Discovery hat ihren Ursprung im germanischen Prozess, der unter normannischem Einfluss das englische Recht beeinflusste.[259] Im germanischen Prozess bewerteten die Schöffen unter Anleitung des Richters den Sachverhalt aufgrund des tatsächlichen Parteivortrags ohne feste Rechtsregeln.[260] Das englische Common Law sah im Mittelalter noch das Verbot des Parteizeugnisses vor, wonach Parteien grundsätzlich weder für- noch gegeneinander aussagen konnten.[261] Zur Vermeidung von Beweisnotständen gestattete das Equity-Verfahren den Parteien, die Gegenseite zur schriftlichen Beantwortung von Fragen und zur Vorlage einzelner Dokumente aufzufordern.[262] Die Fragen und Vorlageverlangen mussten sich auf Tatsachen beziehen, für welche die ersuchende Partei beweispflichtig war (Own Case Rule).[263] Zudem durften nur solche Beweismittel verlangt werden, die in den Prozess eingeführt und nicht anderweitig erlangt werden konnten (Admissibility).[264] Die USA übernahmen im 18. Jahrhundert das englische System in seinen Grundzügen. Allerdings erweiterten die FRCP von 1938 die Discovery auf erhebliche Weise.[265] Die FRCP vereinheitlichten die Verfahren des Common Law und der Equity.[266] Gleichzeitig gaben die FRCP die Own Case Rule und die Beschränkung auf unmittelbar prozessrelevante Beweismittel auf.[267]

Für die Erweiterung der Discovery bestand aus amerikanischer Sicht eine allgemeine Notwendigkeit. Während Europa dem gesellschaftlichen Wandel des 20. Jahrhunderts mit Maßnahmen der Gesetzgebung begegnete, geschah dies in den USA verstärkt durch die Rechtsprechung.[268] Wichtige regulatorische Aufgaben, die in Deutschland das Straf- und

---

[258] Vgl. Gerber, 34 Am. J. Comp. L. 745, 769 (1986); Stürner in FS Stiefel, 763, 782.
[259] Stürner in FS Stiefel, 763, 775.
[260] Stürner in FS Stiefel, 763, 775; Nakamura, ZZP 99 (1986), 1, 6.
[261] Stadler, Unternehmensgeheimnis, S. 68; Subrin, 39 B. C. L. Rev. 691, 695 (1998).
[262] Hazard/Tait/Fletcher/Bundy, Pleading and Procedure, S. 26; Junker, Discovery, S. 46; Stadler, Unternehmensgeheimnis, S. 68.
[263] Junker, Discovery, S. 46.
[264] Junker, Discovery, S. 46; Stadler, Unternehmensgeheimnis, S. 68.
[265] Hazard/Tait/Fletcher/Bundy, Pleading and Procedure, S. 822; Junker, Discovery, S. 52 ff.
[266] Hazard/Tait/Fletcher/Bundy, Pleading and Procedure, S. 28 f.; Junker, Discovery, S. 52; Main, 78 Wash. L. Rev. 429, 431 (2003).
[267] Huber, Transnationale Modellregeln, S. 155 f.; Junker in Heldrich/Kono, Herausforderungen des internationalen Zivilverfahrensrechts, S. 103, 106.
[268] Maultzsch, Streitentscheidung und Normbildung durch den Zivilprozess, S. 188 f.

Verwaltungsrecht und seine Behörden erfüllen, werden in den USA Privaten überlassen.[269] So kommt der Klage auf Strafschadensersatz (Punitive Damages) im Bereich der Produzentenhaftung die Funktion der Gewerbeaufsicht zu.[270] Im Kartellrecht dient die Klage auf dreifachen Schadensersatz (Treble Damages) der Disziplinierung.[271] Die Discovery ermöglicht es den Parteien, die Wahrheit ähnlich einer staatlichen Behörde zu erforschen.[272] Die hohe Parteiverantwortung und die umfassende Sachverhaltsaufklärung in der Discovery sind Ausdruck des amerikanischen Freiheitsdenkens.[273] Schutzmaßnahmen vor Privaten, die eigenverantwortlich ihr Recht verteidigen, werden für nicht erforderlich erachtet.[274] Entsprechend lax sind die gerichtlichen Kontrollen und die Schutzvorkehrungen für das Right to Privacy.

---

[269] Maultzsch, Streitentscheidung und Normbildung durch den Zivilprozess, S. 189; Hess, AG 2005, 897, 898. Das Kostenrecht verwendet insofern den Begriff des privaten Staatsanwalts (Private Attorney General), vgl. Junker, Discovery, S. 96; Buxbaum, 26 Yale J. Int'l L. 219, 220 ff. (2001); Rubenstein, 57 Vand. L. Rev., 2129, 2130 ff. (2004).
[270] Junker, Discovery, S. 96.
[271] Junker, Discovery, S. 96.
[272] Huber, Transnationale Modellregeln, S. 344.
[273] Stürner in FS Stiefel, 763, 781.
[274] Stürner in FS Stiefel, 763, 782 f.

3. Kapitel: Grundzüge des amerikanischen Zivilprozesses

Die besondere Bedeutung der Discovery für den amerikanischen Zivilprozess ist nur verständlich, wenn dessen Grundzüge bekannt sind. Nachfolgend werden daher im Überblick das Gerichtssystem (A.), die Zuständigkeiten (B.), die Rechtsquellen (C.) und der Ablauf (D.) des Zivilprozesses in erster Instanz dargestellt.

A. Gerichtssystem

In den USA bestehen gemäß der föderalen Struktur zwei voneinander unabhängige Gerichtssysteme: die Bundesgerichte (Federal Courts) und die Gerichte der einzelnen Bundesstaaten (State Courts).[275] Der Aufbau der einzelstaatlichen Gerichtsbarkeit ist von Bundesstaat zu Bundesstaat verschieden. In der Regel ist der Aufbau zwei- oder dreistufig mit einem Superior Court oder einem District Court als Eingangsinstanz, gefolgt von einem Court of Appeals und bzw. oder einem Supreme Court als Kontrollinstanz. In den meisten Bundesstaaten existieren zusätzlich Inferior oder Minor Courts, deren Zuständigkeit auf bestimmte Sachgebiete (z. B. Traffic Courts) oder Streitfälle von geringer Bedeutung (z. B. Small Claims Courts) begrenzt ist.

Die Bundesgerichtsbarkeit ist dreistufig aufgebaut. Erstinstanzlich sind die District Courts zuständig. Das Gebiet der 50 Bundesstaaten ist in 89 Gerichtsbezirke (Judicial Districts) aufgeteilt, welche jeweils über einen District Court verfügen.[276] Die Zuständigkeit eines District Courts kann sich auf den ganzen Bundesstaat oder ein Teilgebiet beziehen.[277] Die District Courts sind jeweils einem Court of Appeals als zentrale Rechtsmittelinstanz zugeordnet. Der Zuständigkeitsbezirk eines Court of Appeals wird als „Circuit" bezeichnet.[278] Insgesamt existieren 13 Circuits, von denen 11 nummeriert sind (First Circuit, Second Circuit usw.). Der zwölfte Circuit umfasst den District of Columbia. Der dreizehnte Circuit ist der Federal Circuit, dessen Court of Appeals bundesweit für bestimmte Sachbereiche zuständig ist.[279] Die Courts of Appeals entscheiden in der Regel allein über Rechtsfragen.[280] Sämtliche

---

[275] Zum Gerichtssystem: Friedenthal/Kane/Miller, Civil Procedure, S. 4 f.; Freer, Introduction to Civil Procedure, S. 14 f.; Lange/Black, Der Zivilprozess in den Vereinigten Staaten, S. 21 f.; Heun in Jäger/Haas/Welz, Regierungssystem der USA, S. 234 ff.

[276] Daneben verfügen die Virgin Islands, Puerto Rico, der District of Columbia, Guam und die Northern Mariana Islands über je einen District Court. Die einzelnen Gerichtsbezirke sind in den 28 USC §§ 81 bis 131 aufgeführt. In 28 USC § 133 findet sich zudem eine Liste der Richterzahlen.

[277] So ist für den gesamten Staat Oregon beispielsweise der US District Court for the District of Oregon zuständig. Kalifornien hingegen ist unterteilt in den Northern, Eastern, Central und Southern District mit jeweils einem District Court.

[278] Eine Liste der Circuits mit den dazugehörigen Bundesstaaten enthält 28 USC § 41.

[279] Der Federal Circuit ist unter anderem für Rechtsmittel gegen Entscheidungen des Court of International Trade sowie der District Courts in Patentsachen zuständig, vgl. 28 USC § 1295.

relevanten Tatsachen müssen daher in der ersten Instanz in das Verfahren eingeführt werden. An der Spitze der amerikanischen Gerichte steht der US Supreme Court. Er überwacht die Einheit der Rechtsprechung der Courts of Appeals und kontrolliert, ob die obersten Gerichte der Bundesstaaten das Bundesrecht richtig anwenden.[280]

B. Zuständigkeiten

Die allgemeine sachliche Zuständigkeit (Subject Matter Jurisdiction) liegt bei den einzelstaatlichen Gerichten.[282] Die US Constitution eröffnet in Art. III Sec. 2 Cl. 1 aber weiten Spielraum für originäre Bundeszuständigkeiten, der vor allem durch die 28 USC §§ 1330 ff. ausgefüllt wird. Danach sind die Bundesgerichte ausschließlich zuständig für bestimmte durch Bundesgesetz geregelte Materien, wie das Insolvenz-, Patent- und Urheberrecht. Daneben besteht ein weiter Bereich konkurrierender Zuständigkeiten. So können Klagen, welche die US Constitution oder Bundesgesetze betreffen, bei den Bundesgerichten eingereicht werden (Federal Question Jurisdiction).[283] Zudem dürfen Klagen zwischen Angehörigen verschiedener Bundesstaaten oder eines ausländischen Staates mit einem Streitwert über 75.000 USD bei den Bundesgerichten erhoben werden (Diversity of Citizenship Jurisdiction).[284]

Die örtliche Zuständigkeit der Gerichte (Venue) richtet sich nach dem Wohnort oder Sitz des Beklagten oder nach dem Ort, an dem die streitige Forderung begründet wurde.[285] Ausländer (Aliens) können in jedem Gerichtsbezirk verklagt werden.[286] Weiterhin muss das Gericht die Gerichtshoheit über den Beklagten besitzen (Personal Jurisdiction). Dies ist der Fall, wenn der Beklagte in zumutbarer Weise Kenntnis von der Klageerhebung erlangt hat und über Mindestkontakte (Minimum Contacts) zum Gerichtsstand verfügt.[287] Mindestkontakte werden bereits bei der Geschäftstätigkeit (Doing Business) des Beklagten im Forumstaat bejaht.[288] Selbst die bloße Anwesenheit des Beklagten im Forumstaat bei der Klagezustellung genügt für Mindest-

---

[280] Lange/Black, Der Zivilprozess in den Vereinigten Staaten, S. 14 f.
[281] 28 USC §§ 1254, 1257.
[282] Schack, Einführung in das US-amerikanische, Zivilprozessrecht, S. 17; Lange/Black, Der Zivilprozess in den Vereinigten Staaten, S. 22 f.
[283] 28 USC § 1331.
[284] 28 USC § 1332.
[285] 28 USC § 1391(b)(1) und (2).
[286] 28 USC § 1391(c)(3).
[287] International Shoe Co. v. State of Washington, 326 U.S. 310, 316 (1945); Buchner, Kläger- und Beklagtenschutz im Recht der internationalen Zuständigkeit, S. 43 ff.; Lange/Black, Der Zivilprozess in den Vereinigten Staaten, S. 42 f.
[288] Zu den geringen Anforderungen der Mindestkontakte nach den sogenannten „long arm statutes": Müller, Die Gerichtspflichtigkeit wegen „doing business", S. 10 ff. und 19 ff.; Zekoll, US-Amerikanisches Produkthaftpflichtrecht vor deutschen Gerichten, S. 28.

kontakte.[289] Ausländische Beklagte können mithin leicht der Zuständigkeit eines amerikanischen Gerichts unterliegen.

C. Rechtsquellen des Zivilprozesses

Das amerikanische Zivilprozessrecht ist ein Zusammenspiel verschiedener Regelungswerke. Sowohl der Bund als auch die Bundesstaaten verfügen über Verfahrensordnungen für ihre Gerichte. Im Sinne einer einheitlichen Darstellung werden in dieser Arbeit vorrangig das Verfahren vor den District Courts auf Bundesebene und die dabei maßgeblichen Vorschriften dargestellt. Die Ausführungen gelten jedoch für das Verfahren vor den einzelstaatlichen Gerichten weitestgehend entsprechend.

I. Federal Rules of Civil Procedure

Die wichtigsten Verfahrensregeln enthalten die 1938 in Kraft getretenen Federal Rules of Civil Procedure (FRCP).[290] Die FRCP gelten für erstinstanzliche Zivilprozesse auf Bundesebene.[291] Darüber hinaus haben die FRCP Vorbildcharakter für die einzelstaatlichen Verfahrensordnungen. Für die Reformen der FRCP ist originär der US Supreme Court zuständig, der diese Aufgabe an die Judicial Conference of the United States übertragen hat.[292] Dort sind ein beratender Ausschuss (Advisory Committee) und ein ständiger Ausschuss (Standing Committee) mit der Ausarbeitung neuer Vorschriften befasst. In beiden Ausschüssen sind neben Bundesrichtern hauptsächlich Anwälte vertreten.[293] Dies führt zu einer praxisorientierten und durch anwaltliche Interessen geleiteten Gesetzgebung. Der Schutz des Right to Privacy und anderer Grundrechte spielt bei der Ausarbeitung der FRCP im Vergleich zur deutschen Gesetzgebung eine geringere Rolle.

II. Local Rules und Standing Orders

Die meisten Gerichte verfügen über regionale Prozessvorschriften (Local Rules).[294] Zusätzlich kann ein Richter für bei ihm anhängige Verfahren eigene Prozessregeln (Standing Orders) festlegen.[295] Vor allem für die Discovery sind Local Rules und Standing Orders von Bedeutung. Die Gerichte können zwar nicht den Gegenstand der Discovery verändern, wohl

---

[289] Burnham v. Superior Court of California, 495 U.S. 604, 608 ff. (1990); Buchner, Kläger- und Beklagtenschutz im Recht der internationalen Zuständigkeit, S. 31 f.
[290] Ergänzt werden die FRCP durch die Federal Rules of Evidence (FRE) für das Beweisverfahren und die Federal Rules of Appellate Procedure (FRAP) für Verfahren vor den Courts of Appeals.
[291] Die Anwendbarkeit der FRCP und deren Ausnahmen sind in FRCP 81 geregelt.
[292] Zum Gesetzgebungsverfahren: Hazard/Tait/Fletcher/Bundy, Pleading and Procedure, S. 29.
[293] Yeazell, 61 Law & Contemp. Probs. 229, 337 (1998).
[294] Die Ermächtigung zum Erlass von Local Rules enthalten 28 USC § 2071 und FRCP 83(a).
[295] FRCP 83(b).

aber besondere Regelungen für das Verfahren vorsehen. So haben die meisten Gerichte die Überwachung des Pretrial und der Discovery durch Local Rules an einen Magistrate Judge[296] übertragen.[297] Weiter enthalten Local Rules und Standing Orders üblicherweise zeitliche und technische Vorgaben für die Discovery.[298] Die verschiedenen Regeln führen dazu, dass die Discovery je nach Gericht bzw. Richter unterschiedlich ablaufen kann. Es gibt somit nicht „die" Discovery.

III. Sonstige Regelungswerke

Für den amerikanischen Zivilprozess existieren weitere Regelungswerke, die zwar keine verbindliche Wirkung haben, aber dennoch von den Gerichten berücksichtigt werden. Von Bedeutung sind insbesondere die vom American Law Institute[299] veröffentlichten Restatements of the Law. Hierbei handelt es sich um systematisierte und kommentierte Darstellungen der Rechtsprechung zu einzelnen Rechtsgebieten.[300] Im Rahmen dieser Untersuchung sind das Restatement Second of Conflict of Laws zum Kollisionsrecht sowie das Restatement Second of Foreign Relations Law und das Restatement Third of Foreign Relations Law zum Völkerrecht relevant.[301]

Bei komplexen Rechtsstreitigkeiten ist zudem der Manual for Complex Litigation bedeutsam. Dieser mittlerweile in vierter Auflage erschienene Leitfaden wird vom Federal Judicial Center[302] herausgegeben. Er beinhaltet Empfehlungen für die Verfahrensleitung und die Discovery bei komplexen Rechtsstreitigkeiten (Complex Litigation). Unter den Begriff der komplexen Rechtsstreitigkeiten fallen Class Actions und andere Prozesse mit einer Vielzahl von Beteiligten (Multiparty Litigation), die häufig in mehreren Gerichtsbezirken anhängig sind (Multidistrict Litigation).[303] Zum Großteil sind dies Klagen aus den Bereichen des Kartell-, Wertpapier-, Verbraucher- oder Umweltrechts.

---

[296] Ein Magistrate Judge ist ein Hilfsrichter, der im Gegensatz zu den Bundesrichtern nicht durch den Präsidenten der USA, sondern durch das jeweilige Gericht ernannt wird, vgl. 28 USC § 631(a). Zur Funktion des Magistrate Judge: Eichholtz, Die US-amerikanische Class Action, S. 160
[297] Junker, Discovery, S. 71.
[298] Junker, Discovery, S. 71.
[299] Das American Law Institute (A.L.I.) ist eine in Philadelphia ansässige privatrechtliche Vereinigung von Richtern, Professoren und Anwälten, die 1923 gegründet wurde.
[300] Restatements gibt es für folgende Rechtsgebiete: Agency, Conflict of Laws, Contracts, Employment Law, Foreign Relations Law of the United States, Property, Restitution and Unjust Enrichment, Security, Suretyship and Guaranty, Torts, Trusts, Unfair Competition.
[301] Siehe: 10. Kapitel, A., B. II. 3. und 4.
[302] Das Federal Judicial Center mit Sitz in Washington, D. C. ist die Forschungs- und Ausbildungsinstitution der amerikanischen Bundesgerichte.
[303] Junker, Discovery S. 56 und 70 f.

D. Ablauf des Zivilprozesses in erster Instanz

Der amerikanische Zivilprozess ist in zwei Abschnitte unterteilt: die Vorbereitungsphase des Pretrial (I.) und die mündliche Hauptverhandlung, den Trial (II.). Dementsprechend unterscheidet auch das Beweisrecht beide Abschnitte. Im Pretrial ermitteln und beschaffen die Parteien während der Discovery die Beweismittel. Die Beweisverwertung hingegen erfolgt in der Hauptverhandlung, indem die Parteien ihre Beweismittel dem Richter und der Jury präsentieren.

I. Pretrial

Der Pretrial verläuft in erster Linie zwischen den Parteien und deren Anwälten. Neben der Beschaffung von Beweismitteln dient der Pretrial dazu, die Gegenseite über die jeweiligen Ansprüche zu informieren und den Streitstoff einzugrenzen.[304]

1. Verfahrenseinleitung

Das Verfahren wird durch die Einreichung einer Klageschrift (Complaint) bei Gericht eingeleitet.[305] Im Gegensatz zur Klage im deutschen Zivilprozess ist eine amerikanische Klageschrift regelmäßig kurz gehalten.[306] Der Kläger muss nur grobe Angaben zur Zuständigkeit, zum behaupteten Anspruch und zum Klageantrag machen.[307] Beweisangebote werden noch nicht unterbreitet. Nach Eingang der Klage bei Gericht erstellt ein Gerichtsbeamter die Ladung (Summons), welche er dem Kläger aushändigt. Der Kläger muss die Ladung und eine Kopie der Klageschrift innerhalb von 120 Tagen im Parteibetrieb dem Beklagten zustellen.[308] Ausländischen Beklagten kann die Klage ebenfalls in den USA zugestellt werden. Dazu muss der Beklagte nicht selbst in den USA präsent sein. Von einer zulässigen Inlandszustellung gehen die Gerichte zum Beispiel aus, wenn die Klage gegen eine ausländische Muttergesellschaft der amerikanischen Tochtergesellschaft in den USA zugestellt wird.[309] Nach Erhalt der Klage hat der Beklagte ohne abweichende Anordnung 20 Tage Zeit, um dem Kläger eine Klageerwiderung (Answer) zuzustellen.[310] Die geringen Anforderungen an die Klageschrift und das tendenziell klägerfreundliche System führen dazu, dass in den USA weitaus mehr Klagen als in Deutschland anhängig gemacht werden. Sogar offensichtlich unberechtigte

---

[304] Junker, Discovery, S. 98.
[305] FRCP 3.
[306] Zum Notice Pleading siehe: 2. Kapitel, B. II. 2.
[307] FRCP 8(a).
[308] FRCP 4(c)(1) und (m) Satz 1.
[309] Volkswagen AG v. Schlunk, 486 U.S. 694, 698 ff. (1988); Lamb v. Volkswagen AG, 104 F.R.D. 95, 96 f. (S.D. Fla. 1985); Koch, IPRax 1989, 313, 313 f.
[310] FRCP 12(a)(1)(A)(i). Wird die Klage dem Beklagten außerhalb eines amerikanischen Gerichtsbezirks zugestellt, beträgt die Frist für die Klageerwiderung 90 Tage. Siehe: FRCP 12(a)(1)(A)(ii).

Klagen gelangen zumindest in den Pretrial. Der Beklagte muss also nicht Anlass zur Klage gegeben haben und kann gleichwohl der im Pretrial stattfindenden Discovery ausgesetzt sein.

2. Klagezustellung in Deutschland

Die Zustellung amerikanischer Klagen in Deutschland erfolgt nach dem Haager Übereinkommen über die Zustellung gerichtlicher und außergerichtlicher Schriftstücke im Ausland in Zivil- oder Handelssachen (HZÜ).[311] Dazu muss ein Zustellungsantrag unter Verwendung eines Musterformulars und Beifügung der zuzustellenden Schriftstücke an die zentrale Behörde gerichtet werden.[312] Die Aufgaben der Zentralen Behörde nehmen in Deutschland die jeweils von den Landesregierungen bestimmten Stellen wahr.[313] Die Beklagten können die Klagezustellung und die darauf folgende Discovery in der Regel nicht durch Berufung auf den Ordre Public-Vorbehalt des Art. 13 Abs. 1 HZÜ verhindern. Danach darf die Zustellung abgelehnt werden, wenn der ersuchte Staat die Erledigung für geeignet hält, seine Hoheitsrechte oder seine Sicherheit zu gefährden. Die deutschen Gerichte legen Art. 13 Abs. 1 HZÜ eng aus.[314] Die Ausforschungsgefahr in der Discovery begründe keinen Verstoß gegen wesentliche Grundsätze des deutschen Rechts. Vor einer Beweisaufnahme in der Discovery bedürfe es weiterer Rechtshilfeentscheidungen deutscher Hoheitsträger, bei denen die Rechte der Beklagten zu beachten seien. Bei dieser Argumentation übersehen die deutschen Gerichte, dass die Discovery überwiegend zwischen den Parteien verläuft und aus amerikanischer Sicht keine Rechtshilfe erfordert.[315]

3. Conference of the Parties und Discovery Plan

Nach FRCP 26(f)(1)[316] ist möglichst früh - spätestens aber 21 Tage vor einer gerichtlichen Scheduling Conference oder dem Erlass der Scheduling Order - eine Parteienkonferenz (Conference of the Parties) abzuhalten. Dabei besprechen die Parteien gemäß FRCP 26(f)(2) die behaupteten Ansprüche, etwaige Vergleichsmöglichkeiten, die Aufbewahrung von Doku-

---

[311] FRCP 4(f)(1); Haager Übereinkommen über die Zustellung gerichtlicher und außergerichtlicher Schriftstücke im Ausland in Zivil- oder Handelssachen vom 15. November 1965, BGBl. 1977 II, S. 1453, in Deutschland seit dem 26. Juni 1979 in Kraft, BGBl. II, S. 779; in den USA seit dem 10. Februar 1969 in Kraft, 20 U.S.T. 361, T.I.A.S. 6638, 658 U.N.T.S. 163.
[312] Art. 3 HZÜ.
[313] § 1 Gesetz zur Ausführung des Haager Übereinkommens vom 15. November 1965 über die Zustellung gerichtlicher und außergerichtlicher Schriftstücke im Ausland in Zivil- oder Handelssachen und des Haager Übereinkommens vom 18. März 1970 über die Beweisaufnahme im Ausland in Zivil- oder Handelssachen vom 22. Dezember 1977 (HZÜ/HBÜ-AusfG), BGBl. I, S. 3105. Die Aufgaben der zentralen Behörde sind in den Bundesländern den Landesjustizverwaltungen oder den Präsidenten eines Amts-, Land- oder Oberlandesgerichts übertragen.
[314] BVerfGE 91, 335, 340 ff.; BVerfGK 11, 312, 312 ff.; 10, 203, 207 ff.; OLG Düsseldorf, NJW-RR 2010, 573, 574 f.; OLG Düsseldorf, NJW-RR 2009, 500, 500 f.
[315] Siehe dazu ausführlich: 3. Kapitel, D. I. 6. b) bb).
[316] FRCP 26 ist als Volltext im Anhang zu finden.

menten für die Discovery und das weitere Vorgehen. Ferner stellen die Parteien einen Discovery Plan auf, der nach FRCP 26(f)(3) ihre Vorstellungen bezüglich folgender Punkte enthalten muss:

(1) etwaige Änderungen hinsichtlich Zeitpunkt, Form und Voraussetzungen der Initial Disclosure nach FRCP 26(a), einschließlich einer Erklärung, wann die Initial Disclosure erfolgte bzw. wann sie erfolgen soll;

(2) die Streitfragen, zu denen die Discovery voraussichtlich erforderlich ist, wann die Discovery abgeschlossen sein soll und ob die Discovery in Phasen durchgeführt oder auf bestimmte Fragen begrenzt werden soll;

(3) sämtliche Fragen in Bezug auf die Vorlage und Aufbewahrung elektronisch gespeicherter Informationen, einschließlich des Formats, in dem die Vorlage erfolgen soll;

(4) sämtliche Fragen im Hinblick auf Weigerungsrechte oder den Schutz von prozessvorbereitenden Materialien, einschließlich einer Erklärung, ob eine Parteivereinbarung hinsichtlich der nachträglichen Geltendmachung solcher Rechte in eine Gerichtsanordnung nach Federal Rules of Evidence (FRE) 502 aufgenommen werden sollen;

(5) inwiefern die in den FRCP oder Local Rules vorgesehenen Begrenzungen der Discovery zu ändern sind und ob zusätzlichen Begrenzungen angeordnet werden sollen; sowie

(6) Gerichtliche Anordnungen nach FRCP 26(c) (Protective Order), FRCP 16(b)[317] (Scheduling Order) oder FRCP 16(c) (Pretrial Conference).

Innerhalb von 14 Tagen nach der Parteienkonferenz müssen die Parteien dem Gericht eine schriftliche Fassung des Discovery Plans übersenden.[318] Mithilfe des Plans sollen Probleme und Verzögerungen bei der Discovery vermieden werden.

4. *Initial Disclosure*

Während der Parteienkonferenz oder innerhalb von 14 Tagen danach führen die Parteien in Eigenregie die Initial Disclosure nach FRCP 26(a)(1) durch.[319] Die Initial Disclosure dient dem beschleunigten Austausch der Kerninformationen, welche für die Hauptverhandlung und Vergleichsgespräche erforderlich sind.[320] Dabei muss jede Partei der Gegenseite gemäß

---

[317] FRCP 16 ist als Volltext im Anhang zu finden.
[318] FRCP 26(f)(2) Satz 2.
[319] Ursprünglich war es in den Circuits möglich, von der Durchführung einer Initial Disclosure durch Opt-Out abzusehen. Mit der Reform der FRCP von 2000 wurde diese Möglichkeit abgeschafft. Dazu: Cloud, 74 Temp. L. Rev. 27, 41 (2001).
[320] FRCP 26(a), Notes of Advisory Committee on 1993 Amendments.

FRCP 26(a)(1)(A) folgende Informationen und Dokumente unaufgefordert zur Verfügung stellen:

(1) Namen sowie - falls bekannt - Anschriften und Telefonnummern von Zeugen, die wahrscheinlich über Informationen verfügen, welche die vorlagepflichtige Partei zur Unterstützung der Angriffs- oder Verteidigungsmittel verwenden kann;

(2) eine Kopie - oder eine Beschreibung nach Inhalt und Aufbewahrungsort - aller Dokumente, elektronisch gespeicherter Informationen und beweglicher Gegenstände, die sich im Besitz, in der Verfügung oder Kontrolle der vorlagepflichtigen Partei befinden und die sie zur Unterstützung ihrer Angriffs- oder Verteidigungsmittel verwenden kann;

(3) eine Berechnung der von der vorlagepflichtigen Partei geltend gemachten Schadensersatzansprüche nach Kategorien, wobei Belege zur Einsichtnahme und Anfertigung von Kopien bereitgehalten werden müssen; sowie

(4) Versicherungsverträge, die durch ein Urteil entstehende Zahlungspflichten abdecken können, wobei die Vertragsunterlagen zur Einsichtnahme und Anfertigung von Kopien vorgehalten werden müssen.

5. *Pretrial Conferences und Pretrial Orders*

Nach FRCP 16(a) kann das Gericht die Parteien im Pretrial zu Konferenzen (Pretrial Conferences) laden. Ob und in welchem Umfang solche Konferenzen stattfinden, hängt von dem Ermessen des zuständigen Richters und der Komplexität des Rechtsstreits ab. Die erste Konferenz ist in der Regel die Scheduling Conference, bei der das Gericht mit den Parteien die Einzelheiten der Discovery bespricht.[321] Die Ergebnisse der Konferenzen fasst das Gericht in Anordnungen (Pretrial Orders) zusammen.[322] Unabhängig davon, ob eine Scheduling Conference stattgefunden hat, erlässt das Gericht grundsätzlich spätestens 90 Tage nach Zustellung der Klage eine Scheduling Order.[323] Darin bestimmt das Gericht Ausschlussfristen für den Beitritt weiterer Parteien, Klageänderungen, den Abschluss der Discovery und die Einreichung von Anträgen.[324] Meistens setzt das Gericht in der Scheduling Order die Vorstellungen der Parteien aus dem Discovery Plan um. Die Parteien haben daher entscheidenden Einfluss auf den Ablauf des Pretrial.

---

[321] FRCP 16(b)(1)(B).
[322] FRCP 16(d).
[323] FRCP 16(b)(2). Ein Beispiel für eine Scheduling Order enthält das Manual for Complex Litigation, Fourth, § 40.24, S. 744 f.
[324] FRCP 16(b)(3)(A).

3. Kapitel: Grundzüge des amerikanischen Zivilprozesses 43

6. *Discovery*

Im Mittelpunkt des Pretrial steht die Discovery. Die Regelungen über Gegenstand und Ablauf der Discovery finden sich in den FRCP 26 bis 37. In der Discovery können die Parteien in weitem Umfang Auskunftsersuchen an die Gegenseite und an Dritte richten.[325] Hierzu stehen den Parteien verschiedene Instrumente zur Verfügung, die im Folgenden vorgestellt werden.

a) Instrumente der Discovery

aa) Interrogatories

Überwiegend beginnt die Discovery mit den Interrogatories nach FRCP 33.[326] Dies sind Fragelisten, welche die Parteien ohne Einschaltung des Gerichts an die Gegenseite und eventuelle Streitgenossen richten dürfen. Gegenüber Dritten sind Interrogatories unzulässig. Die Anzahl der Interrogatories ist ohne anderweitige Vereinbarung oder Gerichtsanordnung auf 25 begrenzt.[327] Der Adressat muss die Fragen getrennt, schriftlich und unter Eid innerhalb von 30 Tagen nach Zustellung beantworten.[328] Sind die Fragen auf Informationen aus Geschäftsunterlagen gerichtet, kann der Adressat statt einer Antwort Zugang zu den Unterlagen gewähren.[329] Die Interrogatories werden häufig genutzt, um für die Depositions und die Vorlageersuchen Namen von Zeugen oder die Existenz von Dokumenten in Erfahrung zu bringen. Der praktische Nutzen von Interrogatories ist begrenzt. Die Parteien beeiden zwar die Antworten, allerdings werden sie von ihren Anwälten formuliert.[330] Die Anwälte legen die Fragen regelmäßig zugunsten ihrer Mandanten aus und geben häufig ausweichende Antworten.[331]

bb) Production of Documents, Electronically Stored Information and Tangible Things

Den Interrogatories folgen meist Vorlageersuchen nach FRCP 34(a)(1).[332] Diese können sich auf Papierdokumente, elektronisch gespeicherte Informationen und sonstige körperliche Gegenstände erstrecken. Im Gegensatz zum deutschen Zivilprozessrecht unterscheiden die FRCP nicht zwischen Urkunden und Augenscheinsobjekten. Für die Anwendbarkeit der FRCP 34(a)(1) ist einzig relevant, ob der Gegenstand vorlagefähig ist. Vorlagefähig sind alle

---

[325] Siehe: 2. Kapitel, B. II. 2.
[326] Ausführlich zu den Interrogatories: Junker, Discovery, S. 175 ff.
[327] FRCP 33(a)(1).
[328] FRCP 33(b)(2) und (3).
[329] FRCP 33(d).
[330] Junker, Discovery, S. 179 f.
[331] Junker, Discovery, S. 180; Brazil, 31 Vand. L. Rev. 1295, 1323 (1978).
[332] Die Dokumentenvorlage wird im 4. Kapitel dieser Arbeit eingehend behandelt und hier nur im Überblick vorgestellt.

Gegenstände, die in ein Vernehmungszimmer verbracht werden können.[333] Die Parteien können ihre Vorlageersuchen ohne Beteiligung des Gerichts an die Gegenseite richten. Dritte dürfen die Parteien nur mittels einer gerichtlichen Ladung (Subpoena) nach FRCP 34(c) und FRCP 45[334] zur Vorlage auffordern. Eine Prüfung des Gerichts ist mit der Subpoena nicht verbunden. Die Subpoena wird von einem Urkundsbeamten ausgestellt.[335] Im Anschluss unterzeichnet der Anwalt die Subpoena und stellt sie dem Dritten zu. Der Vorlageersuchende kann die Dokumente, Informationen und Gegenstände einsehen, untersuchen, kopieren und testen.[336] Die FRCP sehen für die Vorlageersuchen keine zahlenmäßige Beschränkung vor. Dies birgt ein erhebliches Missbrauchspotential. In der Praxis formulieren die Parteien oft sehr umfangreiche Vorlageersuchen. Der Vorlageersuchende kann Dokumente anfordern, die im Geschäftsbetrieb benötigt werden oder schwer auffindbar sind.[337] Der Adressat dagegen kann bewusst zu viele Dokumente vorlegen und hoffen, dass der Vorlageersuchende kritische Dokumente nicht findet.[338]

cc) Depositions

Ein wichtiges Instrument der Discovery sind die Depositions.[339] Dies sind mündliche Aussagen unter Eid, welche die Anwälte durch Vernehmungen erlangen. Zu unterscheiden ist zwischen Aussagen auf mündliche Fragen (Depositions by Oral Examination) nach FRCP 30 und Aussagen auf schriftliche Fragen (Depositions by Written Questions) nach FRCP 31. Da das Verfahren der Depositions by Written Questions umständlich ist, werden in der Praxis fast ausschließlich Depositions by Oral Examination genutzt.[340] Die Anzahl der Depositions ist ohne anderslautende Vereinbarung oder Gerichtsanordnung auf 10 begrenzt.[341] Zur Aussage verpflichtet sind Parteien und Dritte.[342] Die Vernehmung findet gewöhnlich im Büro des Anwalts der ersuchenden Partei statt.[343] Die Dauer der Vernehmung darf grundsätzlich sieben

---

[333] Dies folgt aus dem Umstand, dass die Subpoena einen Dritten traditionell zwang, zur Aussage in ein Vernehmungszimmer zu erscheinen und Gegenstände mitzuführen. An der Vorlagefähigkeit fehlt es etwa bei Fahrzeugen und Immobilien. Nicht vorlagefähige Gegenstände und Grundstücke können die Parteien nach FRCP 34(a)(2) besichtigen. Dazu: Junker, Discovery, S. 165 ff.
[334] FRCP 45 ist als Volltext im Anhang zu finden.
[335] Junker, Discovery, S. 155 ff. In der Regel kann eine Subpoena über die Internetseite des Gerichts ausgestellt werden. Ein Beispiel für eine Subpoena findet sich auf der Internetseite des District Court for the Northern District of California: http://www.cand.uscourts.gov/civilforms.
[336] FRCP 34(a)(1).
[337] Junker, Discovery, S. 173.
[338] Junker, Discovery, S. 172 f.
[339] Junker, Discovery, S. 149 ff.; Göpfert in FS Schlosser, 215, 220 ff.
[340] Junker, Discovery, S. 163; Schack, Einführung in das US-amerikanische Zivilprozessrecht, S. 47 Fn. 398.
[341] Vgl. FRCP 30(a)(2)(A)(i).
[342] FRCP 30(a)(1) und FRCP 31(a)(1). Dazu: Junker, Discovery, S. 150.
[343] Junker, Discovery, S. 151.

Stunden an einem Tag nicht überschreiten.[344] Die Vernehmung verläuft ähnlich wie in der Hauptverhandlung, indem die Anwälte die Aussageperson abwechselnd durch Verhör (Examination) und Kreuzverhör (Cross-Examination) befragen.[345] Das Gericht ist an der Vernehmung nicht beteiligt. Lediglich ein Urkundsbeamter des Gerichts wird hinzugezogen, der die Person vereidigt und ihre Aussagen protokolliert.[346] In der Hauptverhandlung dürfen die Protokolle gegen jede Partei verwendet werden, die bei der Deposition anwesend war oder benachrichtigt wurde.[347] Mit den Protokollen sollen Widersprüche der Aussagen von Parteien und Zeugen aufgedeckt werden.[348] Die Protokolle können unmittelbare Beweismittel sein, wenn ein Zeuge etwa wegen Alters oder größerer Entfernung in der Hauptverhandlung nicht verfügbar ist.[349] Häufig geben die Depositions Aufschluss über bislang unbekannte Dokumente, sodass danach erneut Vorlageersuchen folgen können.

dd) Weitere Instrumente

Die übrigen Discovery-Instrumente sind in der Praxis von untergeordneter Bedeutung und werden daher hier nur kurz erwähnt. Nach FRCP 34(a)(2) sind Parteien und Dritte in der Discovery verpflichtet, die Besichtigung von Grundstücken und nicht vorlagefähigen Gegenständen zu dulden (Entry onto Land or other Property).[350] Dies kann beispielsweise bei Verkehrsunfällen oder Produkthaftungsklagen erforderlich sein, wenn ein Unfallwagen oder eine Betriebsstätte des Beklagten zu untersuchen ist. Einer Untersuchung des körperlichen und geistigen Zustands (Physical and Mental Examination) nach FRCP 35 muss sich eine Partei lediglich bei Vorliegen eines hinreichenden Grundes und einer gerichtlichen Anordnung unterziehen.[351] Die an eine Partei gerichtete Aufforderung zum Geständnis (Request for Admission) nach FRCP 36 dient im Unterschied zu den übrigen Discovery-Instrumenten nicht der Ermittlung neuer Informationen, sondern der Eingrenzung des streitigen Sachverhalts.[352] Die in der Aufforderung genannten Tatsachen gelten als zugestanden, wenn die Partei nicht innerhalb von 30 Tagen nach Zustellung schriftlich antwortet oder Einspruch erhebt.[353]

---

[344] FRCP 30(d)(1).
[345] FRCP 30(c).
[346] FRCP 30(b)(5). Die Protokollierung der Vernehmung erfolgt mittels Tonband, audiovisuell oder stenografisch, vgl. FRCP 30(b)(3)(A)
[347] FRCP 32(a)(1).
[348] Goepfert in FS Schlosser, 215, 224.
[349] FRCP 32(a)(4).
[350] Junker, Discovery, S. 173 ff.
[351] Junker, Discovery, S. 183 ff.
[352] Junker, Discovery, S. 186 ff.
[353] FRCP 36(a)(3) Satz 1.

Die Partei ist an ihr Geständnis gebunden und eine abweichende Aussage in der Hauptverhandlung unbeachtlich.[354]

b) *Discovery von Beweismitteln aus dem Ausland*

Ist eine ausländische Partei an einem amerikanischen Zivilprozess beteiligt, werden in der Discovery regelmäßig Beweismittel aus dem Ausland angefordert. Eine Beweisaufnahme im Ausland tangiert die Souveränitätsinteressen des ausländischen Staates und erfordert grundsätzlich ein Rechtshilfeersuchen. Die USA und Deutschland sind Vertragsstaaten des Haager Übereinkommens über die Beweisaufnahme im Ausland in Zivil- und Handelssachen (HBÜ).[355] Danach kann ein Gericht die zuständige Behörde eines anderen Vertragsstaates um eine Beweisaufnahme ersuchen.[356]

aa) Vorbehalt des Art. 23 HBÜ

Für die Frage nach der Bewilligung amerikanischer Rechtshilfeersuchen kommt dem Vorbehalt des Art. 23 HBÜ entscheidende Bedeutung zu. Nach dieser Vorschrift können Vertragsstaaten erklären, dass sie Rechtshilfeersuchen nicht erledigen, die ein Verfahren zum Gegenstand haben, das in den Ländern des Common Law unter der Bezeichnung „pre-trial discovery of documents" bekannt ist. Auch Deutschland hat den Vorbehalt des Art. 23 HBÜ erklärt.[357] Teile der deutschen Literatur vertreten, dass Art. 23 HBÜ nicht nur die Dokumentenvorlage, sondern sämtliche Discovery-Instrumente erfasse, da jede Form der Ausforschung verhindert werden solle.[358] Dem ist nicht zu folgen.[359] Gegen eine Ausdehnung des Art. 23 HBÜ spricht sein Wortlaut, der allein die „pre-trial discovery of documents" erwähnt. Das HBÜ sieht weitere Vorbehalte vor, die bei allen Discovery-Instrumenten eingreifen. Zum Beispiel sind nach Art. 11 HBÜ zum Schutz der Betroffenen die Aussageverweigerungsrechte oder Aussageverbote nach dem Recht des ersuchenden Staates sowie des ersuchten Staates anwendbar. Ferner beschränkt das Bestimmtheitserfordernis des Art. 3 HBÜ das Risiko eines Ausforschungsbeweises. Einer Ausdehnung des Art. 23 HBÜ auf alle Discovery-Instrumente bedarf es daher nicht.

---

[354] Junker, Discovery, S. 189.
[355] Haager Übereinkommen über die Beweisaufnahme im Ausland in Zivil- und Handelssachen vom 18. März 1970, BGBl. 1977 II, S. 1472 - in Deutschland seit dem 26. Juni 1979 in Kraft, BGBl. 1979 II, S. 780; in den USA seit dem 7. Oktober 1972 in Kraft, 23 U.S.T. 2555, T.I.A.S. No. 7444. Eine Liste der Mitgliedstaaten findet sich unter: http://www.hcch.net/upload/overview20e.pdf.
[356] Art. 1 Abs. 1 HBÜ.
[357] § 14 Abs. 1 HZÜ/HBÜ-AusfG.
[358] Berger in Stein/Jonas, ZPO, Anh. zu § 363 ZPO Rn. 104; Junker, Discovery S. 284 ff. und 297 ff.; ders. JZ 1989, 121, 128; Beckmann, IPRax 1990, 201, 203 f.
[359] So auch OLG Celle, NJW-RR 2008, 78, 79 f.; OLG München, ZZP 94 (1981), 462, 465 ff.; Pabst in MüKo-ZPO, Art. 23 HBÜ, Rn. 6 ff.; Nagel/Gottwald, Internationales Zivilprozessrecht, § 9 Rn. 85, S. 469; Pfeil-Kammerer, Deutsch-amerikanischer Rechtshilfeverkehr in Zivilsachen, S. 252 f.

bb) Exklusivität des HBÜ?

Umstritten ist im transatlantischen Rechtsverkehr die Frage nach der Exklusivität des HBÜ. In Deutschland wird das HBÜ als verbindliche und exklusive Regelung für die Beschaffung von im Ausland belegenen Beweismitteln angesehen.[360] Der US Supreme Court befand dagegen 1987 in der Sache *Société Nationale Industrielle Aérospatiale v. US District Court for the Southern District of Iowa*, dass das HBÜ die internationale Beweisaufnahme nicht abschließend regele, sondern nur eine zusätzliche Möglichkeit zur Beweisbeschaffung eröffne.[361] Das HBÜ hindere amerikanische Gerichte nicht daran, den Parteien aufzugeben, ein Beweismittel in die USA zu verbringen. Dabei handele es sich um eine Beweisaufnahme in den USA, auf die amerikanisches Zivilprozessrecht anwendbar sei. Streitentscheidend war in dem Verfahren lediglich die Frage nach der Beweisbeschaffung *aus* dem Ausland. In einem *obiter dictum* äußerte der US Supreme Court aber, dass das HBÜ auch bei einer direkten Beweisaufnahme *im* Ausland keine Exklusivität beanspruche.[362]

Seither gehen die amerikanischen Gerichte überwiegend davon aus, dass sie von ihrer Hoheit unterliegenden ausländischen Parteien die Vorlage von im Ausland belegenen Beweismitteln verlangen können.[363] Eine von den Parteien im Ausland durchgeführte „freiwillige" Beweisaufnahme beanstanden die Gerichte nicht, da diese keine fremden Souveränitätsinteressen verletze.[364] Im Ergebnis ist nach amerikanischer Auffassung ein Rechtshilfeersuchen allein dann erforderlich, wenn gegenüber einer Beweisperson im Ausland Zwang angewendet werden soll oder wenn auf Dritte, die nicht der amerikanischen Gerichtshoheit unterstehen, zugegriffen werden muss.[365] In der Praxis bringen die Parteien im Ausland belegene

---

[360] Société Nationale Industrielle Aérospatiale v. US District Court for the Southern District of Iowa, Brief for the Federal Republic of Germany as Amicus Curiae, 25 I.L.M. 1539 (1986); Pabst in MüKo-ZPO, Vorbem. zu Art. 1 HBÜ, Rn. 10; Bertele, Souveränität und Verfahrensrecht, S. 434; Leipold, Lex fori, 45, 58 f.; Stadler, Unternehmensgeheimnis, S. 309; Zekoll, US-Amerikanisches Produkthaftpflichtrecht vor deutschen Gerichten, S. 141 ff.; Stürner in Habscheid, Justizkonflikt, S. 6, 33 ff.; Musielak in FS Geimer, 761, 765 f.

[361] Société Nationale Industrielle Aérospatiale v. US District Court for the Southern District of Iowa, 482 U.S. 522, 539 (1987).

[362] Société Nationale Industrielle Aérospatiale v. US District Court for the Southern District of Iowa, 482 U.S. 522, 543 f. (1987).

[363] In re Automotive Refinishing Paint Antitrust Litigation, 358 F.3d 288, 300 ff. (3rd Cir. 2004); Doster v. Carl Schenk AG, 141 F.R.D. 50 54 f. (M.D.N.C. 1991); Rich v. Kis California Inc., 121 F.R.D. 254, 257 ff. (M.D.N.C. 1988); In re Asbestos Litigation, 623 A.2d 546, 549 f. (Del. Super. 1992); Erbach Finance Corp. v. Royal Bank of Canada, 605 N.Y.S. 2d 52, 53 (N.Y. App. Div. 1993); Chalmers, 8 Tul. J. Int'l & Comp. L. 189, 189 ff. (2000) m. w. N.

[364] In re Anschütz & Co. GmbH, 754 F.2d 602, 609 (5th Cir. 1985); Bertele, Souveränität und Verfahrensrecht, S. 433 f.; Leipold, Lex fori, S. 42 ff.; Stürner in Habscheid, Justizkonflikt, S. 2 ff. (der die Freiwilligkeit der Beweisaufnahme zu Recht bezweifelt).

[365] In re Anschütz & Co. GmbH, 754 F.2d 602, 609 (5th Cir. 1985); Intercontinental Credit Corp. Div. of Pan Am. Trade Dev. Corp., 595 N.Y.S. 2d 602, 603 (N.Y. App. Div. 1991); Orlich v. Helm Bros. Inc., 560 N.Y.S. 2d 10 (N.Y. App. Div. 1990); Bertele, Souveränität und Verfahrensrecht, S. 426; Gerber, 82 Am. J. Int'l L. 521, 521 ff. (1988), jeweils m. w. N.

Beweismittel vorwiegend auf privatem Weg in die USA, um im dortigen Zivilprozess keinen Sanktionen ausgesetzt zu sein. Rechtshilfeersuchen sind die Ausnahme. Die Frage nach der Reichweite des Art. 23 HBÜ stellt sich daher selten.

7. Pretrial Disclosure und Final Pretrial Conference

Spätestens 30 Tage vor der Hauptverhandlung informieren die Parteien die Gegenseite und das Gericht im Rahmen der Pretrial Disclosure nach FRCP 26(a)(3) über die Beweismittel, die sie in die Hauptverhandlung einführen werden. Im Einzelnen umfasst die Pretrial Disclosure folgende Informationen[366]:

(1) Den Namen und - soweit nicht bereits bekannt gegeben - die Adresse und Telefonnummer der Zeugen;

(2) die Benennung der Zeugen, deren Aussagen voraussichtlich mittels Depositions präsentiert werden, einschließlich - soweit nicht stenografisch aufgezeichnet - einer Niederschrift der maßgeblichen Teile der Aussagen; und

(3) eine Bezeichnung der einzelnen Dokumente und Anlagen sowie eine Zusammenfassung anderer Beweismittel.

Die Gegenseite kann innerhalb von 14 Tagen nach der Pretrial Disclosure Einwände gegen die Zulässigkeit der Verwendung von Depositions und anderen Beweismittel in der Hauptverhandlung erheben.[367] Auf diese Weise sollen Unstimmigkeiten über die Zulässigkeit von Beweismitteln im Vorfeld der Hauptverhandlung geklärt werden.

II. Hauptverhandlung

Nach Abschluss des Pretrial findet die mündliche Hauptverhandlung statt. Sie erfolgt zumeist vor einem Geschworenengericht (Jury Trial) und seltener vor einem Einzelrichter (Bench Trial). Die Laienmitwirkung in Form der Jury ist in den USA ein Element direkter Demokratie, das im Seventh Amendment der US Constitution und in FRCP 38 verankert ist.[368] Die Hauptverhandlung besteht in der Regel aus einem Termin und wird vorwiegend von den Anwälten gestaltet. Zu Beginn der Hauptverhandlung halten die Anwälte ihre Eröffnungsplädoyers (Opening Statements). Diese beinhalten eine Einführung in den Verfahrensgegenstand und die Beweisaufnahme. Im Anschluss findet die Beweisaufnahme nach den Federal Rules of Evidence statt. Nachdem die Anwälte in der Discovery umfänglich Beweismittel gesichtet haben, präsentieren sie nunmehr die von ihnen ausgewählten und für relevant

---

[366] FRCP 26(a)(3)(A)(i) bis (iii).
[367] FRCP 26(a)(3)(B) Satz 2.
[368] Stürner in FS Stiefel, 763, 781.

befundenen Beweismittel. Nach Beendigung der Beweisaufnahme fassen die Anwälte den Fall in den Schlussvorträgen (Closing Statements) aus ihrer Sicht zusammen. Im Anschluss belehrt der Richter die Jury über Beweisfragen und die Rechtslage. Die Jury befindet sodann in ihrer Entscheidung (Verdict) über alle streitigen Tatfragen und die Höhe von Schadensersatzansprüchen. Die Rechtsfragen werden hingegen durch den Richter entschieden. Schließlich endet das Verfahren mit dem Urteil (Judgment) des Gerichts.

E. Fazit

Der Discovery kommt im amerikanischen Zivilprozess eine zentrale Rolle zu. Aufgrund der geringen Anforderungen an die Klageschrift und der fehlenden Schlüssigkeitskontrolle kann ein Kläger den Rechtsstreit ohne genaue Kenntnis der Gründe einleiten. Erst in der Discovery wird der Sachverhalt aufgeklärt. Die Discovery ist ein Parteiverfahren. Die Parteien und ihre Anwälte entscheiden, in welchem Umfang personenbezogene Daten vorzulegen sind und auf welche Weise diese verwendet werden. Die FRCP räumen dem Gericht mit Pretrial Conferences und Pretrial Orders zwar verstärkte Kontrollmöglichkeiten ein, jedoch wird davon in einem gewöhnlichen Zivilprozess kaum Gebrauch gemacht. Auch im Ausland befindliche Beweismittel werden regelmäßig im Parteibetrieb vorgelegt. Das Beschreiten des Rechtshilfewegs betrachten die amerikanischen Gerichte als nicht zwingend.

4. Kapitel: Dokumentenvorlage in der Discovery

Zu dem Konflikt zwischen der Discovery und deutschem Datenschutzrecht kommt es vor allem bei der Dokumentenvorlage. Nachfolgend werden der Umfang (A.) und der Ablauf (B.) der Dokumentenvorlage in der Discovery sowie die Sanktionen bei einem Verstoß gegen die Vorlagepflichten (C.) näher beleuchtet.

A. Umfang

I. Papierdokumente und elektronisch gespeicherte Informationen

FRCP 34(a)(1)(A) bestimmt die sachliche Reichweite der Dokumentenvorlage. Die Vorschrift erstreckte sich in ihrer ursprünglichen Fassung von 1938 auf Dokumente, Papiere, Bücher, Rechnungsunterlagen, Briefe, Fotos und Objekte.[369] Bereits bei der Reform von 1970 wurde der Ausdruck der anderen Datensammlungen (Other Data Compilations) aufgenommen.[370] Als Oberbegriff für die Vorlagegegenstände diente der Begriff „Documents". Seit 2006 regelt die Vorschrift ausdrücklich, dass von einem Vorlageersuchen neben Papierdokumenten auch elektronisch gespeicherte Informationen (Electronically Stored Information) betroffen sein können. Darunter fallen sämtliche in elektronischer oder digitaler Form hervorgebrachte oder gespeicherte Informationen.[371] Erfasst sind E-Mails, Textdokumente, Grafiken, Tabellen, Fotos, Audiodateien und andere auf Computermedien gespeicherte Daten. Zu den in Betracht kommenden Computermedien gehören etwa Desktop-Computer, Notebooks, Voice-Mail-Systeme, Mobiltelefone und MP3-Player, aber auch Speichermedien, wie CD-ROMs, DVDs und USB-Sticks.

Mittlerweile sind in der Discovery überwiegend elektronisch gespeicherte Informationen vorzulegen. Die Sichtung elektronischer Dokumente bedeutet regelmäßig einen erheblichen Zeit- und Kostenaufwand.[372] Dies verstärkt die Gefahr eines Missbrauchs der Discovery. In einem Class-Action-Verfahren musste die Beklagte beispielsweise 30 Millionen Seiten als Backup-Dateien gespeicherte E-Mails durchsuchen und die entstandenen Kosten selbst

---

[369] FRCP 34 in der Fassung von 1938: „ [...] any designated documents, papers, books, accounts, letters, photographs, objects [...]" - abgedruckt bei 7-34 Moore's Federal Practice - Civil § 34App.01.
[370] FRCP 34(a) in der Fassung von 1970: „[...] any designated documents (including writings, drawings, graphs, charts, photographs, phono-records, and other data compilations from which information can be obtained, translated, if necessary, by the respondent through detection devices into reasonably usable form) [...]" - abgedruckt bei 7-34 Moore's Federal Practice - Civil § 34App.03.
[371] FRCP 34, Notes of Advisory Committee on 2006 Amendments.
[372] Ausführlich zu den Herausforderungen der Electronic Discovery: Francis/Bloom, 7-34 Moore's Federal Practice - Civil § 34.12[3] ff.; Rabiej, 7-37A Moore's Federal Practice - Civil § 37A.01 ff.; Scheindlin/Rabkin, 41 B. C. L. Rev. 327, 347 ff. (2000); Withers, 2000 Fed. Cts. L. Rev. 2 (2000); ders., 4 Nw. J. Tech. & Intell. Prop. 171, 182 f. (2000).

tragen.[373] Die Kosten der Dokumentensichtung belaufen sich bisweilen auf über 500.000 USD.[374] Häufig sind elektronische Dokumente auf mehrere Computersysteme und Speichermedien verteilt, die über beträchtliche Speicherkapazitäten verfügen. Bereits eine einzige CD-ROM mit einem Speicherplatz von 620 Megabite kann bis zu 325.000 Textseiten enthalten.[375] Elektronische Dokumente werden in verschiedenen Formaten gespeichert und sind zum Teil nur unter Einsatz von speziellen Programmen lesbar.[376] Zudem enthalten elektronische Dokumente neben den auf einem Bildschirm oder Ausdruck sichtbaren Informationen sogenannte „Metadaten", also Informationen über andere Daten.[377] Beispiele für Metadaten sind Autor, Titel und Zeitpunkt der Bearbeitung eines Dokuments.[378]

II. Relevanz

Nach FRCP 26(b)(1) Satz 1 kann die Dokumentenvorlage grundsätzlich auf sämtliche Informationen ausgedehnt werden, die im Zusammenhang mit Angriffs- oder Verteidigungsmitteln des Vorlageersuchenden oder einer anderen Partei von Relevanz sind. Das Kriterium der Relevanz wird tendenziell weit ausgelegt.[379] Bis zur Reform der FRCP im Jahr 2000 durfte die Discovery sogar auf sämtliche Informationen ausgedehnt werden, die in irgendeiner Weise für den Streit relevant sind.[380] Im Zuge der Reform wurde der Umfang der Discovery insofern eingeschränkt, als sie sich nunmehr auf Angriffs- oder Verteidigungsmittel des Vorlageersuchenden oder einer anderen Partei beziehen muss. In der Praxis bewirkte diese Änderung allerdings keine merkliche Beschränkung der Discovery.[381] Seit der Reform aus dem Jahr 2015 sieht FRCP 26(b)(1) Satz 1 nunmehr zusätzlich vor, dass die Discovery entsprechend den Anforderungen des jeweiligen Falles verhältnismäßig sein muss, wobei folgende Kriterien zu berücksichtigen sind: die Bedeutung der in dem Rechtsstreit zu klärenden Fragen, der Streitwert, der Zugang der Parteien zu relevanten Informationen, die Mittel der Parteien, die Bedeutung der Discovery bei Klärung der Streitfragen sowie ob die

---

[373] In re Brand Name Prescription Drugs Antitrust Litigation, 1995 U.S. Dist. LEXIS 8281 (N.D. Il. 1995).
[374] Withers, 2000 Fed. Cts. L. Rev. 2, Fn. 5 (2000).
[375] Scheindlin/Rabkin, 41 B. C. L. Rev. 327, 335 (2000).
[376] Rabiej, 7-37A Moore's Federal Practice - Civil § 37A.01 [2] und § 37A.03.
[377] Zu Metadaten in der Discovery: Onofrio v. SFX Sports Group Inc., 247 F.R.D. 43, 46 (D.D.C. 2008); Wyeth v. Impax Labs. Inc., 248 F.R.D. 169, 170 f. (D. Del. 2006); Rabiej, 7-37A Moore's Federal Practice - Civil, § 37A.01[2] und § 37A.03[1]; Wescott, 14 Rich. J. L. & Tech. 10 (2008).
[378] Rabiej, 7-37A Moore's Federal Practice - Civil, § 37A.03[1].
[379] Oppenheim Fund v. Sanders, 437 U.S. 340, 351 (1978); Auto-Owners Ins. Co. v. Se. Floating Docks Inc., 231 F.R.D. 426, 430 (M.D. Fla. 2005). Ausführlich zum Relevanzkriterium: Higginbotham, 6-26 Moore's Federal Practice - Civil § 26.46; Junker, Discovery, S. 117 ff.
[380] FRCP 26(b)(1) Satz 1 in der Fassung vor 2000: „Parties may obtain discovery regarding any matter, not privileged, which is relevant to the subject matter involved in the pending action, [...]" - abgedruckt bei: 6-26 Moore's Federal Practice - Civil § 26App.09. Zur weiten Auslegung des Relevanzkriteriums: Oppenheimer Fund Inc. v. Sanders, 437 U.S. 340, 351 (1978).
[381] Rowe, 69 Tenn. L. Rev. 13, 18 f. (2001).

4. Kapitel: Dokumentenvorlage in der Discovery

Belastungen oder Kosten der Discovery die mit ihr verbundenen Vorteile überwiegen. Es erscheint fragwürdig, ob diese Änderung tatsächlich zu einer restriktiveren Handhabung der Discovery führen wird. Insbesondere müssen gemäß FRCP 26(b)(1) Satz 2 Informationen, welche die Anforderungen von FRCP 26(b)(1) Satz 1 erfüllen, nach wie vor nicht selbst ein in der Hauptverhandlung zulässiges Beweismittel sein.

III. Besitz, Gewahrsam oder Kontrolle

Für eine Vorlagepflicht ist nach FRCP 34(a)(1) weiterhin erforderlich, dass sich die relevanten Dokumente im Besitz, im Gewahrsam oder in der Kontrolle des Adressaten befinden. Maßgebliche Bedeutung kommt dem Tatbestandsmerkmal der Kontrolle zu, welches umfassend definiert wird als Recht, Befugnis oder Möglichkeit, Dokumente zu beschaffen.[382] Demnach ist weder Besitz noch Eigentum des Adressaten an den Dokumenten notwendig, es kommt einzig auf seine Verfügungsmacht an. Befindet sich ein Dokument im Gewahrsam eines Dritten, ist der Adressat gleichwohl zur Vorlage verpflichtet, wenn ihm ein Herausgabeanspruch zusteht.[383] Die Belegenheit von Dokumenten im Ausland steht der Verfügungsmacht des Adressaten nicht entgegen.[384]

Besonders weitreichend sind die Vorlagepflichten von konzernverbundenen Unternehmen.[385] Die Gerichte nehmen die Verfügungsmacht des Adressaten bereits bei der faktischen Zugriffsmöglichkeit auf Dokumente an.[386] Ein wichtiges Kriterium ist die Organbesetzung. So wird etwa die Verfügungsmacht einer amerikanischen Tochtergesellschaft über Dokumente der ausländischen Mutter bejaht, wenn Führungskräfte der Mutter im Vorstand der Tochter sitzen und dort Entscheidungen maßgeblich beeinflussen.[387] Ebenso genügt es für die Verfügungsmacht einer amerikanischen Mutter über Dokumente der ausländischen Tochter-

---

[382] DL v. District of Columbia, 251 F.R.D. 38, 46 (D.D.C. 2008); Tequila Centinela v. Bacardi, 242 F.R.D. 1, 8 (D.D.C. 2007); In re Flag Telecom Holdings, Lt. Securities Litigation, 236 F.R.D. 177, 180 (S.D.N.Y. 2006); US ITC v. ASAT Inc., 411 F.3d 245 (C.A.D.C. 2005); Alexander v. FBI, 194 F.R.D. 299, 301 (D.D.C. 2000); Friedenthal/Kane/Miller, Civil Procedure, S. 435.
[383] SEC v. Credit Bancorp, Ltd., 194 F.R.D. 469, 470 (S.D.N.Y. 2000); Florentia Contracting Corp. v. Resolution Trust Corp., 1993 U.S. Dist. LEXIS 5275 (S.D.N.Y. 1993).
[384] Costa v. Kerzner Int'l Resorts Inc., 277 F.R.D. 468, 472 (S.D. Fla. 2011); Alcan Int'l Ltd. v. S.A. Day Mfg. Co., 176 F.R.D. 75, 78 f. (W.D.N.Y. 1996); Cooper Industries Inc. v. British Aerospace Inc., 102 F.R.D. 918, 920 (S.D.N.Y. 1984).
[385] Grenig/Kinsler, Handbook of Federal Civil Discovery and Disclosure, Ch. 9, § 9.23; Francis/Bloom, 7-34 Moore's Federal Practice - Civil § 34.14[2]; Junker, Discovery, S. 390 f.
[386] Costa v. Kerzner Int'l Resorts Inc., 277 F.R.D. 468, 470 f. (S.D. Fla. 2011); Uniden America Corp. v. Ericsson Inc., 181 F.R.D. 302, 307 (M.D.N.C. 1998); Japan Halon Co. v. Great Lakes Chem. Corp., 155 F.R.D. 626, 627 ff. (N.D. Ind. 1993); M.L.C. Inc. v. North Am. Philips Corp., 109 F.R.D. 134, 138 (S.D.N.Y. 1986); Afros S.p.A. v. Krauss-Maffei Corp., 113 F.R.D. 127, 129 ff. (D. Del. 1986); In re Uranium Antitrust Litig., 480 F.Supp. 1138, 1152 (N.D. Ill. 1979).
[387] Afros S.p.A. v. Krauss-Maffei Corp., 113 F.R.D. 127, 132 (D. Del. 1986).

gesellschaft, wenn die Mutter die Besetzung der Organe der Tochter beeinflusst.[388] Überdies kommt dem Auftreten nach außen wichtige Bedeutung zu. Die Gerichte gehen bei rechtlich getrennten Gesellschaften von der Verfügungsmacht über Dokumente aus, wenn die Gesellschaften einheitlich auftreten und ähnliche Organisationsstrukturen aufweisen.[389] Weitere Indizien für die Verfügungsmacht sind Überschneidungen von Geschäftsbereichen[390] oder das Betreiben gemeinsamer Datenbanken[391]. Bisweilen stellen die Gerichte auch darauf ab, ob das Konzernunternehmen eine Verbindung zu dem Prozess hat und ob ein Obsiegen für es von Vorteil wäre.[392]

IV. Kein Weigerungsrecht

Nach FRCP 26(b)(1) Satz 1 müssen relevante Dokumente nicht vorgelegt werden, wenn sie einem absolut geschützten Weigerungsrecht (Privilege) unterliegen. Weigerungsrechte können Parteien und Dritte gleichermaßen geltend machen.[393] Die Darlegungslast für das Bestehen eines Weigerungsrechts liegt bei dem Adressaten des Vorlageersuchens.[394] Er muss ausreichende Informationen vorbringen, damit das Gericht und der Vorlageersuchende prüfen können, ob ein Weigerungsrecht besteht. Hierzu genügt meist eine schriftliche Zeugenaussage unter Eid (Affidavit), die das Weigerungsrecht anhand von Tatsachen begründet.[395] Bei Zweifeln an der Zeugenaussage kann das Gericht eine *in camera*-Sichtung der Dokumente anordnen.[396]

In der Discovery gelten für die Weigerungsrechte die gleichen Grundsätze wie in der Hauptverhandlung.[397] Gemäß FRE 501 kommt es für die Anwendbarkeit einzel- oder bundesstaatlicher Weigerungsrechte maßgeblich darauf an, ob die streitentscheidende Norm dem

---

[388] In re Uranium Antitrust Litigation, 480 F.Supp. 1138, 1144 f. (N.D. Ill. 1979).
[389] Costa v. Kerzner Int'l Resorts Inc., 277 F.R.D. 468, 472 (S.D. Fla. 2011); Alimenta (USA) Inc. v. Anheuser-Busch Corp., 99 F.R.D. 309, 313 (N.D. Ga. 1983); In re Uranium Antitrust Litigation, 480 F.Supp. 1138, 1152 f. (N.D. Ill. 1979).
[390] Cooper Industries Inc. v. British Aerospace Inc., 102 F.R.D. 918, 919 f. (S.D.N.Y. 1984); In re Global Power Equip. Group Inc., 418 B.R. 833, 841 ff. (Bankr. D. Del. 2009).
[391] Choice-Intersil Microsystems Inc. v. Agere Systems Inc., 224 F.R.D. 471, 472 (N.D. Cal. 2004).
[392] Appleton Papers Inc. v. George A. Whiting Paper Co., 2009 U.S. Dist. LEXIS 71322 (E.D. Wis. 2009); Steele Software Systems v. Dataquick Information Systems, 237 F.R.D. 561, 64 (D. Md. 2006); Afros S.p.A. v. Krauss-Maffei Corp., 113 F.R.D. 127, 132 (D. Del. 1986).
[393] Junker, Discovery, S. 124; Krapfl, Dokumentenvorlage, S. 88.
[394] Long v. Anderson Univ., 204 F.R.D. 129, 134 (S.D. Ind. 2001); Owens v. Best Beers of Bloomington Inc., 648 N.E. 2d 699, 702 (Ind. App. 1995); Higginbotham, 6-26 Moore's Federal Practice - Civil § 26.47[1].
[395] Krapfl, Dokumentenvorlage, S. 89.
[396] Duplan Corp.v. Deering Milliken Inc., 397 F.Supp. 1146, 1157 (D.S.C. 1975); Burlington Industries v. Exxon Corp., 65 F.R.D. 26, 32 (D. Md. 1974); Krapfl, Dokumentenvorlage, S. 89 f.
[397] Von Bulow v. Von Bulow, 811 F.2d 136, 141 (2d Cir. 1987); Koch Materials Co. v. Shore Slurry Seal Inc., 208 F.R.D. 109, 116 (D.N.J. 2002); Higginbotham, 6-26 Moore's Federal Practice - Civil § 26.47[1] und [4].

4. Kapitel: Dokumentenvorlage in der Discovery

einzel- oder dem bundesstaatlichen Recht zu entnehmen ist.[398] Die Ausführungen in dieser Arbeit beziehen sich auf die Weigerungsrechte auf Bundesebene. Im Wesentlichen stimmen die Weigerungsrechte der Bundesstaaten aber mit denen des Bundes überein, sodass die Ausführungen entsprechend gelten. Die Weigerungsrechte sind überwiegend nicht gesetzlich geregelt, sondern durch Richterrecht begründet.[399] Allgemein anerkannt sind die nachstehenden Weigerungsrechte[400]:

(1) Das Anwaltsgeheimnis (Attorney-Client Privilege) hinsichtlich der vertraulichen Kommunikation zwischen Anwalt und Mandant[401];

(2) die Schweigepflicht des Arztes und des Psychotherapeuten (Physician-Patient Privilege; Psychotherapist-Patient Privilege);

(3) die Schweigepflicht des geistlichen Seelsorgers (Priest-Penitent Privilege);

(4) der Schutz der Ehe (Husband-Wife Privilege) und

(5) das Selbstbezichtigungsprivileg (Privilege against Self-Incrimination).

Die Gemeinsamkeit der Weigerungsrechte besteht darin, dass sie Beziehungen schützen, die einen vertraulichen Informationsaustausch erfordern. Für die Anerkennung des Weigerungsrechts im Einzelfall muss die Information daher in der begründeten Annahme ihrer Vertraulichkeit weitergegeben worden sein und es darf kein ausdrücklicher oder stillschweigender Verzicht auf das Weigerungsrecht (Waiver of Privilege) vorliegen.[402] Bei der Anerkennung neuer Weigerungsrechte haben die Gerichte einen gewissen Ermessensspielraum.[403] Erforderlich ist, dass der Schutz des betreffenden Rechts über den Einzelfall hinaus einem im Verhältnis zur Wahrheitsfindung vorrangigen Allgemeininteresse dient.[404] Aufgrund des hohen Stellenwertes der Wahrheitsfindung stehen die Gerichte der Anerkennung neuer Weigerungsrechte allerdings reserviert gegenüber.[405] Dem Right to Privacy sprachen die

---

[398] Zum Kollisionsrecht der Weigerungsrechte: Junker, Discovery, S. 125 f.
[399] Higginbotham, 6-26 Moore's Federal Practice - Civil § 26.47[2].
[400] Eingehend zu den einzelnen Weigerungsrechten: Junker, Discovery, S. 124 ff.
[401] Überdies schützen die Gerichte im Einzelfall das Arbeitsprodukt des Anwalts (Work Product). Darunter fallen sämtliche Arbeitsunterlagen, die der Anwalt bei der Prozessvorbereitung erstellt. Der Schutz entfällt, wenn der Gegner darlegt, dass den Informationen wesentliche Bedeutung zukommt und sie nicht auf anderem zumutbaren Weg zu erlangen sind. Dazu: FRCP 26(b)(3)(A) und FRE 502; Krapfl, Dokumentenvorlage, S. 94 f.
[402] Greater Newburyport Clamshell Alliance v. PSCNH, 838 F.2d 13, 17 (1st Cir. 1988); US ex rel. Purcell v. MWI Corp., 209 F.R.D. 21, 2002 U.S. Dist. LEXIS 15931 (D.D.C. 2002).
[403] Danna, 38 Loy. L.A. L. Rev 1683, 1685 (2005).
[404] Jaffe v. Redmond, 518 U.S. 1, 8 f. (1996); Trammel v. United States, 445 U.S. 40, 50 (1980); Danna, 38 Loy. L.A. L. Rev. 1683, 1685 (2005).
[405] Trammel v. United States, 445 U.S. 40, 50 (1980); Jones v. Goord, 2002 WL 1007614 (S.D.N.Y. 2002); Higginbotham, 6-26 Moore's Federal Practice - Civil § 26.47[1]; Stadler, Unternehmensgeheimnis, S. 128 f.; Danna, 38 Loy. L.A. L. Rev. 1683, 1685 f. (2005).

Gerichte bislang nicht den Charakter eines Weigerungsrechts zu.[406] Gleichwohl kann es vereinzelt zu Überschneidungen zwischen dem Right to Privacy und einem anerkannten Weigerungsrecht kommen (z. B. bei Gesundheitsdaten mit dem Physician-Patient Privilege).[407]

B. Ablauf

I. Aufbewahrung der Dokumente

Als Annex zur Vorlagepflicht trifft die Parteien eine Pflicht zur Aufbewahrung von möglicherweise relevanten Dokumenten (Preservation Duty). Die Aufbewahrungspflicht ist nicht ausdrücklich in den FRCP geregelt, sondern ergibt sich aus der Rechtsprechung zur Sanktionierung der Verletzung von Vorlagepflichten.[408] In inhaltlicher Hinsicht bestimmt sich die Reichweite der Aufbewahrungspflicht nach FRCP 26(b)(1). Die Parteien haben demnach sämtliche relevanten Dokumente aufzubewahren, die sich in ihrem Besitz, ihrem Gewahrsam oder ihrer Kontrolle befinden und keinem Weigerungsrecht unterliegen. Im Allgemeinen entsteht die Aufbewahrungspflicht, sobald einer Partei bewusst ist oder bewusst sein muss, dass ein Dokument für einen potentiellen Rechtsstreit relevant sein könnte.[409] Der Beklagte hat spätestens ab Zustellung der Klage relevante Dokumente aufzubewahren.[410] Erhält der Beklagte ein außergerichtliches Schreiben, aus dem sich die Absicht der Klageerhebung direkt oder indirekt ergibt, entsteht die Aufbewahrungspflicht mit Empfang dieses Schreibens.[411] Der Kläger muss relevante Dokumente vorhalten, sobald ihm das Bevorstehen eines Rechtsstreits bewusst ist.[412] Führt ein Kläger gleichartige Prozesse gegen verschiedene Beklagte, sind die Dokumente aus früheren Verfahren für die späteren Prozesse vorzuhalten.[413]

---

[406] Siehe: 2. Kapitel, B. II. 3.
[407] Heda v. Superior Court, 225 Cal. App. 3d 525, 528 (Cal. App. 1st Dist. 1990); Binder v. Superior, 196 Cal. App. 3rd 893, 899 (Cal. App. 5th Dist. 1987); Board of Medical Quality Assurance v. Gherardini, 93 Cal. App. 3d 669, 678 f. (Cal. App. 4th Dist. 1979).
[408] Etwa McGuire v. Acufex Microsurgical Inc., 175 F.R.D. 149, 153 f. (D. Mass. 1997); ABC Home Health Servs. Inc., v. IBM Corp., 158 F.R.D. 180, 182 (S.D. Ga. 1994). Im Einzelnen zur Aufbewahrungspflicht: Rabiej, 7-37A Moore's Federal Practice: Electronic Discovery § 37A.10.
[409] Lewy v. Remington Arms Co., 836 F.2d 1104, 1112 (8th Cir. 1988); Pippins v. KPMG LLP, 279 F.R.D. 245, 256 (S.D.N.Y. 2012); Siani v. State Univ. of N.Y., 2010 U.S. Dist. LEXIS 82562 (E.D.N.Y. 2010); Zubulake v. UBS Warburg LLC, 220 F.R.D. 212, 216 (S.D.N.Y. 2003).
[410] Danis v. USN Communs. Inc., 2000 U.S. Dist. LEXIS 16900 (N.D. Ill. 2000); New York State NOW v. Cuomo, 1998 U.S. Dist. LEXIS 10520 (S.D.N.Y. 1998); Computer Assocs. Int'l Inc., v. American Fundware Inc., 133 F.R.D. 166, 169 (D. Colo. 1990).
[411] Goodman v. Praxair Servs. Inc., 632 F.Supp. 2d 494, 511 (D. Md. 2009); Cache La Poudre Feeds, LLC v. Land O'Lakes Farmland Feed, LLC, 244 F.R.D. 614, 621 (D. Colo. 2008); ABC Home Health Servs. Inc. v. IBM Corp., 158 F.R.D. 180, 181 (S.D. Ga. 1994).
[412] Rabiej, 7-37A Moore's Federal Practice: Electronic Discovery § 37A.10[3][a].
[413] Adams and Assoc., LLC v. Dell Inc., 2009 U.S. Dist. LEXIS 26964 (D. Utah 2009); Struthers Patent Corp. v. Nestle Co., 558 F.Supp. 747, 759 (D.N.J. 1981).

4. Kapitel: Dokumentenvorlage in der Discovery

Die Einzelheiten der Aufbewahrung erörtern die Anwälte während der ersten Parteienkonferenz.[414] Anschließend kann das Gericht in einer Aufbewahrungsanordnung (Preservation Order) festlegen, in welchem Umfang und unter welchen Umständen Dokumente aufzubewahren sind.[415] Die Anwälte müssen ihre Mandanten über die Aufbewahrungspflichten belehren und dafür sorgen, dass im Rahmen eines sogenannten „Litigation Hold" geeignete Maßnahmen zur Aufbewahrung ergriffen werden.[416] Die Maßnahmen sind in entsprechenden Richtlinien festzuhalten.[417] Über die Richtlinien sind alle Mitarbeiter des Mandanten zu instruieren, die möglicherweise relevante Dokumente aufbewahren.[418] Im weiteren Verlauf der Discovery haben die Anwälte die Umsetzung der Maßnahmen zu überwachen.[419] Insbesondere die Aufbewahrung elektronischer Dokumente erfordert eine sorgfältige Kontrolle. Elektronische Dokumente werden im Gegensatz zu Papierdokumenten leicht verändert oder gelöscht. Vor allem E-Mails werden routinemäßig an andere Speicherplätze verschoben. Dies beanstanden die Gerichte nicht, soweit es eine Möglichkeit der Wiedererlangung gibt.[420] Entspricht die Bearbeitung eines Dokuments dem gewöhnlichen Ablauf, muss grundsätzlich nur die Endversion und nicht jeder Entwurf aufbewahrt werden.[421]

II. Vorlageersuchen

Die Dokumentenvorlage beginnt, indem die Parteien ihre schriftlichen Vorlageersuchen an die Gegenseite oder mittels einer Subpoena[422] an Dritte richten.[423] Nach FRCP 34(b)(1)(A) haben die Parteien die begehrten Dokumente einzeln oder nach Kategorien hinreichend genau zu bezeichnen. Für den Vorlagepflichtigen muss erkennbar sein, welche Dokumente verlangt

---

[414] FRCP 26(f)(2) Satz 1.
[415] Treppel v. Biovail Corp., 233 F.R.D. 363, 370 (S.D.N.Y. 2006); Illinois Tool Works v. Metro Mark Prods., Ltd., 43 F.Supp. 2d 951, 954 (N.D. Ill. 1999).
[416] Surowiec v. Capital Title Agency Inc., 790 F.Supp. 2d 997, 1006 (D. Ariz. 2011); Gordon Partners v. Blumenthal, 2007 U.S. Dist. LEXIS 6198 (S.D.N.Y. 2007); Zubulake v. UBS Warburg LLC, 220 F.R.D. 212 (S.D.N.Y. 2003).
[417] Board of Regents of the University of Nebraska v. BASF Corp., 2007 U.S. Dist. LEXIS 82492, 15 ff. (D. Neb. 2007); Gordon Partners v. Blumenthal, 2007 U.S. Dist. LEXIS 6198, 12 ff. (S.D.N.Y. 2007); Zubulake v. UBS Warburg LLC, 220 F.R.D. 212 (S.D.N.Y. 2003).
[418] Toussie v. County of Suffolk, 2007 U.S. Dist. LEXIS 93988, 22 (E.D.N.Y. 2007); Miller v. Holzmann, 2007 U.S. Dist. LEXIS 2987, 18 ff. (D.D.C. 2007); Danis v. USN Communs. Inc., 2000 U.S. Dist. LEXIS 16900 (N.D. Ill. 2000).
[419] Qualcomm Inc. v. Broadcom Corp., 2008 U.S. Dist. LEXIS 911, 64 (S.D. Cal. 2008); Cache La Poudre Feeds, LLC v. Land O'Lakes Inc., 2007 U.S. Dist. LEXIS 15277, 56 f. (D. Colo. 2007); Zubulake v. UBS Warburg, LLC, 229 F.R.D. 422, 431 ff. (S.D.N.Y. 2004).
[420] Quinby v. WestLB AG, 245 F.R.D. 94, 103 f. (S.D.N.Y. 2006); Treppel v. Biovail Corp., 233 F.R.D. 363, 372 (S.D.N.Y. 2006); Simon Prop. Group L.P. v. MySimon Inc., 194 F.R.D. 639, 640 (S.D. Ind. 2000); Playboy Enters. Inc. v. Welles, 60 F.Supp. 2d 1050, 1054 (S.D. Cal. 1999).
[421] Westcoat v. Bayer Cropscience LP, 2006 U.S. Dist. LEXIS 79756 (E.D. Mo. 2006); McGuire v. Acufex Microsurgical Inc., 175 F.R.D. 149, 156 (D. Mass. 1997).
[422] FRCP 34(c) und 45. Siehe auch: 3. Kapitel, D. I. 6. a) bb).
[423] Beispiele für Vorlageersuchen finden sich bei Nelson/Olson/Simek, The Electronic Evidence and Disclosure Handbook, S. 138 ff.

werden.[424] In einer Sache stufte das Gericht beispielsweise den Antrag auf Vorlage von „documents relating to profit-sharing or profits" als hinreichend genau ein.[425] Dagegen befand ein anderes Gericht die Formulierung „all documents referring, relating to or evidencing the claims in the Second Amendment Complaint" für ungenau.[426] Gemäß FRCP 34(b)(1)(B) müssen die Parteien weiter Zeit, Ort und Art der Vorlage bestimmen. Bei elektronischen Dokumenten kann nach FRCP 34(b)(1)(C) zusätzlich das Vorlageformat festgelegt werden.

III. Beantwortung des Vorlageersuchens

Gemäß FRCP 34(b)(2)(A) Satz 1 und (B) muss der Vorlagepflichtige grundsätzlich innerhalb von 30 Tagen nach Zustellung des Vorlageersuchens zu jedem einzelnen Dokument bzw. zu jeder Dokumentenkategorie schriftlich Stellung nehmen. In der Stellungnahme kann er die Vorlage der Dokumente gewähren oder ihr widersprechen.[427] In der Praxis formulieren die Parteien Vorlageersuchen tendenziell weit, um möglichst viele Informationen zu erhalten. Deshalb kommt es häufig zu Widersprüchen. Der Vorlagepflichtige muss die zurückgehaltenen Dokumente genau benennen, damit der Vorlageersuchende und das Gericht prüfen können, ob der Widerspruch berechtigt ist.[428] Der Widerspruch ist nach FRCP 34(b)(2)(B) zu begründen. Hierzu kann der Vorlagepflichtige zum Beispiel folgendes vorbringen:

(1) Die Dokumente sind unerheblich oder nicht ausreichend beschrieben;

(2) die Dokumente befinden sich nicht im Besitz, Gewahrsam oder der Kontrolle des Vorlagepflichtigen;

(3) die Vorlage bedeutet eine unangemessene Belastung;

(4) es besteht ein Weigerungsrecht; oder

(5) die Informationen sind aus anderen Gründen schutzwürdig.[429]

Bei elektronischen Dokumenten darf der Vorlagepflichtige gemäß FRCP 34(b)(2)(D) ferner dem beantragten Format widersprechen, wobei er zugleich ein anderes Format angeben muss. Außerdem kann er nach FRCP 26(b)(2)(B) geltend machen, dass die elektronischen Dokumente nicht auf zumutbare Weise zugänglich sind. Der Vorlagepflichtige kann nach

---

[424] Hawecker v. Sorenson, 2012 U.S. Dist. LEXIS 53989 (E.D. 2012); Hager v. Graham, 267 F.R.D. 486, 493 (N.D. W.Va. 2010); Kidwiler v. Progressive Paloverde Ins. Co., 192 F.R.D. 193, 202 (N.D. W.Va. 2000); Gupta v. Walt Disney World Co., 2006 WL 2724899 (M.D. Fla. 2006); Parsons v. Jefferson-Pilot Corp., 141 F.R.D. 408, 412 (M.D.N.C. 1992).
[425] Kidwiler v. Progressive Paloverde Insurance Co., 192 F.R.D. 193, 202 (N.D. W.Va. 2000).
[426] Gupta v. Walt Disney World Co., 2006 WL 2724899 (M.D. Fla. 2006).
[427] FRCP 34(b)(2)(B) Satz 1; Francis/Bloom, 7-34 Moore's Federal Practice - Civil § 34.13[2].
[428] Vgl. FRCP 34(b)(2)(C); Francis/Bloom, 7-34 Moore's Federal Practice - Civil § 34.13[2][b].
[429] Grenig/Kinsler, Handbook of Federal Civil Discovery and Disclosure, § 9.43.

FRCP 34(b)(2)(B) Satz 2 zudem erklären, dass er anstelle der Einsichtsgewährung Kopien der Dokumente vorlegt.

IV. Vorlage der Dokumente

Nachdem alle Vorfragen geklärt sind, übermittelt der Vorlagepflichtige die Dokumente entweder direkt an die Gegenseite oder stellt sie an einem vereinbarten Ort zur Einsichtnahme bereit. Gemäß FRCP 34(b)(2)(E)(i) muss die Vorlage - soweit keine abweichende Parteivereinbarung oder Gerichtsanordnung existiert - unter Beibehalten der üblichen Systematik der Dokumentenaufbewahrung oder in Orientierung an den Kategorien des Vorlageersuchens erfolgen. Werden Dokumente ohne systematische Ordnung aufbewahrt, hat der Vorlagepflichtige diese für die Vorlage herzustellen.[430]

Elektronische Dokumente sind - vorbehaltlich einer anderslautenden Parteivereinbarung oder Gerichtsanordnung - in der im Vorlageersuchen bestimmten Form vorzulegen. Fehlt es an einer Bestimmung, ist nach FRCP 34(b)(2)(E)(ii) die Form maßgblich, in der die Dokumente gewöhnlich vorgehalten werden oder in der sie auf zumutbare Weise zu verwenden sind. Betrifft das Vorlageersuchen wenige elektronische Dokumente, dürfen zumeist Ausdrucke vorgelegt werden. Bei einer Vielzahl elektronischer Dokumente muss die Vorlage hingegen in elektronischer Form erfolgen, da diese im Vergleich zur Papierform eine schnellere und kostengünstigere Sichtung ermöglicht.[431] Für die Vorlage in elektronischer Form genügt es in der Regel, wenn der Vorlagepflichtige die Dokumente auf einem Datenträger speichert und diesen der Gegenseite übergibt. Nicht ausreichend ist die Vorlage der Dokumente, wenn zu deren Sichtung eine spezielle Software erforderlich ist.[432] In einer solchen Situation muss der Vorlagepflichtige die Software der Gegenseite zur Verfügung stellen.

C. Sanktionen

Im Idealfall klären die Parteien etwaige Streitigkeiten über Vorlagepflichten untereinander. Erzielen sie keine Einigung, bedarf es der gerichtlichen Klärung. Stellt das Gericht einen Verstoß gegen Vorlagepflichten fest, kann es Sanktionen verhängen. Mit den Sanktionen sollen die Vorlagepflichten durchgesetzt, der Betroffene bestraft und andere von vergleich-

---

[430] In re Sulfuric Acid Antitrust Litig., 231 F.R.D. 351, 363 (N.D. Ill. 2005); Board of Education v. Admiral Heating & Ventilating Inc., 104 F.R.D. 23, 36 (N.D. Ill. 1984).
[431] Margel v. E.G.L. Gem Lab Ltd., 2008 U.S. Dist. LEXIS 41754 (S.D.N.Y. 2008); National Union Elec. Corp. v. Matsushita Elec. Indus. Co., 494 F.Supp. 1257, 1260 ff. (E.D. Pa. 1980).
[432] Sattar v. Motorola, 138 F.3d. 1164, 1171 (7th Cir. 1998); FRCP 34(b), Notes of Advisory Committee on 2006 Amendments - abgedruckt bei 7-34 Moore's Federal Practice - Civil § 34App.08; Huber, Transnationale Modellregeln, S. 234 f.

baren Verstößen abgehalten werden.[433] Welche Sanktionen das Gericht bestimmt, hängt in erster Linie von der Art des Verstoßes ab.

I. Verstoß gegen eine Gerichtsanordnung

1. In Betracht kommende Gerichtsanordnungen

Überwiegend werden Sanktionen erst dann ausgesprochen, wenn der Vorlagepflichtige gegen eine Anordnung des Gerichts verstoßen hat.[434] Die Anordnung muss nicht schriftlich ergangen sein. Eine mündliche Anordnung genügt, wenn das Gericht dem Vorlagepflichtigen rechtliches Gehör gewährt und klar verdeutlicht hat, was von ihm erwartet wird.[435] In Betracht kommen sämtliche Anordnungen, die der Durchsetzung der Vorlagepflichten dienen.[436] Dies kann eine Scheduling Order nach FRCP 16(b)(1), eine Pretrial Order nach FRCP 16(d), eine Vorlageanordnung nach FRCP 37(a)(1)[437] oder eine sonstige Discovery Order sein.

2. Sanktionsarten

a) Indirekte Sanktionen

Bei einem Verstoß gegen eine Gerichtsanordnung kann das Gericht indirekte Sanktionen verhängen, die einen Prozessnachteil zu Lasten des Vorlagepflichtigen bewirken.[438] Die Regelung der FRCP 37(b)(2)(A) Satz 2 (i) bis (vi) sieht folgende indirekte Sanktionen vor:

(1) Beschluss, dass behauptete Tatsachen für den Rechtsstreit als festgestellt gelten;

(2) Ausschluss hinsichtlich bestimmter Angriffs- und Verteidigungsmittel oder bestimmter Tatsachen als Beweisthema;

(3) teilweiser oder vollständiger Ausschluss von Vorbringen;

(4) Aussetzung des Verfahrens bis zur Befolgung der Gerichtsanordnung;

(5) teilweise oder vollständige Klageabweisung;

(6) Erlass eines Versäumnisurteils.

---

[433] Danis v. USN Communs Inc., 2000 U.S. Dist. LEXIS 16900 (N.D. Ill. 2000); Baker v. Ace Advertisers' Serv., 153 F.R.D. 38, 40 f. (S.D.N.Y.1992); Blake Assocs. v. Omni Spectra Inc., 118 F.R.D. 283, 293 (D. Mass. 1988); Grenig/Kinsler, Handbook of Federal Civil Discovery and Disclosure, § 12.1; Krapfl, Dokumentenvorlage, S. 115 ff.
[434] Brazil, 7-37 Moore's Federal Practice - Civil § 37.42[1] m. w. N.
[435] Dreith v. Nu Image Inc., 648 F.3d 779, 787 (9th Cir. 2011); Nike Inc. v. Wolverine World Wide Inc., 43 F.3d 644, 648 (Fed. Cir. 1994); Malautea v. Suzuki Motor Co., 987 F.2d 1536, 1542 (11th Cir. 1993); Brazil, 7-37 Moore's Federal Practice - Civil § 37.42[3].
[436] Vgl. Brazil, 7-37 Moore's Federal Practice - Civil § 37.42[2].
[437] FRCP 37 ist als Volltext im Anhang zu finden.
[438] Junker, Discovery, S. 193; Krapfl, Dokumentenvorlage, S. 117.

4. Kapitel: Dokumentenvorlage in der Discovery 61

Das Gericht hat weites Ermessen, ob und mit welchen Sanktionen es einen Verstoß ahndet.[439] FRCP 37(b)(2)(A) Satz 1 verlangt lediglich, dass die Entscheidung billig und gerecht (just) ist. Die Sanktion muss mithin in angemessenem Verhältnis zum Verhalten des Vorlagepflichtigen stehen.[440] Zu berücksichtigen sind außerdem das Interesse der Öffentlichkeit und des Gerichts an einer schnellen Verfahrenserledigung, das Risiko eines Nachteils für die Gegenseite sowie die Verfügbarkeit von milderen Sanktionen.[441] Für die Anordnung von Sanktionen ist es unerheblich, ob der Verstoß dem Vorlagepflichtigen subjektiv vorwerfbar ist.[442] Die Vorwerfbarkeit wirkt sich lediglich bei der Art der Sanktion aus.[443] Eine Klageabweisung bzw. -stattgabe verlangt regelmäßig Vorsatz oder grobe Fahrlässigkeit.[444] Mit Klagestattgabe reagierte ein Gericht etwa auf einen Beklagten, der vorsätzlich die Festplatte eines Computers formatierte nachdem das Gericht bereits deren Übergabe an den Kläger angeordnet hatte.[445] In einem anderen Fall wies das Gericht die Klage ab, als sich herausstellte, dass der Kläger entgegen gerichtlicher Anordnung vor der Herausgabe eines Computers grob fahrlässig über 14.000 Dateien mit der Software „Evidence Eliminator" gelöscht hatte.[446]

b) Zwangsmittel des Contempt of Court

Überdies kann ein Verstoß gegen eine Gerichtsanordnung nach FRCP 37(b)(2)(A) Satz 2 (vii) als Missachtung des Gerichts (Contempt of Court) gewertet werden. In diesem Fall stehen dem Gericht die zivilprozessualen Beugemittel (Civil Contempt) des Zwangsgeldes und der Zwangshaft zur Verfügung.[447] Ein Gericht verhängte zum Beispiel gegen den Vorstandsvorsitzenden der Beklagten nach der Vernichtung elektronischer Dokumente Zwangshaft von bis zu zwei Jahren, weil die Beklagte der Klägerin nicht die entstandenen Anwaltskosten erstattete.[448] Kommt die Partei ihren Pflichten nach, hebt das Gericht das Beugemittel auf.[449]

---

[439] Williams v. Locher, 2011 U.S. Dist. LEXIS 73537 (D. Nev. 2011); Hazard/Tait/Fletcher/Bundy, Pleading and Procedure, S. 915 ff.; Junker, Discovery, S. 192 ff.
[440] Société Internationale Pour Participations Industrielles et Commerciales, S.A. v. Rogers, 357 U.S. 197, 208 ff. (1958); Krapfl, Dokumentenvorlage, S. 117 f.
[441] Connecticut General Life Ins. Co. v. New Images of Beverly Hills, 482 F.3d 1091, 1096 (9th Cir. 2007); Nix v. Hudson Baylor Corp., 2012 U.S. Dist. LEXIS 80192 (D. Ariz. 2012).
[442] Diaz-Fonseca v. Puerto Rico, 451 F.3d 13, 26 (1st Cir. 2006); MasterCard Int'l Inc. v. Moulton, 2004 U.S. Dist. LEXIS 11376 (S.D.N.Y. 2004).
[443] Glover Residential Funding Corp. v. DeGeorge Financial Corp., 306 F.3d 99, 106 ff. (2nd Cir. 2002); MasterCard Int'l Inc. v. Moulton, 2004 U.S. Dist. LEXIS 11376 (S.D.N.Y. 2004).
[444] Robinson v. Champaign Unit 4 Sch. Dist., 412 Fed. Appx. 873, 877 (7th Cir. 2011); The Procter & Gamble Co. v. Haugen, 427 F.3d 727, 737 ff. (10th Cir. Utah 2005); Kucula Enterprises v. Auto Wax Co., 2003 U.S. Dist. LEXIS 8833 (N.D. Ill. 2003).
[445] QZO Inc. v. Moyer, 594 S.E.2d 541, 252 ff. (S.C. App. 2004).
[446] Kucula Enterprises v. Auto Wax Co., 2003 U.S. Dist. LEXIS 8833 (N.D. Ill. 2003).
[447] Friedenthal/Kane/Miller, Civil Procedure, S. 449; Huber, Transnationale Modellregeln, S. 303 f.; Junker, Discovery, S. 194; Krapfl, Dokumentenvorlage, S. 116.
[448] Victor Stanley Inc. v. Creative Pipe Inc., 2010 U.S. Dist. Lexis 93644 (D. Md. 2010).
[449] Government Guarantee Fund of the Republic of Finland v. Hyatt Corp., 182 F.R.D. 182, 184 f. (D.V.I. 1988); Krapfl, Dokumentenvorlage, S. 116.

In schweren Fällen erlässt das Gericht strafrechtliche Zwangsmittel (Criminal Contempt), welche eine echte Strafe bedeuten und auch bei Befolgung der Pflichten nicht aufgehoben werden.[450]

c) Kostentragung

Gemäß FRCP 37(b)(2)(C) kann das Gericht alternativ oder kumulativ zu den in FRCP 37(b)(2)(A) Satz 2 (i) bis (vii) vorgesehenen Sanktionen dem Vorlagepflichtigen und/oder seinem Anwalt die durch das Fehlverhalten verursachten Kosten in angemessener Höhe auferlegen. Die Kostentragungspflicht kann sich auch auf die gegnerischen Anwaltskosten erstrecken. Dies ist eine gesonderte Sanktion, da im amerikanischen Zivilprozess grundsätzlich jede Partei ihre eigenen Kosten trägt.[451]

II. Nichtbeantwortung eines Vorlageersuchens

In FRCP 37(d)(1)(A)(ii) ist der Fall geregelt, dass eine Partei zur Dokumentenvorlage auffordert und der Vorlagepflichtige darauf nicht reagiert. In einer solchen Situation muss die Partei zunächst versuchen, sich mit dem Vorlagepflichtigen außergerichtlich zu einigen.[452] Widersprüche muss der Vorlagepflichtige bei Beantwortung des Vorlageersuchens und in einem etwaigen Antrag auf eine Protective Order geltend machen. Reagiert der Vorlagepflichtige nicht, kann das Gericht nach FRCP 37(d)(3) Satz 1 gegen ihn die in FRCP 37(b)(2)(A) Satz 2 (i) bis (vi) geregelten indirekten Sanktionen verhängen. Alternativ oder zusätzlich kann das Gericht dem Vorlagepflichtigen und seinem Anwalt nach FRCP 37(d)(3) Satz 2 die durch den Zwischenstreit entstandenen Kosten auferlegen. Die Zwangsmittel des Contempt of Court stehen dem Gericht bei der Nichtbeantwortung eines Vorlageersuchens nicht zur Verfügung.

III. Spoliation of Evidence

Mit Sanktionen reagieren die Gerichte ferner auf eine sogenannte „Spoliation of Evidence". Darunter fallen sämtliche Vorgänge der Vernichtung, Veränderung oder Unterdrückung von Dokumenten und sonstigen Beweismitteln, die in einem anhängigen oder vorhersehbaren Rechtsstreit benötigt werden.[453] Bei Verstößen gegen eine gerichtliche Aufbewahrungsanordnung stützen die Gerichte die Sanktionen unmittelbar auf FRCP 37(b)(2).[454] Fehlt es an einer Aufbewahrungsanordnung, wird die Sanktionsbefugnis aus der Autorität des Gerichts

---

[450] Junker, Discovery, S. 194; Krapfl, Dokumentenvorlage, S. 116.
[451] Siehe: 2. Kapitel, B. II. 2.
[452] FRCP 37(d)(1)(B); Brazil, 7-37 Moore's Federal Practice - Civil § 37.05[4] m. w. N.
[453] Victor v. Lawler, 2012 U.S. Dist. LEXIS 65740 (M.D. Pa. 2012); Mosaid Technologies Inc. v. Samsung Electronics Co. Ltd., 348 F.Supp. 2d 332, 335 (D.N.J. 2004); Brazil, 7-37 Moore's Federal Practice - Civil § 37.120[1]; Allman, 2009 Fed. Cts. L. Rev. 2, 2 ff. (2009), jeweils m. w. N.
[454] So z. B. Illinois Tool Works v. Metro Mark Prods., Ltd, 43 F.Supp. 2d 951, 961 (N.D. Ill. 1999).

zur Aufrechterhaltung seiner institutionellen Integrität abgeleitet.[455] In diesem Fall darf das Gericht lediglich indirekte Sanktionen[456] oder die Pflicht zur Kostentragung anordnen, nicht aber die Zwangsmittel des Contempt of Court.

Die Art der Sanktion hängt maßgeblich von der Schwere des Vorwurfs und der Bedeutung des Dokuments für den Rechtsstreit ab.[457] Mit Klageabweisung bzw. -stattgabe reagieren die Gerichte im Allgemeinen nur dann, wenn das Dokument von zentraler Bedeutung für den Rechtsstreit ist und der Vorlagepflichtige vorsätzlich oder zumindest grob fahrlässig handelte.[458] Von besonderer Relevanz ist in diesem Zusammenhang die Implementierung geeigneter Aufbewahrungsmaßnahmen im Rahmen eines Litigation Hold.[459] Hat der Vorlagepflichtige kein Litigation Hold vorgesehen, gehen die Gerichte von grober Fahrlässigkeit aus und verhängen strenge Sanktionen.[460] Auch die fehlende Befolgung eines Litigation Hold kann scharf sanktioniert werden. So wurden in einer Sache 11 Führungskräfte nicht als Zeugen zugelassen, weil diese entgegen einem Litigation Hold E-Mails gelöscht hatten.[461] Seit 2015 enthält FRCP 37(e) nunmehr eine Sondervorschrift für Fälle, in denen eine Partei nicht die erforderlichen Maßnahmen zur Aufbewahrung elektronischer Dokumente getroffen hat und die Informationen nicht wiedererlangt werden können. Liegt ein Nachteil für die Gegenseite vor, soll das Gericht gemäß FRCP 37(e)(1) nur solche Maßnahmen anordnen, die notwendig sind, um den Nachteil auszugleichen. Stellt das Gericht jedoch fest, dass der Vorlagepflichtige in der Absicht gehandelt hat, der Gegenseite die Informationen vorzuenthalten, so kann das Gericht nach FRCP 37(e)(2) davon ausgehen, dass die Information für die Gegenseite ungünstig war oder sogar die Klage abweisen oder ein Säumnisurteil erlassen.

IV. Verstoß gegen eine Subpoena

Verstößt ein Dritter gegen eine Subpoena, droht ihm nach FRCP 45(e) Satz 1 der Vorwurf des Contempt of Court mit der Anordnung von Zwangsgeld und Zwangshaft.[462] FRCP 45(e) Satz 1 sieht für den Dritten eine Exkulpationsmöglichkeit vor, wenn er eine hinreichende Entschuldigung für den Verstoß vorbringt. Diese Regelung ist Ausdruck des Gebots eines

---

[455] Leon v. IDX Systems Corp., 464 F.3d 951, 958 (9th Cir. 2006); Championsworld, LLC v. US Soccer Federation, 276 F.R.D. 577, 582 (N.D. Ill. 2011); Realnetworks Inc. v. DVD Copy Control Ass'n Inc., 264 F.R.D. 517, 523 (N.D. Cal. 2009).
[456] Siehe dazu oben: 4. Kapitel, C. I. 2. a).
[457] Brazil, 7-37 Moore's Federal Practice - Civil § 37.121 m. w. N.
[458] Adams v. United States, 823 F.Supp. 2d 1074, 1079 f. (D. Idaho 2011); Arista Records LLC v. Usenet.com Inc., 633 F.Supp. 2d 124, 138 (S.D.N.Y. 2009); Swofford v. Eslinger, 671 F.Supp. 2d 1274, 1280 (M.D. Fla. 2009); Brazil, 7-37 Moore's Federal Practice - Civil § 37.121 m. w. N.
[459] Zum Litigation Hold siehe oben: 4. Kapitel, B. I.
[460] Pension Committee of the University of Montreal Pension Plan v. Banc of America Securities, LLC, 685 F.Supp. 2d 456, 464 f. (S.D.N.Y. 2010).
[461] United States of America v. Philip Morris USA Inc., 327 F.Supp. 2d 21, 25 (D.D.C. 2004).
[462] Huber, Transnationale Modellregeln, S. 306; Krapfl, Dokumentenvorlage, S. 119.

fairen Verfahrens (Due Process).[463] Eine Subpoena ergeht in der Regel ohne gerichtliche Prüfung und ohne Gelegenheit des Dritten zur vorherigen Äußerung. Ein Beispiel für eine hinreichende Entschuldigung nennt FRCP 45(e) Satz 2. Danach ist der Verstoß eines prozessunbeteiligten Dritten hinreichend entschuldigt, wenn ihm infolge der Subpoena eine Reise von mehr als 100 Meilen aufgebürdet wird. Eine derartige Subpoena ist nach FRCP 45(c)(3)(A)(ii) offensichtlich fehlerhaft. Die Regelung wird bei anderen Fehlern einer Subpoena entsprechend herangezogen.[464]

D. Zusammenfassung

Die Dokumentenvorlage in der Discovery ist sehr weitreichend. Bereits vor Einreichung einer Klage müssen die Parteien relevante Dokumente aufbewahren. In der Discovery dürfen die Parteien den Gegner und Dritte ohne Mitwirkung des Gerichts zur Dokumentenvorlage auffordern. In inhaltlicher Hinsicht erstreckt sich die Dokumentenvorlage auf sämtliche Informationen, die im Zusammenhang mit Angriffs- oder Verteidigungsmitteln des Vorlageersuchenden oder einer anderen Partei relevant sind. Ein Vorlageersuchen kann Papierdokumente, elektronisch gespeicherte Informationen und sonstige bewegliche Gegenstände erfassen, die sich im Besitz, im Gewahrsam oder in der Kontrolle des Adressaten befinden. Einzige Begrenzung der Dokumentenvorlage sind die eng gefassten Weigerungsrechte. Das Right to Privacy begründet kein Weigerungsrecht. Dokumente mit personenbezogenen Daten müssen daher grundsätzlich vorgelegt werden. Verletzt ein Adressat seine Vorlagepflichten drohen ihm erhebliche Sanktionen, die bis zum Prozessverlust reichen können.

---

[463] Richey/Smith, 9-45 Moore's Federal Practice - Civil § 45.62[1].
[464] Richey/Smith, 9-45 Moore's Federal Practice - Civil § 45.62[2][a].

5. Kapitel: Anwendbarkeit des BDSG bei der Dokumentenvorlage

Erstreckt sich ein Vorlageersuchen in der Discovery auf personenbezogene Daten, die dem BDSG unterliegen, gilt das Verbot mit Erlaubnisvorbehalt des § 4 Abs. 1 BDSG. Danach ist die Datenverarbeitung nur zulässig, wenn das BDSG oder eine andere Rechtsvorschrift dies erlaubt oder der Betroffene einwilligt. In diesem Kapitel soll nunmehr im Einzelnen aufgezeigt werden, unter welchen Voraussetzungen das BDSG bei der Dokumentenvorlage in der Discovery anwendbar ist.

A. Vorlagepflichtige als verantwortliche Stellen

Der Konflikt zwischen der Discovery und deutschem Datenschutzrecht betrifft zumeist international agierende Kapitalgesellschaften, die als nicht-öffentliche Stellen gemäß § 1 Abs. 2 Nr. 3 BDSG Adressaten des BDSG sind. Nicht-öffentliche Stellen sind nach der Definition des § 2 Abs. 4 Satz 1 BDSG natürliche und juristische Personen, Gesellschaften sowie andere Personenvereinigungen des Privatrechts. Auf die Rechtsform kommt es nicht an.[465] Dem BDSG unterliegen zum Beispiel Aktiengesellschaften, Gesellschaften mit beschränkter Haftung, Personengesellschaften des Handelsrechts, Gesellschaften des bürgerlichen Rechts und nicht-rechtsfähige Vereine. Auch ausländische nicht-öffentliche Stellen sind erfasst.[466] Dem Konflikt können daher ebenso Vorlagepflichtige aus den USA und anderen Staaten ausgesetzt sein.

Das BDSG bezeichnet die Adressaten in seinen Vorschriften als „verantwortliche Stellen". Für die Verantwortlichkeit einer Stelle ist maßgeblich, wer über Zweck und Mittel der Datenverarbeitung entscheidet.[467] Die Verantwortlichkeit entfällt nicht, wenn die Stelle die Datenverarbeitung an einen Auftragsdatenverarbeiter überträgt.[468] Eine Auftragsdatenverarbeitung setzt voraus, dass die eigentliche Aufgabe der Auftraggeber erledigt und der Auftragnehmer die Datenverarbeitung lediglich in ihrer Hilfsfunktion übernimmt.[469] Der Bereich der Auftragsdatenverarbeitung wird verlassen, wenn die Datenverarbeitung dem Auftragnehmer zur selbstständigen Erledigung übertragen wird.[470] Gliedert zum Beispiel die deutsche Tochtergesellschaft einer amerikanischen Konzernmutter ihr Personalmanagement auf eine Outsourcing-Gesellschaft aus, handelt es sich um eine Funktionsübertragung und keine Auftragsdatenverarbeitung. Muss die Konzernmutter in der Discovery von der

---

[465] Gola/Schomerus, BDSG, § 2 Rn. 19 f.; Simitis in Simitis, BDSG, § 2 Rn. 118; Tinnefeld/Buchner/Petri, Einführung in das Datenschutzrecht, S. 338.
[466] Simitis in Simitis, BDSG, § 2 Rn. 161.
[467] Vgl. die Legaldefinition in § 3 Abs. 7 BDSG und Art. 2 d) Satz 1 DSRL.
[468] Siehe: § 3 Abs. 7 BDSG.
[469] Wedde in Däubler/Klebe/Wedde/Weichert, BDSG, § 11 Rn. 5; Bergmann/Möhrle/Herb, BDSG, § 11 Rn. 8.
[470] Gola/Schomerus, BDSG, § 11 Rn. 9; Wanagas, DStR 2010, 1908, 1909.

Outsourcing-Gesellschaft verarbeitete Personaldaten vorlegen, ist die Outsourcing-Gesellschaft selbst verantwortliche Stelle. Die jeweilige verantwortliche Stelle hat die Zulässigkeit der Datenverarbeitung in der Discovery eigenständig zu prüfen.[471] In deutschen Unternehmen obliegt die Prüfung dem betrieblichen Beauftragten für den Datenschutz.[472] Bei Zweifeln kann er sich an die zuständige Aufsichtsbehörde wenden.[473]

B. Natürliche Personen als Betroffene

Das BDSG schützt das Persönlichkeitsrecht jeder lebenden natürlichen Person, unabhängig von Staatsangehörigkeit und Aufenthaltsort.[474] In der Discovery kommen verschiedene natürliche Personen als Betroffene in Betracht. Dies sind zunächst Mitarbeiter, Bewerber und ehemalige Mitarbeiter der verantwortlichen Stelle. Hinzu kommen je nach Organisationsform personenbezogene Daten von Eigentümern oder Anteilsinhabern. Ferner verarbeiten die verantwortlichen Stellen personenbezogene Daten der Mitarbeiter ihrer Kunden, Lieferanten und sonstigen Geschäftspartner. Abhängig vom Tätigkeitsbereich verfügen die verantwortlichen Stellen auch über natürliche Personen als direkte Kunden, deren personenbezogene Daten sie verarbeiten. Dies gilt zum Beispiel für Banken, Versicherungen, Telekommunikations- und Versandhandelsunternehmen.

Dagegen kann sich eine Kapitalgesellschaft in der Discovery nicht zum Schutz eigener Daten auf das BDSG berufen. Juristische Personen unterstehen nicht dem Schutz des BDSG.[475] Der deutsche Gesetzgeber entschied sich bewusst für Regelungen, die auf Bedürfnisse natürlicher Personen zugeschnitten sind.[476] Damit unterscheidet sich das BDSG von den Datenschutzgesetzen anderer Mitgliedstaaten der Europäischen Union, die auch juristische Personen in ihren Schutzbereich einbeziehen (z. B. Dänemark, Luxemburg und Österreich).[477]

C. Räumlicher Anwendungsbereich

International tätige Kapitalgesellschaften verarbeiten in mehreren Staaten personenbezogene Daten, die unter Umständen in der Discovery vorzulegen sind. Dabei ist zu klären, ob das

---

[471] Zur Selbstkontrolle siehe: 2. Kapitel, A. I. 2.
[472] § 4g Abs. 1 Satz 1 BDSG.
[473] § 4g Abs. 1 Satz 2 BDSG.
[474] Gola/Schomerus, BDSG, § 3 Rn. 12 f.; Dammann in Simitis, BDSG, § 3 Rn. 17; a. A. Bergmann/Möhrle/Herb, BDSG § 3 Rn. 5 ff., die auch den Nasciturus und den Verstorbenen in den Schutzbereich aufnehmen.
[475] Gola/Schomerus, BDSG, § 3 Rn. 11; Dammann in Simitis, BDSG, § 3 Rn. 17.
[476] Entwurf eines Gesetzes zum Schutz vor Mißbrauch personenbezogener Daten bei der Datenverarbeitung, BT-Drs. 7/1027 vom 21. September 1973, S. 20.
[477] Gola/Schomerus, BDSG, § 3 Rn. 11. Ebenso beschränkt Art. 1 Abs. 1 DSRL den geschützten Personenkreis auf natürliche Personen. Den Mitgliedstaaten steht es aber frei, juristische Personen in den Schutzbereich ihrer Gesetze einzubeziehen. Siehe: Erwägungsgrund 24 DSRL.

BDSG räumlich anwendbar ist. Grundsätzlich richtet sich die räumliche Anwendbarkeit des BDSG nach dem Territorialitätsprinzip.[478] Das BDSG ist also anwendbar, wenn personenbezogene Daten auf deutschem Staatsgebiet verarbeitet werden. Seit der Umsetzung der DSRL enthält § 1 Abs. 5 BDSG jedoch wichtige Ausnahmen vom Territorialitätsprinzip. Zu unterscheiden ist, ob sich die für die konkrete Datenverarbeitung maßgebliche Niederlassung einer verantwortlichen Stelle in der Europäischen Union (I.) oder einem Drittland (II.) befindet.

I. Maßgebliche Niederlassung in der Europäischen Union

1. Regelung des § 1 Abs. 5 Satz 1 BDSG

Nach § 1 Abs. 5 Satz 1 BDSG ist das BDSG nicht anwendbar, *„[...] sofern eine in einem anderen Mitgliedstaat der Europäischen Union oder in einem anderen Vertragsstaat des Abkommens über den Europäischen Wirtschaftsraum belegene verantwortliche Stelle personenbezogene Daten im Inland erhebt, verarbeitet oder nutzt, es sei denn, dies erfolgt durch eine Niederlassung im Inland."* Mit dem ersten Halbsatz nimmt das BDSG seinen Geltungsanspruch in Ausnahme vom Territorialitätsprinzip zurück, wenn eine in einem anderen Mitgliedstaat belegene Stelle Datenverarbeitungen in Deutschland vornimmt.[479] Geht die Datenverarbeitung hingegen von einer deutschen Niederlassung aus, greift die Rückausnahme des zweiten Halbsatzes und es gilt wiederum das Territorialitätsprinzip. Klärungsbedürftig ist die Bedeutung des Begriffs „belegen" in § 1 Abs. 5 Satz 1 Halbsatz 1 BDSG. Das BDSG trifft hierzu keine Aussage. Ausweislich der Gesetzesbegründung ging der deutsche Gesetzgeber davon aus, dass die Vorbildregelung des Art. 4 Abs. 1 a) Satz 1 DSRL auf dem Sitzprinzip basiere und sich das anzuwendende nationale Recht nach dem Sitz der verantwortlichen Stelle richte.[480] Der Begriff „belegen" knüpft folglich an den Sitz an. Eine andere Auslegung verbietet sich angesichts des ausdrücklichen Verweises auf das Sitzprinzip in der Gesetzesbegründung.

2. Richtlinienkonforme Auslegung

Das Sitzprinzip lässt sich aber weder auf den Wortlaut noch die Entstehungsgeschichte der Vorbildregelung stützen. Nach Art. 4 Abs. 1 a) Satz 1 DSRL wendet jeder Mitgliedstaat die Vorschriften, die er zum Umsetzung der DSRL erlässt, auf alle Datenverarbeitungen an, *„die im Rahmen der Tätigkeiten einer Niederlassung ausgeführt werden, die der für die*

---

[478] Entwurf eines Gesetzes zur Änderung des Bundesdatenschutzgesetzes, BT-Drs. 14/4329 vom 13. Oktober 2000, S. 31 f.; Dammann in Simitis, BDSG, § 1 Rn. 200, 208 und 216; Tinnefeld/Buchner/Petri, Einführung in das Datenschutzrecht, S. 222 f.; Jotzo, MMR 2009, 232, 233; Göpfert/Meyer, NZA 2011, 486, 487.
[479] Dammann in Simitis, BDSG, § 1 Rn. 198; Jotzo, MMR 2009, 232, 234.
[480] Entwurf eines Gesetzes zur Änderung des Bundesdatenschutzgesetzes, BT-Drs. 14/4329 vom 13. Oktober 2000, S. 31. Dazu: Schaar, RDV 2002, 4, 5.

Verarbeitung Verantwortliche im Hoheitsgebiet dieses Mitgliedstaats besitzt. ". Maßgeblicher Anknüpfungspunkt für das anwendbare Recht ist folglich die Niederlassung, von der die jeweilige Datenverarbeitung ausgeht. Auf den Sitz des Verantwortlichen kommt es nicht an.[481] Dies bestätigt die Entstehungsgeschichte von Art. 4 Abs. 1 a) Satz 1 DSRL. In ihrem ursprünglichen Vorschlag benannte die EU-Kommission als Anknüpfungspunkt den Ort, an dem sich die Datei befindet.[482] Da dieser Ort oft nicht eindeutig bestimmbar ist, wählte die EU-Kommission in ihrem zweiten Vorschlag den Ort, an dem der Verantwortliche ansässig ist.[483] Im Gemeinsamen Standpunkt erfuhr die Regelung erneut eine Änderung. Als Anknüpfungspunkt wurde nun der Ort herangezogen, an dem sich eine Niederlassung des Verantwortlichen befindet.[484] Diese Formulierung findet sich unverändert in der Endfassung des Art. 4 Abs. 1 a) Satz 1 DSRL. Die Vorschrift wurde somit vom Sitzprinzip zum Niederlassungsprinzip entwickelt.[485] Gemäß Erwägungsgrund 19 DSRL setzt eine Niederlassung die effektive und tatsächliche Ausübung einer Tätigkeit mittels einer festen Einrichtung voraus, wobei es nicht auf die Rechtsform der Niederlassung ankommt. Der EuGH verlangt für eine Niederlassung ein ständiges Zusammenwirken von persönlichen und sachlichen Mitteln, die für die Erbringung der betreffenden Dienstleistungen erforderlich sind.[486] Daran fehlt es bei bloßen Computereinrichtungen, wie einem Server.

Zu unterschiedlichen Ergebnissen führen § 1 Abs. 5 Satz 1 Halbsatz 1 BDSG und Art. 4 Abs. 1 a) Satz 1 DSRL, wenn eine verantwortliche Stelle mit Sitz in Deutschland oder einem Drittland in einem anderen Mitgliedstaat der Europäischen Union eine Niederlassung betreibt, welche in Deutschland personenbezogene Daten verarbeitet. Unterhält beispielsweise ein Pharmaunternehmen mit Sitz in Deutschland oder den USA eine Niederlassung in Belgien und verarbeitet diese in Deutschland personenbezogene Daten, ist nach Art. 4 Abs. 1 a) Satz 1 DSRL belgisches Recht anwendbar.[487] Das BDSG müsste seinen Geltungsanspruch in Ausnahme vom Territorialitätsprinzip zurücknehmen. Allerdings gilt die Ausnahme des § 1 Abs. 5 Satz 1 Halbsatz 1 BDSG nur für in anderen Mitgliedstaaten belegene Stellen, also

---

[481] Vgl. Wuermeling, Handelshemmnis Datenschutz, S. 75.
[482] Vorschlag für eine Richtlinie des Rates zum Schutz von Personen bei der Verarbeitung personenbezogener Daten vom 27. Juli 1990, KOM 90/314 endg. - SYN 287, ABl. 1990 C 277, S. 6.
[483] Geänderter Vorschlag für eine Richtlinie des Rates zum Schutz natürlicher Personen bei der Verarbeitung personenbezogener Daten und zum freien Datenverkehr vom 15. Oktober 1992, KOM 92/422 endg. - SYN 287, ABl. 1992 C 311, S. 40 f.; Begründung der EU-Kommission zum geänderten Vorschlag, abgedruckt in BT-Drs. 12/8329, S. 16 f. und 71.
[484] Gemeinsamer Standpunkt EG Nr. 1/95 festgelegt am 20. Februar 1995, ABl. 1995 C 93, S. 8.
[485] Wuermeling, Handelshemmnis Datenschutz, S. 75.
[486] EuGH, Rs. 168/84, Slg. 1985, 2251, Rn. 14 ff. - Bergholz; ebenso: Rs. C-390/96, Slg. 1998, I-2553 Rn. 24 ff. - Lease Plan Luxembourg.
[487] Zu diesem Ergebnis führt auch die belgische Umsetzungsnorm Chapitre Ier, Art. 3 bis Loi vie privée: „La présente loi est applicable au traitement de données à caractère personnel lorsque le traitement est effectué dans le cadre des activités réelles et effectives d'un établissement fixe du responsable du traitement sur le territoire belge ou en un lieu où la loi belge s'applique en vertu du droit international public; [...]".

5. Kapitel: Anwendbarkeit des BDSG bei der Dokumentenvorlage

solche, die ihren Sitz in einem anderen Mitgliedstaat haben. In der dargestellten Situation wäre das Territorialitätsprinzip und damit das BDSG anwendbar. Auf Unionsebene käme es zu einer Normenkollision des belgischen und des deutschen Datenschutzrechts. Derartige Normenkollisionen soll die DSRL gerade verhindern.[488] Da der deutsche Gesetzgeber eine Ausnahme vom Territorialitätsprinzip für solche Fälle versäumte, weist das BDSG eine Regelungslücke auf. Diese ist planwidrig, weil der deutsche Gesetzgeber ausdrücklich und vorbehaltslos seine Absicht zur Umsetzung von Art. 4 Abs. 1 a) DSRL bekundete.[489] Bis zu einer Neuregelung ist die Regelungslücke richtlinienkonform dahingehend zu schließen, dass eine Ausnahme vom Territorialitätsprinzip auch dann gilt, wenn eine verantwortliche Stelle mit Sitz in Deutschland oder einem Drittland in einem anderen Mitgliedstaat eine Niederlassung betreibt und diese in Deutschland personenbezogene Daten verarbeitet.

Überdies fehlt es im BDSG an einer Regelung für Konstellationen, in denen eine in Deutschland befindliche Niederlassung personenbezogene Daten außerhalb des deutschen Staatsgebietes verarbeitet.[490] Nach Art. 4 Abs. 1 a) Satz 1 DSRL erstreckt sich der Anwendungsbereich des mitgliedstaatlichen Rechts auf alle Datenverarbeitungen, die im Rahmen der Tätigkeiten einer in diesem Mitgliedstaat befindlichen Niederlassung ausgeführt werden. Dies gilt unabhängig vom Sitz der verantwortlichen Stelle und dem Ort der Datenverarbeitung. Verarbeitet zum Beispiel die deutsche Niederlassung einer amerikanischen Gesellschaft für Marktanalysen personenbezogene Daten in Frankreich, führt Art. 4 Abs. 1 a) Satz 1 DSRL zur Anwendbarkeit des BDSG. Andere Mitgliedstaaten dürfen ihre Datenschutzgesetze nicht für anwendbar erklären. Nach deutschem Recht käme indes das Territorialitätsprinzip zur Anwendung. Das BDSG würde für Datenverarbeitungen der deutschen Niederlassung in Frankreich nicht gelten. Angesichts der vorbehaltslosen Umsetzungsabsicht ist davon auszugehen, dass der deutsche Gesetzgeber den Bedarf einer Regelung für solche Fälle übersehen hat. Diese Regelungslücke ist richtlinienkonform in der Weise auszufüllen, dass das BDSG auch auf Datenverarbeitungen anwendbar ist, die eine in Deutschland befindliche Niederlassung außerhalb des deutschen Staatsgebietes vornimmt.[491]

---

[488] Artikel-29-Datenschutzgruppe, Stellungnahme 8/2010 zum anwendbaren Recht, WP 179, S. 7.
[489] Entwurf eines Gesetzes zur Änderung des Bundesdatenschutzgesetzes, BT-Drs. 14/4329 vom 13. Oktober 2000, S. 31.
[490] Dammann in Simitis, BDSG, § 1 Rn. 206; Korff, EC Study on Implementation of Data Protection Directive, Comparative Summary of National Laws, S. 46.
[491] Dammann in Simitis, BDSG, § 1 Rn. 206; Jotzo, MMR 2005, 232, 235.

3. Zwischenergebnis

In der Discovery sind demnach folgende Situationen zu unterscheiden:

(1) Die vorzulegenden personenbezogenen Daten werden in Deutschland von einer in einem anderen Mitgliedstaat ansässigen verantwortlichen Stelle oder von einer ihrer Niederlassungen verarbeitet, ohne dass dies durch eine hiesige Niederlassung erfolgt. In dieser Situation ist das BDSG nach § 1 Abs. 5 Satz 1 Halbsatz 1 BDSG nicht anwendbar. Vielmehr kommt gemäß Art. 4 Abs. 1 a) Satz 1 DSRL das Recht des Mitgliedstaates zur Anwendung, in dem sich die maßgebliche Niederlassung befindet.

(2) Die vorzulegenden personenbezogenen Daten werden in Deutschland durch eine hiesige Niederlassung einer in einem anderen Mitgliedstaat oder einem Drittland ansässigen verantwortlichen Stelle verarbeitet. In diesen Fällen ist das Territorialitätsprinzip und somit das BDSG anwendbar.

(3) Die vorzulegenden personenbezogenen Daten werden in Deutschland durch eine in einem anderen Mitgliedstaat befindliche Niederlassung verarbeitet, wobei die verantwortliche Stelle in Deutschland oder einem Drittland ansässig ist. Nach dem Territorialitätsprinzip wäre das BDSG anwendbar. Dieses Ergebnis widerspricht Art. 4 Abs. 1 a) Satz 1 DSRL. Danach muss der Mitgliedstaat, in dessen Hoheitsgebiet sich die maßgebliche Niederlassung befindet, sein Datenschutzrecht anwenden. Zur Vermeidung von Normenkollisionen ist das BDSG richtlinienkonform dahingehend auszulegen, dass in dieser Konstellation eine Ausnahme vom Territorialitätsprinzip gilt und das BDSG nicht anwendbar ist.

(4) Die vorzulegenden personenbezogenen Daten werden in einem anderen Mitgliedstaat durch eine dortige Niederlassung einer in Deutschland oder einem Drittland ansässigen verantwortlichen Stelle verarbeitet. Nach dem Territorialitätsprinzip findet das BDSG in diesen Fällen keine Anwendung. Gemäß Art. 4 Abs. 1 a) Satz 1 DSRL ist das Recht des Mitgliedstaats anwendbar, in dem sich die Niederlassung befindet.

(5) Die vorzulegenden personenbezogenen Daten werden von einer in Deutschland befindlichen Niederlassung außerhalb des deutschen Staatsgebiets verarbeitet, wobei die verantwortliche Stelle selbst in Deutschland, einem anderen Mitgliedstaat oder einem Drittland ansässig ist. Nach dem Territorialitätsprinzip ist das BDSG nicht anwendbar. Andere Mitgliedstaaten dürfen ihre Datenschutzgesetze nicht für anwendbar erklären. Es ergibt sich eine Regelungslücke, die mit Blick auf Art. 4 Abs. 1 a) Satz 1 DSRL richtlinienkonform dahin zu schließen ist, dass das BDSG anwendbar ist.

II. Maßgebliche Niederlassung in einem Drittland

Gemäß § 1 Abs. 5 Satz 2 BDSG ist das Gesetz weiterhin anwendbar, „*[...] sofern eine verantwortliche Stelle, die nicht in einem Mitgliedstaat der Europäischen Union oder in einem anderen Vertragsstaat des Abkommens über den Europäischen Wirtschaftsraum belegen ist, personenbezogene Daten im Inland erhebt, verarbeitet oder nutzt.*". Die Vorbildregelung des Art. 4 Abs. 1 c) Halbsatz 1 DSRL setzt voraus, dass die verantwortliche Stelle keine oder nur eine für die konkrete Datenverarbeitung nicht maßgebliche Niederlassung in der Europäischen Union hat.[492] Die maßgebliche Niederlassung muss sich mithin in einem Drittland befinden. Das BDSG kommt etwa zur Anwendung, wenn die Niederlassung aus einem Drittland einen Server in Deutschland nutzt und dabei verarbeitete personenbezogene Daten in der Discovery vorzulegen sind. Nach § 1 Abs. 5 Satz 4 BDSG ist das Gesetz dagegen nicht anwendbar, sofern ein Datenträger ausschließlich für den Transit durch das Inland eingesetzt wird.[493] Ein Transit ist gegeben, wenn personenbezogene Daten durch das Inland geleitet werden, ohne dass sie jemand zur Kenntnis nimmt oder eine sonstige Verarbeitung stattfindet.[494] Davon ist zum Beispiel auszugehen, wenn die vorzulegenden personenbezogenen Daten über das Internet weitergeleitet und auf einem in Deutschland belegenen Server bloß zwischengespeichert werden.[495]

D. Sachlicher Anwendungsbereich

Der sachliche Anwendungsbereich des BDSG ist gemäß § 1 Abs. 2 Nr. 3 Halbsatz 1 BDSG eröffnet, sofern ein Vorlageersuchen in der Discovery personenbezogene Daten erfasst, die eine nicht-öffentliche Stelle unter Einsatz von Datenverarbeitungsanlagen oder nicht automatisierten Dateien verarbeitet. Ausgenommen vom Anwendungsbereich sind nach § 1 Abs. 2 Nr. 3 Halbsatz 2 BDSG nur solche Datenverarbeitungen, die ausschließlich für persönliche oder familiäre Tätigkeiten erfolgen.

I. Personenbezogene Daten

Von zentraler Bedeutung für die Frage nach der Anwendbarkeit des BDSG ist der Begriff der personenbezogenen Daten. Nach § 3 Abs. 1 BDSG sind personenbezogene Daten Einzelangaben über persönliche oder sachliche Verhältnisse einer bestimmten oder bestimmbaren natürlichen Person. Anhand dieser Definition ist in der Discovery zu prüfen, ob die angeforderten Dokumente personenbezogene Daten enthalten.

---

[492] Artikel-29-Datenschutzgruppe, Stellungnahme 8/2010 zum anwendbaren Recht, WP 179, S. 23 f.
[493] Vgl. Art. 4 Abs. 1 c) Halbsatz 2.
[494] Gola/Schomerus, BDSG, § 1 Rn. 30; Wuermeling, Handelshemmnis Datenschutz, S. 79 f.
[495] Scheja, Kundendatenbank, S. 80.

1. Einzelangaben über persönliche oder sachliche Verhältnisse

Einzelangaben über persönliche Verhältnisse sind Informationen, die der Identifizierung oder Charakterisierung des Betroffenen dienen.[496] Häufig erfassen Vorlageersuchen in der Discovery Einzelangaben über persönliche Verhältnisse von Mitarbeitern der verantwortlichen Stelle. In Betracht kommen zum Beispiel Name, Anschrift, E-Mail-Adresse, Telefonnummer, Konfession, Beruf, Ausbildung, Bankverbindung, Geburtsdatum, Familienstand, Gewerkschaftszugehörigkeit und Leistungsbeurteilungen. Verfügt die verantwortliche Stelle über natürliche Personen als Kunden, kann sich ein Vorlageersuchen auch auf Einzelangaben über deren persönliche Verhältnisse erstrecken.[497] Dazu zählen Name, Anschrift, E-Mail-Adresse, Telefonnummer, Bankverbindung und Kreditkartenangaben. Erfasst sein können zudem Angaben aus Kundenprofilen, wie Geburtsdatum, Familienstand, Haushaltsgröße, Beruf, Einkommen, bevorzugte Einkaufsstätten und Qualitätsorientierung.

Einzelangaben über sachliche Verhältnisse sind Informationen über einen auf den Betroffenen beziehbaren Sachverhalt.[498] In der Discovery umfassen Vorlageersuchen oft Informationen über Vertragsbeziehungen der verantwortlichen Stelle oder Betriebsdaten, wie Computer-Nutzungszeiten, IP-Adressen, Telefondaten oder Daten von Auftragsverfolgungssystemen. Solche Angaben weisen isoliert betrachtet keinen Bezug zu einer konkreten Person auf. Der Bezug ist allerdings herstellbar, wenn die Angaben das Verhalten einer Person betreffen oder wenn sie verwendet werden können, um zu beeinflussen, auf welche Weise eine Person behandelt wird.[499] So lässt sich etwa aus den Verbindungsdaten einer Telekommunikationsanlage ersehen, zu welcher Zeit ein Mitarbeiter telefoniert hat und an der Arbeitsstelle anwesend war.

2. Bestimmte oder bestimmbare natürliche Person

Eine Person ist bestimmt im Sinne von § 3 Abs. 1 BDSG, wenn feststeht, dass sich die Angaben auf sie und nicht auf jemand anderen beziehen.[500] Dazu müssen die Angaben mit dem Namen der Person verbunden sein oder Rückschlüsse auf die Person aus dem Zusammenhang folgen.[501] Bestimmbar ist eine Person, wenn sie zwar nicht allein durch die vorhandenen Angaben, aber mithilfe weiterer Informationen ohne unverhältnismäßigen

---

[496] Gola/Schomerus, BDSG, § 3 Rn. 6.
[497] Ausführlich zu personenbezogenen Daten von Kunden: Scheja, Kundendatenbank, 43 f.
[498] Gola/Schomerus, BDSG, § 3 Rn. 7.
[499] Artikel-29-Datenschutzgruppe, Arbeitspapier Datenschutzfragen im Zusammenhang mit der RFID-Technik, WP 105, S. 9; dies., Stellungnahme 4/2007 zum Begriff „personenbezogene Daten", WP 136, S. 11.
[500] Dammann in Simitis, BDSG, § 3 Rn. 22.
[501] Gola/Schomerus, BDSG, § 3 Rn. 10.

5. Kapitel: Anwendbarkeit des BDSG bei der Dokumentenvorlage 73

Aufwand identifiziert werden kann.[502] Welche Merkmale für die Identifizierung erforderlich sind, hängt vom Einzelfall ab. Einige Merkmale sind so selten, dass eine Person ohne Angabe ihres Namens bestimmbar ist (z. B. das Merkmal „derzeitiger Bundespräsident").[503] Ein häufig vorkommender Familienname reicht zur Identifizierung einer Person aus der Gesamtbevölkerung nicht aus, wohl aber zur Identifizierung eines Vorstandsmitglieds.

Bei der Frage nach der Bestimmbarkeit einer Person ist das Zusatzwissen von Bedeutung, über das die jeweilige Stelle verfügt oder das sie sich verschaffen kann.[504] Pharmaunternehmen setzen zum Beispiel in der Forschung Codierungen zur Geheimhaltung der Identität von Probanden ein. Wird ein Pharmaunternehmen in der Discovery zur Übermittlung von Forschungsdaten aufgefordert, sind die Probanden bestimmbar, wenn der Code dem Empfänger zur Verfügung steht. Ferner sind die Hilfsmittel zu berücksichtigen, über welche der Empfänger verfügt oder die er sich beschaffen kann.[505] Für Marktforschungszwecke erheben Parteien beispielsweise Daten über das Kaufverhalten von Kunden, die in Prozentangaben einer Kundengruppe zugeordnet werden. Werden diese Prozentangaben in der Discovery vorgelegt, sind die Kunden bestimmbar, wenn der Empfänger über eine Software verfügt, die eine Rückverwandlung in Einzeldaten ermöglicht.

II. Einsatz von Datenverarbeitungsanlagen oder nicht automatisierten Dateien

In der Discovery ist zu prüfen, ob sich das Vorlageersuchen auf personenbezogene Daten bezieht, die unter Einsatz von Datenverarbeitungsanlagen oder im Zusammenhang mit Dateien verarbeitet werden. Bei manuellen Datenverarbeitungen außerhalb von Dateien findet das BDSG für nicht-öffentliche Stellen prinzipiell keine Anwendung.[506] Datenverarbeitungsanlagen sind Anlagen zur automatisierten Datenhandhabung, die eine erleichterte Zugänglichkeit und Auswertung von Daten ermöglichen.[507] Die am häufigsten vorkommenden Datenverarbeitungsanlagen sind EDV-Anlagen.[508] Weitere Beispiele sind Ton- und Bildverar-

---

[502] Gola/Schomerus, BDSG, § 3 Rn. 10; Dammann in Simitis, BDSG, § 3 Rn. 23 ff.
[503] Artikel-29-Datenschutzgruppe, Stellungnahme 4/2007 zum Begriff „personenbezogene Daten", WP 136, S. 16.
[504] Dammann in Simitis, BDSG, § 3 Rn. 26 ff.; Roßnagel/Scholz, MMR 2000, 721, 722 f.
[505] Gola/Schomerus, BDSG, § 3 Rn. 10.
[506] Eine Ausnahme bildet § 32 Abs. 2 BDSG, der für die Anwendbarkeit des Beschäftigtendatenschutzes auf nicht-öffentliche Stellen die manuelle Datenverarbeitung ausreichen lässt.
[507] Dammann in Simitis, BDSG, § 1 Rn. 140 und § 3 Rn. 79.
[508] Dammann in Simitis, BDSG, § 3 Rn. 80.

beitungssysteme[509] sowie Kopier- und Faxgeräte, wenn sie ein Speichermedium für Benutzerdaten besitzen.[510]

Eine nicht automatisierte Datei ist nach der Definition des § 3 Abs. 2 Satz 2 BDSG jede nicht automatisierte Sammlung personenbezogener Daten, die gleichartig aufgebaut ist, nach bestimmten Merkmalen zugänglich ist und ausgewertet werden kann. Dabei ist eine Sammlung eine zielstrebig zusammengetragene oder aufrechterhaltende Mehrheit von Elementen, die in einem inneren und äußeren Zusammenhang stehen.[511] Der innere Zusammenhang kann darin liegen, dass die Daten inhaltlich den gleichen Bereich betreffen (z. B. Personal oder Kunden) oder einem gemeinsamen Zweck dienen (z. B. Personaleinsatzplanung oder Kundenkontakte). Der erforderliche äußere Zusammenhang ist gegeben, wenn einzelne Aufbauelemente (z. B. Karteikarten oder Formulare) einheitlich und gleichartig gestaltet sind.[512] Beispiele für nicht automatisierte Dateien sind Personalkarteien, Gehaltslisten und Telefonverzeichnisse. Papierakten ohne ein bestimmtes Ordnungsschema fallen dagegen nicht unter den Dateibegriff. Sind sie von einem Vorlageersuchen in der Discovery erfasst, ist das BDSG nicht anwendbar.

III. Datenverarbeitungsphasen

Vor der Dokumentenvorlage in der Discovery muss die verantwortliche Stelle klären, welche einzelnen Datenverarbeitungsvorgänge dem BDSG unterfallen. Denn jede Verarbeitung personenbezogener Daten ist ein Eingriff in das Persönlichkeitsrecht des Betroffenen und erfordert eine Legitimationsgrundlage.

1. Aufbewahrung der personenbezogenen Daten

Spätestens ab Zustellung der Klage ist die verantwortliche Stelle zur Aufbewahrung relevanter personenbezogener Daten verpflichtet.[513] Sie muss ihre Mitarbeiter anweisen, Löschungen zu unterlassen. Tritt keine weitere Aktivität hinzu, ist das bloße Unterlassen von Löschungen keine erneute Datenverarbeitung im Sinne des BDSG. Insbesondere bedeutet das Unterlassen einer Löschung kein Aufbewahren nach § 3 Abs. 4 Nr. 1 Var. 1 BDSG. Der Vorgang des Aufbewahrens verlangt, dass die Stelle aufgezeichnete personenbezogene Daten in der bestehenden Verkörperung entgegennimmt und zur eigenen Verwendung behält.[514] Das

---

[509] Weichert in Däubler/Klebe/Wedde/Weichert, BDSG, § 3 Rn. 25.
[510] Innenministerium Baden-Württemberg, Hinweis Nr. 41, RDV 2004, 234, 238; Weichert in Däubler/Klebe/Wedde/Weichert, BDSG, § 3 Rn. 25; Dammann in Simitis, BDSG, § 3 Rn. 79.
[511] Dammann in Simitis, BDSG, § 3 Rn. 86.
[512] Gola/Schomerus, BDSG, § 3 Rn. 18.
[513] Siehe: 4. Kapitel, B. I.
[514] Dammann in Simitis, BDSG, § 3 Rn. 115.

5. Kapitel: Anwendbarkeit des BDSG bei der Dokumentenvorlage

Unterlassen von Löschungen erfordert kein derartiges Handeln, sondern allein das Aufrechterhalten eines bestehenden Zustands. Die Frage nach der Zulässigkeit der Aufbewahrung für die Discovery stellt sich erst, wenn der Zweck der ursprünglichen Speicherung entfällt und die personenbezogenen Daten zu löschen wären. In diesem Fall ist zu prüfen, ob die Vorlagepflicht als geänderte Zweckbestimmung die weitere Aufbewahrung rechtfertigt.

2. Interne Sichtung und Speicherung der personenbezogenen Daten

Im Verlauf der Discovery müssen die Mitarbeiter relevante personenbezogene Daten der Rechts- und IT-Abteilung der verantwortlichen Stelle zugänglich machen. Je nach Art der Aufbewahrung sind Zugriffsrechte einzuräumen oder Datenträger zu übergeben. Die Sichtung der Daten durch Mitarbeiter der Rechts- und IT-Abteilung ist datenschutzrechtlich als Nutzung zu qualifizieren. Nach § 3 Abs. 5 BDSG ist Nutzen jede Verwendung personenbezogener Daten, soweit es sich nicht um eine Verarbeitung handelt. Eine Verarbeitung in Form einer Übermittlung liegt nicht vor, da es an einer Bekanntgabe der personenbezogenen Daten an einen Dritten fehlt. Die Mitarbeiter der IT-Abteilung speichern relevante personenbezogene Daten auf gesonderte Datenträger. Dieser Vorgang ist als Speichern in Gestalt des Aufnehmens nach § 3 Abs. 4 Nr. 1 Var. 2 BDSG einzuordnen.

3. Einschaltung externer Anwälte und IT-Experten im Inland

Abhängig von der personellen Aufstellung der verantwortlichen Stelle ist die Einschaltung externer Anwälte und IT-Experten im Inland erforderlich. Dabei handelt es sich um Personen außerhalb der verantwortlichen Stelle und damit grundsätzlich um Dritte im Sinne von § 3 Abs. 8 Satz 2 BDSG. Die Datenverarbeitung durch Dritte bedeutet eine Übermittlung nach § 3 Abs. 4 Nr. 3 BDSG, welche eine gesonderte Legitimationsgrundlage erfordert. Ausnahmsweise sind IT-Experten keine Dritte, wenn sie als Auftragsdatenverarbeiter im Sinne von § 11 BDSG für die verantwortliche Stelle tätig werden.[515]

4. Übermittlung der personenbezogenen Daten in die USA

Sobald die Vorlagepflichten geklärt sind, übermittelt die verantwortliche Stelle relevante personenbezogene Daten an ihre Anwälte in den USA. Dazu speichert die verantwortliche Stelle die personenbezogenen Daten in der Regel auf einen Datenträger (z. B. CD-ROM oder DVD). Die amerikanischen Anwälte sind Dritte im Sinne von § 3 Abs. 8 Satz 2 BDSG. Der Datentransfer in die USA ist daher als Übermittlung in Form der Weitergabe nach § 3 Abs. 4 Nr. 3 a) BDSG einzuordnen. Bisweilen stellen verantwortliche Stellen die personenbezogenen Daten für ihre Anwälte auf einem Server in der Europäischen Union bereit. Sichten die

---

[515] Zur Auftragsdatenverarbeitung siehe oben: 5. Kapitel, A.

Anwälte die personenbezogenen Daten auf diesem Server, handelt es sich um eine Übermittlung in Gestalt des Abrufens gemäß § 3 Abs. 4 Nr. 3 b) BDSG. Nichts anderes gilt, wenn die verantwortliche Stelle die personenbezogenen Daten an ein verbundenes Konzernunternehmen weiterleitet. Das BDSG kennt kein Konzernprivileg.[516] Dieser Datentransfer ist ebenso als Übermittlung an einen Dritten einzustufen. Mit der Übermittlung in die USA verlassen die personenbezogenen Daten schließlich den Geltungsbereich des BDSG.

E. Zusammenfassung

Das BDSG bezweckt einen umfassenden Schutz des Persönlichkeitsrechts und hat einen entsprechend weiten Anwendungsbereich. In der Discovery zur Dokumentenvorlage verpflichtete nicht-öffentliche Stellen sind Adressaten des BDSG. Sie müssen prüfen, ob die vorzulegenden Dokumente personenbezogene Daten im Sinne des BDSG enthalten. Der Begriff der personenbezogenen Daten erfasst sämtliche Einzelangaben über persönliche oder sachliche Verhältnisse einer bestimmten oder bestimmbaren Person. In räumlicher Hinsicht ist das BDSG anwendbar, wenn die vorzulegenden Daten von einer in Deutschland befindlichen Niederlassung verarbeitet werden. Außerdem kommt das BDSG zur Anwendung, wenn eine in einem Drittland befindliche Niederlassung die vorzulegenden personenbezogenen Daten in Deutschland verarbeitet. Einzige Beschränkung des Anwendungsbereichs ist das Erfordernis der Verarbeitung unter dem Einsatz von Datenverarbeitungsanlagen oder im Zusammenhang mit nicht automatisierten Dateien. Bei einer rein manuellen Datenverarbeitung findet das BDSG auf nicht-öffentliche Stellen keine Anwendung.

---

[516] Gola/Schomerus, BDSG, § 27 Rn. 4; Seifert in Simitis, BDSG, § 32 Rn. 116; Simitis in Simitis, BDSG, § 4c Rn. 61; Scheja, Kundendatenbank, S. 68 f.

6. Kapitel: Datenverarbeitung im amerikanischen Zivilprozess

Für die Frage nach der Zulässigkeit der Datenübermittlung in die USA ist von entscheidender Bedeutung, auf welche Weise die personenbezogenen Daten im Anschluss verarbeitet werden und welche Risiken dabei für das Persönlichkeitsrecht des Betroffenen entstehen. In diesem Kapitel werden deshalb die typischen Phasen der Datenverarbeitung im amerikanischen Zivilprozess dargestellt. Zunächst übermittelt der Vorlagepflichtige die personenbezogenen Daten an seine eigenen Anwälte in den USA. Diese leiten dann ausgewählte Daten an die Anwälte des Vorlageersuchenden weiter. Datenempfänger sind mithin die amerikanischen Anwälte des Vorlagepflichtigen (A.) und die Anwälte des Vorlageersuchenden (B.).

A. Anwälte des Vorlagepflichtigen

Bei den Anwälten des Vorlagepflichtigen ist danach zu differenzieren, ob sie die personenbezogenen Daten für die Zwecke des Rechtsstreits (I.) oder sonstige Zwecke (II.) verarbeiten. Da der Vorlagepflichtige die personenbezogenen Daten für den konkreten Rechtsstreit übermittelt, ist eine Verarbeitung für sonstige Zwecke nach dem datenschutzrechtlichen Grundsatz der Zweckbindung[517] prinzipiell unzulässig.

I. Zwecke des Rechtsstreits

1. Sichtung durch eigene Mitarbeiter und externe Dienstleister

Die Anwälte sichten die personenbezogenen Daten und prüfen, in welchem Umfang sie an den Vorlageersuchenden weiterzuleiten sind. Vor allem untersuchen die Anwälte, ob hinsichtlich einzelner personenbezogener Daten ein Weigerungsrecht in Betracht kommt. Bei komplexen Rechtsstreitigkeiten mit Prozessen in mehreren Bundesstaaten mandatieren die Parteien im jeweiligen Gerichtsbezirk ansässige Anwälte. Die Koordination der Discovery übernimmt zumeist eine überörtliche Kanzlei.[518] Der Vorlagepflichtige übermittelt sodann die personenbezogenen Daten an die überörtliche Kanzlei, welche sie den Anwälten in den Gerichtsbezirken zukommen lässt.

In amerikanischen Kanzleien sind oft große Teams mit der Discovery befasst, sodass eine Vielzahl von Personen Kenntnis von den personenbezogenen Daten erlangt. Da die Sichtung der Daten zeit- und kostspielig ist, delegieren die Anwälte diese Aufgabe an juristische Hilfskräfte (Paralegals), die von Mitarbeitern des Sekretariats und der IT-Abteilung unterstützt werden. Für die Sichtung elektronischer Dokumente setzen die Paralegals spezielle

---

[517] Siehe dazu: 2. Kapitel, A. I. 2. und 3. sowie 9. Kapitel, D. II. 2. a).
[518] Manual for Complex Litigation, Fourth, § 10.22, S. 24 ff.

Computerprogramme ein, die eine Kategorisierung und eine gezielte Suche nach Schlagwörtern ermöglichen. Auf diese Weise können Persönlichkeitsprofile der Betroffenen erstellt werden. Ferner formulieren die Paralegals auf Grundlage der personenbezogenen Daten Fragen für die Depositions[519]. Weiterhin erstellen sie Übersichten und Vermerke, in welche sie die personenbezogenen Daten aufnehmen. Diese Dokumente nutzen die Anwälte unter anderem während der Vergleichsgespräche und in der Hauptverhandlung.

Bei einer umfangreichen Discovery reichen die personellen Kapazitäten der Kanzleien bisweilen nicht aus. In diesem Fall beauftragen die Anwälte externe Dienstleister mit der Datensichtung. Diese unterliegen im Allgemeinen den Weisungen der Anwälte und sind somit als Auftragsdatenverarbeiter einzuordnen. Besondere Gefahren für das Persönlichkeitsrecht der Betroffenen entstehen, wenn die personenbezogenen Daten aus Gründen der Kostenersparnis in Drittländer mit Niedriglohnniveau (z. B. Indien oder China) übermittelt werden, um sie von dort ansässigen Dienstleistern sichten zu lassen (Legal Offshoring).[520] Dies gilt insbesondere bei Drittländern, für welche die EU-Kommission keine Entscheidung über die Angemessenheit des Datenschutzniveaus getroffen hat.[521] In diesen Drittländern lässt sich nicht wirkungsvoll kontrollieren, auf welche Weise die personenbezogenen Daten verarbeitet werden.

2. Übermittlung an Anwälte des Vorlageersuchenden

Im Anschluss an die Datensichtung beantworten die Anwälte das Vorlageersuchen. Nachdem etwaige Streitfragen über die Vorlagepflichten geklärt sind, übermitteln sie die personenbezogenen Daten in Papierform oder auf Datenträgern (z. B. CD-ROMs oder DVDs) an die Anwälte des Vorlageersuchenden. Alternativ ermöglichen die Anwälte die Sichtung der personenbezogenen Daten an einem vereinbarten Ort. Zuweilen stellen die Anwälte die personenbezogenen Daten auch passwortgeschützt über das Internet zur Verfügung. Mit der Übermittlung an die Anwälte des Vorlageersuchenden verlassen die personenbezogenen Daten den Einflussbereich des Vorlagepflichtigen und seiner Anwälte.

3. Verwendung während der Depositions

Zum Teil nutzen die Anwälte des Vorlagepflichtigen die personenbezogenen Daten für die eigenen Depositions. Dies ist erforderlich, wenn Zeugen während der Befragung mit den personenbezogenen Daten konfrontiert werden sollen. Hierzu vervielfältigen die Mitarbeiter

---

[519] Zu den Depositions siehe: 3. Kapitel, D. I. 6. a) cc).
[520] Eingehend zum Legal Offshoring: Schultz, 35 J. Corp. L. 639, 640 ff. (2010).
[521] Bislang bestätigte die EU-Kommission folgenden Drittländern ein angemessenes Datenschutzniveau: Andorra, Argentinien, Färöer, Guernsey, Isle of Man, Israel, Jersey, Kanada, Neuseeland, Schweiz und Uruguay.

der Anwälte die entsprechenden Dokumente für die Beteiligten der Depositions. Beteiligte sind neben den Zeugen die Anwälte beider Parteien, ein Urkundsbeamter des Gerichts und gelegentlich die Parteien selbst. In Kartellverfahren darf zudem die Öffentlichkeit den Depositions beiwohnen.[522]

4. Übermittlung an das Gericht

An das Gericht übermitteln die Anwälte des Vorlagepflichtigen lediglich ausgewählte Dokumente mit personenbezogenen Daten. Nach FRCP 5(d)(1) Satz 2 sind bei Gericht nur solche Dokumente aus der Discovery einzureichen, die im Verfahren verwendet werden oder für die das Gericht die Einreichung anordnet. Seitdem die Bundesgerichte im Zuge der Umsetzung des E-Government Act von 2002 zur elektronischen Aktenführung übergegangen sind, können die Anwälte Dokumente per E-Mail über einen verschlüsselten Zugang einreichen.[523] Die eingereichten Dokumente sind Bestandteil der Gerichtsakten. Damit sind die Dokumente und die darin enthaltenen personenbezogenen Daten grundsätzlich der Öffentlichkeit zugänglich. Die Öffentlichkeit hat in den USA ein umfassendes Einsichtsrecht in Gerichtsakten.[524] Erst bei Kenntnis der eingereichten Dokumente sei die Öffentlichkeit in der Lage, die Entscheidungen der Gerichte zu verstehen und die richterliche Machtausübung zu kontrollieren.[525] Interessierte Personen können die Dokumente nach persönlicher Registrierung zugleich über das Internet einsehen.[526]

5. Verwendung in der Hauptverhandlung

Die Anwälte des Vorlagepflichtigen verwenden die Dokumente mit personenbezogenen Daten nur dann in der Hauptverhandlung, wenn sie ihren Vortrag stützen. Hierzu werden die Dokumente vervielfältigt und dem Gericht, der Jury, den Zeugen und der Gegenseite zur Verfügung gestellt. Mitunter präsentieren die Anwälte die Dokumente im Gerichtssaal auf Computerbildschirmen oder einer Projektionswand. Mit der Verwendung in der Hauptverhandlung besteht die Gefahr, dass die personenbezogenen Daten der Öffentlichkeit bekannt werden. Die Hauptverhandlung des amerikanischen Zivilprozesses ist grundsätzlich

---

[522] 15 USC § 30.
[523] Siehe z. B. Local Rules, D. Mass., L.R. 5.4; Local Rules, N.D. Ohio, L.R. 5.1, 10.2; Local Rules, D. Or., L.R. 5-1(a) und L.R. 100.
[524] Nixon v. Warner Communications Inc., 435 U.S. 589, 597 f. (1978); Union Oil Company of California v. Leavell, 220 F.3d 562, 567 f. (7th Cir. 2000); Solis v. Koresko, 2009 U.S. Dist. LEXIS 44357 (E.D. Pa. 2009); Goldstein, 81 Chi.-Kent. L. Rev. 375, 375 ff. (2006).
[525] Republic of the Philippines v. Westinghouse Electric Corp., 949 F.2d 653, 663 f. (3d Cir. 1991); In re Continental Illinois Securities Litigation, 732 F.2d 1302, 1308 f. (7th Cir. 1984).
[526] Der entsprechende Service der Bundesgerichte ist abrufbar unter: http://www.pacer.gov.

öffentlich.[527] Das Gericht schließt die Öffentlichkeit nur in seltenen Ausnahmefällen aus. Hierzu muss der Betroffene darlegen, dass bei Offenlegung der Informationen ein nicht wieder gut zu machender Schaden droht und keine andere Schutzmöglichkeit besteht.[528]

II. Sonstige Zwecke

In der Regel verwenden die Anwälte des Vorlagepflichtigen die personenbezogenen Daten nicht für Zwecke außerhalb des Rechtsstreits. Dies gebietet bereits die standesrechtliche Vertraulichkeitspflicht. Der Umfang der Vertraulichkeitspflicht bestimmt sich nach dem Standesrecht des Bundesstaates, in dem der Anwalt zugelassen ist. Die meisten Bundesstaaten haben ihr Standesrecht nach dem Vorbild der Model Rules of Professional Conduct der American Bar Association (ABA Model Rules) geregelt.[529] Nach Rule 1.6(a) ABA Model Rules sind die Anwälte zur vertraulichen Behandlung sämtlicher mandatsbezogener Informationen verpflichtet. Dazu zählen auch die für die Discovery übermittelten personenbezogenen Daten. Die Anwälte dürfen die personenbezogenen Daten prinzipiell nur insoweit offenlegen, als dies für die Mandatsausübung erforderlich ist oder der Mandant einwilligt.

Etwas anderes gilt, wenn die personenbezogenen Daten für ein Strafverfahren relevant sind und den Anwälten eine Grand Jury Subpoena zugestellt wird.[530] Befinden sich die Beweismittel im Ausland, muss die Grand Jury ansich den Rechtshilfeweg beschreiten.[531] In der Sache *In re Grand Jury Subpoenas (White & Case LLP)* befand der US Court of Appeals des Ninth Circuit jedoch, dass die Grand Jury amerikanische Anwälte zur Offenlegung von Dokumenten aus dem Ausland auffordern kann, welche sie für ausländische Mandanten aufbewahren.[532] Vor einer Grand Jury Subpoena geschützt sind nur solche Dokumente, die einem Weigerungsrecht unterliegen.[533]

---

[527] FRCP 77(b) Satz 1 und 43(a). Die Zivilprozessordnungen der Bundesstaaten regeln ebenfalls die Öffentlichkeit der Hauptverhandlung, siehe z. B. Oregon Rev. Statutes § 1.040 und Cal. Code of Civil Procedure § 124. Dazu: Stadler, Unternehmensgeheimnis, S. 166 ff.
[528] Publicker Indus. Inc. v. Cohen Inc., 733 F.2d 1059, 1971 f. (3rd Cir. 1984); Nat'l Org. for Marriage v. McKee, 2010 U.S. Dist. LEXIS 90749 (D. Me. 2010); Krapfl, Dokumentenvorlage, S. 112.
[529] Henssler, AnwBl 10/2002, 557, 557 f.
[530] Eine Grand Jury besteht aus 16 bis 23 vom Gericht ausgewählten Personen, welche die Tatsachen einer Straftat ermitteln, vgl. FRCrP 6(a)(1). An Beweismittel gelangt die Grand Jury über eine Subpoena, deren Ausstellung sie bei der Geschäftsstelle des Gerichts beantragt, vgl. FRCrP 17. Zur Grand Jury: Dietz, German American Law Journal vom 30. September 2010.
[531] US Dep. of Justice, US Attorneys' Manual, Title 9, Criminal Resource Manual, Sec. 275 ff. Ausnahmsweise kann eine Subpoena im Ausland zugestellt werden, wenn der Adressat Staatsangehöriger oder Bewohner der USA ist, vgl. FRCrP 17(e)(2); 28 USC § 1783.
[532] In re Grand Jury Subpoenas (White & Case LLP), 627 F.3d 1143, 1144 (9th Cir. 2010): „By a chance of litigation, the documents have been moved from outside the grasp of the grand jury to within its grasp.".
[533] In re Grand Jury Proceedings, 219 F.3d 175, 182 ff. (2d Cir. 2000); Ralls v. US, 52 F.3d 223, 225 f. (9th Cir. 1995); In re Grand Jury Subpoena, 788 F.1511, 1512 (11th Cir. 1986).

6. Kapitel: Datenverarbeitung im amerikanischen Zivilprozess

B. Anwälte des Vorlageersuchenden

Bei den Anwälten des Vorlageersuchenden ist aufgrund des Grundsatzes der Zweckbindung ebenfalls danach zu unterscheiden, ob sie die personenbezogenen Daten für die Zwecke des Rechtsstreits (I.) oder sonstige Zwecke (II.) verarbeiten.

I. Zwecke des Rechtsstreits

1. Sichtung durch eigene Mitarbeiter und externe Dienstleister

Nachdem die Anwälte des Vorlageersuchenden die personenbezogenen Daten von den Anwälten des Vorlagepflichtigen erhalten haben, beginnen sie mit der Sichtung. Dabei suchen sie in erster Linie Beweismittel, die ihr Vorbringen stützen und den Vorlagepflichtigen belasten. Bei komplexen Rechtsstreitigkeiten wird die Discovery auf Klägerseite durch Ausschüsse mit ausgewählten Vertretern der Anwälte (Steering Committees) koordiniert.[534] Die Ausschussvertreter sichten die personenbezogenen Daten und stellen relevantes Beweismaterial den anderen Anwälten zur Verfügung. Dazu werden die personenbezogenen Daten auf Datenträger gespeichert oder passwortgeschützt über das Internet zugänglich gemacht.

Die Datensichtung auf Seiten der Anwälte des Vorlageersuchenden verläuft ähnlich wie bei den Anwälten des Vorlagepflichtigen.[535] Für die Sichtung setzen sie Paralegals ein, die von Mitarbeitern des Sekretariats und der IT-Abteilung unterstützt werden. Elektronische Dokumente werden mithilfe von Computerprogrammen gesichtet, die eine Klassifizierung und Stichwortsuche erlauben. Auf Grundlage der personenbezogenen Daten verfassen die Paralegals Übersichten, Vermerke und Fragen für die Depositions. Die Anwälte des Vorlageersuchenden übertragen die Datensichtung bei einer umfangreichen Discovery häufig an externe Dienstleister, die bisweilen in Drittländern mit nicht angemessenem Datenschutzniveau ansässig sind.

2. Übermittlung an den Vorlageersuchenden

Teilweise übermitteln die Anwälte personenbezogene Daten aus der Discovery an den vorlageersuchenden Mandanten. Nach Rule 1.4(a)(3) und (4) ABA Model Rules sind Anwälte verpflichtet, die Mandanten angemessen über den Verfahrensstand in Kenntnis zu setzen und Informationsbegehren nachzukommen. Besonders wenn in der Discovery erlangte personenbezogene Daten für die Entscheidungsfindung des Mandanten von Bedeutung sind, müssen die Anwälte sie ihm zur Verfügung stellen.

---

[534] Manual for Complex Litigation, Fourth, § 10.22, S. 25.
[535] Siehe dazu oben: 6. Kapitel, A. I. 1.

3. Verwendung während der Depositions

Ausgewählte Dokumente mit personenbezogenen Daten verwenden die Anwälte des Vorlageersuchenden für die Zeugenbefragung im Rahmen der Depositions. Dazu werden die Dokumente vervielfältigt und den Beteiligten zur Verfügung gestellt.

4. Übermittlung an das Gericht

Für die Anwälte des Vorlageersuchenden gilt ebenfalls FRCP 5(d)(1) Satz 2, wonach bei Gericht lediglich solche Dokumente aus der Discovery einzureichen sind, die im Verfahren verwendet werden oder für die das Gericht die Einreichung anordnet.[536] Der überwiegende Teil der personenbezogenen Daten aus der Discovery wird demnach nicht an das Gericht übermittelt. Eingereichte Dokumente sind Bestandteil der Gerichtsakten und damit der Öffentlichkeit zugänglich.

5. Verwendung in der Hauptverhandlung

Stützen die Dokumente mit personenbezogenen Daten das Vorbringen des Vorlageersuchenden, präsentieren die Anwälte diese als Beweismittel in der Hauptverhandlung. Hierzu drucken die Paralegals die jeweiligen Dokumente aus und vervielfältigen diese, damit die Anwälte sie den Prozessbeteiligten zur Verfügung stellen können. Alternativ präsentieren die Anwälte die Dokumente in der Hauptverhandlung auf Computerbildschirmen oder einer Projektionswand. Damit sind die personenbezogenen Daten grundsätzlich für die Öffentlichkeit einsehbar.

II. Sonstige Zwecke

Anders als bei den Anwälten des Vorlagepflichtigen besteht bei den Anwälten des Vorlageersuchenden ein weitaus größeres Risiko der Verwendung personenbezogener Daten für Zwecke außerhalb des Rechtsstreits. Sobald die personenbezogenen Daten an sie übermittelt werden, hat der Vorlagepflichtige keinen Einfluss auf die weitere Datenverarbeitung.

1. Übermittlung an Medienvertreter und Verbraucherorganisationen

Ohne eine anderslautende Vereinbarung oder Gerichtsanordnung dürfen die Anwälte des Vorlageersuchenden in der Discovery erlangte personenbezogene Daten an Dritte weitergeben.[537] Besonders bei Massenschäden und Produkthaftungsverfahren sind Medienvertreter

---

[536] Siehe dazu oben: 6. Kapitel, A. I. 4.
[537] Vgl. Harris v. Amoco Prod. Co., 768 F.2d 669, 683 f. (5th Cir. 1985); Tavoulareas v. Washington Post Co., 724 F.2d 1010, 1015 (D.C. Cir.1984); Sedona Conference, Best Practices Addressing Protective Orders, Confidentiality & Public Access in Civil Cases, S. 7 f.

und Verbraucherorganisationen an Informationen aus der Discovery interessiert. Die Gerichte leiten ein entsprechendes Informationsrecht der Öffentlichkeit aus einem Umkehrschluss zu FRCP 26(c) ab.[538] Da diese Vorschrift den Erlass der Protective Order von bestimmten Voraussetzungen abhängig macht, sei der Öffentlichkeit im Übrigen die Einsichtnahme gestattet. Mithilfe der Informationen sollen Medienvertreter und Verbraucherorganisationen ihre Aufgaben als Kontrollinstanzen wahrnehmen und Bedrohungen für die öffentliche Sicherheit bekannt machen.[539]

Einige Bundesstaaten unterstützen die Informationsweitergabe ausdrücklich mit sogenannten „Sunshine in Litigation Acts".[540] Als Regelungsvorbild diente der Sunshine in Litigation Act von Florida.[541] Dieses Gesetz untersagt Anordnungen, Urteile und Parteivereinbarungen, die den Zweck oder den Effekt haben, Informationen über öffentliche Gefahren (Public Hazard) zu verbergen.[542] Der Begriff der öffentlichen Gefahren umfasst in einem weiten Sinne sämtliche Umstände, die einen Schaden verursacht haben oder geeignet sind, einen Schaden zu verursachen.[543]

2. Übermittlung an andere Anwälte für Parallelverfahren

Oft übermitteln die Anwälte des Vorlageersuchenden Dokumente mit personenbezogenen Daten aus der Discovery für Parallelverfahren an andere Anwälte (Evidence Sharing).[544] In Produkthaftungsverfahren befürworten die Gerichte ausdrücklich die Weitergabe von Informationen für Klagen gegen denselben Hersteller.[545] Dies fördere eine schnelle, gerechte und kostengünstige Entscheidung. Mit bereits verfügbaren Informationen sei es den Anwälten

---

[538] San Jose Mercury News Inc. v. U.S. District Court, 187 F.3d 1096, 1103 (9th Cir. 1999); In re Agent Orange Product Liability Litigation, 821 F.2d 139, 145 f. (2d Cir. 1987); Tavoulareas v. Washington Post Co., 724 F.2d 1010, 1015 (D.C. Cir. 1984); New York v. Microsoft Corp., 206 F.R.D. 19, 22 f. (D.D.C. 2002).
[539] Dazu: Blaner, 70 Def. Couns. J. 12, 14 ff. (2003); Zitrin, 2 J. Inst. Stud. Leg. Eth. 115, 115 ff. (1999); Luban, 83 Geo. L.J. 2619, 2650 (1995).
[540] z. B. Arkansas: Ark. Code of Practice in Civil Cases § 16-55-122; Florida: Fla. Stat. § 69.081; Louisiana: La. Code Civ. Proc. Art. 1426; Texas: Tex. R. Civ. P. 76a; Washington: Rev. Code Wash. § 4.24.601 und § 4.24.611; Virginia: Va. Code Ann. § 8.01-420.01. Dazu: Kutz, 42 Val. U. L. Rev. 291, 315 ff. (2007) m. w. N. Die Bezeichnung „Sunshine in Litigation Act" geht zurück auf Louis D. Brandeis, der sich in seinem Aufsatz „What Publicity Can Do" mit der Aussage „Sunshine is the best of disinfectants" für ein umfassendes Informationsrecht der Öffentlichkeit zur Verhinderung gesellschaftlicher Missstände aussprach. Siehe: Brandeis, Harper's Weekly, 20. Dezember 1913, S. 10.
[541] Fla. Stat. § 69.081. Dazu: Kutz, 42 Val. U. L. Rev. 291, 318 f. (2007).
[542] Fla. Stat. § 69.081(3) und (4).
[543] Fla. Stat. § 69.081(2).
[544] Friedenthal, 9 J. L. & Pol'y 67, 93 f. (2000); Doré, 74 Notre Dame L. Rev. 283, 363 ff. (1999); Timmins, 48 Wash. & Lee L. Rev. 1503, 1508 f. (1991); Miller, 105 Harv. L. Rev. 427, 497 f. (1991).
[545] Steede v. General Motors LLC, 2012 U.S. Dist. LEXIS 81103 (2012); Baker v. Liggett Group Inc., 132 F.R.D. 123, 126 (D. Mass. 1990); United States v. Hooker Chemicals & Plastics Corp., 90 F.R.D. 421, 426 (W.D.N.Y. 1981); Patterson v. Ford Motor Co., 85 F.R.D. 152, 153 f. (W.D. Tex. 1980); Wolhar v. General Motors Corp., 712 A.2d 464, 467 f. (Del. Super. 1997); Friedman, 60 N.Y.U.L. Rev. 1137, 1137 (1985) m. w. N.

möglich, gezielt Vorlageersuchen zu formulieren. Häufig stehe auf Beklagtenseite eine vermögende Kapitalgesellschaft, die über Experten für die Prozessführung und Zugang zu streitentscheidenden Informationen verfüge.[546] Dabei stelle die Informationsweitergabe auf Klägerseite die Waffengleichheit her. Daneben diene die Informationsweitergabe der Wahrheitsfindung, da die Übereinstimmung der Aussagen der Parteien in verschiedenen Verfahren überprüft werden könne.[547] Die Informationsweitergabe unter Anwälten wird zusätzlich durch die Sunshine in Litigation Acts gefördert. Zum Beispiel bestimmt der Sunshine in Litigation Act von Virginia bei Prozessen bezüglich Personenschäden, dass eine Protective Order Anwälte nicht daran hindern soll, freiwillig Informationen an Anwälte aus Parallelverfahren weiterzugeben.[548] Bei komplexen Rechtsstreitigkeiten empfiehlt auch das Manual for Complex Litigation die Informationsweitergabe.[549]

Die American Association for Justice (AAJ)[550] unterhält für Klägeranwälte ein spezielles Netzwerk zum Informationsaustausch. Besitzt ein Anwalt relevante Informationen, so kann er diese per E-Mail oder CD-ROM an die AAJ übermitteln. Die AAJ sammelt die Informationen in elektronischen Datenbanken und stellt sie ihren Mitgliedern kostenpflichtig zur Verfügung. Überdies gibt die AAJ Litigation-Pakete für bestimmte Prozessarten heraus.[551] Das Paket für defekte Sicherheitsgurte enthält beispielsweise 3.312 Seiten Informationen für Klagen gegen Automobilhersteller. Darunter befinden sich Musterschriftsätze, Sachverständigengutachten, Prozessstrategien und Discovery-Materialien (z. B. E-Mails, Kundenbeschwerden und Protokolle von Depositions). Die AAJ prüft nicht, ob die Informationen für die Parallelverfahren tatsächlich relevant sind. Selbst Anwälte, die noch nicht für ein Parallelverfahren mandatiert sind, können die Pakete erwerben und potentielle Kläger suchen.

3. *Verwendung für Werbezwecke und eigene Parallelverfahren*

Die Anwälte des Vorlageersuchenden nutzen Dokumente mit personenbezogenen Daten aus der Discovery mitunter für Werbezwecke und eigene Parallelverfahren. Nach Rule 7.2(a) ABA Model Rules ist es Anwälten ausdrücklich gestattet, ihre Dienste aktiv durch Werbemaßnahmen anzubieten. Soweit der Mandant einwilligt, dürfen die Anwälte personen-

---

[546] United States v. Hooker Chemicals & Plastics Corp., 90 F.R.D. 421, 426 (W.D.N.Y. 1981); Kersting, Wirtschaftsgeheimnis, S. 193.
[547] Idar v. Cooper Tire & Rubber Co., 2011 U.S. Dist. LEXIS 26013 (S.D. Tex. 2011); Garcia v. Peeples, 734 S.W.2d 343, 347 (Tex. 1987).
[548] Va. Code Ann. § 8.01-420.01.
[549] Manual for Complex Litigation, Fourth, § 10.225, S. 28, § 11.423, S. 57, § 11.443, S. 75, § 11.455, S. 89, § 11.464, S. 92 f., § 20.14, S. 227.
[550] Die AAJ ist die führende Organisation von Klägeranwälten in den USA. Bis 2006 trug sie den Namen „Association of Trial Lawyers of America" (ATLA).
[551] Der „Litigation Packet Catalog" ist über die Internetseite der AAJ abrufbar: https://www.justice.org/litigation-packet-overview.

bezogene Daten aus der Discovery für ihre Werbung verwenden. Die Anwälte veröffentlichen die personenbezogenen Daten auf ihren Internetseiten und in Broschüren, um mit erfolgreich geführten Prozessen zu werben. Werden die Anwälte für Parallelverfahren mandatiert, verwenden sie hierbei die personenbezogenen Daten aus der Discovery anderer Prozesse.[552]

4. Verwendung für parallele Strafverfahren

Die Anwälte des Vorlageersuchenden können ebenso wie die Anwälte des Vorlagepflichtigen mit einer Grand Jury Subpoena zur Offenlegung von personenbezogenen Daten aus der Discovery für ein paralleles Strafverfahren aufgefordert werden.[553] Gelegentlich arbeiten die Anwälte des Vorlageersuchenden sogar direkt mit den Ermittlungsbehörden zusammen. In einem Rechtsstreit, der 2011 vor dem US Court of Appeals des Fourth Circuit anhängig war, trafen sich die Klägerin und ihre Anwälte regelmäßig mit Vertretern des Department of Justice, um den Verfahrensstand zu besprechen.[554] Sie informierten das Department of Justice über den Verlauf der Discovery und die von der ausländischen Beklagten erlangten Dokumente. Das Departement of Justice forderte anschließend die Klägerin mittels einer Grand Jury Subpoena zur Herausgabe der Dokumente auf. Die Klägerin übermittelte daraufhin Dokumente im Umfang von 4.200 Seiten an das Department of Justice. Mit einer weiteren Grand Jury Subpoena verlangte das Department of Justice Dokumente, welche die ausländische Beklagte im Vertrauen auf eine Protective Order an die Klägeranwälte übergeben und mit dem Vermerk „confidential" bzw. „confidential - attorneys' eyes only" versehen hatte. Die Beklagte beantragte sodann die Aufhebung der beiden Grand Jury Subpoenas. Damit hatte sie keinen Erfolg. Der US Court of Appeals des Fourth Circuit befand, dass die Zusammenarbeit mit dem Department of Justice zulässig sei und die Klägerin die Dokumente offenlegen dürfe.[555]

C. Zusammenfassung

Die Anwälte des Vorlagepflichtigen verarbeiten die personenbezogenen Daten in der Regel ausschließlich für die Zwecke des Rechtsstreits. Eine Datenverarbeitung für Zwecke außerhalb des Rechtsstreits droht nur, wenn die Anwälte durch eine Grand Jury Subpoena zur Vorlage der personenbezogenen Daten in einem Strafverfahren aufgefordert werden. Anders sieht die Situation bei den Anwälten des Vorlageersuchenden aus. In Produkthaftungsverfahren und Prozessen von öffentlichem Interesse überlassen die Anwälte personenbezogenen Daten bereitwillig Medienvertretern und Verbraucherorganisationen. Insbesondere amerikani-

---
[552] Vgl. Hu-Friedy Mfg. Co. Inc. v. GE, 1999 U.S. Dist. LEXIS 11213 (N.D. Ill. 1999)
[553] Siehe dazu oben: 6. Kapitel, A. II.
[554] United States v. Under Seal, 646 F.3d 159, 161 ff. (4th Cir. 2011).
[555] United States v. Under Seal, 646 F.3d 159, 166 f. (4th Cir. 2011).

sche Klägeranwälte betreiben einen regen Informationsaustausch. Die Daten des Betroffenen können in Datenbanken der AAJ erscheinen und einer Vielzahl von Anwälten für Parallelverfahren zur Verfügung stehen. Die Anwälte verwenden die personenbezogenen Daten ferner für eigene Parallelverfahren und Werbezwecke. Gelegentlich kooperieren die Anwälte des Vorlageersuchenden mit staatlichen Ermittlungsbehörden und leiten diesen freiwillig personenbezogene Daten aus der Discovery weiter. Für den Betroffenen besteht somit das Risiko einer unkontrollierten Verwendung seiner Daten.

7. Kapitel: Datenschutz durch eine Protective Order

In der Discovery unterfallen Dokumente mit personenbezogenen Daten grundsätzlich der Vorlagepflicht. Den Datenschutzinteressen der Betroffenen kann lediglich durch eine Protective Order nach FRCP 26(c) Rechnung getragen werden. Das Instrument der Protective Order wurde in der deutschen Literatur bisher nicht eingehend untersucht. Da die Protective Order im Rahmen dieser Arbeit insbesondere bei der Frage nach der Zulässigkeit der Datenübermittlung bedeutsam ist[556], stellt dieses Kapitel sie näher vor.

A. Vereinbarung der Parteien

Das Gericht ist an der Dokumentenvorlage in der Discovery nicht beteiligt. Der Datenschutz liegt vorrangig in den Händen der Parteien. Sie können personenbezogene Daten einer Vertraulichkeitsvereinbarung (Confidentiality Agreement) unterstellen.[557] Auch wenn kein Formerfordernis besteht, wird eine solche Vereinbarung üblicherweise schriftlich getroffen.[558] Bei der Gestaltung der Vereinbarung haben die Parteien weiten Spielraum.[559] Sie bestimmen, welche Informationen vertraulich sind und welche Schutzmaßnahmen getroffen werden.

Im Anschluss können die Parteien ihre Vereinbarung dem Gericht zur verbindlichen Feststellung vorlegen. Zumeist übernehmen die Gerichte die Vereinbarung unverändert und erlassen eine entsprechende Stipulated Protective Order.[560] Die Gerichte lehnen die Vereinbarung nur dann ab, wenn offensichtlich kein Grund für den begehrten Schutz besteht oder die Öffentlichkeit ein überragendes Interesse an den Informationen hat.[561] Ohne gerichtliche Feststellung ist die Vereinbarung ein rein privater Vertrag, der nur zwischen den Parteien Wirkung entfaltet.[562] Eine Stipulated Protective Order bindet darüber hinaus das Gericht, Zeugen und sonstige Dritte, die von ihr Kenntnis haben.[563] In komplexen Rechtsstreitigkeiten mit einer umfangreichen Discovery vereinbaren die Parteien aus Zeit- und Kostengründen

---

[556] Siehe dazu: 9. Kapitel, D. II. 4. e).
[557] Vgl. Taffinger v. Bethlehem Steel Corp., 2001 U.S. Dist. LEXIS 17051 (E.D. Pa. 2001); Aetna Casualty & Surety Co. v. George Hyman Const. Co., 155 F.R.D. 113, 116 (E.D. Pa. 1994); Rabiej, 7-37A Moore's Federal Practice - Civil § 37A.32[5][d]; Friedenthal, 9 J.L. & Pol'y 67, 77 f. (2000); Grenig, 21 Am. J. Trial Advoc. 547, 558 (1998).
[558] Bis zur Reform von 2007 sah FRCP 29 vor, dass Parteivereinbarungen der Schriftform bedürfen. Dazu: Francis/Stempel, 6-29 Moore's Federal Practice - Civil § 29.05[1].
[559] Einige Gerichte stellen den Parteien Mustervereinbarungen zur Verfügung. So z. B. der US District Court for the Northern District of California: http://www.cand.uscourts.gov/stipprotectorder.
[560] United Nuclear Corp. v. Cranford Insurance Co., 905 F.2d 1424, 1427 (10th Cir. 1990); In re Alexander Grant & Co. Litig., 820 F.2d 352, 356 f. (11th Cir. 1987); Higginbotham, 6-26 Moore's Federal Practice - Civil § 26.104[2]; Doré, 74 Notre Dame L. Rev. 283, 332 ff. (1999).
[561] Bryan v. Eichenwald, 191 F.R.D. 650, 652 (D. Kan. 2000); Cumberland Packing Corp. v. Monsanto Co., 184 F.R.D. 504, 505 f. (E.D.N.Y. 1999).
[562] Taffinger v. Bethlehem Steel Corp., 2001 U.S. Dist. LEXIS 17051 (E.D. Pa. 2001).
[563] Higginbotham, 6-26 Moore's Federal Practice - Civil § 26.101[2][c].

häufig eine sogenannte „Umbrella Protective Order".[564] Dabei entscheidet jede Partei eigenmächtig, welche Informationen vertraulich sind. Erst wenn die Vertraulichkeit streitig ist, muss die jeweilige Partei die Schutzwürdigkeit der Informationen darlegen.

B. Entscheidung des Gerichts

I. Verfahren

Erzielen die Parteien keine Übereinkunft, muss der Vorlagepflichtige bei Gericht einen Antrag auf eine Protective Order stellen. Dabei kann der Vorlagepflichtige grundsätzlich nur seine eigenen Datenschutzinteressen geltend machen.[565] Dritte müssen nach FRCP 24 intervenieren und zum Schutz ihrer personenbezogenen Daten selbst eine Protective Order beantragen. Vereinzelt gehen die Gerichte davon aus, dass der Vorlagepflichtige ausnahmsweise eine Protective Order zum Schutz der personenbezogenen Daten Dritter ersuchen kann, wenn er ihr Verwahrer (Custodian) ist.[566] Das Eigeninteresse des Verwahrers liege in der Abwendung potentieller Haftungsansprüche. Andere Gerichte verlangen hingegen, dass der Verwahrer den Dritten über den anhängigen Rechtsstreit informiert und ihm auf diese Weise ermöglicht, eigenständig seine Rechte durchzusetzen.[567]

Zuständig für den Erlass einer Protective Order ist nach FRCP 26(c)(1) Satz 1 Halbsatz 1 das Prozessgericht.[568] Der Antragsteller muss gemäß FRCP 26(c)(1) Satz 2 bestätigen, dass er den Versuch einer außergerichtlichen Einigung unternommen hat. Einen Anreiz zur außergerichtlichen Einigung soll die nach FRCP 26(c)(3) anwendbare Kostenregelung des FRCP 37(a)(5) bilden. Danach hat die unterlegene Partei der Gegenseite die durch Einschaltung des Gerichts entstandenen Kosten einschließlich der Anwaltskosten zu ersetzen. Der Antrag auf eine Protective Order ist nicht fristgebunden und kann prinzipiell bis zu dem in der Scheduling Order bestimmten Zeitpunkt für den Abschluss der Discovery gestellt werden.[569] Bei längerem Abwarten besteht jedoch die Gefahr, dass das Gericht von einer Verfahrens-

---

[564] Cipollone v. Liggett Group Inc., 785 F.2d 1108, 1122 (3d Cir. 1986); Zenith Radio Corp. v. Matsushita Elec. Indus. Co., 529 F.Supp. 866, 889 (E.D. Pa. 1981); Manual for Complex Litigation, Fourth, § 11.432, S. 64 ff.; Campbell, 31 B.C.L. Rev. 771, 785 (1990).
[565] Adelman v. BSA, 276 F.R.D. 681, 694 (S.D. Fla. 2011); Alterra Healthcare Corp. v. Estate of Shelley, 827 So.2d 936, 941 (Fla. 2002); Francis/Bloom, 7-34 Moore's Federal Practice - Civil § 34.13[3].
[566] Guitron v. Wells Fargo Bank, 2011 U.S. Dist. LEXIS 86091 (N.D. Cal. 2011); Maldonado v. Secretary of California Department of Corrections and Rehabilitation, 2007 U.S. Dist. LEXIS 91084, (E.D. Cal. 2007); Pagano v. Oroville Hosp., 145 F.R.D. 683, 696 (E.D. Cal. 1993); Pioneer Electronics v. Superior Court, 40 Cal. 4th 360, 386 (2007).
[567] Bank of America, N.A. v. Hensley Props., L.P., 2008 U.S. Dist. LEXIS 116177 (E.D. Cal. 2008); Valley Bank of Nevada v. Superior Court, 15 Cal. 3d 652, 658 (1975); Weingarten v. Superior Court, 102 Cal. App. 4th 268, 278 (2002).
[568] Bei Depositions ist nach FRCP 26(c)(1) Satz 1 Halbsatz 2 für den Erlass einer Protective Order neben dem Prozessgericht das Gericht zuständig, in dessen Bezirk die Zeugenvernehmung erfolgt.
[569] Higginbotham, 6-26 Moore's Federal Practice - Civil § 26.102[2].

verzögerung ausgeht und die Protective Order aus diesem Grund verweigert.[570] Lehnt das Gericht den Antrag auf eine Protective Order ganz oder teilweise ab, kann es stattdessen nach FRCP 26(c)(2) die Vorlage anordnen.

II. Wichtiger Grund für die Protective Order

Das Gericht prüft gemäß FRCP 26(c)(1) Satz 3, ob ein wichtiger Grund (Good Cause) für die Protective Order besteht. Dazu hat der Antragsteller aufzuzeigen, dass ihn die Vorlage unzumutbar belästigen, beschämen oder belasten würde. Als Beweismittel genügt in der Regel ein Affidavit.[571] In der Leitentscheidung *Seattle Times Co. v. Rhinehart* aus dem Jahr 1984 befand der US Supreme Court, dass die Beeinträchtigung der Privatsphäre einen wichtigen Grund für eine Protective Order darstellen könne.[572] Im Ausgangsverfahren vor dem King County Superior Court klagten die religiöse Gemeinschaft Aquarian Foundation und deren Anführer Keith Milton Rhinehart gegen die Zeitung Seattle Times Co.[573] Der King County Superior Court verpflichtete die Kläger in der Discovery zur Vorlage von Informationen über ihre Geldgeber und Mitglieder. Zugleich erließ er zum Schutz der Privatsphäre und der Religionsfreiheit der Geldgeber und Mitglieder eine Protective Order. Diese untersagte den Beklagten die Verbreitung von in der Discovery erlangten Namen, Adressen und Finanzinformationen. Der Supreme Court of Washington und der US Supreme Court bestätigten die Protective Order.[574] Die Discovery berge ein erhebliches Missbrauchspotential, welches sich nicht nur auf Prozessverzögerungen oder Kostenverursachungen, sondern zugleich auf Eingriffe in die Privatsphäre erstrecke.[575]

Ein wichtiger Grund für die Protective Order kann sich auch aus ausländischem Datenschutzrecht ergeben.[576] So befand der US District Court for the Southern District of Illinois in dem Multidistrikt-Verfahren *In re Yasmin & Yaz (Drospirenone) Marketing, Sales Practices & Products Liability Litigation*, dass die Datenschutzinteressen nach dem BDSG ein

---

[570] Ayers v. Continental Cas. Co., 240 F.R.D. 216, 221 (N.D. W.Va. 2007): Antrag zwei Monate nach Discoverytermin ist verspätet; United States v. Panhandle Eastern Corp., 118 F.R.D. 346, 350 f. (D. Del. 1988): Antrag drei Wochen nach Discoverytermin ist verspätet.
[571] Vgl. Kan. Waste Water Inc. v. Alliant Techsystems, 2005 U.S. Dist. LEXIS 1949 (D. Kan. 2005). Ein Affidavit ist eine schriftliche Zeugenaussage unter Eid (siehe: 4. Kapitel, A. IV.).
[572] Seattle Times Co. v. Rhinehart, 467 U.S. 20, 34 ff. (1984); ebenso: Pansy v. Borough of Stroudsburg, 23 F.3d 772, 787 (3rd Cir. 1994); Gill v. Gulfstream Park Racing Ass'n 399 F.3d 391, 402 (1st Cir. 2005); Hoenig, N.Y.L.J. vom 10. Dezember 2007 m. w. N.
[573] Zum Ausgangsverfahren: Seattle Times Co. v. Rhinehart, 467 U.S. 20, 23 (1984); Rhinehart v. Seattle Times Co., 98 Wn.2d 226, 227 ff. (Wash. 1982).
[574] Seattle Times Co. v. Rhinehart, 467 U.S. 20, 37 (1984); Rhinehart v. Seattle Times Co., 98 Wn.2d 226, 258 (Wash. 1982).
[575] Seattle Times Co. v. Rhinehart, 467 U.S. 20, 34 f. (1984); Rhinehart v. Seattle Times Co., 98 Wn.2d 226, 253 f. (Wash. 1982).
[576] Zu den kollisionsrechtlichen Fragen siehe: 10. Kapitel, B.

wichtiger Grund für die Protective Order seien.[577] Hierzu musste die Beklagte konkret darlegen, dass die streitbefangenen Dokumente mit Namen, Berufsbezeichnungen, Telefonnummern, E-Mail-Adressen und anderen personenbezogenen Daten in den Anwendungsbereich des BDSG fallen und eine Offenlegung untersagt ist. Bei bestimmten Dokumenten spricht bereits der Anschein für das Vorliegen von personenbezogenen Daten. Dies gilt zum Beispiel für Dokumente einer Personalakte und darin enthaltene Arbeitnehmerdaten.[578] Betrifft das Vorlageersuchen eine Vielzahl von Dokumenten, können diese in Kategorien unterteilt werden, wobei die Schutzwürdigkeit nur für die jeweilige Kategorie dargelegt werden muss.[579] In Zweifelsfällen kann der Antragsteller die Dokumente dem Gericht für eine *in camera*-Sichtung übermitteln.[580] Dabei prüft das Gericht die Dokumente unter Ausschluss der Öffentlichkeit und erforderlichenfalls auch unter Ausschluss der Anwälte und Parteien.

III. Relevanz und Notwendigkeit der personenbezogenen Daten

Hat der Antragsteller einen wichtigen Grund für die Protective Order aufgezeigt, geht die Darlegungslast auf den Vorlageersuchenden über. Er muss nunmehr detailliert die Relevanz und Notwendigkeit der personenbezogenen Daten darlegen.[581] Kann er dies nicht, versagt das Gericht die Vorlage. Notwendig sind die Daten, wenn die begehrten Informationen auf anderem Wege nicht oder nur mit unverhältnismäßigem Aufwand erlangt werden können.[582] Die Vorlage einer Personalakte durch den Arbeitgeber ist zum Beispiel nicht notwendig, wenn der jeweilige Arbeitnehmer als Zeuge gehört wird und sein Einverständnis zur Einsichtnahme eingeholt werden kann.[583]

---

[577] In re Yasmin & Yaz (Drospirenone) Marketing, Sales Practices & Products Liability Litigation, 2011 U.S. Dist. LEXIS 130610 (S.D. Ill. 2011).
[578] Bickley v. Schneider Nat'l Inc., 2011 U.S. Dist. LEXIS 40674 (N.D. Cal. 2011); Harding Lawson Assoc. v. Superior Court, 10 Cal. App. 4th 7, 10 (Cal. App. 1st Dist. 1992).
[579] Krapfl, Dokumentenvorlage, S. 101; Marcus, 69 Cornell L. Rev. 1, 24 f. (1983) m. w. N.
[580] Banks v. Office of the Senate Sergeant-At-Arms & Doorkeeper, 222 F.R.D. 7, 21 (D.D.C. 2004); Schnabel v. Superior Court, 5 Cal. 4th 704, 714 (1993); Palay v. Superior Court 18 Cal. App. 4th 919, 935 (Cal. App. 2d Dist. 1993); Nickels, 34 Ind. L. Rev. 479, 490 (2001).
[581] Vgl. American Standard Inc. v. Pfizer Inc., 828 F.2d 734, 741 (Fed.Cir. 1987); Upjohn Co. v. Hygieia Biological Laboratories, 151 F.R.D. 355, 358 (E.D. Cal. 1993); Cooper, 36 Rutgers L. J. 775, 785 (2005); Miller, 105 Harv. L. Rev. 427, 433 (1991), jeweils m. w. N.
[582] Pagano v. Oroville Hosp., 145 F.R.D. 683, 698 f. (E.D. Cal. 1993); Planned Parenthood Golden Gate v. Superior Court, 83 Cal. App. 4th 347, 357 (Cal. App. 1st Dist. 2000).
[583] Whittingham v. Amherst College, 164 F.R.D. 124, 128 (D. Mass. 1995).

IV. Interessenabwägung

Gelingt dem Vorlageersuchenden die Darlegung der Relevanz und Notwendigkeit, wägt das Gericht sein Vorlageinteresse gegen das Schutzinteresse des Antragstellers ab.[584] Entscheidende Bedeutung kommt der Art der personenbezogenen Daten zu. Mit zunehmendem Bezug der personenbezogenen Daten zur Außenwelt nimmt die Schutzwürdigkeit stufenweise ab. Besonders schutzwürdig sind Informationen über intime Beziehungen des Betroffenen[585], die Identität von Missbrauchsopfern[586], die Namen und Adressen von Patienten einer psychiatrischen Klinik[587] oder einer Arztpraxis[588] sowie sämtliche Gesundheitsdaten[589]. Auf der nächsten Stufe der Schutzwürdigkeit stehen Meinungen, Religionszugehörigkeit, Gewohnheiten und biografische Informationen des Betroffenen.[590] Geringer Schutz kommt Namen und Adressen außerhalb des Gesundheitskontexts sowie Angaben über Familienstand und Arbeitsverhältnis zu.[591] Für die Schutzwürdigkeit spricht es, wenn dem Betroffenen die vertrauliche Behandlung seiner Daten zugesagt wurde.[592] Von geringer Schutzwürdigkeit ist dagegen auszugehen, wenn der Betroffene ein öffentliches Amt begleitet oder anderweitig in der Öffentlichkeit steht.[593] Gleiches gilt, wenn ein Kunde seine Daten bei der Beschwerde über ein Produkt freiwillig offengelegt hat.[594]

Auf Seiten des Vorlageersuchenden berücksichtigen die Gerichte vor allem den Grad der Relevanz der personenbezogenen Daten.[595] Die Vorlage von besonders schutzwürdigen Daten kommt nur bei direkter Relevanz für den Rechtsstreit in Betracht.[596] Hierzu muss der

---

[584] Tierno v. Rite Aid Corp., 2008 U.S. Dist. LEXIS 58748 (N.D. Cal. 2008); Pagano v. Oroville Hosp., 145 F.R.D. 683, 698 f. (E.D. Cal. 1993); Pioneer Electronics (USA) Inc. v. Superior Court, 40 Cal. 4th 360, 370 ff. (2007).
[585] Martinelli v. District Court of Denver, 199 Colo. 163, 174 (1980); ACLU v. Whitman, 159 P.3d 707, 710 (Colo. App. 2006); Byron & Assocs. Inc. v. State, 360 So.2d 83, 95 (Fla. 1st DCA 1978).
[586] Favalora v. Sidaway, 996 So.2d 895, 897 ff. (Fla. 4th DCA 2008).
[587] Community Psychiatric Ctrs. Inc. v. Bevelacqua, 673 So.2d 948, 950 f. (Fla. 4th DCA 1996).
[588] Colonial Medical Spec. v. United Diagnostic Lab., 674 So.2d 923, 923 f. (Fla. 4th DCA 1996).
[589] Pagano v. Oroville Hosp., 145 F.R.D. 683, 697 (E.D. Cal. 1993); Heda v. Superior Court, 225 Cal. App. 3d 525, 527 (Cal. App. 1st Dist. 1990).
[590] Martinelli v. District Court of Denver, 199 Colo. 163, 174 (1980); Byron & Assocs. Inc. v. State, 360 So. 2d 83, 95 (Fla. 1st DCA 1978).
[591] Martinelli v. District Court of Denver, 199 Colo. 163, 175 (1980); ACLU v. Whitman, 159 P. 3d 707, 710 (Colo. App. 2006); Byron & Assocs. Inc. v. State, 360 So.2d 83, 95 (Fla. 1st DCA 1978).
[592] Martinelli v. District Court of Denver, 199 Colo. 163, 174 (1980); ACLU v. Whitman, 159 P. 3d 707, 710 (Colo. App. 2006).
[593] Pansy v. Borough of Stroudsburg, 23 F.3d 772, 787 (3d Cir. 1994); United States v. Smith, 776 F.2d 1104, 1114 (3d Cir. 1985).
[594] Pioneer Electronics (USA) Inc. v. Superior Court, 40 Cal. 4th 360, 372 (2007).
[595] Pagano v. Oroville Hosp., 145 F.R.D. 683, 688 ff. (E.D. Cal. 1993); Schnabel v. Superior Court, 5 Cal. 4th 704, 717 (1993).
[596] Vgl. Tylo v. Superior Court, 55 Cal. App. 4th 1379, 1387 f. (Cal. App. 2d Dist. 1997); Davis v. Superior Court, 7 Cal. App. 4th 1008, 1017 (Cal. App. 5th Dist. 1992); Binder v. Superior Court, 196 Cal. App. 3d 893, 900 (Cal. App. 5th Dist. 1987).

Vorlageersuchende die Verbindung zwischen den Daten und seinen Behauptungen aufzeigen.[597] Sind die personenbezogenen Daten essentiell für ein faires Verfahren, ist dies ein starkes Indiz für ein überwiegendes Vorlageinteresse.[598] Können die personenbezogenen Daten durch eine Protective Order geschützt werden, ordnen die Gerichte eher die Vorlage unter Schutzmaßnahmen an, anstatt sie zu versagen.[599] Besteht ein besonderes Interesse der Öffentlichkeit an den personenbezogenen Daten, weil sie beispielsweise für die öffentliche Gesundheit und Sicherheit bedeutsam sind, rechtfertigt dies eine ungeschützte Vorlage.[600]

V. Schutzmaßnahmen der Protective Order

Hinsichtlich des Inhalts der Protective Order haben die Gerichte einen weiten Ermessensspielraum.[601] Die Protective Order soll sicherstellen, dass das Schutzinteresse des Antragstellers nicht mehr als notwendig beeinträchtigt wird.[602] Im Folgenden werden die für personenbezogene Daten in Betracht kommenden Schutzmaßnahmen erläutert. Auf dieses Vorwissen wird im neunten Kapitel bei der Frage nach der Zulässigkeit der Datenübermittlung[603] und im elften Kapitel bei der Darstellung der Vertragslösung[604] zurückgegriffen.

1. Unkenntlichmachen von personenbezogenen Daten

Zum Schutz von personenbezogenen Daten, die nicht direkt relevant sind, ordnen die Gerichte häufig deren Unkenntlichmachen an.[605] In Papierdokumenten können personenbezogene Daten manuell geschwärzt werden. Bei elektronischen Dokumenten bedarf es hierzu einer speziellen Software. Eine weitere Methode des Unkenntlichmachens ist die Pseudonymisierung. Zur Vermeidung der Offenlegung von Patientennamen gestatten die Gerichte beispielsweise das Ersetzen der Namen durch Codes.[606] Die technische Umsetzung obliegt

---

[597] Tylo v. Superior Court, 55 Cal. App. 4th 1379, 1387 ff. (Cal. App. 2d Dist. 1997).
[598] Vinson v. Superior Court 43 Cal. 3d 833, 842 (1987); Planned Parenthood Golden Gate v. Superior Court, 83 Cal. App. 4th 347, 367 (Cal. App. 1st Dist. 2000).
[599] Kahn v. Superior Court, 188 Cal. App. 3d 752, 766 (Cal. App. 6th Dist. 1987); Board of Trustees v. Superior Court, 119 Cal. App. 3d 516, 532 (Cal. App. 1st Dist. 1981).
[600] In re Roman Catholic Archbishop, 661 F.3d 417, 428 (9th Cir. Or. 2011); Public Citizen v. Liggett Group Inc., 858 F.2d 775, 780 und 787 (1st Cir. 1988); In re Agent Orange Product Liability Litigation, 98 F.R.D. 539, 547 (E.D.N.Y. 1983).
[601] Higginbotham, 6-26 Moore's Federal Practice - Civil § 26.101[1] m. w. N. Ein nicht abschließender Maßnahmenkatalog für die Protective Order findet sich in FRCP 26(c)(1) Satz 3.
[602] Tavoulareas v. Washington Post Co., 724 F.2d 1010, 1022 ff. (D.C. Cir. 1984).
[603] Siehe: 9. Kapitel, D. II. 4 e).
[604] Siehe: 11. Kapitel, E. IV. 2.
[605] In re Roman Catholic Archbishop, 661 F.3d 417, 425 (9th Cir. Or. 2011); Foltz v. State Farm Mut. Auto. Ins. Co., 331 F.3d 1122, 1137 (9th Cir. Or. 2003); Terre Haute Regional Hosp. Inc. v. Trueblood, 600 N.E. 2d 1358, 1359 (Ind. 1992); Sedona Conference, International Principles, Appendix B, S. 11 f., Nr. 32.
[606] Arenson v. Whitehall Convalescent & Nursing Home, 161 F.R.D. 355, 358 (N.D. Ill. 1995).

dem Vorlagepflichtigen. So ordnete das Gericht in einer Sache, in der das Extrahieren auf CD-ROM gespeicherter Daten nicht möglich war, die ungeschützte Vorlage an.[607]

2. *Stichprobenverfahren*

Verlangt der Vorlagersuchende eine große Anzahl von personenbezogenen Daten und lässt sich vorab nicht klären, ob tatsächlich alle Daten relevant sind, kann das Gericht in der Protective Order ein Stichprobenverfahren (Sampling) vorsehen.[608] Dabei stellt der Vorlagepflichtige zunächst wenige Beispielsdaten zur Verfügung, anhand derer die Relevanz weiterer Daten festzustellen ist.

3. *Vertraulichkeitsvermerk und Begrenzung des Personenkreises*

Die Protective Order bestimmt regelmäßig, dass der Vorlagepflichtige geschützte Daten vor der Vorlage mit einem Vertraulichkeitsvermerk versehen darf. Abhängig vom Kreis der Personen, die Zugang zu den Daten erhalten, sind verschiedene Stufen der Vertraulichkeit möglich.[609] Sollen die Daten vor der Öffentlichkeit geschützt werden, ordnet das Gericht sie als vertraulich (Confidential) ein.[610] Vertrauliche Daten dürfen von Parteien, Anwälten, Parteisachverständigen sowie deren Mitarbeitern verwendet werden. Daten mit höherer Schutzbedürftigkeit stuft das Gericht als hoch vertraulich (Highly Confidential) oder „Attorneys' Eyes only" ein.[611] Sie dürfen nur von Anwälten, Parteisachverständigen und deren Mitarbeitern verwendet werden. Sind die Daten für die Entscheidungsfindung der Partei relevant, erhalten zusätzlich einzelne Parteivertreter ein Einsichtsrecht.[612] Bei besonders schutzbedürftigen Daten wird selbst Anwälten und Parteisachverständigen die Verwendung verwehrt und ein unabhängiger Sachverständiger beauftragt.[613] Dieser sichtet die Daten und fasst die relevanten Informationen für den Vorlageersuchenden zusammen.

---

[607] Gilliam v. Addicts Rehabilitation Ctr. Fund, 2006 U.S. Dist. LEXIS 3343 (S.D.N.Y. 2006).
[608] Vgl. FRCP 34(a)(1); McPeek v. Ashcroft, 202 F.R.D. 31, 34 f. (D.D.C. 2001).
[609] Manual for Complex Litigation, Fourth, § 32.433, S. 588; Sedona Conference, International Principles, Appendix B, S. 2 ff., Nr. 2, 4, 5, 11 und 12.
[610] Star Scientific Inc. v. Carter, 204 F.R.D. 410, 417 f. (S.D. Ind. 2001); Zweidinger v. Toyota Motor Corp., 1995 Del. Super. LEXIS 327 (Del. 1995).
[611] Norbrook LAbs. Ltd. v. G.C. Hanford Mfg. Co., 2003 U.S. Dist. LEXIS 6851 (N.D.N.Y. 2003); Asch/Grossbardt Inc. v. Asher Jewelry Co., 2003 U.S. Dist. LEXIS 2837 (S.D.N.Y. 2003); GM Network Ltd. v. E-Gold Ltd, 2002 U.S. Dist. LEXIS 9957 (S.D.N.Y. 2002); ICG Communications v. Allegiance Telecom, 211 F.R.D. 610, 614 (N.D. Cal. 2002).
[612] Uniroyal Chem. Co. v. Syngenta Crop Protection, 224 F.R.D. 53, 58 (D. Conn. 2004); Blanchard & Co. v. Barrick Gold Corp., 2004 U.S. Dist. LEXIS 5719 (E.D. La. 2004); Dennison Corp. v. 3M, 2001 U.S. Dist. LEXIS 22315 (D. Del. 2001).
[613] Merns v. Merns, 185 N.J. Super. 529, 533 (Ch. Div. 1982); Krapfl, Dokumentenvorlage, S. 106. In einer Electronic Discovery ist der Sachverständige regelmäßig ein Computerexperte, vgl. Cerruti 1881 S.A. v. Cerruti Inc., 169 F.R.D. 573, 582 (S.D.N.Y. 1996).

4. Rückforderungsvereinbarung

Bei einer umfangreichen Vorlage besteht die Gefahr, dass der Vorlagepflichtige versehentlich geschützte Daten ohne Vertraulichkeitsvermerk offenlegt. Damit dies nicht als Verzicht auf die Vertraulichkeit ausgelegt wird, enthält die Protective Order eine Rückforderungsvereinbarung (Clawback Agreement).[614] Der Vorlageersuchende verpflichtet sich darin, dass er den Vorlagepflichtigen über den Erhalt ungeschützter Daten informiert. Der Vorlagepflichtige erklärt, dass er dem Vorlageersuchenden umgehend mitteilt, ob er die Vertraulichkeit geltend macht. Ist dies der Fall, muss der Vorlageersuchende die Daten zurückgeben. Vor einer erneuten Vorlage kann der Vorlagepflichtige die Daten dann mit einem Vertraulichkeitsvermerk versehen.

5. Vertraulichkeitserklärung

Um die Wirkung der Schutzmaßnahmen auf Dritte zu erstrecken, sieht die Protective Order gemeinhin eine Vertraulichkeitserklärung vor.[615] Diese Erklärung müssen sämtliche Personen unterzeichnen, die Zugang zu geschützten Daten erhalten. Die Unterzeichner bestätigen damit, dass sie die Bedingungen der Protective Order kennen und den Dateninhalt nicht gegenüber Dritten offenlegen. Die Unterzeichner erklären ferner, dass sie sich für die Durchsetzung der Protective Order der Gerichtshoheit des Prozessgerichts unterwerfen.[616] Eine Verletzung der Vertraulichkeit bedeutet eine Missachtung des Gerichts und kann entsprechend sanktioniert werden.[617]

6. Verwendungsbeschränkung

Typischerweise bestimmt die Protective Order, dass der Vorlageersuchende die geschützten Daten nur für die Zwecke des jeweiligen Rechtsstreits verwendet darf.[618] Gleichwohl kann der Vorlageersuchende mittels einer Subpoena oder einer Gerichtsanordnung in anderen Zivil- oder Strafverfahren zur Offenlegung von geschützten Daten aufgefordert werden. Um eine ungeschützte Offenlegung zu verhindern, verpflichtet die Protective Order den Vorlageersu-

---

[614] Medtronic Sofamor Danek Inc. v. Michelson, 229 F.R.D. 550, 559 ff. (W.D. Tenn. 2003); Danna, 38 Loy. L.A. L. Rev. 1683, 1721 f. (2005).
[615] Upjohn Co. v. Hygieia Biological Laboratories, 151 F.R.D. 355, Exhibit A (E.D. Cal. 1993); Culinary Foods Inc. v. Raychem Corp, 151 F.R.D. 297, Exhibit A (N.D. Ill. 1993); Hotchkiss/Fleming, 71 Def. Couns. J. 161, Appendix B (2004); Sedona Conference, International Principles, Appendix B, S. 6 Nr. 15, S. 14 f., Exhibit A.
[616] Upjohn Co. v. Hygieia Biological Laboratories, 151 F.R.D. 355, Exhibit A (E.D. Cal.1993).
[617] Public Citizens v. Liggett Group Inc., 858 F.2d 775, 782 (1st Cir. 1998).
[618] Upjohn Co. v. Hygieia Biological Laboratories, 151 F.R.D. 355, 361 (E.D. Cal. 1993); Sedona Conference, International Principles, Appendix B, S. 6, Nr. 14.

7. Kapitel: Datenschutz durch eine Protective Order

chenden dazu, dass er den Vorlagepflichtigen unverzüglich informiert und der Subpoena oder der Gerichtsanordnung unter Verweis auf die Protective Order widerspricht.[619]

7. Bedingungen für das Anfertigen von Kopien und sonstigen Schriftstücken

Die Protective Order verbietet bisweilen das Anfertigen von Kopien der geschützten Daten.[620] Teils wird auch nur die Anzahl der erlaubten Kopien begrenzt.[621] Die Kopien unterstehen ebenfalls der Vertraulichkeit.[622] Dies gilt ebenso für Vermerke oder sonstige Schriftstücke, in welche die Daten aufgenommen werden.[623]

8. Gesicherte Aufbewahrung

Die Protective Order ordnet zudem Maßnahmen für eine sichere Aufbewahrung der geschützten Daten an.[624] Meistens werden die Anwälte des Vorlageersuchenden zu alleinigen Verwahrern der Daten ernannt.[625] Mitunter bestimmt das Gericht auch die Datenaufbewahrung in einem gesicherten Raum.[626] Bei besonderer Schutzbedürftigkeit kann die Datenaufbewahrung einer neutralen Person übertragen werden.[627]

9. Bedingungen für die Verwendung während der Depositions

Außerdem regelt die Protective Order, unter welchen Umständen der Vorlageersuchende geschützte Daten während der Depositions verwenden darf.[628] Kommt es für die Zeugenbefragung nicht auf die Daten an, sind sie unkenntlich zu machen. Bei Relevanz der Daten müssen die Zeugen eine Vertraulichkeitserklärung unterzeichnen. In der Regel dürfen dem jeweiligen Abschnitt der Depositions allein solche Personen beiwohnen, denen nach der Protective Order die Datensichtung gestattet ist.

10. Bedingungen für die Einreichung bei Gericht

Da der Öffentlichkeit ein umfassendes Einsichtsrecht in Gerichtsakten zukommt, bedarf es gesonderter Schutzmaßnahmen für die Einreichung von Dokumenten bei Gericht.[629]

---

[619] Vgl. Sedona Conference, International Principles, Appendix B, S. 10 f., Nr. 30.
[620] Seaga Mfg. Inc. v. Fortune Resources Enters. Inc., 2002 U.S. Dist. LEXIS 20390 (N.D. Ill. 2002); Citicorp v. Interbank Card Ass'n, 87 F.R.D. 43, 48 f. (S.D.N.Y. 1980).
[621] Asch/Grossbardt Inc. v. Asher Jewelry Co., 2003 U.S. Dist. LEXIS 2837 (S.D.N.Y. 2003).
[622] Vgl. Sedona Conference, International Principles, Appendix B, S. 4 f., Nr. 8.
[623] Vgl. Sedona Conference, International Principles, Appendix B, S. 5, Nr. 9.
[624] Vgl. Sedona Conference, International Principles, Appendix B, S. 6 f., Nr. 17.
[625] Playboy Enters. v. Welles, 60 F.Supp. 2d 1050, 1055 (S.D. Cal. 1999).
[626] Gates Rubber Co. v. Bando Chem. Indus., 167 F.R.D. 90, 100 (D. Colo. 1996).
[627] Citicorp v. Interbank Card Ass'n, 87 F.R.D. 43, 48 f. (S.D.N.Y. 1980).
[628] Vgl. Sedona Conference, International Principles, Appendix B, S. 6, Nr. 16.
[629] Vgl. Sedona Conference, International Principles, Appendix B, S. 7, Nr. 18.

Unabhängig vom Bestehen einer Protective Order bestimmt FRCP 5.2(a), dass vor der Einreichung einzelne Ziffern bzw. Buchstaben von Sozialversicherungsnummern, Steuernummern, Geburtsdaten, Namen von Minderjährigen und Kontodaten unkenntlich zu machen sind. Nach FRCP 5.2(e)(1) darf das Gericht bei Vorliegen eines wichtigen Grundes das Unkenntlichmachen weiterer Daten anordnen. Alternativ kann das Gericht nach FRCP 5.2(d) Satz 1 auch die versiegelte Einreichung (Filing under Seal) bestimmen.[630] Dazu muss der Vorlageersuchende die Dokumente in Umschläge oder Behältnisse legen und diese mit einem Siegel versehen. Versiegelte Dokumente sind im Allgemeinen nicht öffentlich zugänglich.

11. Bedingungen für die Verwendung in der Hauptverhandlung

Die Hauptverhandlung ist öffentlich, sodass neben dem Gericht und den Parteien auch andere Personen Kenntnis von verwendeten Daten erhalten können. Sind die Daten für die Hauptverhandlung nicht relevant, sollte in der Protective Order deren Unkenntlichmachung angeordnet werden. Bei Relevanz der Daten kann bestimmt werden, dass die betreffenden Verhandlungsabschnitte *in camera* durchgeführt werden.[631] Dabei ist lediglich dem Gericht, den Parteien und ihren Anwälten die Anwesenheit gestattet. Das Protokoll zu den Verhandlungsabschnitten, in denen geschützte Daten erörtert werden, wird regelmäßig versiegelt.[632]

12. Rückgabe oder Löschung

Für die Zeit nach Abschluss des Rechtsstreits wird der Vorlageersuchende in der Protective Order üblicherweise zur Löschung bzw. Vernichtung oder Rückgabe der geschützten Daten an den Vorlagepflichtigen verpflichtet.[633]

C. Änderung der Protective Order

Die Protective Order gewährt nicht immer beständigen Schutz. Das Gericht kann die Protective Order auf Antrag oder von sich aus nachträglich ändern.[634] Die Gefahr einer Änderung beeinträchtigt die Schutzwirkung der Protective Order und ist bei der Frage nach

---

[630] Vgl. Star Scientific Inc. v. Carter, 204 F.R.D. 410, 418 (S.D. Ind. 2001); Nault's Auto. Sales Inc. v. American Honda Motor Co., 148 F.R.D. 25, 43 (D.N.H. 1993); Sedona Conference, Best Practices Addressing Protective Orders, Confidentiality & Public Access in Civil Cases, S. 18.
[631] Weingarten v. Weingarten, 234 N.J. Super. 318, 325 ff. (App. Div. 1989); Kersting, Wirtschaftsgeheimnis, S. 201 f.; Stadler, Unternehmensgeheimnis, S. 170 f.
[632] Kersting, Wirtschaftsgeheimnis, S. 202.
[633] Star Sci. Inc. v. Carter, 204 F.R.D. 410, 418 (S.D. Ind. 2001); Upjohn Co. v. Hygieia Biological Laboratories, 151 F.R.D. 355, 362 (E.D. Cal. 1993).
[634] Poliquin v. Garden Way Inc., 989 F.2d 527, 535 (1st Cir. 1993); United Nuclear Corp. v. Cranford Ins. Co., 905 F.2d 1424, 1427 (10th Cir. 1990); Public Citizen v. Liggett Group Inc., 858 F.2d 775, 781 f. (1st Cir. 1988); Higginbotham, 6-26 Moore's Federal Practice - Civil § 26.106; Krapfl, Dokumentenvorlage, S. 109 f.

7. Kapitel: Datenschutz durch eine Protective Order 97

der Zulässigkeit der Datenübermittlung zu berücksichtigen.[635] Einen Änderungsantrag können sowohl Parteien (I.) als auch Dritte (II.) stellen. Die Entscheidung über die Änderung der Protective Order liegt im Ermessen des Gerichts und wird in der Rechtsmittelinstanz allein auf Ermessensfehler geprüft.[636]

I. Antrag einer Prozesspartei

Beantragt eine Prozesspartei die Änderung, hängt die Darlegungslast davon ab, ob die geschützte Partei bei Erlass der Protective Order einen wichtigen Grund dargelegt hat.[637] Fehlt es daran, muss die geschützte Partei nunmehr einen wichtigen Grund für den Fortbestand der Protective Order aufzeigen.[638] Hat die geschützte Partei hingegen bei Erlass einen wichtigen Grund vorgebracht, muss der Antragsteller nachweisen, dass sich die Umstände geändert haben und der Bestand der Protective Order nicht gerechtfertigt ist.[639]

Bei der Entscheidung über den Änderungantrag berücksichtigen die Gerichte insbesondere die Art der Protective Order. Ist die Protective Order eng formuliert und bezieht sie sich auf bestimmte Daten, spricht dies gegen eine Änderung.[640] Am ehesten ändern die Gerichte eine Umbrella Protective Order, bei der die Schutzwürdigkeit der Daten nicht vorab geprüft wurde.[641] Weiter stellen die Gerichte darauf ab, ob die Protective Order von den Parteien vereinbart oder vom Gericht vorgegeben wurde. Bei einer vereinbarten Protective Order gehen die Gerichte davon aus, dass die Parteien implizit das Vorliegen eines wichtigen Grundes anerkannt haben.[642] Der Antragsteller müsse aufzeigen, dass die Änderung wegen außergewöhnlicher Umstände erforderlich ist. Bei einer vom Gericht vorgegebenen Protective Order hat der Antragsteller eine Nachlässigkeit beim Erlass zu belegen.[643] Zudem beachten

---

[635] Siehe unten: 9. Kapitel, D. II. 4. e) cc).
[636] Phillips v. GMC, 307 F.3d 1206, 1210 f. (9th Cir. 2002); Poliquin v. Garden Way Inc., 989 F.2d 527, 535 (1st Cir. 1993); United Nuclear Corp. v. Cranford Ins. Co., 905 F.2d 1424, 1427 (10th Cir. 1990); In re Agent Orange Product Liability Litigation, 821 F.2d 139, 147 (2nd Cir. 1987); Bayer AG v. Barr Lab., 162 F.R.D. 456, 459 ff. (S.D.N.Y. 1995).
[637] Zum Erfordernis eines wichtigen Grundes siehe oben: 7. Kapitel, B. II.
[638] H.L. Hayden Co. Inc. v. Siemens Medical Systems Inc., 106 F.R.D. 551, 554 f. (S.D.N.Y. 1985); Higginbotham, 6-26 Moore's Federal Practice - Civil § 26.106[3][a].
[639] Bayer AG v. Barr Lab., 162 F.R.D. 456, 463 f. (S.D.N.Y. 1995); Higginbotham, 6-26 Moore's Federal Practice - Civil § 26.106[3][a].
[640] Bayer AG v. Barr Lab., 162 F.R.D. 456, 465 f. (S.D.N.Y. 1995); Pellegrino v. United States, 1992 U.S. Dist. LEXIS 5129 (S.D.N.Y. 1992).
[641] In re Agent Orange Product Liability Litigation, 821 F.2d 139, 147 f. (2nd Cir. 1987); Bayer AG v. Barr Lab., 162 F.R.D. 456, 465 f. (S.D.N.Y. 1995); H.L. Hayden Co. Inc. v. Siemens Medical Systems Inc., 106 F.R.D. 551, 554 (S.D.N.Y. 1985).
[642] Geller v. Branic Int'l Realty Corp., 212 F.3d 734, 738 (2d Cir. 2000); Factory Mut. Ins. Co. v. Insteel Indus., 212 F.R.D. 301, 304 (M.D.N.C. 2002); Bayer AG v. Barr Lab., 162 F.R.D. 456, 465 f. (S.D.N.Y. 1995); Higginbotham, 6-26 Moore's Federal Practice - Civil § 26.106[1].
[643] Geller v. Branic Int'l Realty Corp., 212 F.3d 734, 738 (2d Cir. 2000); Martindell v. International Tel. & Tel. Corp., 594 F.2d 291, 296 (2d Cir. 1979).

die Gerichte, ob die geschützte Partei auf den Bestand der Protective Order vertrauen durfte.[644] Hat die geschützte Partei im Vertrauen auf die Protective Order umfänglich Daten an die Gegenseite übermittelt, die sie sonst zurückgehalten hätte, spricht dies für ein überwiegendes Schutzinteresse.[645] Darüber hinaus prüfen die Gerichte, ob für den Antragsteller die Notwendigkeit einer Änderung bei Erlass der Protective Order vorhersehbar war.[646] Gegen eine Änderung spricht zum Beispiel, wenn bei Erlass bekannt war, dass auch Syndikusanwälte Zugang zu geschützten Daten benötigen und eine diesbezügliche Regelung versäumt wurde.[647] Schließlich erwägen die Gerichte, ob für den Antragsteller eine Alternative zur Änderung der Protective Order besteht.[648] Davon ist auszugehen, wenn andere Informationsquellen zur Verfügung stehen.

II. Antrag eines Dritten

Dritte können nur dann die Änderung der Protective Order beantragen, wenn sie zugleich nach FRCP 24 intervenieren.[649] Streitig ist, ob der Interventionsantrag dem Erfordernis der Rechtzeitigkeit nach FRCP 24(b) unterliegt. Einige Gerichte lehnen dies ab.[650] Zweck des Erfordernisses der Rechtzeitigkeit sei es, Nachteile bei der Beurteilung der Streitsache zu vermeiden. Ein Interventionsantrag, der lediglich die Protective Order betreffe, könne noch nach Abschluss des Rechtsstreits gestellt werden. Andere Gerichte gehen indes davon aus, dass das Erfordernis der Rechtzeitigkeit auch für einen Interventionsantrag gelte, der ausschließlich die Protective Order berühre.[651] Die Beurteilung der Rechtzeitigkeit liege im Ermessen des Gerichts.[652] Zu prüfen seien der Verfahrensstand bei Antragstellung, die Nachteile der Intervention für die Parteien sowie der Grund und die Dauer einer Verzögerung.[653]

---

[644] Peoples v. Aldine Indep. Sch. Dist., 2008 U.S. Dist. LEXIS 47946 (S.D. Tex. 2008); Bayer AG v. Barr Lab. Inc., 162 F.R.D. 456, 467 (S.D.N.Y. 1995).
[645] Bayer AG v. Barr Lab. Inc., 162 F.R.D. 456, 467 (S.D.N.Y. 1995).
[646] Peoples v. Aldine Indep. Sch. Dist., 2008 U.S. Dist. LEXIS 47946 (S.D. Tex. 2008); Bayer AG v. Barr Lab., 162 F.R.D. 456, 466 f. (S.D.N.Y. 1995); Jochims v. Isuzu Motors, 145 F.R.D. 499, 502 (S.D. Iowa 1992).
[647] Bayer AG v. Barr Lab. Inc., 162 F.R.D. 456, 466 f. (S.D.N.Y. 1995).
[648] Viskase Corp. v. W.R. Grace & Co., 1992 U.S. Dist. LEXIS 619 (N.D. Ill. 1992).
[649] Jessup v. Luther, 227 F.3d 993, 2000 U.S. App. LEXIS 22360 (7th Cir. 2000); Grove Fresh Distribs. Inc. v. Everfresh Juice Co., 24 F.3d 893, 896 (7th Cir. 1994); United Nuclear Corp. v. Cranford Ins. Co., 905 F.2d 1424, 1427 (10th Cir. 1990); Schimizzi v. Ill. Farmers Ins., 2007 U.S. Dist. LEXIS 65454 (N.D. Ind. 2007).
[650] Pansy v. Borough of Stroudsburg, 23 F.3d 772, 780 (3d Cir. 1994); United Nuclear Corp. v. Cranford Ins. Co., 905 F.2d 1424, 1427 (10th Cir. 1990).
[651] Tweedle v. State Farm Fire & Cas. Co., 527 F.3d 664, 671 (8th Cir. 2008); San Jose Mercury News Inc. v. U.S. District Court, 187 F.3d 1096, 1100 (9th Cir. 1999); Empire Blue Cross & Blue Shield v. Janet Greeson's A Place For Us Inc., 62 F.3d 1217, 1219 ff. (9th Cir. 1995).
[652] Tweedle v. State Farm Fire & Cas. Co., 527 F.3d 664, 671 (8th Cir. 2008); San Jose Mercury News Inc. v. U.S. District Court, 187 F.3d 1096, 1100 (9th Cir. 1999); In re New Motor Vehicles Canadian Exp. Antitrust Litig., 2009 U.S. Dist. LEXIS 130579 (D. Me. 2009).
[653] Tweedle v. State Farm Fire & Cas. Co., 527 F.3d 664, 671 (8th Cir. 2008); San Jose Mercury News Inc. v. U.S. District Court, 187 F.3d 1096, 1100 f. (9th Cir. 1999).

7. Kapitel: Datenschutz durch eine Protective Order

1. Medienvertreter und Verbraucherorganisationen

Bei Prozessen von öffentlichem Interesse beantragen häufig Medienvertreter und Verbraucherorganisationen eine Änderung der Protective Order. Dabei wägen die Gerichte das Informationsinteresse der Öffentlichkeit gegen das Vertraulichkeitsinteresse der geschützten Partei ab.[654] Enthalten die Dokumente Informationen über Gefahren für die Allgemeinheit, werden die Änderungsanträge meist großzügig beschieden.[655] Dies gilt vor allen Dingen, wenn eine Protective Order gegen einen Sunshine in Litigation Act verstößt.[656] Außerdem beachten die Gerichte den Verfahrensstand.[657] Zu Beginn des Rechtsstreits sei das Vertraulichkeitsinteresse im Allgemeinen gegenüber dem öffentlichen Informationsinteresse vorrangig. In einem fortgeschrittenen Stadium sei der Öffentlichkeit eher ein Zugangsrecht einzuräumen. Weiter stellen die Gerichte darauf ab, ob die geschützten Dokumente gemeinhin bei Gericht eingereicht werden.[658] Ist dies der Fall, nehmen sie tendenziell ein überwiegendes Informationsinteresse an, da die Gerichtsakten grundsätzlich öffentlich sind. Werden die Dokumente nicht oder bloß versiegelt bei Gericht eingereicht, spricht dies für ein vorrangiges Vertraulichkeitsinteresse.[659]

2. Anwälte eines Parallelverfahrens

Oft stellen andere Anwälte einen Antrag auf Änderung der Protective Order, um geschützte Dokumente für Parallelverfahren nutzen zu können. Überwiegend geben die Gerichte dem Antrag statt und ordnen die Offenlegung der Dokumente an.[660] Es sei ineffizient, wenn die Dokumente in einem anderen Verfahren erneut vorgelegt werden müssen. Einige Gerichte verlangen den Nachweis, dass die Dokumente tatsächlich für das Parallelverfahren relevant sind und eine doppelte Discovery in großem Umfang vermieden wird.[661] Gelingt den Anwälten die Darlegung, dürfe ein Änderungsantrag nur abgelehnt werden, wenn bei

---

[654] In re NASDAQ Market-Makers Antitrust Litig., 164 F.R.D. 346, 354 ff. (S.D.N.Y. 1996); Higginbotham, 6-26 Moore's Federal Practice - Civil § 26.106[3][b] m. w. N.

[655] San Jose Mercury News Inc. v. U.S. District Court, 187 F.3d 1096, 1101 ff. (9th Cir. 1999); Pansy v. Borough of Stroudsburg, 23 F.3d 772, 777 ff. (3d Cir. 1994); Public Citizen v. Liggett Group Inc., 858 F.2d 775, 787 ff. (1st Cir. 1988); In re Agent Orange Product Liability Litig., 104 F.R.D. 559, 566 ff. (E.D.N.Y. 1985).

[656] Vgl. Fla. Stat. § 69.081(6).

[657] In re NASDAQ Market-Makers Antitrust Litig., 164 F.R.D. 346, 354 f. (S.D.N.Y. 1996).

[658] United States v. Corbitt, 879 F.2d 224, 228 (7th Cir. 1989).

[659] Phillips ex rel. Estates of Byrd v. GMC, 307 F.3d 1206, 1213 (9th Cir. 2002); United States v. Corbitt, 879 F.2d 224, 228 f. (7th Cir. 1989).

[660] Jepson Inc. v. Makita Elec. Works, Ltd., 30 F.3d 854, 860 f. (7th Cir. 1994); United Nuclear Corp. v. Cranford Ins. Co., 905 F.2d 1424, 1428 (10th Cir. 1990); In re New Motor Vehicles Canadian Exp. Antitrust Litig., 2009 U.S. Dist. LEXIS 130579 (D. Me. 2009).

[661] Foltz v. State Farm Mutual Automobile Ins. Co., 331 F.3d 1122, 1131 f. (9th Cir. 2003); Grove Fresh Distrib Inc. v. Everfresh Juice Co., 24 F.3d 893, 896 ff. (7th Cir. 1994); United Nuclear Corp. v. Cranford Ins. Co., 905 F.2d 1424, 1427 f. (10th Cir. 1990); Halo Elecs. Inc. v. XFMRS Inc., 2012 U.S. Dist. LEXIS 83687 (N.D. Cal. 2012).

Offenlegung der Dokumente eine erhebliche Beeinträchtigung der geschützten Partei droht. In der Regel könne ihrem Vertraulichkeitsinteresse Rechnung getragen werden, indem das Gericht des Parallelverfahrens ebenfalls eine Protective Order erlässt.[662]

3. Staatliche Ermittlungsorgane

Gelegentlich beantragen staatliche Ermittlungsorgane eine Änderung der Protective Order, um mittels einer Grand Jury Subpoena Beweismittel für ein paralleles Strafverfahren zu erlangen.[663] Zwischen den Gerichten der Circuits ist umstritten, unter welchen Voraussetzungen eine Grand Jury Subpoena der Protective Order vorgeht. Der Fourth, Ninth und Eleventh Circuit sind der Auffassung, dass eine Grand Jury Subpoene *per se* Vorrang vor einer Protective Order habe.[664] Das gesellschaftliche Interesse an der Strafverfolgung gehe dem Vertraulichkeitsinteresse der geschützten Partei vor. Der Second Circuit vertritt hingegen, dass die Partei auch gegenüber staatlichen Ermittlungsorganen auf den Schutz der Protective Order vertrauen dürfe.[665] Eine Ausdehnung der Befugnisse der Ermittlungsorgane auf die Früchte eines privaten Rechtsstreits sei nicht erforderlich. Etwas anderes gelte nur bei außergewöhnlichen Umständen oder einer zwingenden Notwendigkeit.

Zwischen diesen beiden Extrempositionen liegt die Rechtsprechung der Gerichte des First und des Third Circuit.[666] Sie nehmen eine Interessenabwägung vor, bei der sie folgende Faktoren berücksichtigen: (1) das Informationsbedürfnis des Ermittlungsorgans, einschließlich der Verfügbarkeit anderer Quellen; (2) die Schwere der Straftat; (3) die Beeinträchtigung für die Gesellschaft, falls die Tat unbestraft bliebe; (4) das Interesse an der Aufrechterhaltung der Vertraulichkeit im Zivilverfahren; (5) die Bedeutung der Protective Order für einen zeitigen Abschluss des Zivilverfahrens; (6) die bei Offenlegung der Informationen drohenden Nachteile für die geschützte Partei; (7) die Schwere der vom Kläger im Zivilverfahren geltend gemachten Beeinträchtigung; (8) den Schaden für die Gesellschaft und die Parteien, wenn die Änderung der Protective Order die Rechtsverfolgung in dem Zivilverfahren erschweren sollte.

---

[662] Foltz v. State Farm Mutual Automobile Ins. Co., 331 F.3d 1122, 1133 (9th Cir. 2003).
[663] Higginbotham, 6-26 Moore's Federal Practice - Civil § 26.106[3][d] m. w. N.
[664] United States v. Under Seal, 646 F.3d 159, 168 f. (4th Cir. 2011); In re Grand Jury Subpoenas (White & Case LLP), 627 F.3d 1143, 1144 ff. (9th Cir. 2010); In re Grand Jury Subpoena, 836 F.2d 1468, 1477 (4th Cir. 1998); In re Grand Jury Subpoena Served on Meserve and Hughes, 995 F.2d 1222, 1223 ff. (9th Cir. 1995); In re Grand Jury Proceedings (Williams), 995 F.2d 1013, 1015 ff. (11th Cir. 1993).
[665] In re Grand Jury Subpoena Duces Tecum, 945 F.2d 1221, 1223 ff. (2d Cir. 1991); Minpeco S.A. v. Conti-Commodity Serv. Inc., 832 F.2d 739, 742 f. (2d Cir. 1987); Martindell v. Int'l Tel. & Tel. Corp., 594 F.2d 291, 293 f. und 296 (2d Cir. 1979); Omaha Indem. Co. v. Royal Am. Managers Inc., 140 F.R.D. 398, 399 f. (W.D. Mo. 1991).
[666] In re Grand Jury, 286 F.3d 153, 158 ff. (3d Cir. 2002); In re Grand Jury Subpoena (Roach), 138 F.3d 442, 444 ff. (1st Cir. 1998).

7. Kapitel: Datenschutz durch eine Protective Order 101

D. Durchsetzung der Protective Order

Die Durchsetzung der Protective Order ist vorrangig Sache der geschützten Partei. Das Gericht ist an der Dokumentenvorlage nicht beteiligt und kontrolliert nicht, ob die Protective Order befolgt wird.

I. Maßnahmen des einstweiligen Rechtsschutzes

Erhält die geschützte Partei Kenntnis von einem Verstoß gegen die Protective Order, kann sie bei dem Prozessgericht einen Antrag auf eine einstweilige Verfügung (Preliminary Injunction) nach FRCP 65(a) stellen.[667] Bei besonderer Eilbedürftigkeit kann sie zugleich eine Temporary Restraining Order nach FRCP 65(b) beantragen, die ohne Anhörung des Antragsgegners ergeht.[668] Hierzu muss die geschützte Partei mittels eines Affidavits darlegen, dass eine sofortige und nicht rückgängig zu machende Verletzung ihrer Rechte droht.[669] Das Gericht kann dem Antragsgegner in einer Temporary Restraining Order mit Wirkung von bis zu zehn Tagen ein konkretes Verhalten untersagen oder aufgeben.[670] Binnen dieser Zeit bestimmt das Gericht einen Anhörungstermin, in dem es über die Preliminary Injunction entscheidet.[671] Dabei berücksichtigt das Gericht die Erfolgsaussichten der Hauptsache, den drohenden Schaden für die geschützte Partei bei Ablehnung der Preliminary Injunction, den drohenden Schaden für den Antragsgegner bei Erlass der Preliminary Injunction und etwaige öffentliche Interessen.[672] In der Preliminary Injunction ordnet das Gericht geeignete Maßnahmen zur Durchsetzung der Protective Order an (z. B. die Herausgabe der geschützten Dokumente an einen neutralen Verwahrer).[673] Nach Erlass der Preliminary Injunction hält das Gericht zeitnah einen Termin in der Hauptsache ab. Das Gericht prüft sodann, ob in einer Permanent Injunction dauerhafte Maßnahmen anzuordnen sind.[674]

II. Sanktionen

Darüber hinaus kann die geschützte Partei bei einem Verstoß gegen die Protective Order Sanktionen bei Gericht beantragen. Hinsichtlich der Auswahl der Sanktionsmittel haben die

---

[667] Hotchkiss/Fleming, 71 Def. Couns. J. 161, 166 (2004).
[668] Hotchkiss/Fleming, 71 Def. Couns. J. 161, 166 (2004).
[669] FRCP 65(b)(1)(A).
[670] FRCP 65(b)(2) Satz 2 und (d)(1)(C).
[671] FRCP 65(b)(3) Satz 1.
[672] Zyprexa Litig., 474 F.Supp. 2d 385, 418 (E.D.N.Y. 2007); Hotchkiss/Fleming, 71 Def. Couns. J. 161, 166 (2004).
[673] Zyprexa Litig., 474 F.Supp. 2d 385, 428 (E.D.N.Y. 2007); Hotchkiss/Fleming, 71 Def. Couns. J. 161, 166 (2004).
[674] Zyprexa Litig., 474 F.Supp. 2d 385, 408 (E.D.N.Y. 2007); McLaughlin/Scirica, 13-65 Moore's Federal Practice - Civil § 65.05[3].

Gerichte weites Ermessen.[675] Regelmäßig ordnen die Gerichte an, dass der Antragsgegner die Kosten und Auslagen der geschützten Partei zu tragen hat.[676] In Extremfällen sanktionierten die Gerichte Verstöße gegen eine Protective Order mit Klagestattgabe oder Klageabweisung.[677] Dies setzt voraus, dass der Antragsgegner vorsätzlich handelte und weniger strenge Sanktionen nicht zur Verfügung stehen. Der Sixth Circuit befand, dass eine Klage nicht abgewiesen werden dürfe, wenn ausschließlich der Anwalt und nicht der Kläger vorsätzlich gegen die Protective Order verstoßen habe.[678] Im Übrigen bedeutet der Verstoß eine Missachtung des Gerichts (Contempt of Court), die mit den zivilprozessualen Beugemitteln des Zwangsgeldes und der Zwangshaft sanktioniert werden kann.[679]

E. Ergebnis

Der Erlass einer Protective Order hängt maßgeblich von der Initiative der Parteien ab. Sie vereinbaren einen Entwurf und legen diesen dem Gericht vor. Erst bei Streitigkeiten unter den Parteien entscheidet das Gericht. Am ehesten schützen die Gerichte Gesundheitsdaten und Angaben über intime Beziehungen. Nicht sensiblen Daten gewähren die Gerichte selten Schutz. Hinsichtlich der möglichen Schutzmaßnahmen besteht ein weiter Gestaltungsspielraum. Im Interesse einer umfassenden Wahrheitsfindung formulieren die Gerichte die Schutzmaßnahmen aber tendenziell eng. Die Bedeutung der Protective Order wird erheblich durch die Gefahr ihrer nachträglichen Änderung gemindert. Einen Änderungsantrag können nicht nur Parteien, sondern auch Medienvertreter, Verbraucherorganisationen, Anwälte eines Parallelverfahrens oder staatliche Ermittlungsorgane stellen. Vor allem bei Informationen von öffentlichem Interesse kommt es häufig zu Änderungen. Das Gericht überwacht die Einhaltung der Protective Order nicht. Verstöße gegen eine Protective Order werden deshalb selten geahndet.

---

[675] Poliquin v. Garden Way Inc., 154 F.R.D. 29, 31 (D. Me. 1994); Higginbotham, 6-26 Moore's Federal Practice - Civil § 26.108[2]; Hotchkiss/Fleming, 71 Def. Couns. J. 161, 166 f. (2004).
[676] Quinter v. Volkswagen, 676 F.2d 969, 975 (3d Cir. 1982); Grace v. Center For Auto Safety, 155 F.R.D. 591, 603 (E.D. Mich. 1994).
[677] Marrocco v. GMC, 966 F.2d 220, 222 ff. (7th Cir. 1992); Higginbotham, 6-26 Moore's Federal Practice - Civil § 26.108[2].
[678] Coleman v. American Red Cross, 23 F.3d 1091, 1095 (6th Cir. 1994).
[679] Grace v. Center For Auto Safety, 155 F.R.D. 591, 603 (E.D. Mich. 1994); Higginbotham, 6-26 Moore's Federal Practice - Civil § 26.108[2].

8. Kapitel: Zulässigkeit der Datenübermittlung in die USA aufgrund Einwilligung nach § 4 Abs. 1 BDSG

Bevor die verantwortliche Stelle personenbezogene Daten für die Discovery in die USA übermittelt, muss sie die datenschutzrechtliche Zulässigkeit eigenständig prüfen.[680] Als Rechtsgrundlage für die Datenübermittlung kommt nach § 4 Abs. 1 BDSG die Einwilligung des Betroffenen in Betracht.[681] Mit der Einwilligung verfügt der Betroffene über seine Daten und übt sein Persönlichkeitsrecht aus.[682] In der Praxis bietet sich die Einwilligung für solche Zivilprozesse an, in denen wenige personenbezogene Daten vorzulegen sind und der Kreis der Betroffenen überschaubar ist. Die Einwilligung eignet sich ferner als Rechtsgrundlage, wenn der Betroffene Kenntnis von dem Rechtsstreit hat oder daran beteiligt ist.[683] Nachfolgend wird aufgezeigt, welche Voraussetzungen die Einwilligung erfüllen muss, um die Datenübermittlung in die USA zu legitimieren.

A. Rechtsnatur und Form der Einwilligung

Anders als die Einwilligung des § 183 BGB ist die Einwilligung des BDSG nicht auf die Zustimmung zu einem Rechtsgeschäft, sondern zu einem tatsächlichen Handeln gerichtet.[684] Sie ist folglich eine geschäftsähnliche Handlung, auf welche die §§ 104 bis 185 BGB entsprechend anwendbar sind.[685] Erforderlich ist allein die Einsichtsfähigkeit und nicht die Geschäftsfähigkeit des Betroffenen.[686] Er muss die Einwilligung vor der Übermittlung in die USA persönlich erklären.[687] Die Erklärung durch einen Stellvertreter scheidet aus.[688]

Nach § 4a Abs. 1 Satz 3 Halbsatz 1 BDSG bedarf die Einwilligung grundsätzlich der Schriftform. Der Betroffene muss die Einwilligung mithin gemäß § 126 Abs. 1 BGB eigenhändig unterschreiben. Die Schriftform kann durch die elektronische Form des § 126a BGB

---

[680] Siehe: § 4b Abs. 5 BDSG.
[681] Die Zulässigkeit folgt unmittelbar aus § 4 Abs. 1 BDSG. Die zusätzliche Erwähnung der Einwilligung in § 4c Abs. 1 Satz 1 Nr. 1 BDSG dient allein der Klarstellung, vgl. Entwurf eines Gesetzes zur Änderung des Bundesdatenschutzgesetzes, BT-Drs. 14/4329 vom 13. Oktober 2000, S. 34.
[682] Vgl. Geiger, NVwZ 1989, 35, 37 f.
[683] So auch Artikel-29-Datenschutzgruppe, Arbeitsunterlage 1/2009 über Offenlegungspflichten im Rahmen der vorprozessualen Beweiserhebung bei grenzübergreifenden zivilrechtlichen Verfahren (pre-trial discovery), WP 158, S. 10.
[684] Riesenhuber, RdA 2011, 257, 258.
[685] Holznagel/Sonntag in Roßnagel, Handbuch Datenschutzrecht, Kap. 4.8 Rn. 21, S. 686 f.; Riesenhuber, RdA 2011, 257, 258.
[686] Gola/Schomerus, BDSG, § 4a Rn. 25; Buchner, Informationelle Selbstbestimmung, S. 250.
[687] Däubler in Däubler/Klebe/Wedde/Weichert, BDSG, § 4a Rn. 6; Simitis in Simitis, BDSG, § 4a Rn. 30.
[688] Däubler in Däubler/Klebe/Wedde/Weichert, BDSG, § 4a Rn. 6; Simitis in Simitis, BDSG, § 4a Rn. 31; Spindler/Nink in Spindler/Schuster, Recht der elektronischen Medien, § 4a BDSG, Rn. 5; a. A. Gola/Schomerus, BDSG, § 4a Rn. 25; Taeger in Taeger/Gabel, BDSG, § 4a Rn. 18; Holznagel/ Sonntag in Roßnagel, Handbuch Datenschutzrecht, Kap. 4.8 Rn. 27, S. 689.

ersetzt werden.[689] Unzureichend ist hingegen die Textform nach § 126b BGB, insbesondere eine Erklärung per E-Mail. Während der Discovery liegt die Schriftform aufgrund ihrer Beweisfunktion regelmäßig sowohl im Interesse des Betroffenen als auch der verantwortlichen Stelle. Ausnahmen von der Schriftform gestattet § 4a Abs. 1 Satz 3 Halbsatz 2 BDSG, wenn wegen besonderer Umstände eine andere Form angemessen ist. Besondere Umstände können bei hoher Eilbedürftigkeit vorliegen.[690] In der Discovery wird zumeist keine Eilbedürftigkeit bestehen. Nach Erhalt des Vorlageersuchens hat der Vorlagepflichtige 30 Tage Zeit für die Beantwortung.[691] Erst danach sind die Dokumente an die Gegenseite zu übermitteln. Wird die Einwilligung zusammen mit anderen Erklärungen abgegeben, ist sie nach § 4a Abs. 1 Satz 4 BDSG besonders hervorzuheben. Dadurch soll verhindert werden, dass die Einwilligung in Formularerklärungen versteckt wird.

B. Informationspflicht der verantwortlichen Stelle

Zentrale Voraussetzung für eine wirksame Einwilligung ist die vorherige Information des Betroffenen. Nach § 4a Abs. 1 Satz 2 BDSG muss die verantwortliche Stelle den Betroffenen auf den Zweck der Datenübermittlung und, soweit es nach den Umständen erforderlich ist oder verlangt wird, auf die Folgen der Verweigerung der Einwilligung hinweisen. Diese Angaben sind keine abschließende Aufzählung.[692] Der genaue Umfang der Informationspflicht richtet sich nach dem Empfängerhorizont des Betroffenen.[693] Er soll in Kenntnis aller entscheidungserheblichen Umstände handeln und sich der Bedeutung und Tragweite seiner Entscheidung bewusst sein.[694] Unterbleibt die Information, ist die Einwilligung unwirksam und die Datenübermittlung rechtswidrig.[695]

In der Discovery muss die verantwortliche Stelle den Betroffenen darüber informieren, welche seiner Daten in die USA übermittelt werden sollen. Bei gleichartigen Daten wird gemeinhin die Angabe der Datenkategorie bzw. des Datensatzes genügen. Die Bezeichnung muss umso genauer sein, je mehr das Persönlichkeitsrecht gefährdet ist. Eine hohe Genauigkeit ist daher bei der Übermittlung sensibler Daten im Sinne von § 3 Abs. 9 BDSG erforderlich. Außerdem hat die verantwortliche Stelle den Betroffenen über den Zweck der Datenübermittlung aufzuklären, welcher in der Erfüllung von Vorlagepflichten in der Discovery liegt. Der Rechtsstreit und seine Beteiligten sind konkret zu bezeichnen. Da dem

---

[689] Däubler in Däubler/Klebe/Wedde/Weichert, BDSG, § 4a Rn. 11 f.; Simitis in Simitis, BDSG, § 4a Rn. 36.
[690] Holznagel/Sonntag in Roßnagel, Handbuch Datenschutzrecht, Kap. 4.8 Rn. 29, S. 690.
[691] FRCP 34(b)(2)(A) Satz 1. Siehe: 4. Kapitel, B. III.
[692] Holznagel/Sonntag in Roßnagel, Handbuch Datenschutzrecht, Kap. 4.8 Rn. 44, S. 695.
[693] Holznagel/Sonntag in Roßnagel, Handbuch Datenschutzrecht, Kap. 4.8 Rn. 46, S. 696.
[694] Vgl. BGH, NJW 1992, 2348, 2350.
[695] Buchner, Informationelle Selbstbestimmung, S. 242; Däubler in Däubler/Klebe/Wedde/Weichert, § 4a Rn. 10.

8. Kapitel: Zulässigkeit der Datenübermittlung in die USA aufgrund Einwilligung nach § 4 Abs. 1 BDSG 105

Betroffenen das Verfahren der Discovery in der Regel nicht bekannt ist, muss die verantwortliche Stelle den Ablauf in Grundzügen erläutern. In diesem Zusammenhang sind die Datenverarbeitungsphasen im amerikanischen Zivilprozess und die möglichen Gefahren für das Persönlichkeitsrecht aufzuzeigen.[696] Vor allem auf das Risiko einer Weiterübermittlung an Verbraucherorganisationen, Medienvertreter und andere Anwälte ist hinzuweisen. Ferner sind die USA als Zielland anzugeben. Der Betroffene ist darüber zu belehren, dass in der Discovery nach europäischen Maßstäben kein angemessenes Schutzniveau besteht.[697] Darüber hinaus muss die verantwortliche Stelle die Datenempfänger benennen.[698] Dies sind zunächst die Anwälte der verantwortlichen Stelle oder ein verbundenes Konzernunternehmen. Da für die Mehrzahl der personenbezogenen Daten feststeht, dass sie an die Anwälte des Vorlageersuchenden weitergeleitet werden, sind auch diese zu bezeichnen. Ebenso ist das Gericht als möglicher Empfänger aufzuführen.

C. Bestimmtheit der Einwilligung

Das Gegenstück zur Informationspflicht bildet das Bestimmtheitserfordernis der Einwilligung.[699] Die Einwilligung muss sich auf die wesentlichen Kriterien der geplanten Datenverarbeitung beziehen.[700] Pauschale Erklärungen sind unwirksam. Dies gilt zum Beispiel für Blankoeinwilligungen in Arbeitsverträgen und Kollektivvereinbarungen.[701] Soweit die verantwortliche Stelle bereits über Einwilligungserklärungen von Mitarbeitern oder Kunden verfügt, wirken diese nur für ausdrücklich benannte Zwecke. Die Discovery des jeweiligen Rechtsstreits wird mangels Vorhersehbarkeit nicht in vorhandenen Erklärungen aufgeführt sein.

Der Betroffene muss in der Einwilligung festlegen, welche seiner Daten in die USA übermittelt werden dürfen. Die Bezeichnung eines Datensatzes kann ausreichen, wenn für den Betroffenen, die verantwortliche Stelle und die Empfänger die umfassten Daten bekannt sind.[702] Sollen sensible Daten übermittelt werden, muss sich die Einwilligung nach § 4a Abs. 3 BDSG ausdrücklich auf diese beziehen. Wesentlicher Bestandteil der Einwilligung ist der Zweck der geplanten Datenverarbeitung.[703] Der Betroffene muss erklären, dass seine

---

[696] Siehe dazu im Einzelnen: 6. Kapitel.
[697] Vgl. Artikel-29-Datenschutzgruppe, Empfehlung zu einigen Mindestanforderungen für die Online-Erhebung personenbezogener Daten in der Europäischen Union, WP 43, S. 6; Räther/Seitz, MMR 2002, 425, 432; Terwangne/Louveaux, MMR 1998, 451, 456.
[698] Räther/Seitz, MMR 2002, 425, 431.
[699] Holznagel/Sonntag in Roßnagel, Handbuch Datenschutzrecht, Kap. 4.8 Rn. 49, S. 697.
[700] OLG Celle, NJW 1980, 347, 348; Holznagel/Sonntag in Roßnagel, Handbuch Datenschutzrecht, Kap. 4.8 Rn. 49, S. 697 f.
[701] Däubler in Däubler/Klebe/Wedde/Weichert, BDSG, § 4a Rn. 3.
[702] Vgl. Simitis in Simitis, BDSG, § 4a Rn. 81.
[703] OLG Karlsruhe, NJW 1998, 831, 832; Simitis in Simitis, BDSG, § 4a Rn. 80; Taeger in Taeger/Gabel, BDSG, § 4a Rn. 30.

Daten in die USA übermittelt werden dürfen, damit die verantwortliche Stelle oder ein verbundenes Konzernunternehmen die Vorlagepflichten in der Discovery erfüllen kann. Dabei sind der Rechtsstreit und dessen Beteiligte zu benennen. Daneben sind die USA als Zielland sowie die Anwälte der verantwortlichen Stelle oder ein verbundenes Konzernunternehmen und seine Anwälte, die Anwälte des Vorlageersuchenden und das Gericht als Datenempfänger aufzuführen. Der Betroffene hat zu bestätigen, dass ihm die Nichtangemessenheit des Schutzniveaus in der Discovery bekannt ist. Weiterhin sollte der Betroffene bestimmen, dass seine Daten nur unter dem Schutz einer Protective Order und für die Dauer des Rechtsstreits verarbeitet werden dürfen.

D. Freie Entscheidung des Betroffenen

Gemäß § 4a Abs. 1 Satz 1 BDSG muss die Einwilligung auf der freien Entscheidung des Betroffenen beruhen. Dies ist wesentliche Voraussetzung für einen wirksamen Verzicht auf das Persönlichkeitsrecht. Die Freiwilligkeit kann fehlen, wenn der Betroffene durch finanzielle oder sonstige Anreize zur Preisgabe seiner Daten verleitet wird.[704] Es dürfen keine Umstände vorliegen, die ihn faktisch zur Einwilligung zwingen.[705] Besonders bei Arbeitsverhältnissen geht die Literatur aufgrund der Angewiesenheit des Arbeitnehmers auf seinen Arbeitsplatz von einer faktischen Drucksituation aus.[706] Dennoch ist eine freiwillige Einwilligung bei einem Arbeitsverhältnis nicht von vorneherein unmöglich.[707] In Bezug auf die Einwilligung enthält das BDSG keine Schutzvorschriften für Arbeitnehmer. Vielmehr basiert das BDSG auf der Vorstellung, dass der Betroffene selbst über die Verarbeitung seiner Daten entscheiden kann.[708] In diesem Sinne stellte der Gesetzgeber bei der Reform des Beschäftigtendatenschutzes 2009 klar, dass § 32 BDSG eine Datenverarbeitung auf der Grundlage einer Einwilligung des Beschäftigten nicht ausschließe.[709] In der Discovery ist folglich im Einzelfall zu prüfen, ob aufgrund des Arbeitsverhältnisses eine Drucksituation besteht, die den Betroffenen bei seiner Erklärung beeinflusst. Der Betroffene muss die Einwilligung ohne Angabe von Gründen verweigern können.[710] Der Arbeitgeber sollte dem

---

[704] BGH, NJW 2010, 864, 865 f.; NJW 2008, 3055, 3056.
[705] Simitis in Simitis, BDSG, § 4a Rn. 62.
[706] Spindler/Nink in Spindler/Schuster, Recht der elektronischen Medien, § 4a BDSG, Rn. 7; Brink/Schmidt, MMR 2010, 592, 593; Kock/Francke, NZA 2009, 646, 647; Tinnefeld/Petri/Brink, MMR 2010, 727, 729.
[707] Deutlmoser/Filip, ZD-Beilage 6/2012, 1, 7; Lambrich/Cahlik, RDV 2002, 287, 292 ff.; Riesenhuber, RdA 2011, 257, 261.
[708] Riesenhuber, RdA 2011, 257, 261.
[709] Beschlussempfehlung und Bericht zum Gesetzesentwurf zur Regelung des Datenschutzaudits und zur Änderung datenschutzrechtlicher Vorschriften, BT-Drs. 16/13657 vom 1. Juli 2009, S. 20.
[710] Buchner, Informationelle Selbstbestimmung, S. 239; Holznagel/Sonntag in Roßnagel, Handbuch Datenschutzrecht, Kap. 4.8 Rn. 54, S. 698.

Betroffenen einen neutralen Dritten nennen, mit dem er Rücksprache halten kann.[711] Dem Betroffenen ist ausreichend Zeit für die Entscheidung zu geben, mindestens drei Tage.[712]

E. Kein Widerruf der Einwilligung

Die verantwortliche Stelle darf die personenbezogenen Daten nicht in die USA übermitteln, wenn der Betroffene seine Einwilligung widerrufen hat. Das Widerrufsrecht ist im BDSG nicht ausdrücklich geregelt, aber als Betätigung des Persönlichkeitsrechts allgemein anerkannt.[713] Rechtsfolge eines Widerrufs ist die Unzulässigkeit der Verarbeitung von Daten des Betroffenen in der Zukunft.[714] Bereits erfolgte Datenverarbeitungen, einschließlich einer Übermittlung in die USA, bleiben aufgrund der zuvor erklärten Einwilligung rechtmäßig. Dies erscheint aus Gründen des objektiven Vertrauensschutzes gerechtfertigt. Für den Betroffenen ist das Ergebnis dagegen unbefriedigend, da er die Verarbeitung seiner Daten in den USA nicht verhindern kann. Von der verantwortlichen Stelle ist deshalb zu verlangen, dass sie die Datenempfänger über den Widerruf informiert.[715] Soweit ihre eigenen Anwälte die personenbezogenen Daten noch nicht vorgelegt haben, hat die verantwortliche Stelle durch eine Weisung der weiteren Datenverarbeitung entgegenzuwirken.

F. Ergebnis

In der Discovery ist die Einwilligung lediglich dann eine geeignete Rechtsgrundlage für die Datenübermittlung in die USA, wenn die Zahl der personenbezogenen Daten und der Betroffenen überschaubar ist. Der Betroffene muss die Einwilligung höchtpersönlich, schriftlich und freiwillig erklären. Die Freiwilligkeit der Erklärung eines Arbeitnehmers ist nicht ausgeschlossen, aber genau zu prüfen. Die verantwortliche Stelle muss den Betroffenen vor der Einwilligung ausführlich über die geplante Datenübermittlung informieren. Insbesondere sind der Ablauf der Discovery und die möglichen Risiken für das Persönlichkeitsrecht zu erläutern. Aus Sicht der verantwortlichen Stelle besteht die Unsicherheit der Einwilligung in ihrer freien Widerruflichkeit. Widerruft der Betroffene seine Einwilligung, ist der weiteren Datenverarbeitung die Rechtsgrundlage entzogen.

---

[711] Thüsing, NZA 2011, 16, 19.
[712] Thüsing, NZA 2011, 16, 19.
[713] Holznagel/Sonntag in Roßnagel, Handbuch Datenschutzrecht, Kap. 4.8 Rn. 64, S. 702; Spindler/Nink in Spindler/Schuster, Recht der elektronischen Medien, § 4a BDSG, Rn. 2.
[714] Gola/Schomerus, BDSG, § 4a Rn. 38; Spindler/Nink, Spindler/Schuster, Recht der elektronischen Medien, § 4a BDSG, Rn. 2.
[715] Ebenso: Simitis in Simitis, BDSG, § 4a Rn. 103.

9. Kapitel: Zulässigkeit der Datenübermittlung in die USA nach § 4b Abs. 2 BDSG

Fehlt es an einer Einwilligung des Betroffenen, ist die Datenübermittlung in die USA gemäß § 4 Abs. 1 BDSG nur zulässig, soweit das BDSG oder eine andere Rechtsvorschrift dies erlaubt. Die Datenübermittlung für die Discovery erfolgt auf Grundlage des amerikanischen Zivilprozessrechts. Allerdings kann das amerikanische Zivilprozessrecht nicht die datenschutzrechtliche Zulässigkeit begründen. Andere Rechtsvorschriften im Sinne des § 4 Abs. 1 BDSG sind ausschließlich materielle Normen des deutschen Rechts.[716] Die anwendbare nationale Zulässigkeitsvorschrift ist § 4b Abs. 2 BDSG, der folgende Prüfung vorgibt: Zunächst müssen gemäß § 4b Abs. 2 Satz 1, Abs. 1 BDSG die Voraussetzungen für eine entsprechende Inlandsübermittlung erfüllt sein. Der maßgebliche Inlandstatbestand ist § 28 Abs. 2 Nr. 1, Abs. 1 Satz 1 Nr. 2 BDSG.[717] Danach muss die Datenübermittlung zur Wahrung berechtigter Interessen der verantwortlichen Stelle erforderlich sein. Darüber hinaus dürfen der Datenübermittlung gemäß § 4b Abs. 2 Satz 2 BDSG keine schutzwürdigen Interessen des Betroffenen entgegenstehen. Für dieses Kapitel ergeben sich mithin die nachstehenden Prüfungspunkte: Zuerst ist zu klären, ob es sich bei der Erfüllung der Vorlagepflichten in der Discovery um ein berechtigtes Interesse der verantwortlichen Stelle handelt (A.). Anschließend ist zu untersuchen, inwiefern die Datenübermittlung zur Erfüllung der Vorlagepflichten erforderlich ist (B.). Gegenstand der Erörterung ist sodann die Frage nach einem schutzwürdigen Interesse des Betroffenen am Ausschluss der Datenübermittlung (C.). Von einem schutzwürdigen Interesse ist gemäß § 4b Abs. 2 Satz 2 BDSG insbesondere auszugehen, wenn beim Empfänger kein angemessenes Schutzniveau gewährleistet ist. Vorliegend ist daher das Schutzniveau bei den amerikanischen Anwälten der verantwortlichen Stelle und den Anwälten der Gegenseite auf seine Angemessenheit zu prüfen (D.). Schließlich sind die Ausnahmen vom Angemessenheitserfordernis nach § 4c BDSG zu erörtern (E.).

---

[716] Scholz/Sokol in Simitis, BDSG, § 4 Rn. 9. Diese Einschränkung erklärt sich durch die öffentlich-rechtliche Natur des BDSG. Im Öffentlichen Recht gelten Demokratieprinzip und Gesetzesvorbehalt, wonach staatliches Handeln durch nationales Recht legitimiert sein muss. Dazu: Linke, Europäisches Internationales Verwaltungsrecht, S. 129; Ohler in Leible/Ruffert, Völkerrecht und IPR, S. 136 ff.

[717] Die Discovery ist ein „anderer Zweck" im Sinne von § 28 Abs. 2 BDSG, da sie bei Erhebung der personenbezogenen Daten regelmäßig nicht als Verarbeitungszweck angegeben wurde. § 28 Abs. 1 Satz 1 Nr. 2 BDSG ist auch auf Arbeitnehmerdaten anwendbar. Die Spezialregelung des § 32 BDSG gilt lediglich für Datenverarbeitungen zur Begründung oder Durchführung eines Beschäftigungsverhältnisses und verdrängt ausschließlich § 28 Abs. 1 Satz 1 Nr. 1 BDSG (vgl. Gola/Schomerus, BDSG, § 32 Rn. 2). Trifft die Vorlagepflicht ein mit der verantwortlichen Stelle verbundenes Konzernunternehmen, ist § 28 Abs. 2 Nr. 2 a) BDSG der anwendbare Inlandstatbestand.

A. Erfüllung der Vorlagepflichten als berechtigtes Interesse

Ein berechtigtes Interesse im Sinne von § 28 Abs. 1 Satz 1 Nr. 2 BDSG ist jedes nach vernünftigen Erwägungen durch die Sachlage gerechtfertigtes Interesse, das wirtschaftlicher oder ideeller Natur sein kann und von der Rechtsordnung gebilligt wird.[718] Das Interesse muss im konkreten Zusammenhang mit der beabsichtigten Datenverarbeitung stehen.[719] In der Discovery dient die Datenübermittlung primär dem Informationsinteresse der Gegenseite. Die verantwortliche Stelle ist regelmäßig daran interessiert, möglichst wenig Daten vorzulegen. Jedoch drohen der verantwortlichen Stelle bei Nichtbefolgung der Vorlagepflichten im amerikanischen Zivilprozess scharfe Sanktionen.[720] Im Extremfall führt die unterlassene Vorlage zum Prozessverlust. Die verantwortliche Stelle hat demnach ein eigenes Interesse an der Erfüllung der Vorlagepflichten. Um den Vorlagepflichten nachzukommen, muss die verantwortliche Stelle die angeforderten personenbezogenen Daten in die USA übermitteln. Die Befolgung der Pflichten in einem ausländischen Zivilprozess wird von der deutschen Rechtsordnung auch grundsätzlich gebilligt. Folglich handelt es sich bei der Erfüllung der Vorlagepflichten um ein berechtigtes Interesse der verantwortlichen Stelle im Sinne von § 28 Abs. 1 Satz 1 Nr. 2 BDSG.[721]

B. Erforderlichkeit der Datenübermittlung

Die Datenübermittlung ist nur dann zur Erfüllung des berechtigten Interesses erforderlich, wenn für die verantwortliche Stelle keine zumutbare Alternative besteht.[722] In der Discovery hat die verantwortliche Stelle daher zu prüfen, inwiefern sie den Vorlagepflichten ohne die Übermittlung personenbezogener Daten nachkommen kann.

I. Umgrenzung des Vorlageersuchens

In der Praxis werden Vorlageersuchen tendenziell weit formuliert, um möglichst viele Informationen von der Gegenseite zu erhalten. Das konkrete Vorlageersuchen ist deshalb von den Anwälten der verantwortlichen Stelle kritisch darauf zu analysieren, ob es den Anforderungen der FRCP entspricht. Nur soweit die FRCP tatsächlich die Übermittlung personen-

---

[718] Bergmann/Möhrle/Herb, BDSG, § 28 Rn. 231; Gola/Schomerus, BDSG, § 28 Rn. 24; Duhr in Roßnagel, Handbuch Datenschutzrecht, Kap. 7.5 Rn. 28, S. 1165.
[719] Simitis in Simitis, BDSG, § 28 Rn. 102.
[720] Zu den möglichen Sanktionen siehe: 4. Kapitel, C.
[721] Ebenso: Artikel-29-Datenschutzgruppe, Arbeitsunterlage 1/2009 über Offenlegungspflichten im Rahmen der vorprozessualen Beweiserhebung bei grenzübergreifenden zivilrechtlichen Verfahren (pre-trial discovery), WP 158, S. 2 und 11; Brisch/Laue, RDV 2010, 1, 4; Deutlmoser/Filip, ZD-Beilage 6/2012, 1, 8; Spies/Schröder, MMR 2008, 275, 278.
[722] Vgl. Gola/Schomerus, BDSG, § 28 Rn. 15; Schaffland/Wiltfang, BDSG, § 28 Rn. 110; Simitis in Simitis, BDSG, § 28 Rn. 108; Tiedemann, NJW 1981, 945, 949.

bezogener Daten verlangen, ist von der Erforderlichkeit auszugehen. Ein rechtmäßiges Vorlageersuchen setzt nach FRCP 34(b)(1)(A) voraus, dass die begehrten Informationen hinreichend genau bezeichnet sind. Formuliert die Gegenseite ihr Vorlageersuchen ungenau, ist die verantwortliche Stelle nicht zur Vorlage verpflichtet und eine Datenübermittlung in die USA nicht erforderlich. Verlangt die Gegenseite die Vorlage von personenbezogenen Daten, die einem anerkannten Weigerungsrecht unterfallen, besteht bereits nach FRCP 26(b)(1) Satz 1 keine Vorlagepflicht. Gelegentlich übermitteln verantwortliche Stellen personenbezogene Daten dennoch an ihre amerikanischen Anwälte, damit diese das Vorliegen eines Weigerungsrechts prüfen können. Sofern die Prüfung in der Europäischen Union erfolgen kann, fehlt es an der Erforderlichkeit der Datenübermittlung. Lediglich wenn das Vorliegen eines Weigerungsrechts zwischen den Parteien streitig ist, sind die personenbezogenen Daten für eine gerichtliche Prüfung in die USA zu übermitteln.

Überdies ist seitens der verantwortlichen Stelle zu rügen, wenn die angeforderten personenbezogenen Daten für den Rechtsstreit nicht unmittelbar relevant sind.[723] Bei Informationen aus dem Ausland besteht eine realistische Aussicht, dass die Gerichte das Relevanzkriterium der FRCP 26(b)(1) Satz 1 restriktiv auslegt. Nach der Kommentierung von § 442 REST 3d FOREL reicht es nicht aus, wenn die Informationen aus dem Ausland erst zur Entdeckung zulässiger Beweismittel führen sollen.[724] Lässt sich bei einer Dokumentengruppe nicht vorab klären, ob darin enthaltene Informationen relevant sind, müssen die Parteien ein Stichprobenverfahren durchführen. Dabei übermittelt der Vorlagepflichtige anonymisierte Beispielsdokumente anhand derer die Relevanz weiterer Dokumente zu ermitteln ist.

II. Nutzung anderer Informationsquellen

Die Datenübermittlung ist nicht erforderlich, wenn dem Vorlageersuchenden andere Discovery-Instrumente für die Informationserlangung zur Verfügung stehen. Oft können die Informationen auch durch Depositions oder Interrogatories in Erfahrung gebracht werden.[725] Kann der Vorlageersuchende die Informationen über Quellen in den USA oder anderen Drittländern erhalten, ist er auf diese zu verweisen.[726] Befinden sich die Informationen zugleich in Dokumenten ohne personenbezogene Daten, sind diese vorzugsweise zu nutzen.

---

[723] Vgl. Sedona Conference, International Principles, Principle 3, S. 12 und Comment, S. 13.
[724] § 442 REST 3d FOREL, Comment a).
[725] Kosseff, 97 Geo. L.J. 289, 316 f. (2008).
[726] Vgl. Sedona Conference, International Principles, Principle 2, Comment, S. 11 und Principle 3, Comment, S. 15.

III. Änderung des Vorlageformats

Bei der Vorlage elektronischer Dokumente kann die verantwortliche Stelle die Anzahl der zu übermittelnden personenbezogenen Daten häufig durch Änderung des Formats reduzieren.[727] Die Offenlegung von Metadaten lässt sich etwa durch Umwandlung des Dokuments in eine Bilddatei verhindern.[728] Sieht das Vorlageersuchen keine bestimmte Form vor, so verlangt FRCP 34(b)(2)(E)(ii) einzig, dass die Vorlage in einem Format erfolgt, in dem es gewöhnlich vorgehalten wird oder das von der Gegenseite in vernünftiger Weise zu verwenden ist.

IV. Anonymisierung und Pseudonymisierung

Die Übermittlung personenbezogener Daten ist in der Discovery allein dann erforderlich, wenn sie im Zusammenhang mit Angriffs- oder Verteidigungsmitteln relevant sind und sich das Vorlageersuchen direkt auf sie bezieht.[729] Oft sind nicht die personenbezogenen Daten, sondern andere in einem Dokument enthaltene Informationen von Relevanz. Verlangt der Vorlageersuchende zum Beispiel ein Buchungsjournal der Finanzbuchhaltung, um Buchungsvorgänge zwischen der verantwortlichen Stelle und einer Kapitalgesellschaft in Erfahrung zu bringen, sind in der Tabelle enthaltene personenbezogene Daten (z. B. Namen und Kontonummern von natürlichen Personen) zumeist nicht relevant.[730] In einem solchen Fall muss die verantwortliche Stelle die personenbezogenen Daten vor der Übermittlung in die USA anonymisieren oder pseudonymisieren.[731] Anonymisieren ist gemäß der Definition des § 3 Abs. 6 BDSG das Verändern personenbezogener Daten derart, dass die Einzelangaben über persönliche oder sachliche Verhältnisse nicht oder nur mit unverhältnismäßigem Aufwand an Zeit, Kosten und Arbeitskraft einer bestimmten oder bestimmbaren natürlichen Person zugeordnet werden können. Nach der Anonymisierung muss das Risiko einer Identifikation des Betroffenen ausgeschlossen oder auf ein zumutbares Maß reduziert sein.[732] Die im Einzelfall geeignete Methode für die Anonymisierung hängt von dem Datenbestand und dem Zusatzwissen des Empfängers ab.[733] Die klassische Methode ist das Entfernen von Identifizierungsmerkmalen.[734] Bei einem Buchungsjournal können beispielsweise Tabellenfelder

---

[727] Sedona Conference, International Principles, Principle 3, Comment, S. 16.
[728] Sedona Conference, International Principles, Principle 3, Comment, S. 16.
[729] Siehe: 4. Kapitel, A. II.
[730] Ein ähnliches Beispiel findet sich bei Geschonneck/Meyer/Scheben, BB 2011, 2677, 2678.
[731] Vgl. Artikel-29-Datenschutzgruppe, Arbeitsunterlage 1/2009 über Offenlegungspflichten im Rahmen der vorprozessualen Beweiserhebung bei grenzübergreifenden zivilrechtlichen Verfahren (pre-trial discovery), WP 158, S. 11 f.; ebenso: Berliner Beauftragten für Datenschutz und Informationsfreiheit, Jahresbericht 2007, S. 191 (zur entsprechenden Position des Düsseldorfer Kreises); ders., Jahresbericht 2006, S. 170 f. (zum Fall Schering).
[732] BVerfG, NJW 1987, 2805, 2807.
[733] Vgl. Dammann in Simitis, BDSG, § 3 Rn. 205 ff.
[734] Vgl. Bergmann/Möhrle/Herb, BDSG, § 3 Rn. 130; Dammann in Simitis, BDSG, § 3 Rn. 206.

mit Namen und Kontonummer der natürlichen Personen geschwärzt werden. Weitere in Betracht kommende Methoden für die Anonymisierung sind das Aggregieren von Datensätzen, das Einstreuen von Zufallsfehlern und das Zerlegen von Datensätzen in separate Merkmalsbereiche.[735]

Ist der Bezug der personenbezogenen Daten zueinander innerhalb eines Datensatzes für den Vorlageersuchenden relevant, kann die verantwortliche Stelle statt einer Anonymisierung eine Pseudonymisierung vornehmen. Pseudonymisieren bedeutet gemäß § 3 Abs. 6a BDSG das Ersetzen des Namens und anderer Identifikationsmerkmale durch ein Kennzeichen, um die Bestimmung des Betroffenen auszuschließen oder wesentlich zu erschweren. Beispiele für eine Pseudonymisierung sind die Vergabe von Fantasienamen oder die Nutzung von Verschlüsselungstechniken. Damit die Bezüge innerhalb eines Datensatzes bestehen bleiben, sind identische Identifikationsmerkmale durch identische Kennzeichen zu ersetzen. Im Fall des Buchungsjournals kann etwa der Name einer natürlichen Person bei ihr zuzuordnenden Buchungsvorgängen durch einen Code ersetzt werden.

V. Filterung

Bei einer umfangreichen Dokumentenvorlage besteht die Gefahr, dass personenbezogene Daten übermittelt werden, die nicht vom Vorlageersuchen umfasst sind.[736] Um dies zu verhindern, muss die verantwortliche Stelle die Dokumente bereits am Belegenheitsort sorgfältig sichten und auf das Bestehen einer Vorlagepflicht prüfen.[737] Die Sichtung ist abhängig vom Gegenstand des Vorlageersuchens nach bestimmten Kriterien (z. B. Zeiträume, Standorte oder Mitarbeiter) durchzuführen. Nachdem feststeht, welche Dokumente für den Rechtsstreit relevant sind, ist im zweiten Schritt zu klären, inwiefern sich darunter personenbezogene Daten befinden.[738] Sodann ist deren Anonymisierung oder Pseudonymisierung zu erwägen.[739]

---

[735] Vgl. Bergmann/Möhrle/Herb, BDSG, § 3 Rn. 131; Dammann in Simitis, BDSG, § 3 Rn. 207 ff.
[736] Bisweilen entspricht es auch der Strategie amerikanischer Anwälte, den Vorlageersuchenden mit nicht angeforderten Dokumenten zu überhäufen, um einen erhöhten Aufwand bei der Suche nach Beweismaterial zu erzeugen, vgl. Junker, Discovery, S. 172 f.
[737] Artikel-29-Datenschutzgruppe, Arbeitsunterlage 1/2009 über Offenlegungspflichten im Rahmen der vorprozessualen Beweiserhebung bei grenzübergreifenden zivilrechtlichen Verfahren (pre-trial discovery), WP 158, S. 12; Sedona Conference, International Principles, Principle 3, Comment, S. 15 f.
[738] Artikel-29-Datenschutzgruppe, Arbeitsunterlage 1/2009 über Offenlegungspflichten im Rahmen der vorprozessualen Beweiserhebung bei grenzübergreifenden zivilrechtlichen Verfahren (pre-trial discovery), WP 158, S. 12.
[739] Artikel-29-Datenschutzgruppe, Arbeitsunterlage 1/2009 über Offenlegungspflichten im Rahmen der vorprozessualen Beweiserhebung bei grenzübergreifenden zivilrechtlichen Verfahren (pre-trial discovery), WP 158, S. 12.

VI. Vorlage in mehreren Phasen

In vielen Fällen bietet sich eine Vorlage in mehreren Phasen an.[740] In der ersten Phase ist die Vorlage auf Dokumente zu begrenzen, die in den USA und anderen Drittländern belegen sind. Dokumente aus der Europäischen Union sind vorrangig in anonymisierter oder pseudonymisierter Form vorzulegen. Erst wenn die personenbezogenen Daten tatsächlich für den Rechtsstreit relevant sind, kommt ihre Offenlegung in Betracht. Dabei sind zuerst ausgewählte personenbezogene Daten vorzulegen, bevor die Vorlage erforderlichenfalls schrittweise ausgeweitet wird. So kann die Vorlage zum Beispiel zunächst auf personenbezogene Daten der Hauptakteure des Rechtsstreits beschränkt werden. Die Phasen und die Fristen für die Vorlage sind von den Parteien zu vereinbaren und in einer Scheduling Order gerichtlich festzulegen.[741]

C. Schutzwürdige Interessen des Betroffenen

Gemäß § 4b Abs. 2 Satz 2 Halbsatz 1 BDSG darf die verantwortliche Stelle personenbezogene Daten nur dann in die USA übermitteln, wenn der Betroffene kein schutzwürdiges Interesse am Ausschluss der Übermittlung hat. Da das BDSG einen umfassenden Persönlichkeitsschutz bezweckt, ist das Kriterium des schutzwürdigen Interesses weit auszulegen. In Betracht kommen nicht nur private, sondern auch wirtschaftliche und berufliche Interessen des Betroffenen.[742] Die verantwortliche Stelle hat das Bestehen eines schutzwürdigen Interesses vor der jeweiligen Übermittlung zu prüfen. Der notwendige Umfang der Prüfung richtet sich nach dem Einzelfall. Zu berücksichtigen sind dabei vor allem die Art der personenbezogenen Daten und die Schwere des Nachteils für den Betroffenen im Falle einer Übermittlung.[743] In der Regel genügt eine summarische Prüfung.[744] Bei Zweifeln muss die verantwortliche Stelle den Betroffenen über die anstehende Übermittlung informieren und ihm ein Widerspruchsrecht einräumen.

D. Angemessenheit des Datenschutzniveaus

Nach § 4b Abs. 2 Satz 2 Halbsatz 2 BDSG ist ein schutzwürdiges Interesse des Betroffenen insbesondere anzunehmen, wenn der Empfänger in dem Drittland kein angemessenes

---

[740] Dazu: Sedona Conference, International Principles, Principle 3, Comment, S. 14 f.
[741] Vgl. Sedona Conference, International Principles, Principle 3, Comment, S. 15 und Principle 4, Comment, S. 17 f.
[742] Gola/Schomerus, BDSG, § 28 Rn. 26; Ambs in Erbs/Kohlhaas, Strafrechtliche Nebengesetzes, § 28 BDSG, Rn. 9.
[743] Vgl. Entwurf eines Gesetzes zur Regelung des Datenschutzaudits und zur Änderung datenschutzrechtlicher Vorschriften, BT-Drs. 16/12011 vom 18. Februar 2009, S. 34; Simitis in Simitis, BDSG, § 28 Rn. 127 ff.; Breinlinger, RDV 1997, 247, 249.
[744] Simitis in Simitis, BDSG, § 28 Rn. 129; Deutlmoser/Filip, ZD-Beilage 6/2012, 1, 8.

9. Kapitel: Zulässigkeit der Datenübermittlung in die USA nach § 4b Abs. 2 BDSG

Datenschutzniveau gewährleistet.[745] Grundsätzlich muss die verantwortliche Stelle die Angemessenheit des Schutzniveaus in der konkreten Übermittlungssituation prüfen.[746] Etwas anderes gilt, wenn die EU-Kommission für das betreffende Drittland eine verbindliche Angemessenheitsentscheidung nach Art. 25 Abs. 4 oder Abs. 6 DSRL getroffen hat. Die Entscheidungen können das Schutzniveau eines Drittlands insgesamt oder einzelne Kategorien von Datenübermittlungen in ein Drittland betreffen. Hinsichtlich des allgemeinen Schutzniveaus der USA existiert keine Angemessenheitsentscheidung der EU-Kommission.[747] Für Datenübermittlungen im Wirtschaftsverkehr verhandelte die EU-Kommission deshalb Ende der 1990er Jahre mit dem amerikanischen Handelsministerium das Safe-Harbor-Abkommen. Nachfolgend wird zunächst auf das Safe-Harbor-Abkommen eingegangen (I.), bevor im Schwerpunkt das Schutzniveau in der Discovery untersucht wird (II.).

I. Safe-Harbor-Abkommen

Am 26. Juli 2000 befand die EU-Kommission in der Entscheidung 2000/520/EG, dass die Grundsätze des Safe-Harbor-Abkommens ein angemessenes Schutzniveau für Datenübermittlungen in die USA gewährleisten würden.[748] In der Folgezeit stellte die EU-Kommission bei der Umsetzung des Safe-Harbor-Abkommens in den USA allerdings erhebliche Defizite fest.[749] Der EuGH erklärte die Entscheidung 2000/520/EG schließlich in der Sache *Schrems gegen Data Protection Commissioner* mit Urteil vom 6. Oktober 2015 für ungültig.[750] Der Erlass einer Entscheidung nach Art. 26 Abs. 6 DSRL erfordere die gebührend begründete Feststellung der EU-Kommission, dass das Drittland aufgrund seiner innerstaatlichen Rechts-

---

[745] Mit dieser Vorschrift setzte Deutschland Art. 25 Abs. 1 DSRL um. Siehe: Entwurf eines Gesetzes zur Änderung des Bundesdatenschutzgesetzes, BT-Drs. 14/4329 vom 13. Oktober 2000, S. 34.
[746] Vgl. Brühann in Grabitz/Hilf/Nettesheim, Das Recht der Europäischen Union, Art. 25 DSRL Rn. 10; Gola/Schomerus, BDSG, § 4b Rn. 11; Wuermeling, Handelshemmnis Datenschutz, S. 101 ff.
[747] Die Artikel-29-Datenschutzgruppe geht davon aus, dass das Schutzniveau der USA nicht angemessen ist. Siehe: Stellungnahme 2/99 zur Angemessenheit der „Internationalen Grundsätze des sicheren Hafens", WP 19, S. 3; Stellungnahme 1/99 zum Stand des Datenschutzes in den Vereinigten Staaten und zu den derzeitigen Verhandlungen zwischen der EU-Kommission und der amerikanischen Regierung, WP 15, S. 3. Ebenso die h. M. der Literatur: Gabel in Taeger/Gabel, BDSG, § 4b Rn. 23; Däubler in Däubler/Klebe/Wedde/Weichert, BDSG, § 4b Rn. 15; ders., RDV 1998, 96, 98; Müller-Bonanni/Schell ArbRB 2006, 299, 301; von Zimmermann, RDV 2006, 242, 248; Räther/Seitz, MMR 2002, 425, 427; Büllesbach/Höss-Löw, DuD 2001, 135, 135 f.; Riemann, CR 1997, 762, 763 f.; Schaar, Datenschutz im Internet, Rn. 71 ff. und 872.
[748] Entscheidung 2000/520/EG der Kommission vom 26. Juli 2000 gemäß der Richtlinie 95/46/EG des Europäischen Parlaments und des Rates über die Angemessenheit des von den Grundsätzen des „sicheren Hafens" und der diesbezüglichen „Häufig gestellten Fragen" (FAQ) gewährleisteten Schutzes, vorgelegt vom amerikanischen Handelsministerium, ABl. 2000 L 215, 7. Den Hauptteil des Safe-Harbor-Abkommens bildeten die Grundsätze der Informationspflicht, der Wahlmöglichkeit, der Weitergabe, der Sicherheit, der Datenintegrität, der Durchsetzung und des Auskunftsrechts. Diese Grundsätze wurden durch fünfzehn häufig gestellte Fragen und Antworten verbindlich ergänzt.
[749] Mitteilung COM(2013) 846 final, Abschnitte 2 und 3.2; Mitteilung COM(2013) 847 final, Abschnitte 7.1, 7.2 und 8.
[750] EuGH, Urteil Schrems/Data Protection Commissioner, C-362/14, ECLI:EU:C:2015:650, Rn. 106.

vorschriften oder internationalen Verpflichtungen tatsächlich ein Schutzniveau gewährleiste, das dem in der Union garantierten Niveau der Sache nach gleichwertig sei.[751] Eine solche Feststellung habe die EU-Kommission in der Entscheidung 2000/520/EG bezüglich der USA nicht getroffen.[752] Die Entscheidung sei daher, ohne dass es einer inhaltlichen Prüfung bedürfe, bereits aus diesem Grund ungültig.[753] In der Zukunft können demnach auf Grundlage des Safe-Harbor-Abkommens keine Datenübermittlungen mehr in die USA erfolgen.

Ungeachtet der Ungültigkeitserklärung durch den EuGH war das Safe-Harbor-Abkommen in der Discovery von Anfang an kein geeignetes Instrument zur Herstellung eines angemessenen Schutzniveaus.[754] Eine Datenübermittlung auf Basis des Safe-Harbor-Abkommens kam nur in Betracht, wenn der Empfänger durch Selbstzertifizierung beim amerikanischen Handelsministerium beigetreten war. Nur wenige amerikanische Anwaltskanzleien hatten sich in der Vergangenheit zertifiziert.[755] Verbundene Konzernunternehmen konnten lediglich dann am Safe-Harbor-Abkommen teilnehmen, wenn sie der Aufsicht des amerikanischen Handels- oder Verkersministeriums unterlagen. Aus diesem Grund schied für wichtige Wirtschaftsteilnehmer ein Beitritt aus (z. B. Finanzinstitute, Betreiber öffentlicher Telekommunikationsnetze sowie zwischenstaatliche Transport- und Luftverkehrsunternehmen).[756] Doch selbst wenn die Anwaltskanzlei oder das verbundene Konzernunternehmen am Safe-Harbor-Abkommen teilnahm, konnte auf diese Weise in der Discovery kein angemessenes Schutzniveau hergestellt werden. Das Safe-Harbor-Abkommen war auf Datenübermittlungen im Wirtschaftsverkehr zugeschnitten und für die spezielle Situation der Discovery ungeeignet. Bereits bei der Übermittlung in die USA steht für einen Großteil der personenbezogenen Daten fest, dass sie an die Gegenseite weitergegeben werden müssen. Nach dem Safe-Harbor-Abkommen war die Weitergabe von personenbezogenen Daten jedoch nur zulässig, wenn der Empfänger dem Betroffenen ein Widerspruchsrecht einräume.[757] Vor der Weitergabe sensib-

---

[751] EuGH, Urteil Schrems/Data Protection Commissioner, C-362/14, ECLI:EU:C:2015:650, Rn. 96.
[752] EuGH, Urteil Schrems/Data Protection Commissioner, C-362/14, ECLI:EU:C:2015:650, Rn. 97.
[753] EuGH, Urteil Schrems/Data Protection Commissioner, C-362/14, ECLI:EU:C:2015:650, Rn. 98.
[754] Ohne nähere Begründung so auch Deutlmoser/Filip, ZD-Beilage 6/2012, 1, 9; Brisch/Laue, RDV 2010, 1, 6; Hanloser, DuD 2008, 785, 788; Klein, 25 Geo. J. Legal Ethics 623, 638 (2012); Reyes, 19 Duke J. Comp. & Int'l L. 357, 373 f. (2009).
[755] Eine Liste der Teilnehmer findet sich auf der Internetseite des amerikanischen Handelsministeriums: http://web.ita.doc.gov/safeharbor/shlist.nsf/webPages/safe+harbor+list.
[756] Entscheidung 2000/520/EG der Kommission vom 26. Juli 2000 gemäß der Richtlinie 95/46/EG des Europäischen Parlaments und des Rates über die Angemessenheit des von den Grundsätzen des „sicheren Hafens" und der diesbezüglichen „Häufig gestellten Fragen" (FAQ) gewährleisteten Schutzes, vorgelegt vom amerikanischen Handelsministerium, ABl. 2000 L 215, 7, 47, Anhang VII.
[757] Entscheidung 2000/520/EG der Kommission vom 26. Juli 2000 gemäß der Richtlinie 95/46/EG des Europäischen Parlaments und des Rates über die Angemessenheit des von den Grundsätzen des „sicheren Hafens" und der diesbezüglichen „Häufig gestellten Fragen" (FAQ) gewährleisteten Schutzes, vorgelegt vom amerikanischen Handelsministerium, ABl. 2000 L 215, 7, 11, Anhang I.

ler Daten musste der Empfänger die ausdrückliche Zustimmung des Betroffenen einholen.[758] Sofern der Betroffene der Weitergabe widersprach oder keine Zustimmung erteilte, durfte der Empfänger die personenbezogenen Daten nicht weitergeben. In einer solchen Situation bestand folglich ein Konflikt zwischen dem Safe-Harbor-Abkommen und dem Zivilprozessrecht der USA. Für derartige Konflikte erklärte das amerikanische Handelsministerium einen Vorbehalt.[759] Danach konnte das amerikanische Handelsministerium die Geltung des Safe-Harbor-Abkommens beschränken, wenn Gesetze, Regulierungsvorschriften oder das Fallrecht der USA entgegenstehende Verpflichtungen oder Ermächtigungen enthalten. Die Einhaltung des Safe-Harbor-Abkommens war in der Discovery folglich nicht sichergestellt.

II. Beurteilung des Datenschutzniveaus in der Discovery

Da es an einer Angemessenheitentscheidung nach Art. 26 Abs. 6 DSRL für die USA fehlt, muss die verantwortliche Stelle das Schutzniveau vor der konkreten Datenübermittlung auf seine Angemessenheit prüfen.[760] Im Folgenden wird vorab geklärt, an welchem Maßstab die Prüfung auszurichten ist (1.). Nach diesen Vorüberlegungen wird erörtert, welche inhaltlichen (2.) und funktionellen (3.) Datenschutzgarantien in der Discovery erforderlich sind, um von einem angemessenen Schutzniveau ausgehen zu können. Im Anschluss wird untersucht, inwiefern die in der Discovery auf amerikanische Anwälte anwendbaren Rechtsinstrumente die inhaltlichen und funktionellen Datenschutzgarantien absichern (4.).

1. *Vorüberlegungen zur Angemessenheitsprüfung*

a) *Beurteilungsmaßstab*

Die DSRL und das BDSG geben den Beurteilungsmaßstab für die Angemessenheitsprüfung nicht ausdrücklich vor. In der Literatur wird zum Teil für die Heranziehung des mitgliedstaatlichen Datenschutzrechts plädiert.[761] Dies ist abzulehnen. Ein mitgliedstaatlicher Maßstab würde die Harmonisierung des Binnenmarktes beeinträchtigen.[762] Niederlassungen in Mitgliedstaaten mit hohem Schutzniveau müssten eher mit Untersagungen von Datenübermittlungen rechnen, als solche in Mitgliedstaaten mit niedrigem Schutzniveau. Dies würde Anreize zur Umgehung der Vorschriften von strengeren Mitgliedstaaten schaffen, indem Übermittlungen über Mitgliedstaaten mit niedrigem Schutziveau vorgenommen werden.[763]

---

[758] Ebenda, 7, 11, Anhang I.
[759] Ebenda, 7, 10, Anhang I und 35, Anhang IV.
[760] Vgl. Brühann in Grabitz/Hilf/Nettesheim, Das Recht der Europäischen Union, Art. 25 DSRL Rn. 10; Gola/Schomerus, BDSG, § 4b Rn. 11; Wuermeling, Handelshemmnis Datenschutz, S. 101 ff.
[761] Simitis in Simitis, BDSG, § 4b Rn. 7 u. 52; ders, NJW 1997, 281, 285; Wohlgemuth, BB 1996, 690, 694.
[762] Engel, Richtlinie 95/46/EG, S. 86.
[763] So auch Brühann in Büllesbach, Datenverkehr ohne Datenschutz?, S. 39.

Sachgerecht ist demnach ein europäischer Beurteilungsmaßstab.[764] Die konkreten Anforderungen richten sich nach dem Schutzstandard der DSRL.[765] Dieser basiert auf den Grundsätzen, die bereits der Datenschutzkonvention des Europarates von 1981[766] zugrunde liegen. Überwiegend finden sich die Grundsätze auch in den Richtlinien der OECD von 1980[767] und der Vereinten Nationen von 1990[768]. Die Grundsätze sind somit über die Europäische Union hinaus anerkannt. Ausgehend von diesen Feststellungen formulierte die Artikel-29-Datenschutzgruppe einen Katalog mit Kriterien[769], an dem sich die EU-Kommission bei ihren Entscheidungen zur Angemessenheit orientiert.[770] Danach müssen für ein angemessenes Schutzniveau folgende inhaltliche Garantien gewährleistet sein:

(1) Grundsatz der Zweckbindung;

(2) Grundsatz der Datenqualität und Datenverhältnismäßigkeit;

(3) Grundsatz der Datentransparenz;

(4) Grundsatz der Datensicherheit;

(5) Recht auf Zugriff, Berichtigung und Widerspruch; sowie

(6) Beschränkung der Weiterübermittlung in andere Drittländer.[771]

Darüber hinaus verlangt die Artikel-29-Datenschutzgruppe für ein angemessenes Schutzniveau, dass folgende funktionelle Garantien sichergestellt sind:

(1) Gewährleistung einer guten Befolgungsrate der Datenschutzvorschriften, wobei insbesondere Sanktionen und Kontrollelemente von Bedeutung sind;

(2) Unterstützung und Hilfe für einzelne betroffene Personen; sowie

---

[764] Dammann/Simitis, DSRL, Art. 25 Rn. 8; Däubler in Däubler/Klebe/Wedde/Weichert, BDSG, § 4b Rn. 12; Gola/Schomerus, BDSG, § 4b Rn. 12; Engel, Richtlinie 95/46/EG, S. 86 ff.; Scheja, Kundendatenbank, S. 111; Wuermeling, Handelshemmnis Datenschutz, S. 112; Ellger, RDV 1991, 121, 132.
[765] Gola/Schomerus, BDSG, § 4b Rn. 12; Bodenschatz, Der europäische Datenschutzstandard, S. 210 ff.; Engel, Richtlinie 95/46/EG, S. 91 ff., jeweils m. w. N.
[766] Übereinkommen Nr. 108 zum Schutz des Menschen bei der automatisierten Verarbeitung personenbezogener Daten vom 28. Januar 1981, deutsche Fassung in BGBl. 1985 II 538.
[767] OECD, Guidelines governing the Protection of Privacy and Transborder Flows of Personal Data (1980), Document C (89) 58 (Final) vom 23. September 1980. Die überarbeitete Fassung der Richtlinien von Juli 2013 ist abrufbar unter: http://www.oecd.org/sti/ieconomy/2013-oecd-privacy-guidelines.pdf.
[768] United Nations, Guidelines for the Regulation of Computerized Personal Data Files, Resolution 45/95 vom 14. Dezember 1990.
[769] Artikel-29-Datenschutzgruppe, Arbeitsunterlage Übermittlungen personenbezogener Daten an Drittländer, WP 12, S. 5 ff.
[770] Siehe z. B. Beschluss 2010/625/EU der Kommission gemäß der Richtlinie 95/46/EG des Europäischen Parlaments und des Rates über die Angemessenheit des Datenschutzniveaus in Andorra vom 19. Oktober 2010, ABl. 2010 L 277, 27.
[771] Artikel-29-Datenschutzgruppe, Arbeitsunterlage Übermittlungen personenbezogener Daten an Drittländer, WP 12, S. 5 ff.

9. Kapitel: Zulässigkeit der Datenübermittlung in die USA nach § 4b Abs. 2 BDSG

(3) Gewährleistung einer angemessenen Entschädigung.[772]

Dabei ist zwar nicht erforderlich, dass das Drittland ein dem in der Europäischen Union identisches Schutzniveau gewährleistet.[773] Zu verlangen ist jedoch, dass das Drittland aufgrund seiner innerstaatlichen Rechtsvorschriften oder internationalen Verpflichtungen tatsächlich ein Schutzniveau gewährleistet, das dem in der Europäischen Union garantierten Niveau der Sache nach gleichwertig ist.[774]

b) Besonderheiten der anwaltlichen Datenverarbeitung

Die jeweiligen Anforderungen an ein angemessenes Schutzniveau bestimmen sich danach, welchen Schutz der Betroffene nach der DSRL bei einer vergleichbaren Datenübermittlung in der Europäischen Union erfahren würde.[775] In der Discovery ist daher ein entsprechender Übermittlungsvorgang an Anwälte innerhalb der Europäischen Union heranzuziehen. Bei der anwaltlichen Datenverarbeitung können datenschutzrechtliche Auskunftspflichten und Kontrollbefugnisse mit der Vertraulichkeitspflicht des Anwalts in Konflikt stehen. Vereinzelt wird deshalb vertreten, dass das Datenschutzrecht nicht auf die anwaltliche Datenverarbeitung anwendbar sei.[776] Diese Auffassung ist abzulehnen. Die anwaltliche Datenverarbeitung unterliegt grundsätzlich dem Datenschutzrecht.[777] Anwälte verarbeiten personenbezogene Daten des Mandanten, des Gegners und Dritter. Diese Datenverarbeitungen bedeuten einen Eingriff in das Grundrecht auf Datenschutz nach Art. 8 Abs. 1 GRCh. Lediglich in Einzelfällen rechtfertigt die anwaltliche Vertraulichkeitspflicht Ausnahmen von den Schutzanforderungen der DSRL. Dies steht im Einklang mit Art. 13 Abs. 1 g) Alt. 2 DSRL. Nach dieser Vorschrift können die Mitgliedstaaten Beschränkungen einzelner Rechte und Pflichten der DSRL vorsehen, sofern dies für den Schutz der Rechte und Freiheiten anderer Personen notwendig ist. Zu den Rechten anderer Personen zählen die durch Art. 47 Abs. 2 Satz 2 GRCh gewährleistete anwaltliche Vertraulichkeit und das Recht zur Vorbereitung eines Gerichtsverfahrens.[778] In welchem Umfang in der Discovery Ausnahmen von den Schutzanforderungen

---

[772] Artikel-29-Datenschutzgruppe, Arbeitsunterlage Übermittlungen personenbezogener Daten an Drittländer, WP 12, S. 7 f.
[773] EuGH, Urteil Schrems/Data Protection Commissioner, C-362/14, ECLI:EU:C:2015:650, Rn. 73.
[774] EuGH, Urteil Schrems/Data Protection Commissioner, C-362/14, ECLI:EU:C:2015:650, Rn. 73 f.
[775] Vgl. Wuermeling, Handelshemmnis Datenschutz, S. 113.
[776] Rüpke, NJW 2008, 1121, 1121 ff.; ders., ZRP 2008, 87, 87.
[777] So auch die EU-Kommission, Mitteilung zum Gesamtkonzept für den Datenschutz in der Europäischen Union vom 4. November 2010, KOM (2010) 609 endg., S. 13. In Deutschland geht die h. M. ebenso davon aus, dass das BDSG prinzipiell auf die anwaltliche Datenverarbeitung anwendbar ist. Ausnahmsweise sei das BDSG im Hinblick auf die Verschwiegenheitspflicht einzuschränken, wobei die einzelnen Ansichten beim Grad der Einschränkung auseinandergehen. Dazu ausführlich: Wessels, Kammer-Report Hamm, 4/2011; Weichert, NJW 2009, 550, 550 ff. jeweils m. w. N.
[778] Brühann in Grabitz/Hilf/Nettesheim, Das Recht der Europäischen Union, Art. 13 DSRL Rn. 14. Zu Art. 47 Abs. 2 Satz 2 GRCh: Jarass, Charta der Grundrechte der EU, Art. 47 Rn. 46

der DSRL gerechtfertigt sind, wird nachstehend im Rahmen der konkreten Datenschutzgarantien erläutert.

2. Inhaltliche Datenschutzgarantien

a) Grundsatz der Zweckbindung

Ein angemessenes Schutzniveau setzt zunächst voraus, dass in der Discovery dem Grundsatz der Zweckbindung Rechnung getragen wird.[779] Gemäß Art. 6 Abs. 1 b) Satz 1 DSRL sind personenbezogene Daten für eindeutige und rechtmäßige Zwecke zu erheben und nur insofern zu verarbeiten, als es mit der Zweckbestimmung nicht unvereinbar ist. In der Discovery ist der Zweck der Datenübermittlung eng gefasst: Die personenbezogenen Daten werden für den konkreten Rechtsstreit in die USA übermittelt, damit die verantwortliche Stelle ihren Vorlagepflichten nachkommen kann. Das Schutzniveau ist nur dann angemessen, wenn sichergestellt ist, dass in den USA diese Zweckbestimmung respektiert wird. Die Anwälte dürfen die personenbezogenen Daten deswegen ausschließlich für die Zwecke des Rechtsstreits verwenden. Zur Erfüllung der Vorlagepflichten dürfen die Anwälte personenbezogene Daten an die Gegenseite übermitteln. Mit der Zweckbestimmung vereinbar ist es auch, wenn die Anwälte ausgewählte personenbezogene Daten bei Gericht einreichen sowie während der Depositions und der Hauptverhandlung verwenden. Die gegnerischen Anwälte dürfen die zur Entscheidungsfindung erforderlichen personenbezogenen Daten auch an ihre Mandanten übermitteln.

Eine Verarbeitung für andere Zwecke ist lediglich in den eng umgrenzten Ausnahmefällen des Art. 13 Abs. 1 DSRL zulässig.[780] Die in Art. 13 Abs. 1 a) und b) DSRL erwähnten Begriffe der Sicherheit des Staates und der Landesverteidigung verweisen auf die äußere Sicherheit des Staates.[781] Dagegen bezieht sich der in Art. 13 Abs. 1 c) DSRL genannte Ausdruck der öffentlichen Sicherheit auf die innere Sicherheit des Staates.[782] Demnach dürfen einzelne personenbezogene Daten ausnahmsweise verarbeitet werden, wenn dies für die äußere oder innere Sicherheit der USA notwendig ist und durch die zuständige Behörde im konkreten Fall angeordnet wurde. Eine Verarbeitung für einen anderen Rechtsstreit oder ein Strafverfahren ist ausnahmsweise zulässig, wenn eine Anordnung des zuständigen Gerichts bzw. der zuständigen Ermittlungsbehörde vorliegt und die personenbezogenen Daten unmittelbar relevant sind. In Strafverfahren greift diesbezüglich die Ausnahme der Verhütung, Ermittlung, Feststellung und Verfolgung von Straftaten nach Art. 13 Abs. 1 d)

---

[779] Artikel-29-Datenschutzgruppe, Arbeitsunterlage Übermittlungen personenbezogener Daten an Drittländer, WP 12, S. 6.
[780] Artikel-29-Datenschutzgruppe, Arbeitsunterlage Übermittlungen personenbezogener Daten an Drittländer, WP 12, S. 6.
[781] Brühann in Grabitz/Hilf/Nettesheim, Das Recht der Europäischen Union, Art. 13 DSRL Rn. 9.
[782] Brühann in Grabitz/Hilf/Nettesheim, Das Recht der Europäischen Union, Art. 13 DSRL Rn. 9.

Alt. 1 DSRL und in Zivilverfahren die Ausnahme des Schutzes der Rechte anderer Personen nach Art. 13 Abs. 1 g) Alt. 2 DSRL. Unzulässig sind hingegen Datenverarbeitungen für Werbezwecke und eigene Parallelverfahren der Anwälte. Gleiches gilt für Datenübermittlungen an andere Anwälte, Medienvertreter und Verbraucherorganisationen.

b) Grundsatz der Datenverhältnismäßigkeit

Ein angemessenes Schutzniveau setzt ferner voraus, dass die Datenverhältnismäßigkeit gewahrt wird.[783] Nach Art. 6 Abs. 1 c) DSRL müssen die personenbezogenen Daten der Zweckbestimmung entsprechen, dafür erheblich sein und dürfen nicht darüber hinausgehen. Der Begriff „entsprechen" ist Anknüpfungspunkt für die Prüfung der Geeignetheit.[784] Die Geeignetheit ist bereits zu bejahen, wenn die personenbezogenen Daten für die Zweckbestimmung nicht offensichtlich ungeeignet sind. Von der Erheblichkeit ist indes nur dann auszugehen, wenn keine zumutbare Alternative zur Datenverarbeitung besteht.[785] Können die Informationen aus anderen Quellen erlangt werden, sind die personenbezogenen Daten nicht erheblich. Während der Depositions und der Hauptverhandlung darf die Verarbeitung lediglich insoweit gestattet sein, als die personenbezogenen Daten für die Zeugenbefragung oder die Beweisführung tatsächlich relevant sind. Kopien von Dokumenten mit personenbezogenen Daten dürfen nur insoweit angefertigt werden, als dies unerlässlich ist. Dasselbe gilt für Notizen und sonstige Schriftstücke, in die personenbezogene Daten übertragen werden. Für die Einreichung von Dokumenten mit relevanten personenbezogenen Daten bei Gericht ist zum Schutz vor einem allgemeinen Zugriff die Versiegelung anzuordnen. Sind nicht die personenbezogenen Daten, sondern andere in einem Dokument enthaltene Informationen relevant, müssen die Anwälte so früh wie möglich Maßnahmen der Anonymisierung oder Pseudonymisierung ergreifen. Schließlich müssen die Anwälte etwaige schutzwürdige Interessen des Betroffenen beachten und gewährleisten, dass der durch die Datenverarbeitungen bewirkte Eingriff in sein Grundrecht auf Datenschutz in einem angemessenen Verhältnis zur Zweckerreichung steht. All dies muss in den USA durch entsprechende Regelungen gewährleistet sein. Von vornherein unzulässig sind dagegen jegliche Vorschriften, die einen generellen Zugriff auf personenbezogene Daten aus der Discovery gestatten, ohne irgendeine Differenzierung oder Ausnahme anhand des verfolgten Ziels vorzunehmen.[786]

---

[783] Artikel-29-Datenschutzgruppe, Arbeitsunterlage Übermittlungen personenbezogener Daten an Drittländer, WP 12, S. 6.
[784] Zur entsprechenden Formulierung des Art. 52 GRCh: Kingreen in Callies/Ruffert, EUV/AEUV, Art. 52 GRCh Rn. 68.
[785] Vgl. Kingreen in Callies/Ruffert, EUV/AEUV, Art. 52 GRCh Rn. 69. Zum Kriterium der Erforderlichkeit im BDSG: Gola/Schomerus, BDSG, § 28 Rn. 15.
[786] Vgl. EuGH, Urteil Schrems/Data Protection Commissioner, C-362/14, ECLI:EU:C:2015:650, Rn. 93.

Der Grundsatz der Datenverhältnismäßigkeit wird in Art. 6 Abs. 1 e) Satz 1 DSRL durch Regeln zur Aufbewahrungsdauer konkretisiert. Danach dürfen personenbezogene Daten nicht länger, als es zur Realisierung der Verarbeitungszwecke erforderlich ist, in einer Form aufbewahrt werden, die eine Identifizierung des Betroffenen ermöglicht. Ist die Aufbewahrung für die Zwecke des Rechtsstreits nicht mehr erforderlich, müssen die Anwälte somit grundsätzlich zur Löschung der personenbezogenen Daten verpflichtet sein.[787]

Ausnahmen von der Datenverhältnismäßigkeit sind im Rahmen von Art. 13 Abs. 1 DSRL zulässig.[788] Die Löschung darf nach Art. 13 Abs. 1 g) Alt. 2 DSRL zum Beispiel unterbleiben, wenn dies gesetzliche Aufbewahrungspflichten zur Wahrung der Rechte anderer Personen verlangen. Hierzu bedarf es allerdings nicht der Möglichkeit eines jederzeitigen Zugriffs auf die personenbezogenen Daten. Eine gesperrte Aufbewahrung mit der Folge eines relativen Nutzungsverbots ist ausreichend.[789]

c) Grundsatz der Datenqualität

In der Discovery ist weiter nach Art. 6 Abs. 1 d) DSRL die Datenqualität zu gewährleisten.[790] Demgemäß muss sichergestellt sein, dass die personenbezogenen Daten sachlich richtig und auf dem neuesten Stand sind. Ist dies nicht der Fall, sind die personenbezogenen Daten zu berichtigen. Problematisch ist, dass die Anwälte zur Beweissicherung verpflichtet sind und personenbezogene Daten daher nicht ändern dürfen.[791] Andernfalls droht ihnen der Vorwurf einer Fälschung beweiserheblicher Daten. Insofern kommt Art. 13 Abs. 1 g) Alt. 2 DSRL zur Anwendung, der eine Ausnahme vom Grundsatz der Datenqualität gestattet, wenn dies zum Schutz der Rechte anderer Personen erforderlich ist.[792] Darunter fallen auch die Beweissicherungsrechte der Parteien im Zivilprozess. Grundsätzlich sind personenbezogener Daten in der Discovery mithin nicht zu berichten. Gleichwohl hat der Betroffene zum Teil ein berechtigtes Interesse an der Berichtigung. Dies gilt besonders bei nachteiligen Daten (z. B. über vermeintliche Straftaten). In einer solchen Situation müssen die Anwälte den personenbezogenen Daten einen Vermerk oder eine Gegendarstellung mit Hinweis auf die Unrichtigkeit

---

[787] Eine Löschung bedeutet das Unkenntlichmachen der Daten, z. B. durch Zerstören des Datenträgers oder Entfernen der Signale. Siehe zum BDSG die Definition in § 3 Abs. 4 Nr. 5 BDSG. Dazu: Wedde in Roßnagel, Handbuch Datenschutzrecht, Kap. 4.4 Rn. 62 f., S. 560.
[788] Artikel-29-Datenschutzgruppe, Arbeitsunterlage Übermittlungen personenbezogener Daten an Drittländer, WP 12, S. 6.
[789] Nach § 3 Abs. 4 Nr. 4 BDSG bedeutet Sperren das Kennzeichnen der Daten, um die weitere Verarbeitung einzuschränken. Dazu: Wedde in Roßnagel, Handbuch Datenschutzrecht, Kap 4.4 Rn. 68 ff., S. 561 f.
[790] Artikel-29-Datenschutzgruppe, Arbeitsunterlage Übermittlungen personenbezogener Daten an Drittländer, WP 12, S. 6.
[791] Vgl. Artikel-29-Datenschutzgruppe, Arbeitsunterlage 1/2009 über Offenlegungspflichten im Rahmen der vorprozessualen Beweiserhebung bei grenzüberschreitenden Verfahren (pre-trial discovery), WP 158, S. 14.
[792] Siehe dazu: 9. Kapitel, D. II 1. b).

beifügen.[793] Dadurch wird dem Berichtigungsinteresse des Betroffenen Rechnung getragen, ohne dass die Beweisaussage der personenbezogenen Daten beeinträchtigt ist.

d) Grundsatz der Datentransparenz

Ein angemessenes Schutzniveau verlangt weiterhin, dass in der Discovery die Datentransparenz garantiert ist.[794] Denn erst bei Kenntnis über die Verarbeitung seiner personenbezogenen Daten kann ein Betroffener über die Geltendmachung seiner Rechte entscheiden.

aa) Informationspflicht

Nach Art. 11 Abs. 1 DSRL muss die verantwortliche Stelle dem Betroffenen bei Beginn der Speicherung oder spätestens der ersten Übermittlung folgende Informationen zukommen lassen: die Identität der verantwortlichen Stelle, die Zweckbestimmung, die Datenkategorien, die Empfänger oder Empfängerkategorien sowie das Bestehen von Auskunfts- und Berichtigungsrechten. In der Discovery trifft die Informationspflicht zunächst die verantwortliche Stelle in der Europäischen Union. Sie hat dem Betroffenen vor der Datenübermittlung die genannten Informationen zu erteilen. Die amerikanischen Anwälte müssen den Betroffenen nur dann erneut informieren, wenn sie seine Daten für Zwecke außerhalb des Rechtsstreits verwenden.[795] Dies ergibt sich aus dem Sinn und Zweck der Informationspflicht. Sie umfasst nicht bloß die Mitteilung an den Betroffenen, dass seine Daten verarbeitet werden, sondern auch die Zweckbestimmung. Ohne erneute Information würde der Betroffene im Glauben gelassen, dass seine Daten für von ihm akzeptierte Zwecke verarbeitet werden.

Eine Ausnahme von der Informationspflicht besteht nach Art. 11 Abs. 2 Satz 1 DSRL, wenn die Information unmöglich ist oder einen unverhältnismäßig hohen Aufwand bedeutet. Beide Regelungen beziehen sich auf Konstellationen, in denen die Identität des Betroffenen nicht oder nur unter besonderem Aufwand feststellbar ist.[796] Für solche Situationen sind gemäß Art. 11 Abs. 2 Satz 2 DSRL geeignete Garantien vorzusehen. Geeignet ist zum Beispiel die Einschaltung der Aufsichtsbehörde, die entsprechende Auflagen und Bedingungen festlegen kann.[797]

Zudem gestattet Art. 13 Abs. 1 d) Alt. 1 DSRL eine Ausnahme, wenn der Information das Verbot einer Ermittlungsbehörde entgegensteht, etwa zur Wahrung eines Untersuchungsge-

---

[793] Zur Berichtigung ärztlicher Behandlungsdokumente durch Erläuterung: Dix in Simitis, BDSG, § 35 Rn. 17. Zur Beifügung einer Gegendarstellung siehe auch § 35 Abs. 6 Satz 2 BDSG.
[794] Vgl. Artikel-29-Datenschutzgruppe, Arbeitsunterlage Übermittlungen personenbezogener Daten an Drittländer, WP 12, S. 6.
[795] Zur Informationspflicht bei Änderung der Zweckbestimmung: Gola/Schomerus, BDSG, § 33 Rn. 16.
[796] Brühann in Grabitz/Hilf/Nettesheim, Das Recht der Europäischen Union, Art. 11 DSRL Rn. 8.
[797] Brühann in Grabitz/Hilf/Nettesheim, Das Recht der Europäischen Union, Art. 11 DSRL Rn. 8.

heimnisses.[798] Dagegen rechtfertigt die anwaltliche Vertraulichkeit regelmäßig keine Ausnahme von der Informationspflicht. Verarbeiten die Anwälte die personenbezogenen Daten für Zwecke außerhalb des Rechtsstreits, unterliegt dieser Vorgang nicht mehr der Vertraulichkeit des ursprünglichen Mandats.

bb) Auskunftsrecht

Allein die Information bei der Übermittlung und einer Zweckänderung versetzt den Betroffenen nicht in die Lage, zu einem späteren Zeitpunkt einzuschätzen, unter welchen Umständen seine Daten verarbeitet werden. Nach Art. 12 a) DSRL muss der Betroffene deshalb von der jeweiligen verantwortlichen Stelle frei und ungehindert in angemessenen Abständen ohne unzumutbare Verzögerung oder übermäßige Kosten Auskunft über die Verarbeitung seiner Daten erhalten. Die verantwortliche Stelle hat Auskunftsersuchen unverzüglich zu bearbeiten und darf allenfalls tatsächlich entstandene Kosten an den Betroffenen weitergeben.[799] In der Discovery ist dem Betroffenen ein solches Auskunftsrecht durch entsprechende Regelungen gegenüber den Anwälten einzuräumen.[800] In inhaltlicher Hinsicht muss das Auskunftsrecht nach Art. 12 a), 1. und 2. Spiegelstrich DSRL folgende Angaben erfassen: die Bestätigung, ob personenbezogene Daten des Betroffenen verarbeitet werden, die Zweckbestimmung, die Datenkategorien, die Empfänger oder Empfängerkategorien sowie eine Mitteilung über die verarbeiteten personenbezogenen Daten und ihre Herkunft.

Berührt ein Auskunftsersuchen die anwaltliche Vertraulichkeit, kann eine Ausnahme aufgrund vorrangiger Rechte Dritter nach Art. 13 Abs. 1 g) Alt. 2 DSRL gerechtfertigt sein.[801] Die Vertraulichkeitspflicht amerikanischer Anwälte richtet sich nach dem bundesstaatlichen Standesrecht, das weitestgehend den ABA Model Rules folgt.[802] Gemäß Rule 1.6(a) ABA Model Rules dürfen Anwälte mandatsbezogene Informationen grundsätzlich nicht weitergeben. Allerdings kommt der anwaltlichen Vertraulichkeit (Confidentiality) in den USA im Gegensatz zur Verschwiegenheitspflicht im deutschen Recht keine absolute Wirkung zu.[803] Nach Rule 1.6(b)(6) ABA Model Rules sind die Anwälte zur Offenlegung der Informationen befugt, wenn dies durch Gesetz oder eine Gerichtsanordnung vorgegeben ist.

---

[798] Vgl. Artikel-29-Datenschutzgruppe, Arbeitsdokument „Rahmen für verbindliche unternehmensinterne Datenschutzregelungen (BCR)", WP 154, S. 9.
[799] Brühann in Grabitz/Hilf/Nettesheim, Das Recht der Europäischen Union, Art. 12 DSRL Rn. 6.
[800] Vgl. Artikel-29-Datenschutzgruppe, Arbeitsunterlage Übermittlungen personenbezogener Daten an Drittländer, WP 12, S. 6 f.
[801] Siehe oben: 9. Kapitel, D. II 1. b).
[802] Zu den ABA Model Rules siehe: 6. Kapitel, A. II.
[803] In Deutschland gilt die Verschwiegenheitspflicht als unumstößlicher Grundsatz auch gegenüber Gerichten und anderen staatlichen Stellen. Ein Vergleich der Verschwiegenheitspflicht in Deutschland und der Vertraulichkeitspflicht in den USA findet sich bei: Mann, Anwaltliche Verschwiegenheit und Corporate Governance, S. 246 ff.

Aus FRCP 26(b)(1) und FRCP 34(a)(1) folgt, dass die Anwälte von rechtmäßigen Vorlageersuchen umfasste Informationen an die Gegenseite übermitteln müssen. Insofern sind die Anwälte gesetzlich zur Offenlegung verpflichtet und von der Vertraulichkeit entbunden.[804] In der Discovery wird die anwaltliche Vertraulichkeit allein durch das Attorney-Client Privilege mit absoluter Wirkung geschützt.[805] Eine Ausnahme nach Art. 13 Abs. 1 g) Alt. 2 DSRL ist somit lediglich hinsichtlich solcher personenbezogener Daten möglich, die dem Attorney-Client Privilege unterliegen. Dies sind ausschließlich Daten der Kommunikation, die ein Mandant mit seinem Anwalt zum Erhalt von Rechtsrat führt.[806] Die hier in Rede stehenden personenbezogenen Daten werden indes zur Erfüllung der Vorlagepflichten in die USA übermittelt. Sie sind also für die Weiterleitung an die gegnerischen Anwälte bestimmt. Das Attorney-Client Privilege ist auf die Mehrzahl der personenbezogenen Daten von vornherein nicht anwendbar. Überdies besitzt der Mandant als „Herr des Geheimnisses" die Dispositionsbefugnis über das Attorney-Client Privilege.[807] Unterliegen die personenbezogenen Daten ausnahmsweise dem Attorney-Client Privilege, so muss daher die Entscheidung dem Mandanten überlassen werden. Willigt dieser in die Auskunftserteilung ein, darf der Anwalt sie nicht unter Berufung auf das Attorney-Client Privilege verweigern.

Ferner kommt in der Discovery eine Ausnahme nach Art. 13 Abs. 1 g) Alt. 2 DSRL in Betracht, wenn die Auskunftserteilung die Rechtsverteidigung der Partei gefährdet.[808] Allein der Umstand der Prozessvorbereitung rechtfertigt nicht die Auskunftsverweigerung. Erforderlich sind konkrete Tatsachen, die ein Geheimhaltungsinteresse der Partei begründen. Zu berücksichtigen sind die Position des Betroffenen, sein Bezug zu dem Rechtsstreit und die Art der Daten. Die Verweigerung der Auskunft kann zum Beispiel gerechtfertigt sein, wenn der Betroffene versucht, die Prozessstrategie oder das beim Mandanten vorhandene Wissen auszuspionieren.[809]

e) Grundsatz der Datensicherheit

Das Schutzniveau in der Discovery ist nur dann angemessen, wenn die Anwälte verpflichtet sind, geeignete Maßnahmen zur Datensicherheit zu implementieren.[810] Gemäß Art. 17 Abs. 1 Satz 1 DSRL obliegt es der jeweiligen verantwortlichen Stelle, geeignete technische und

---

[804] Vgl. Mann, Anwaltliche Verschwiegenheit und Corporate Governance, S. 247 f.
[805] Walkowiak, The Attorney-Client Privilege in Civil Litigation, S. 111 ff.; Mann, Anwaltliche Verschwiegenheit und Corporate Governance, S. 247.
[806] Upjohn Co. v. United States, 449 U.S. 383, 389 (1981); Walkowiak, The Attorney-Client Privilege in Civil Litigation, S. 109 f.; Mann, Anwaltliche Verschwiegenheit und Corporate Governance, S. 90 ff.
[807] Mann, Anwaltliche Verschwiegenheit und Corporate Governance, S. 107 und 231.
[808] Brühann in Grabitz/Hilf/Nettesheim, Das Recht der Europäischen Union, Art. 13 DSRL Rn. 14.
[809] Vgl. zum BDSG: Weichert, NJW 2009, 550, 552.
[810] Artikel-29-Datenschutzgruppe, Arbeitsunterlage Übermittlungen personenbezogener Daten an Drittländer, WP 12, S. 6.

organisatorische Maßnahmen zur sicheren Datenverarbeitung zu ergreifen. Darunter fallen Maßnahmen zum Schutz der personenbezogenen Daten vor unrechtmäßiger Zerstörung, zufälligem Verlust sowie Änderung, Weitergabe oder Zugang auf unberechtigte Weise.[811] Nach Art. 17 Abs. 1 Satz 2 DSRL müssen die Maßnahmen dem gegenwärtigen Stand der Technik entsprechen und einen Schutz gewährleisten, der den verarbeitungsspezifischen Risiken und der Art der Daten angemessen ist. Vor allem sensible Daten verlangen einen hohen Sicherheitsstandard.[812] In der Discovery müssen die Anwälte für geeignete Maßnahmen sorgen. Eine Auftragsdatenverarbeitung darf nach Art. 17 Abs. 2 DSRL nur unter der Voraussetzung gestattet werden, dass die Anwälte einen Auftragsdatenverarbeiter auswählen, der ausreichende Gewähr für die erforderlichen Sicherheitsmaßnahmen bietet. Ausnahmen von Art. 17 DSRL enthält die DSRL nicht. Maßnahmen der Datensicherheit stehen regelmäßig auch nicht im Konflikt zur anwaltlichen Vertraulichkeitspflicht.

Der Grundsatz der Datensicherheit wird in Art. 16 Halbsatz 1 DSRL konkretisiert durch Regelungen zur Vertraulichkeit der Datenverarbeitung.[813] Danach dürfen Auftragsdatenverarbeiter und Personen, die der verantwortlichen Stelle oder einem Auftragsdatenverarbeiter unterstellt sind und Zugang zu den personenbezogenen Daten haben, diese nur nach Weisung der verantwortlichen Stelle verarbeiten. In der Discovery muss mithin garantiert sein, dass Paralegals, Sekretariatsmitarbeiter, Computerexperten, Sachverständige und Auftragsdatenverarbeiter die personenbezogenen Daten ausschließlich nach Weisung der Anwälte verarbeiten. Abhängig von der Art und Dauer der Tätigkeit sind hierzu Einzelanweisungen oder Schulungen erforderlich.[814] Eine Ausnahme ist in Art. 16 Halbsatz 2 DSRL vorgesehen, wenn der Vertraulichkeit eine gesetzliche Verpflichtung entgegensteht. In Betracht kommen beispielsweise Zeugenpflichten.[815]

f) Recht auf Berichtigung, Löschung und Sperrung

Für ein angemessenes Schutzniveau verlangt Art. 12 b) DSRL, dass dem Betroffenen ein Recht auf Berichtigung, Löschung oder Sperrung seiner Daten zusteht, wenn die Verarbeitung nicht den Vorgaben der DSRL entspricht, insbesondere wenn die Daten unvollständig oder unrichtig sind.[816] Dieses Recht ist das Gegenstück zu den Pflichten der verantwortlichen

---

[811] Art. 17 Abs. 1 Satz 1 DSRL.
[812] Artikel-29-Datenschutzgruppe, Arbeitsunterlage Übermittlungen personenbezogener Daten an Drittländer, WP 12, S. 7.
[813] Vgl. Artikel-29-Datenschutzgruppe, Arbeitsunterlage Übermittlungen personenbezogener Daten an Drittländer, WP 12, S. 6.
[814] Engel, Richtlinie 95/46/EG, S. 194.
[815] Brühann in Grabitz/Hilf/Nettesheim, Das Recht der Europäischen Union, Art. 16 DSRL Rn. 11.
[816] Artikel-29-Datenschutzgruppe, Arbeitsunterlage Übermittlungen personenbezogener Daten an Drittländer, WP 12, S. 6 f.; Wedde in Roßnagel, Handbuch Datenschutzrecht, Kap. 4.4 Rn. 55 ff.; S. 558 ff.

9. Kapitel: Zulässigkeit der Datenübermittlung in die USA nach § 4b Abs. 2 BDSG

Stelle bezüglich der Datenverhältnismäßigkeit und der Datenqualität. Es ermöglicht dem Betroffenen, rechtswidrige Datenverarbeitungen zu unterbinden und sein Grundrecht auf Datenschutz auszuüben.[817]

Für das Recht auf Berichtigung, Löschung und Sperrung gelten die Ausnahmen des Art. 13 Abs. 1 DSRL. In der Discovery dürfen Anwälte unrichtige Daten aus Gründen der Beweissicherung im Regelfall nicht berichtigen.[818] Insofern greift Art. 13 Abs. 1 g) Alt. 2 DSRL. Der Betroffene muss bei einem berechtigten Interesse jedoch verlangen können, dass seinen Daten eine Gegendarstellung oder ein Vermerk mit Hinweis auf die Unrichtigkeit beigefügt wird. Stehen einer Löschung gesetzliche Aufbewahrungspflichten zur Wahrung der Rechte Dritter entgegen, ist dem Betroffenen ein Recht auf Sperrung seiner Daten einzuräumen.

g) Widerspruchsrecht

Nach Art. 14 a) Satz 1 Halbsatz 1 DSRL muss der Betroffene bei Datenverarbeitungen aufgrund eines berechtigten Interesses der verantwortlichen Stelle das Recht haben, jederzeit aus überwiegenden, schutzwürdigen, sich aus seiner besonderen Situation ergebenden Gründen Widerspruch einzulegen.[819] Dies gilt auch für Datenverarbeitungen in der Discovery, die auf dem berechtigten Interesse der verantwortlichen Stelle an der Erfüllung der Vorlagepflichten beruhen. Während die Beurteilung der Rechtmäßigkeit einer Verarbeitung nach Art. 7 f) DSRL bloß eine summarische Prüfung erfordert, sind bei einem Widerspruch die konkret vorgebrachten Interessen des Betroffenen zu bewerten.[820] Rechtsfolge eines berechtigten Widerspruchs ist die Unzulässigkeit der Datenverarbeitung ab dem Zeitpunkt seiner Erklärung.[821] Ob der Widerspruch berechtigt ist, bestimmt sich nach einer Abwägung der Interessen des Betroffenen und der verantwortlichen Stelle.

Die DSRL selbst regelt für das Widerspruchsrecht keine Ausnahmen. Art. 14 a) Satz 1 Halbsatz 2 DSRL erlaubt lediglich, dass das einzelstaatliche Recht entgegenstehende Bestimmungen vorsehen kann. Unzulässig ist ein genereller Ausschluss des Widerspruchsrechts.[822] Etwaige entgegenstehende Bestimmungen im amerikanischen Recht müssen somit eine Einzelfallentscheidung über den Widerspruch verlangen.

---

[817] Zur entsprechenden Regelung des § 35 BDSG: Dix in Simitis, BDSG, § 35 Rn. 2.
[818] Siehe oben: 9. Kapitel, D. II. 2. c).
[819] Artikel-29-Datenschutzgruppe, Arbeitsunterlage Übermittlungen personenbezogener Daten an Drittländer, WP 12, S. 6 f.; Wedde in Roßnagel, Handbuch Datenschutzrecht, Kap. 4.4 Rn. 82, S. 564 f.
[820] Brühann in Grabitz/Hilf/Nettesheim, Das Recht der Europäischen Union, Art. 14 DSRL Rn. 7.
[821] Brühann in Grabitz/Hilf/Nettesheim, Das Recht der Europäischen Union, Art. 14 DSRL Rn. 9.
[822] Brühann in Grabitz/Hilf/Nettesheim, Das Recht der Europäischen Union, Art. 14 DSRL Rn. 10.

h) Beschränkung der Weiterübermittlung

Feststellungen zur Angemessenheit des Schutzniveaus in der Discovery gelten nur insoweit, als die Anwälte der verantwortlichen Stelle und der Gegenseite die einzigen Datenempfänger sind. Weiterübermittlungen für die Zwecke des Rechtsstreits (z. B. an Dienstleister oder Mandanten) dürfen ausschließlich unter der Voraussetzung eines angemessenen Schutzniveaus beim Empfänger zugelassen werden.[823] Ist der Empfänger in einem Mitgliedstaat der Europäischen Union oder einem Drittland ansässig, für das die EU-Kommission eine positive Angemessenheitsentscheidung getroffen hat, bedarf es keiner weiteren Schutzvorkehrungen. Befindet sich der Empfänger aber in den USA oder einem anderen Drittland, darf die Weiterübermittlung nur gestattet werden, wenn der Empfänger im Einzelfall ein angemessenes Schutzniveau aufweist oder ausreichende Garantien im Sinne von Art. 26 Abs. 2 DSRL gewährleistet.

Sonstige Ausnahmen müssen mit Art. 26 Abs. 1 DSRL in Einklang stehen.[824] Bei der Weiterübermittlung von unmittelbar verfahrensrelevanten personenbezogenen Daten an das Prozessgericht, andere Gerichte oder staatliche Behörden kommt die Ausnahme des Art. 26 Abs. 1 d) DSRL zur Anwendung. Nach dieser Vorschrift darf eine Übermittlung ohne Gewährleistung eines angemessenen Schutzniveaus erfolgen, sofern dies für die Wahrung eines wichtigen öffentlichen Interesses oder zur Geltendmachung, Ausübung oder Verteidigung von Rechtsansprüchen vor Gericht erforderlich oder gesetzlich vorgeschrieben ist. Da es für die Verfahrenszwecke regelmäßig keines Zugangsrechts der Öffentlichkeit bedarf, ist allein die Weiterübermittlung in versiegelter Form zulässig.

3. Funktionelle Datenschutzgarantien

a) Gewährleistung einer guten Befolgungsrate

Ein angemessenes Schutzniveau in der Discovery setzt voraus, dass eine gute Befolgungsrate der inhaltlichen Datenschutzgarantien gewährleistet ist.[825] Es bedarf transparenter Regelungen, damit sich die verantwortlichen Stellen ihrer Pflichten und die Betroffenen ihrer Rechte bewusst sind.[826] Bei Verstößen gegen die Datenschutzregelungen sind gemäß Art. 24 DSRL geeignete Sanktionen vorzusehen. Die Sanktionen müssen die verantwortliche Stelle

---

[823] Artikel-29-Datenschutzgruppe, Arbeitsunterlage Übermittlungen personenbezogener Daten an Drittländer, WP 12, S. 7.
[824] Artikel-29-Datenschutzgruppe, Arbeitsunterlage Übermittlungen personenbezogener Daten an Drittländer, WP 12, S. 7.
[825] Artikel-29-Datenschutzgruppe, Arbeitsunterlage Übermittlungen personenbezogener Daten an Drittländer, WP 12, S. 7 f.
[826] Vgl. Artikel-29-Datenschutzgruppe, Arbeitsunterlage Übermittlungen personenbezogener Daten an Drittländer, WP 12, S. 7 f.

bestrafen und sich auf ihr künftiges Verhalten auswirken.[827] Außerdem ist die Einhaltung der Datenschutzregelungen zu kontrollieren.[828] Art. 28 Abs. 1 Satz 1 DSRL sieht insofern die Einrichtung von öffentlichen Kontrollstellen vor. Die Kontrolle muss nicht notwendigerweise durch eine spezielle Datenschutzbehörde ausgeübt werden.[829] Maßgeblich ist gemäß Art. 28 Abs. 1 Satz 2 DSRL, dass die Kontrollstelle ihre Aufgaben unabhängig wahrnimmt. Sie muss frei von jeglicher Einflussnahme sein und darf keiner staatlichen Aufsicht unterliegen.[830] Nach Art. 28 Abs. 3 Satz 1, 1. Spiegelstrich DSRL muss die Kontrollstelle über Untersuchungsbefugnisse, wie das Recht auf Zugang zu den personenbezogenen Daten sowie das Recht auf Einholung der für die Erfüllung ihres Kontrollauftrags erforderlichen Informationen verfügen. Ferner verlangt Art. 28 Abs. 3 Satz 1, 2. Spiegelstrich DSRL, dass der Kontrollstelle wirksame Einwirkungsbefugnisse zukommen. Dazu gehören die Befugnisse, die Datensperrung und Datenlöschung sowie ein vorläufiges oder endgültiges Verarbeitungsverbot anzuordnen und eine Verwarnung auszusprechen. Art. 28 Abs. 3 Satz 1, 3. Spiegelstrich DSRL erfordert zudem ein Klage- oder Anzeigerecht der Kontrollstelle bei Verstößen.

Die Anwälte können Untersuchungs- und Einwirkungsmaßnahmen der Kontrollstelle nicht verweigern, indem sie sich pauschal auf die anwaltliche Vertraulichkeit berufen.[831] Ausnahmen sind nur dann gerechtfertigt, wenn die jeweilige Maßnahme das Attorney-Client Privilege verletzt oder die Rechtsverteidigung gefährdet.[832] Hierfür müssen die Anwälte konkrete Anhaltspunkte darlegen.

b) Unterstützung des Betroffenen

Ein angemessenes Schutzniveau verlangt weiterhin, dass der Betroffene in der Discovery bei der Durchsetzung seiner Rechte institutionelle Unterstützung erhält.[833] Nach Art. 22 DSRL muss der Betroffene neben einer Beschwerde bei der Kontrollstelle einen Rechtsbehelf bei Gericht einlegen können. Alternativ kommt ein Rechtsbehelf bei einem unabhängigen Schiedsgericht oder einer vergleichbaren Institution in Betracht.[834] Von wesentlicher

---

[827] Artikel-29-Datenschutzgruppe, Arbeitsunterlage Übermittlungen personenbezogener Daten an Drittländer, WP 12, S. 13.
[828] Artikel-29-Datenschutzgruppe, Arbeitsunterlage Übermittlungen personenbezogener Daten an Drittländer, WP 12, S. 8.
[829] Artikel-29-Datenschutzgruppe, Arbeitsunterlage Übermittlungen personenbezogener Daten an Drittländer, WP 12, S. 8; Scheja, Kundendatenbank, S. 136 f.
[830] EuGH, Rs. C-518/07, Slg. 2010, I-1885, Rn. 25 und 31 ff. - Kommission/Deutschland.
[831] Siehe: 9. Kapitel, D. II. 1. b). Zum BDSG: Weichert, NJW 2009, 550, 553; a. A. Zuck in Abel, Datenschutz in Anwaltschaft, Notariat und Justiz, S. 34.
[832] Siehe dazu: 9. Kapitel, D. II. 2. d) bb).
[833] Artikel-29-Datenschutzgruppe, Arbeitsunterlage Übermittlungen personenbezogener Daten an Drittländer, WP 12, S. 8 und 14.
[834] Artikel-29-Datenschutzgruppe, Arbeitsunterlage Übermittlungen personenbezogener Daten an Drittländer, WP 12, S. 14

Bedeutung ist die Neutralität der Institution.[835] Sie darf in keinem Abhängigkeitsverhältnis zu der verantwortlichen Stelle stehen. Die Institution sollte deshalb nicht der Berufsgruppe oder dem Wirtschaftszweig der verantwortlichen Stelle angehören.[836] Aus diesem Grund sind anwaltliche Interessenvertretungen in der Discovery keine geeigneten Institutionen. Der Betroffene muss mittels eines Rechtsbehelfs Zugang zu seinen personenbezogenen Daten erlangen und ihre Berichtigung oder Löschung erwirken können.[837] Ein entsprechender Rechtsschutz muss dem Betroffenen überdies nicht nur bei Datenverarbeitungen durch die Anwälte oder deren Mandanten, sondern auch bei Eingriffen, die sich aus Maßnahmen staatlichen Ursprungs ergeben, zur Verfügung stehen.[838]

c) Gewährleistung einer angemessenen Entschädigung

Für ein angemessenes Schutzniveau ist in der Discovery überdies eine Art. 23 Abs. 1 DSRL entsprechende Haftungsregelung vorzusehen.[839] Nach dieser Vorschrift muss ein Betroffener, der wegen einer rechtswidrigen Datenverarbeitung Schaden erleidet, von der verantwortlichen Stelle Ersatz verlangen können. Typischerweise sind Schäden aufgrund von Persönlichkeitsrechtsverletzungen nicht materiell messbar. Art. 23 Abs. 1 DSRL erfasst deshalb nicht nur materielle Schäden, sondern auch immaterielle Schäden.[840] Etwaige Exkulpationsmöglichkeiten müssen mit Art. 23 Abs. 2 DSRL in Einklang stehen. Danach kann sich die verantwortliche Stelle von der Haftung befreien, wenn sie nachweist, dass ihr der Umstand des Schadenseintritts nicht zur Last zu legen ist. Gründe für eine Entlastung können die Einhaltung von Sicherheitsregeln, die sorgfältige Auswahl und Kontrolle von Auftragsdatenverarbeitern, höhere Gewalt oder ein Mitverschulden des Betroffenen sein.[841]

4. Rechtsinstrumente zur Absicherung der Datenschutzgarantien

Für ein angemessenes Schutzniveau ist erforderlich, dass die inhaltlichen und funktionellen Datenschutzgarantien in der Discovery durch geeignete Rechtsinstrumente abgesichert sind. Die Rechtsinstrumente müssen insbesondere für die Anwälte der verantwortlichen Stelle und der Gegenseite bei der Verarbeitung personenbezogener Daten gelten. Nach Art. 25 Abs. 2 Halbsatz 2 DSRL sind insbesondere die in dem Drittland geltenden allgemeinen und sektoriellen Rechtsnormen, Standesregeln und Sicherheitsmaßnahmen zu berücksichtigen. Diese Auflistung ist nicht abschließend, sodass auch andere Rechtsinstrumente in die Prüfung

---

[835] Artikel-29-Datenschutzgruppe, Arbeitsunterlage Übermittlungen personenbezogener Daten an Drittländer, WP 12, S. 14.
[836] Artikel-29-Datenschutzgruppe, Arbeitsunterlage Übermittlungen personenbezogener Daten an Drittländer, WP 12, S. 14.
[837] Vgl. EuGH, Urteil Schrems/Data Protection Commissioner, C-362/14, ECLI:EU:C:2015:650, Rn. 95.
[838] Vgl. EuGH, Urteil Schrems/Data Protection Commissioner, C-362/14, ECLI:EU:C:2015:650, Rn. 89.

9. Kapitel: Zulässigkeit der Datenübermittlung in die USA nach § 4b Abs. 2 BDSG   131

einbezogen werden können.[842] Zu untersuchen sind die Funktionalität und die Effektivität der Rechtsinstrumente hinsichtlich der Gewährleistung der Datenschutzgarantien.[843]

a) Datenschutzgesetze

In den USA fehlt es an einem allgemeinen Datenschutzgesetz.[844] In der Privatwirtschaft beschränkt sich der Datenschutz auf bereichsspezifische Gesetze mit engem Anwendungsbereich.[845] Diese Gesetze betreffen vorwiegend die Bereiche Finanzen, Gesundheit und Telekommunikation. Ein spezielles Gesetz für die anwaltliche Datenverarbeitung existiert nicht. Lediglich in Einzelfällen sind die bereichsspezifischen Gesetze auf Anwälte anwendbar. Erhält ein Anwalt zum Beispiel Gesundheitsdaten von einer Organisation, die dem HIPAA unterliegt, so ist er als „Business Associate" anzusehen und muss ebenfalls die Datenschutzvorschriften des HIPAA befolgen.[846] In der Discovery werden personenbezogene Daten aus der Europäischen Union ausschließlich für die Zwecke des Rechtsstreits übermittelt. Sie werden nicht von einer Organisation verarbeitet, auf die HIPAA anwendbar ist.

Außerdem unterstehen die Anwälte den bundesstaatlichen Datensicherheitsgesetzen.[847] Diese schützen aber nur persönliche Informationen der Bewohner des jeweiligen Bundesstaates.[848] Personenbezogene Daten von Staatsangehörigen der Europäischen Union oder anderer Staaten fallen nicht in den Schutzbereich der Datensicherheitsgesetze. Folglich gewährleisten die wenigen für Anwälte geltenden Datenschutzgesetze nicht die in der Discovery erforderlichen inhaltlichen und funktionellen Datenschutzgarantien.

Es ist auch nicht zu erwarten, dass die anwaltliche Datenverarbeitung in den USA künftig stärker reguliert wird. In der Vergangenheit wehrte sich die Anwaltschaft erfolgreich gegen die Anwendung datenschutzrechtlicher Vorschriften. Die Federal Trade Commission unter-

---

[839] Artikel-29-Datenschutzgruppe, Arbeitsunterlage Übermittlungen personenbezogener Daten an Drittländer, WP 12, S. 8 und 14.
[840] Artikel-29-Datenschutzgruppe, Arbeitsunterlage Übermittlungen personenbezogener Daten an Drittländer, WP 12, S. 14; Brühann in Grabitz/Hilf/Nettesheim, Das Recht der Europäischen Union, Art. 23 DSRL Rn. 6.
[841] Brühann in Grabitz/Hilf/Nettesheim, Das Recht der Europäischen Union, Art. 23 DSRL Rn. 9.
[842] Artikel-29-Datenschutzgruppe, Arbeitsunterlage Übermittlungen personenbezogener Daten an Drittländer, WP 12, S. 11; Wuermeling, Handelshemmnis Datenschutz, S. 123 ff
[843] Zum funktionalen Ansatz des Art. 25 Abs. 2 DSRL: Brühann in Grabitz/Hilf/Nettesheim, Das Recht der Europäischen Union, Art. 25 DSRL Rn. 15; Dammann/Simitis, DSRL, Art. 25 Rn. 8; Simitis in Büllesbach, Datenverkehr ohne Datenschutz?, S. 189.
[844] Ausführlich zum Datenschutzrecht der USA siehe: 2. Kapitel, A. II.
[845] Zu den bereichsspezifischen Datenschutzgesetzen siehe: 2. Kapitel, A. II. 4.
[846] Hughes, US Legal Support 2011, S. 2 f. Zum HIPAA siehe: 2. Kapitel, A. II. 4.
[847] Zum kalifornischen Datensicherheitsgesetz siehe: 2. Kapitel, A. II. 5.
[848] Vgl. Cal. Civil Code § 1798.81.5(a): „It is the intent of the Legislature to ensure that personal information about California residents is protected.".

warf Anwälte zum Beispiel den Datenschutzvorschriften des Gramm-Leach-Bliley-Act und der vor Identitätsdiebstahl schützenden „Red Flags Rule" des Fair and Accurate Credit Transactions Act. In beiden Fällen befanden die Gerichte nach einer Klage der American Bar Association, dass die Vorschriften nicht auf Anwälte anwendbar seien, da sie nicht der Regulierungsbefugnis der Federal Trade Commission unterstünden.[849]

b) *Federal Rules of Civil Procedure*

Die FRCP enthalten keine Datenschutzvorschriften für die Discovery. Im Vordergrund der FRCP steht das Interesse an der umfassenden Sachverhaltsaufklärung und Wahrheitsermittlung. Von der Discovery ausgenommen sind nach FRCP 26(b)(1) Satz 1 nur solche Daten, die einem Weigerungsrecht unterliegen. Da das Right to Privacy kein Weigerungsrecht begründet, sind personenbezogene Daten in der Discovery grundsätzlich nicht geschützt.[850] Lediglich für die Einreichung von Dokumenten bei Gericht sieht FRCP 5.2(a) für bestimmte Daten Schutzregelungen vor.[851] Enthalten die Dokumente die Sozialversicherungs-, Steueroder Kontonummer einer natürlichen Person, muss diese nach FRCP 5.2(a)(1) und (4) bis auf die letzten vier Ziffern unkenntlich gemacht werden. Von Geburtsdaten darf gemäß FRCP 5.2(a)(2) ausschließlich das Geburtsjahr offengelegt werden. Bei Namen von Minderjährigen dürfen nach FRCP 5.2(a)(3) bloß die Initialien angezeigt werden. Allerdings ist die Durchsetzung von FRCP 5.2(a) nicht sichergestellt. Für die Unkenntlichmachung sind die Parteien und ihre Anwälte verantwortlich. Das Gericht prüft nicht, ob die Daten tatsächlich unkenntlich gemacht werden. Aus diesen Gründen garantieren die FRCP kein angemessenes Schutzniveau.

c) *Anwaltliche Standesregeln*

In der Discovery unterliegen die Anwälte den Standesregeln des Bundesstaates ihrer Zulassung, die im Wesentlichen dem Vorbild der ABA Model Rules folgen.[852] Die ABA Model Rules beinhalten nur wenige Vorschriften zur anwaltlichen Datenverarbeitung. Gemäß Rule 1.15(a) ABA Model Rules muss der Anwalt Gegenstände von Mandanten oder Dritten getrennt von seinen eigenen Gegenständen aufbewahren, kennzeichnen und angemessen sichern. Dies gilt ebenso für Daten, die der Anwalt für die Discovery von seinen Mandanten erhält. Nach Rule 1.6(a) ABA Model Rules ist der Anwalt ferner zur vertraulichen Behandlung von Mandatsinformationen verpflichtet. Er muss sämtliche Mandatsinformationen, einschließlich der für die Discovery übermittelten Daten, durch geeignete Sicherheits-

---

[849] ABA v. FTC, 430 F.3d 457, 467 ff. (D.C. Cir. 2005); ABA v. FTC, 671 F.Supp. 2d 64, 73 ff. (D.D.C. 2009).
[850] Siehe: 2. Kapitel, B. II. 3 und 4. Kapitel, A. IV.
[851] Siehe dazu: 7. Kapitel, B. V. 10.
[852] Siehe dazu: 6. Kapitel, A. II.

maßnahmen vor unzulässiger Offenlegung schützen. Einige State Bars haben Stellungnahmen zu geeigneten Sicherheitsmaßnahmen für elektronische Daten veröffentlicht.[853] Die State Bar of Arizona empfiehlt Anwälten zum Beispiel den Einsatz von Firewalls, Passwörtern, Verschlüsselungstechniken und Antivirus-Programmen.[854] Die Stellungnahmen sind in der Praxis zwar wichtige Quellen des anwaltlichen Berufsrechts, dennoch sind sie nicht verbindlich.[855] Die Vorschriften zur anwaltlichen Datenverarbeitung schützen vorrangig Informationen des Mandanten. Der Schutz von personenbezogenen Daten Dritter wird allenfalls mittelbar erreicht. Soweit es für die Mandatsausübung erforderlich ist, dürfen personenbezogene Daten in den USA ungeachtet der Rechte Dritter offengelegt werden. Im Ergebnis sind die Standesregeln somit nicht zur Gewährleistung der inhaltlichen und funktionellen Datenschutzgarantien geeignet.

d) Vertragsklauseln

Die Parteien können in der Discovery vertragliche Datenschutzgarantien vereinbaren.[856] Ob Vertragsklauseln bei der Angemessenheitsprüfung zu berücksichtigen sind, ist in der Literatur umstritten. Im Gegensatz zu Art. 25 Abs. 2 Halbsatz 2 DSRL nennt die Ausnahmeregelung des Art. 26 Abs. 2 DSRL Vertragsklauseln ausdrücklich. Überwiegend wird daher vertreten, dass Vertragsklauseln bei der Angemessenheitsprüfung nicht zu berücksichtigen sind.[857] *Wuermeling* hingegen plädiert unter Berufung auf den funktionalen Ansatz des Art. 25 Abs. 2 DSRL dafür, Vertragsklauseln auch in die Angemessenheitsprüfung einzubeziehen.[858] Dagegen spricht, dass die in Art. 25 Abs. 2 DSRL Halbsatz 2 ausdrücklich genannten Instrumente von außen auf verantwortliche Stellen einwirken und durch Dritte kontrolliert werden. Mit Vertragsklauseln schaffen die Parteien lediglich privatautonom Garantien, die sie frei abändern können. In der Discovery entfalten Vertragsklauseln weder gegenüber Dritten noch gegenüber dem Gericht verbindliche Wirkung. Das Gericht kann jederzeit entgegenstehende Anordnungen treffen.[859] Vor diesem Hintergrund sind Vertragsklauseln zur Gewähr-

---

[853] z. B. Pennsylvania Bar Association, Committee on Legal Ethics and Professional Responsibility, Formal Opinion 2011-200 (November 2011); State Bar of California, Standing Committee on Professional Responsibility and Conduct, Formal Opinion No. 2010-179 (Dezember 2010); State Bar of Arizona, Ethics Opinion No. 09-04 (Dezember 2009) und No. 05-04 (Juli 2005); New Jersey Advisory Committee on Professional Ethics, Opinion 701 (April 2006); Virginia State Bar Ethics Counsel, Legal Ethics Opinion 1818 (September 2005).
[854] State Bar of Arizona Ethics Opinion No. 09-04 (Dezember 2009) und No. 05-04 (Juli 2005).
[855] Henssler, AnwBl 10/2002, 557, 558.
[856] Zu entsprechenden Vereinbarungen der Parteien siehe: 7. Kapitel, A.
[857] Dammann/Simitis, DSRL, Einleitung, Rn. 30; Gabel in Taeger/Gabel, BDSG, § 4b Rn. 19; Ehmann, CR 1991, 234, 236; Ellger, RabelsZ 60 (1996), 738, 750 ff.; Simitis, CR 2000, 472, 480; ders., NJW 1997, 281, 285.
[858] Wuermeling, Handelshemmnis Datenschutz, S. 126 f.
[859] Vgl. FRCP 29: „Unless the court orders otherwise, [...]"; Francis/Stempel, 6-29 Moore's Federal Practice - Civil § 29.07.

leistung der Datenschutzgarantien in der Discovery nicht ausreichend. Sie können allenfalls ergänzend zu anderen Rechtsinstrumenten wirken.

e) Protective Order

Die Gerichte schützen personenbezogene Daten in der Discovery üblicherweise durch eine Protective Order.[860] Da die Aufzählung der Rechtsinstrumente in Art. 25 Abs. 2 Halbsatz 2 DSRL nicht abschließend ist, kann die Protective Order ebenfalls in die Bewertung des Schutzniveaus einbezogen werden. Allerdings ist die Protective Order als alleiniges Instrument aus den nachstehenden Gründen nicht zur Absicherung der erforderlichen Datenschutzgarantien geeignet.

aa) Antragserfordernis

Das Gericht erlässt die Protective Order in der Regel erst auf Antrag der Parteien oder eines betroffenen Dritten. Legen die Parteien übereinstimmend einen Entwurf für die Protective Order vor, erlässt das Gericht diesen zumeist unverändert.[861] Eine von den Parteien ausgehandelte Protective Order ist demnach kein Rechtsinstrument, das von außen Wirkung auf die verantwortlichen Stellen entfaltet. Daneben stellt sich das Problem, dass die Datenschutzrechte oft nicht dem Vorlagepflichtigen, sondern einem Dritten zukommen und eine Protective Order prinzipiell nur zum Schutz eigener Rechte beantragt werden kann. Zum Teil fordern die Gerichte, dass die Partei den Betroffenen über den Rechtsstreit informiert und ihm ermöglicht, selbst eine Protective Order zu beantragen.[862] Der Betroffene müsste somit nach FRCP 24 intervenieren. Gewöhnlich ist der Betroffene in der Europäischen Union ansässig und nicht an dem Rechtsstreit beteiligt. Er müsste einen Anwalt in den USA mandatieren und die mit der Antragstellung verbundenen Kosten tragen. Dies ist eine unzumutbare Hürde.

bb) Ermessensentscheidung des zuständigen Gerichts

Stellt eine Partei einseitig einen Antrag auf eine Protective Order, hängt die Berücksichtigung der Datenschutzinteressen vom zuständigen Gericht ab. Es entscheidet nach eigenem Ermessen über den Erlass und den Inhalt der Protective Order.[863] Inwiefern sich ein Gericht mit europäischem Datenschutzrecht auseinandersetzt und welche Schutzmaßnahmen es anordnet, lässt sich nicht vorhersagen. Die Gerichte gehen naturgemäß von amerikanischen Datenschutzvorstellungen aus. Am ehesten wird ein Gericht daher sensible Daten schützen, die zugleich in den USA schutzwürdig wären (z. B. Gesundheitsdaten). Sind die personenbezo-

---

[860] Ausführlich zur Protective Order siehe: 7. Kapitel.
[861] Siehe dazu: 7. Kapitel, A.
[862] Siehe dazu: 7. Kapitel, B. I.
[863] Siehe dazu: 7. Kapitel, B. IV. und V.

genen Daten für den Rechtsstreit direkt relevant oder hat die Öffentlichkeit ein besonderes Interesse an ihrer Kenntnis, wird das Gericht hingegen den Antrag auf die Protective Order tendenziell ablehnen.

cc) Änderungsgefahr

Nach Erlass der Protective Order besteht die Gefahr einer nachträglichen Änderung.[864] Sowohl Parteien als auch Dritte können bei Interesse an den geschützten Daten die Änderung der Protective Order beantragen. Die Protective Order ist mithin ein unsicheres Schutzinstrument. Sie ist nicht eingebettet in ein abstrakt-generelles Datenschutzsystem. Die Protective Order ist vielmehr im Kontext des amerikanischen Zivilprozessrechts zu sehen, das die Offenlegung von Informationen begünstigt.[865]

dd) Kein Schutz gegenüber den Anwälten der verantwortlichen Stelle

Verbindliche Vorgaben enthält die Protective Order ausschließlich für die Phase nach der Dokumentenvorlage, indem sie festlegt, auf welche Weise die Anwälte des Vorlageersuchenden und Dritte die personenbezogenen Daten verwenden dürfen. Demgegenüber bestimmt die Protective Order nicht, unter welchen Bedingungen die Anwälte der verantwortlichen Stelle personenbezogene Daten vor der Vorlage verarbeiten dürfen. Für den Betroffenen bedeuten aber auch diese Datenverarbeitungen einen Eingriff in sein Grundrecht auf Datenschutz. Ein angemessenes Schutzniveau verlangt daher, dass die Datenschutzgarantien ebenso gegenüber den Anwälten der verantwortlichen Stelle garantiert sind. Hierfür ist die Protective Order nicht geeignet.

ee) Teilweise Absicherung der inhaltlichen Datenschutzgarantien

In welchem Umfang die Protective Order die inhaltlichen Datenschutzgarantien absichert, hängt von den im Einzelfall angeordneten Schutzmaßnahmen ab.[866] Typischerweise garantiert die Protective Order die Zweckbindung der Datenverarbeitung, indem sie bestimmt, dass geschützte Daten einzig für die Zwecke des Rechtsstreits verwendet werden dürfen.[867] Die Datenverarbeitung für Parallelverfahren oder sonstige Zwecke ist somit untersagt.

Außerdem enthält die Protective Order Vorschriften zur Datenverhältnismäßigkeit. So gestattet sie die Anonymisierung oder Pseudonymisierung geschützter Daten.[868] Um die

---

[864] Siehe dazu: 7. Kapitel, C.
[865] Siehe dazu: 2. Kapitel, B. II. 2.
[866] Siehe ausführlich zu den Schutzmaßnahmen: 7. Kapitel, B. V.
[867] Siehe dazu: 7. Kapitel, B. V. 6.
[868] Siehe dazu: 7. Kapitel, B. V. 1.

Anzahl der vorzulegenden Daten zu reduzieren, ordnen die Gerichte bisweilen ein Stichprobenverfahren an, bei dem die Parteien anhand von Beispielsdaten die Relevanz weiterer Daten klären müssen.[869] Während der Depositions und der Hauptverhandlung erlaubt die Protective Order die Verwendung geschützter Daten zumeist nur insoweit, als sie tatsächlich relevant sind.[870] Regelmäßig begrenzen die Gerichte in der Protective Order den Kreis der Personen, die Zugang zu den geschützten Daten erhalten.[871] Zumeist dürfen allein Parteien, Anwälte und Parteisachverständige die Daten sichten. Bei erhöhter Schutzbedürftigkeit ist Parteien die Sichtung untersagt. In besonderen Fällen wird selbst Anwälten und Parteisachverständigen der Zugang zu den personenbezogenen Daten verweigert und ein unabhängiger Sachverständiger mit der Sichtung betraut. Ferner sieht die Protective Order gemeinhin Schutzmaßnahmen für die Einreichung von Dokumenten bei Gericht vor.[872] Vor der Einreichung müssen geschützte Daten anonymisiert oder pseudonymisiert werden. Sind die Daten für die Beweisführung relevant, ordnet das Gericht die versiegelte Einreichung der Dokumente an. Darüber hinaus finden sich in der Protective Order Bestimmungen zur Datensicherheit.[873] Zum Beispiel wird der Anwalt des Vorlageersuchenden oder eine neutrale Person zum alleinigen Verwahrer der geschützten Daten ernannt. Weiterhin regelt die Protective Order die Vertraulichkeit, indem sie festlegt, dass sämtliche Personen, die Zugang zu den geschützten Daten erhalten, eine Vertraulichkeitserklärung unterzeichnen müssen.[874] Für die Zeit nach dem Rechtsstreit beinhaltet die Protective Order üblicherweise Regelungen zur Datenqualität. So ordnen die Gerichte an, dass geschützte Daten nach Abschluss des Rechtsstreits an den Vorlagepflichtigen zurückzugeben oder zu vernichten sind.[875]

Weitere Anordnungen zu den in der Discovery erforderlichen inhaltlichen Datenschutzgarantien trifft die Protective Order in der Regel nicht. Vor allem mangelt es an Bestimmungen zur Datentransparenz. Die Anwälte werden weder zur Information des Betroffenen bei einer Zweckänderung verpflichtet, noch wird dem Betroffenen ein Auskunftsrecht eingeräumt. Ebenso wenig enthält die Protective Order die Rechte des Betroffenen auf Widerspruch, Berichtigung, Löschung und Sperrung.

ff) Unzureichende Absicherung der funktionellen Datenschutzgarantien

Die für ein angemessenes Schutzniveau notwendigen funktionellen Datenschutzgarantien sichert die Protective Order nicht hinreichend. Es fehlt an Vorkehrungen, welche die Befol-

---

[869] Siehe dazu: 7. Kapitel, B. V. 2.
[870] Siehe dazu: 7. Kapitel, B. V. 9. und 11.
[871] Siehe dazu: 7. Kapitel, B. V. 3.
[872] Siehe dazu: 7. Kapitel, B. V. 10.
[873] Siehe dazu: 7. Kapitel, B. V. 8.
[874] Siehe dazu: 7. Kapitel, B. V. 5.
[875] Siehe dazu: 7. Kapitel, B. V. 12.

9. Kapitel: Zulässigkeit der Datenübermittlung in die USA nach § 4b Abs. 2 BDSG   137

gung der Protective Order sicherstellen. Der Betroffene erhält oft keine Kenntnis von der Protective Order. Insofern mangelt es bereits an einer Transparenz der Regelungen. Zudem unterliegen die Anwälte keiner Datenschutzkontrolle. Das Gericht kontrolliert die Befolgung der Protective Order nicht.[876] Ein Verstoß gegen die Protective Order wird gemeinhin erst auf Antrag sanktioniert. Die Anwaltskammern und die Disziplinarausschüsse der Supreme Courts können einen Verstoß gegen die Protective Order disziplinarrechtlich verfolgen.[877] Jedoch sind beide Gremien keine unabhängigen Kontrollstellen für den Datenschutz. Sie sind überwiegend mit Anwälten besetzt und verstehen sich als Interessenwahrer der Anwaltschaft.

Der Betroffene erhält bei der Durchsetzung der Protective Order keine ausreichende institutionelle Unterstützung. Bei einem Verstoß gegen die Protective Order kann sich der Betroffene lediglich an das Gericht wenden und Maßnahmen des einstweiligen Rechtsschutzes oder Sanktionen beantragen.[878] In den meisten Fällen erlangt der Betroffene aber bereits keine Kenntnis von einem Verstoß.

Im Übrigen besteht für den Betroffenen keine realistische Möglichkeit zur Geltendmachung von Schadensersatzansprüchen. In der Sache *Westinghouse Electric Corp. v. Newman & Holtzinger* entschied der Court of Appeals of California, dass ein Verstoß gegen die Protective Order grundsätzlich keine unerlaubte Handlung darstelle und deshalb keine deliktsrechtlichen Schadensersatzansprüche auslöse.[879] In einem *obiter dictum* wies das Gericht zwar darauf hin, dass in Einzelfällen die Offenlegung von geschützten Informationen Schadensersatzansprüche wegen Verletzung der Privatsphäre (Invasion of Privacy) oder Zufügung emotionaler Leiden (Infliction of Emotional Distress) begründen könne.[880] Beide Tatbestände haben jedoch hohe Anforderungen. Eine Invasion of Privacy wird bei öffentlicher Verbreitung von Tatsachen aus der Privatsphäre eines anderen erst dann angenommen, wenn dies für eine vernünftige Person höchst anstößlich wäre und kein berechtigtes Interesse der Öffentlichkeit vorliegt.[881] Die Infliction of Emotional Distress erkennen die Gerichte an, wenn der Täter ein extrem grobes und empörendes Verhalten gezeigt und dies bei dem Betroffenen

---

[876] Siehe dazu: 7. Kapitel, D.
[877] Die Disziplinargewalt über Anwälte obliegt in den USA grundsätzlich dem Supreme Court des Bundesstaates ihrer Zulassung. In einigen Bundesstaaten haben die Supreme Courts die Disziplinargewalt an Integrated State Bars übertragen (z. B. in Alabama, Kalifornien, Florida, Georgia, Virginia, Washington). Dazu: Wintzer Nachtigäller, Amerikanische und europäische Wettbewerbsforcierung im Berufsrecht des Rechtsanwalts, S. 47; Henssler, AnwBl 10/2002, 557, 559.
[878] Siehe dazu: 7. Kapitel, D. I. und II.
[879] Westinghouse Electric Corp. v. Newman & Holtzinger, 39 Cal. App. 4th 1194, 1199 ff. (Cal. App. 2d Dist. 1995).
[880] Westinghouse Electric Corp. v. Newman & Holtzinger, 39 Cal. App. 4th 1194, 1201 (Cal. App. 2d Dist. 1995).
[881] Vgl. Restatement of the Law, Second, Torts, § 652D.

unmittelbar zu einer schweren Beeinträchtigung der Psyche geführt hat.[882] Aufgrund dieser strengen Voraussetzungen werden die Tatbestände der Invasion of Privacy und der Infliction of Emotional Distres selten bei Verstößen gegen eine Protective Order eingreifen.

f) International Principles on Discovery, Disclosure and Data Protection

Die Sedona Conference veröffentlichte 2011 mit den International Principles on Discovery, Disclosure and Data Protection (International Principles) Lösungsvorschläge für den Konflikt zwischen der Discovery und ausländischem Datenschutzrecht.[883] Aufgrund des funktionalen Ansatzes des Art. 25 Abs. 2 DSRL können auch die International Principles für die Beurteilung des Schutzniveaus herangezogen werden.

aa) Inhalt

Die International Principles bestehen aus sechs kommentierten Principles sowie einem Transfer Protocol und einem Muster für die Protective Order.[884] Mit Principle 1 fordert die Sedona Conference die amerikanischen Gerichte und die Parteien auf, ausländisches Datenschutzrecht und die Interessen der Betroffenen in der Discovery angemessen zu berücksichtigen.[885] Principle 2 verlangt von amerikanischen Gerichten und ausländischen Aufsichtsbehörden das Verhalten einer Partei im Konfliktfall nach den Grundsätzen von Treu und Glauben sowie der Angemessenheit zu beurteilen.[886] Um den Konflikt zu entschärfen sollen die Parteien gemäß Principle 3 die Aufbewahrung und die Discovery auf solche Daten beschränken, die zur Unterstützung der Klage oder Verteidigung einer Partei relevant und notwendig sind.[887] In Principle 4 empfiehlt die Sedona Conference, Vereinbarungen oder Gerichtsanordnungen einzusetzen, um die Daten zu schützen und den Konflikt zu minimieren.[888] Die verantwortliche Stelle soll gemäß Principle 5 in einem Transfer Protocol nachweisen, dass sie sich mit den Datenschutzpflichten befasst und geeignete Schutzmaßnahmen ergriffen hat.[889] In Principle 6 bestimmt die Sedona Conference schließlich, dass die verantwortliche Stelle die Daten nicht länger aufbewahren soll, wie es notwendig ist, um rechtlichen oder geschäftlichen Erfordernissen gerecht zu werden.[890] Ist ein Rechtsstreit anhängig oder vernunftigerweise

---

[882] Vgl. Restatement of the Law, Second, Torts, § 46; Abele, Emotional Distress, S. 23 m. w. N.
[883] Zu den International Principles siehe: Einleitung, B.
[884] Sedona Conference, International Principles, Appendix B und Appendix C.
[885] Sedona Conference, International Principles, Principle 1, S. 7.
[886] Sedona Conference, International Principles, Principle 2, S. 9.
[887] Sedona Conference, International Principles, Principle 3, S. 12.
[888] Sedona Conference, International Principles, Principle 4, S. 17.
[889] Sedona Conference, International Principles, Principle 5, S. 19 und Appendix C, S. 1 ff.
[890] Sedona Conference, International Principles, Principle 6 Satz 1, S. 21.

vorhersehbar, sollen die Daten unter angemessenen Sicherheitsvorkehrungen aufbewahrt werden.[891]

bb) Bewertung

Die International Principles enthalten Handlungsempfehlungen für die Gerichte, Parteien und Aufsichtsbehörden.[892] Verbindlich sind sie demnach nicht. Die Sedona Conference besitzt als private Forschungs- und Bildungseinrichtung auch keine Regelungsbefugnis hinsichtlich der Datenverarbeitung im amerikanischen Zivilprozess. Die von der Sedona Conference vorgegebene Protective Order führt ebenso wenig wie eine andere zu einem angemessenen Schutzniveau.[893] Die Sedona Conference erörtert das Angemessenheitserfordernis nicht. Sie verweist lediglich darauf, dass es für die Datenübermittlung einer anerkannten Rechtsgrundlage bedürfe.[894] Allein die International Principles bieten folglich keinen angemessenen Schutz für personenbezogene Daten. Sie können allenfalls ergänzend zu anderen Rechtsinstrumenten bei der Bewertung des Schutzniveaus herangezogen werden.

5. Zwischenergebnis

In der Discovery ist ein angemessenes Schutzniveau nicht gewährleistet. Es zeigt sich das Fehlen eines allgemeinen Datenschutzgesetzes, das umfassenden Schutz unabhängig vom betroffenen Sektor und den Umständen der Datenverarbeitung sicherstellt. Die wenigen für Anwälte geltenden Datenschutzvorschriften sichern nicht die für ein angemessenes Schutzniveau erforderlichen Garantien. Im Einzelfall mögen Vertragsklauseln oder eine Protective Order zwar detaillierte Regelungen zum Datenschutz vorsehen. Diese können aber nachträglich geändert werden. Zudem mangelt es an einer Rückbindung der Regelungen in ein abstrakt-generelles Datenschutzsystem und geeigneten Vorkehrungen zu ihrer Durchsetzung.

E. Ausnahmen vom Angemessenheitserfordernis nach § 4c BDSG

Trotz des nicht angemessenen Schutzniveaus ist die Übermittlung personenbezogener Daten in der Discovery nicht von vornherein unzulässig. § 4c BDSG regelt Ausnahmen von dem Angemessenheitserfordernis. Die in § 4c Abs. 1 Satz 1 BDSG abschließend aufgeführten Ausnahmen betreffen Situationen, in denen eine Gefährdung des Persönlichkeitsrechts nicht zu erwarten oder vergleichsweise gering ist.[895] Die Ausnahmen des § 4c Abs. 2 Satz 1 BDSG

---

[891] Sedona Conference, International Principles, Principle 6 Satz 2, S. 21.
[892] Sedona Conference, International Principles, S. i und v.
[893] Siehe dazu oben: 9. Kapitel, D. II. 4. e).
[894] The Sedona Conference, International Principles, Appendix C, Ziff. 9, S. 20.
[895] Vgl. Entwurf eines Gesetzes zur Änderung des Bundesdatenschutzgesetzes, BT-Drs. 14/4329, 13. Oktober 2000, S. 34; Gola/Schomerus, BDSG, § 4c Rn. 4.

verlangen, dass die verantwortliche Stelle vor der Übermittlung ausreichende Garantien für das Persönlichkeitsrecht herstellt.

I. Geltendmachung von Rechtsansprüchen vor Gericht

Für die Datenübermittlung in der Discovery ist die Ausnahme des § 4c Abs. 1 Satz 1 Nr. 4 Alt. 2 BDSG in Erwägung zu ziehen.[896] Die Vorschrift gestattet die Datenübermittlung an Stellen in Drittländer mit nicht angemessenem Schutzniveau, wenn dies zur Geltendmachung, Ausübung oder Verteidigung von Rechtsansprüchen vor Gericht erforderlich ist.[897] Dementsprechend stufte der Düsseldorfer Kreis[898] in der Vergangenheit Datenübermittlungen in der Discovery nach Klageerhebung als zulässig ein, weil der Anspruch „vor Gericht" anhängig sei.[899] Zu beachten ist allerdings, dass die Discovery überwiegend nicht unter Beteiligung des Gerichts erfolgt, sondern allein zwischen den Parteien. Daher ist zu klären, ob § 4c Abs. 1 Satz 1 Nr. 4 Alt. 2 BDSG auch die Datenübermittlung im Parteiverfahren der Discovery erfasst.

1. Auslegung des § 4c Abs. 1 Satz 1 Nr. 4 Alt. 2 BDSG

Ausgangspunkt für die Ausnahmeregelung ist das Angemessenheitserfordernis des § 4b Abs. 2 Satz 2 Halbsatz 2 DSRL, das dem Schutz des Persönlichkeitsrechts bei Datenübermittlungen in Drittländer dient. Danach dürfen personenbezogene Daten im Falle eines nicht angemessenen Schutzniveaus grundsätzlich nicht übermittelt werden. Die Ausnahme des § 4c Abs. 1 Satz 1 Nr. 4 Alt. 2 BDSG ist folglich eng auszulegen. Der Gesetzgeber weist in der Begründung der Vorschrift darauf hin, dass der Schutz des Persönlichkeitsrechts nur dann zurücktreten solle, wenn es die Geltendmachung von Rechtsansprüchen vor Gericht erfordere.[900] Maßstab für die Frage nach der Zulässigkeit der Übermittlung sei der Verhältnismäßigkeitsgrundsatz, der eine Abwägung der widerstreitenden Interessen gebiete. Die Geltendmachung von Rechtsansprüchen vor Gericht erfordert regelmäßig lediglich die Übermittlung solcher personenbezogener Daten, die in direktem Zusammenhang mit dem Streitgegenstand stehen. Vor Gericht ist das Persönlichkeitsrecht dabei geringeren Risiken

---

[896] Vgl. Bareiß, Pflichtenkollisionen, S. 68 f.; Brisch/Laue, RDV 2010, 1, 7; Deutlmoser/Filip, ZD-Beilage 6/2012, 1, 11; Spies/Schröder, MMR 2008, 275, 279 f.

[897] Der Ausdruck „Geltendmachung von Rechtsansprüchen" beinhaltet im Rahmen dieser Arbeit auch die Ausübung und die Verteidigung von Rechtsansprüchen.

[898] Im Düsseldorfer Kreis treffen sich Vertreter der deutschen Aufsichtsbehörden und koordinieren ihr Vorgehen bei Datenverarbeitungen im nicht-öffentlichen Bereich.

[899] Dabei sei ein zweistufiges Verfahren zu beachten: Zunächst seien relevante Daten vor der Übermittlung zu pseudonymisieren. Soweit erforderlich, dürften im nächsten Schritt personenbezogene Daten übermittelt werden. Siehe: Berliner Beauftragten für Datenschutz und Informationsfreiheit, Jahresbericht 2009, S. 162.

[900] Entwurf eines Gesetzes zur Änderung des Bundesdatenschutzgesetzes, BT-Drs. 14/4329 vom 13. Oktober 2000, S. 34.

9. Kapitel: Zulässigkeit der Datenübermittlung in die USA nach § 4b Abs. 2 BDSG

ausgesetzt als in Parteiverfahren. Das Gericht sorgt als neutrale Instanz für die Einhaltung der Verfahrensgarantien. Bevor das Gericht die Vorlage personenbezogener Daten anordnet, wägt es üblicherweise die Interessen des Betroffenen gegen das Informationsinteresse der Partei ab und bestimmt gegebenenfalls Schutzmaßnahmen. Allein unter diesen Umständen wird dem Persönlichkeitsrecht des Betroffenen angemessen Rechnung getragen. Eine solche Auslegung des § 4c Abs. 1 Satz 1 Nr. 4 Alt. 2 BDSG steht im Einklang mit der Vorbildregelung des Art. 26 Abs. 1 d) Alt. 2 DSRL. Diese sieht ebenfalls eine Ausnahme vom Angemessenheitserfordernis vor, sofern die Übermittlung zur Geltendmachung, Ausübung oder Verteidigung von Rechtsansprüchen vor Gericht erforderlich oder gesetzlich vorgeschrieben ist. Auch die Richtlinienregelung setzt voraus, dass sich ausreichende Garantien aus den Verfahrensgrundsätzen vor Gericht ergeben.[901]

2. Keine Anwendbarkeit auf die Datenübermittlung in der Discovery

Bei Datenübermittlungen in der Discovery wird das Persönlichkeitsrecht des Betroffenen nicht ausreichend geschützt. Das Gericht prüft die Klage im Pretrial nicht auf ihre Schlüssigkeit.[902] In der Discovery müssen Parteien und Dritte zahlreiche personenbezogene Daten an den Vorlageersuchenden übermitteln, die nicht von direkter Relevanz für den Streitgegenstand sind.[903] Relevante Beweismittel sollen in der Discovery erst ausfindig gemacht werden. Dabei fehlt es an einer neutralen Instanz, welche die Datenübermittlung überwacht und für die Einhaltung von Verfahrensgarantien und Schutzmaßnahmen sorgt. Die Discovery ist ein Parteiverfahren, an dem das Gericht grundsätzlich nicht beteiligt ist. Erst auf Antrag setzt sich das Gericht mit inhaltlichen Fragen und Rechten Dritter auseinander. Abgesehen von den eng gefassten Weigerungsrechten ist der Schutz der Rechte Dritter nicht gewährleistet. Aus diesen Gründen kann die Datenübermittlung in der Discovery nicht unter § 4c Abs. 1 Satz 1 Nr. 4 Alt. 2 BDSG gefasst werden.

3. Konfliktlösung durch Änderung des Vorbehalts nach Art. 23 HBÜ?

Die Artikel-29-Datenschutzgruppe empfiehlt, die Datenübermittlung in der Discovery vorrangig nach dem HBÜ durchzuführen.[904] Prinzipiell können Datenübermittlungen in Rechtshilfeverfahren unter Beteiligung mitgliedstaatlicher Behörden auf § 4c Abs. 1 Satz 1 Nr. 4 Alt. 2 BDSG gestützt werden. Allerdings scheitert ein Rechtshilfeverfahren an dem von

---

[901] Vgl. Brühann in Grabitz/Hilf/Nettesheim, Das Recht der Europäischen Union, Art. 26 DSRL Rn. 9.
[902] Siehe: 2. Kapitel, B. II. 2.
[903] Siehe: 4. Kapitel, A. II.
[904] Artikel-29-Datenschutzgruppe, Arbeitsunterlage 1/2009 über Offenlegungspflichten im Rahmen der vorprozessualen Beweiserhebung bei grenzüberschreitenden zivilrechtlichen Verfahren (pre-trial discovery), WP 158, S. 15 f. Die Artikel-29-Datenschutzgruppe schließt die Anwendung von Art. 26 Abs. 1 d) Alt. 2 DSRL nicht aus, wenn es sich „voraussichtlich um eine einzige Übermittlung aller relevanten Informationen" handelt.

Deutschland erklärten Vorbehalt des Art. 23 HBÜ.[905] Danach werden Ersuchen um eine Dokumentenvorlage für die Discovery nicht erledigt. Teile der Literatur schlagen zur Konfliktlösung eine Änderung des HBÜ bzw. des deutschen Vorbehalts nach Art. 23 HBÜ vor.[906] Eine solche Änderung wird derzeit auch vom Bundesministerium für Justiz und Verbraucherschutz erwogen.[907] Zu beachten ist jedoch, dass in der Praxis nur selten der Rechtshilfeweg beschritten wird. Die Parteien übermitteln Dokumente vorwiegend auf privatem Wege in die USA. Anträge auf Durchführung eines Rechtshilfeverfahrens lehnen die amerikanischen Gerichte regelmäßig unter Verweis auf die *Aérospatiale*-Entscheidung des US Supreme Court ab, wonach das HBÜ keine exklusive Methode zur Beschaffung von Beweismitteln sei.[908] Selbst wenn der Vorbehalt nach Art. 23 HBÜ geändert werden sollte, so ist davon auszugehen, dass das HBÜ von amerikanischen Gerichten weiterhin bloß als zusätzliche Methode zur Beweiserlangung angesehen wird.[909] Denn der Rechtshilfeweg ist aus amerikanischer Sicht langwierig und zur Beweiserlangung ungeeignet.[910] Die Discovery soll möglichst ausschließlich zwischen den Parteien und ihren Anwälten ablaufen.[911] Im Übrigen ließe sich allein durch eine Änderung des Vorbehalts nach Art. 23 HBÜ nicht gewährleisten, dass amerikanische Anwälte und sonstige Datenempfänger bei den anschließenden Datenverarbeitungen ein angemessenes Schutzniveau bieten. Im Ergebnis vermag daher eine Änderung des Vorbehalts nach Art. 23 HBÜ den Konflikt nicht zu lösen.

II. Verbindliche Unternehmensregelungen

Nach § 4c Abs. 2 Satz 1 Halbsatz 2 Alt. 2 BDSG können sich ausreichende Garantien für das Persönlichkeitsrecht der Betroffenen bei Datenübermittlungen in Drittländer aus verbindlichen Unternehmensregelungen (Binding Corporate Rules) ergeben. Die Geltung von Unternehmensregelungen ist jedoch auf Gesellschaften eines Konzerns beschränkt. In der Discovery lassen sich damit weder bei den eigenen Anwälten noch bei den gegnerischen Anwälten ausreichende Garantien herstellen.[912]

---

[905] § 14 Abs. 1 HZÜ/HBÜ-AusfG; siehe ausführlich dazu: 3. Kapitel, D. I. 6. b) aa).
[906] Ausführlich dazu: Bareiß, Pflichtenkollisionen, S. 167 ff.; in Ansätzen auch: Deutlmoser/Filip, ZD-Beilage 6/2012, 1, 11.
[907] Siehe dazu: Stellungnahme der Deutsch-Amerikanischen Juristenvereinigung e.V. zur Anfrage des Bundesministeriums für Justiz und Verbraucherschutz vom 8. April 2014, abrufbar unter: http://dajv.de/tl_files/DAJV/fachgruppen/arbitration_litigation_mediation/Stellungnahme%20der%20DAJV.pdf.
[908] Société Nationale Industrielle Aérospatiale v. U.S. District Court for the Southern District of Iowa, 482 U.S. 522, 539 (1987). Siehe dazu: 3. Kapitel, D. I. 6. b) bb).
[909] Vgl. Schütze, Die Allzuständigkeit amerikanischer Gerichte, S. 22.
[910] Société Nationale Industrielle Aérospatiale v. U.S. District Court for the Southern District of Iowa, 482 U.S. 522, 542 (1987); Forster/Almughrabi, 36 Hastings Int'l & Comp. L.Rev. 111, 132 f. (2013).
[911] Siehe dazu ausführlich: 2. Kapitel, B. II. 1.
[912] So auch Brisch/Laue, RDV 2010, 1, 6; Deutlmoser/Filip, ZD-Beilage 6/2012, 1, 10; Klein, 25 Geo. J. Legal Ethics 623, 639 (2012); Reyes, 19 Duke J. Comp. & Int'l L. 357, 376 f. (2009).

9. Kapitel: Zulässigkeit der Datenübermittlung in die USA nach § 4b Abs. 2 BDSG 143

III. Vertragsklauseln

§ 4c Abs. 2 Satz 1 Halbsatz 2 Alt. 1 BDSG erlaubt ferner, dass die verantwortliche Stelle durch Vertragsklauseln ausreichende Garantien für das Persönlichkeitsrecht der Betroffenen herstellt.[913] Nach § 4c Abs. 2 Satz 1 Halbsatz 1 BDSG bedürfen Datenübermittlungen auf der Basis von Vertragsklauseln grundsätzlich der Genehmigung durch die zuständige Aufsichtsbehörde. Ausnahmsweise ist keine Genehmigung erforderlich, wenn die verantwortliche Stelle Standardvertragsklauseln verwendet, welche die EU-Kommission nach Art. 26 Abs. 4 DSRL als ausreichende Garantien anerkannt hat.[914] Erstmals präsentierte die EU-Kommission 2001 Standardvertragsklauseln für Datenübermittlungen in Drittländer.[915] Im Jahr 2004 veröffentlichte die EU-Kommission weitere Standardvertragsklauseln, die seither neben den Standardvertragsklauseln von 2001 zur Verfügung stehen.[916] Beide Standardvertragsklauseln sind auf Datenübermittlungen zwischen Datenexporteur und Datenimporteur im Wirtschaftsverkehr ausgerichtet. Für die in der Discovery bestehende Dreickssituation zwischen der verantwortlichen Stelle, ihren amerikanischen Anwälten und den Anwälten der Gegenseite eignen sich die Standardvertragsklauseln nicht.[917] Die EU-Kommission verlangt, dass die Parteien die Standardvertragsklauseln inhaltlich unverändert übernehmen.[918] Es ist den Parteien deshalb unmöglich, die von der EU-Kommission vorgegebenen Gestaltungsvorschläge an die Besonderheiten der Discovery und des amerikanischen Zivilprozesses anzupassen.

Nach geltendem Recht lassen sich in der Discovery daher einzig durch Individualvertragsklauseln ausreichende Garantien für das Persönlichkeitsrecht des Betroffenen herstellen. Die Vertragsklauseln sind zwischen der verantwortlichen Stelle als Datenexporteur sowie ihren amerikanischen Anwälten und den Anwälten der Gegenseite als Datenempfänger zu vereinbaren. Bei der Gestaltung der Vertragsklauseln lässt sich den Besonderheiten des amerikanischen Zivilprozesses und dem Charakter der Discovery als Parteiverfahren Rechnung tragen. Wie solche Vertragsklauseln aussehen können, wird im elften Kapitel dieser Arbeit erörtert.

---

[913] Zum Einsatz von Vertragsklauseln in den Mitgliedstaaten: Ellger, RabelsZ 60 (1996), 738, 743 ff.
[914] Eul/Eul, Datenschutz International, S. 80; Landesbeauftragter für den Datenschutz der Freien Hansestadt Bremen, Jahresbericht 2002, S. 140; Berliner Beauftragter für Datenschutz und Informationsfreiheit, Jahresbericht 2001, S. 142.
[915] Entscheidung 2001/497/EG der EU-Kommission vom 15. Juni 2001, ABl. L 181/19. Weitere Standardvertragsklauseln existieren für Übermittlungen an Auftragsdatenverarbeiter in Drittländern: Entscheidung 2002/16/EG der EU-Kommission vom 27. Dezember 2001, ABl. L 6/52; Beschluss 2010/87/EU der EU-Kommission vom 5. Februar 2010, ABl. L 39/5.
[916] Entscheidung 2004/915/EG der EU-Kommission vom 27. Dezember 2004, ABl. L 385/74.
[917] So im Ergebnis auch Reyes, 19 Duke J. Comp. & Int'l L. 357, 374 ff. (2009).
[918] Entscheidung 2004/915/EG der EU-Kommission vom 27. Dezember 2004, ABl. L 385/74, Art. 1 Satz 3.

F. Ergebnis

Die Übermittlung personenbezogener Daten in die USA für die Discovery ist nach dem BDSG grundsätzlich unzulässig. Dem Betroffenen kommt regelmäßig ein schutzwürdiges Interesse am Ausschluss der Übermittlung zu, da das Schutzniveau in der Discovery nicht angemessen ist. Ausnahmsweise dürfen personenbezogene Daten für die Discovery übermittelt werden, wenn die verantwortliche Stelle ausreichende Garantien für das Persönlichkeitsrecht der Betroffenen im Sinne von § 4c Abs. 2 Satz 1 BDSG herstellt. Dies ist gegenwärtig lediglich durch die Vereinbarung von Individualvertragsklauseln zwischen der verantwortlichen Stelle, ihren Anwälten und den Anwälten der Gegenseite möglich.

10. Kapitel: Wege der amerikanischen Gerichte zur Konfliktlösung

Das neunte Kapitel dieser Arbeit ergab, dass die Datenübermittlung in die USA für die Zwecke der Discovery nach dem BDSG grundsätzlich unzulässig ist. Fehlt es an einer Einwilligung des Betroffenen, muss der Vorlagepflichtige die Offenlegung der personenbezogenen Daten verweigern. Die Gegenseite kann daraufhin bei Gericht eine Vorlageanordnung beantragen. In einer solchen Situation stellt sich die Frage, welche Wege die amerikanischen Gerichte zur Lösung des Konflikts zwischen der Discovery und deutschem Datenschutzrecht beschreiten. In diesem Kapitel werden zunächst einige Vorüberlegungen zum amerikanischen Kollisionsrecht angestellt (A.). Gegenstand der Erörterung ist sodann das deutsche Datenschutzrecht im Vorlagestadium (B.) und im Sanktionsstadium (C.) der Discovery. Schließlich wird anhand von drei Fallbeispielen aufgezeigt, wie die amerikanischen Gerichte in der Vergangenheit auf Einwände unter Berufung auf deutsches Datenschutzrecht reagiert haben (D.).

A. Vorüberlegungen zum amerikanischen Kollisionsrecht

Die Discovery verläuft auch in Verfahren mit Auslandsberührung nach dem Prozessrecht des zuständigen Gerichts.[919] Dies entspricht dem Prinzip der *lex fori*.[920] Unter welchen Voraussetzungen amerikanische Gerichte ausnahmsweise fremdes Recht berücksichtigen, bestimmt sich nach dem Kollisionsrecht (Conflict of Laws). Der Bereich Conflict of Laws umfasst sämtliche prozess- und materiellrechtlichen Kollisionsregeln.[921] In den USA hat das Kollisionsrecht in zweifacher Hinsicht Relevanz: Zunächst bestimmt das interlokale Kollisionsrecht bei inneramerikanischen Sachverhalten, welche bundesstaatliche Rechtsordnung Anwendung findet. Daneben regelt das internationale Kollisionsrecht das Verhältnis des amerikanischen Rechts zu ausländischen Rechtsordnungen. Da inneramerkanische Sachverhalte in der Praxis überwiegen, bildet das interlokale Kollisionsrecht den Regelfall. Jeder Bundesstaat verfügt über sein eigenes, vorwiegend durch die Rechtsprechung geprägtes interlokales Kollisionsrecht. Die von den Gerichten entwickelten Regeln des interlokalen Kollisionsrechts veröffentlichte das American Law Institute 1971 im Restatement Second of Conflict of Laws (REST 2d CONFL).[922] Im Ausgangspunkt wenden die Gerichte diese Regeln bei internationalen Sachverhalten entsprechend an.[923] Sieht das interlokale

---

[919] REST 2d CONFL § 122: „A court usually applies its own local law rules prescribing how litigation shall be conducted even when it applies the local law rules of another state to resolve other issues in the case."; Dazu: Junker, Discovery, S. 145.
[920] Leipold, Lex fori, S. 25; Jaeckel, Die Reichweite der lex fori, S. 23 f.; Whitten, 37 Tex. Int'l L.J. 559, 569 ff. (2002); Juenger, 63 Tul. L. Rev. 553, 559 (1989).
[921] REST 2d CONFL § 2, Comment a.
[922] American Law Institute, Restatement of the Law Second, Conflict of Laws, St. Paul, MN 1971.
[923] REST 2d CONFL § 10: „The rules in the Restatement of this Subject apply to cases with elements in one or more States of the United States and are generally applicable to cases with elements in one or more foreign

Kollisionsrecht für eine Frage keine Lösung vor, ziehen die Gerichte ergänzend das Völkerrecht (International Law) heran. Anders als in Kontinentaleuropa betrachten die USA das Kollisions- und das Völkerrecht nicht als getrennte Disziplinen.[924] Die fehlende Trennung geht zurück auf den Richter am US Supreme Court Joseph Story, der 1846 in seinen Commentaries on the Conflict of Laws das internationale Kollisionsrecht als Teil des Völkerrechts beschrieb.[925] Während in Kontinentaleuropa das systematische Erfassen von Kollisionsregeln im Vordergrund steht, konzentrieren sich die amerikanischen Gerichte auf das Abwägen von Argumenten im Einzelfall. Die Abwägungskriterien finden sich im Restatement Second of Foreign Relations Law (REST 2d FOREL) von 1965[926] und im Restatement Third of Foreign Relations Law (REST 3d FOREL) von 1987[927].

B. Deutsches Datenschutzrecht im Vorlagestadium

Überwiegend stellt sich die Frage nach der Berücksichtigung des deutschen Datenschutzrechts im Vorlagestadium der Discovery. Der Vorlagepflichtige muss seine datenschutzrechtlichen Einwände spätestens bei Beantwortung des Vorlageersuchens geltend machen. Erzielen die Parteien keine Einigung, bedarf es einer gerichtlichen Klärung.

I. Entsprechende Anwendung des interlokalen Kollisionsrechts

Dabei ist zunächst zu klären, ob sich aus deutschem Datenschutzrecht ein Weigerungsrecht im Sinne von FRCP 26(b)(1) Satz 1 ergibt. Die amerikanischen Gerichte erkennen nach dem interlokalen Kollisionsrecht nur unter engen Voraussetzungen Weigerungsrechte anderer Staaten an.[928] Gemäß REST 2d CONFL § 139(2)[929] ist der Beweis zuzulassen, wenn der Forumstaat kein Weigerungsrecht für einen Kommunikationsvorgang gewährt, wohl aber der Staat, zu dem der Vorgang die engste Beziehung aufweist, es sei denn, es sprechen besondere Gründe dafür, den Vorgaben des Forumstaates keinen Vorrang einzuräumen. Gewährt hingegen der Forumstaat ein Weigerungsrecht, dass der Staat des Kommunikationsvorgangs nicht kennt, ist nach REST 2d CONFL § 139(1) der Beweis zulässig, wenn dies nicht gegen wichtige Allgemeininteressen des Forumstaates verstößt. Diese Regelung verdeutlicht die

---

nations. There may, however, be factors in a particular international case which call for a result different from that which would be reached in an interstate case."
[924] Kropholler, Internationales Privatrecht, S. 51 ff.; Schurig in Leible/Ruffert, Völkerrecht und IPR, S. 55 ff.; Michaels, 82 Tul. L. Rev. 1607, 1615 (2008).
[925] Story, Commentaries on the Conflict of Laws, S. 13.
[926] American Law Institute, Restatement of the Law Second, Foreign Relations Law of the United States Restatement of the Foreign Relations Law of the United States, St. Paul, MN 1965.
[927] American Law Institute, Restatement of the Law Third, Foreign Relations Law of the United States, St. Paul, MN 1987.
[928] Stadler, Unternehmensgeheimnis, S. 265 ff.; Reichenberg, 9 Nw. J. Int.'l L. & Bus. 80, 80 ff. (1988) m. w. N.
[929] REST 2d FOREL § 139 ist als Volltext im Anhang zu finden.

10. Kapitel: Wege der amerikanischen Gerichte zur Konfliktlösung

besondere Bedeutung der Wahrheitsfindung im amerikanischen Zivilprozess. Das Interesse an der Offenlegung von Informationen ist grundsätzlich vorrangig gegenüber dem Interesse am Schutz des Kommunikationsvorgangs.

Betrifft das Vorlageersuchen personenbezogene Daten, die dem BDSG unterliegen, weist der Kommunikationsvorgang typischerweise die engste Verbindung zu Deutschland auf. Die Regelung des REST 2d CONFL § 139(2) ist in dieser Situation anwendbar, wenn die personenbezogenen Daten in Deutschland einem Weigerungsrecht unterstehen. Die ZPO sieht für das allgemeine Persönlichkeitsrecht kein ausdrückliches Weigerungsrecht vor.[930] Die Pflicht der deutschen Gerichte zur Berücksichtigung des allgemeinen Persönlichkeitsrechts im Zivilprozess ergibt sich vielmehr aus seiner mittelbaren Drittwirkung. Da das allgemeine Persönlichkeitsrecht nicht vorbehaltslos gewährleistet ist, wägen die Gerichte es gegen das Beweisführungsinteresse der Parteien ab.[931] Die Schutzgewährung hängt mithin vom Einzelfall ab, sodass aus dem Persönlichkeitsrecht nur ein relatives Weigerungsrecht folgt. Dies erschwert die Anerkennung im amerikanischen Zivilprozess. Nach der Kommentierung des REST 2d CONFL § 139 respektieren die Gerichte ein fremdes Weigerungsrecht eher, wenn es sich um ein bewährtes und in vielen Bundesstaaten anerkanntes Weigerungsrecht handelt.[932] Mit einer Schutzgewährung ist in der Discovery daher lediglich dann zu rechnen, wenn die jeweiligen Daten in den USA ebenfalls einem anerkannten Weigerungsrecht unterfallen. Dies gilt etwa für Gesundheitsdaten, die in den USA dem Doctor-Patient Privilege unterstehen und in Deutschland als sensible Daten hohen Schutz genießen. Bei gewöhnlichen personenbezogenen Daten ist indes kein Schutz zu erwarten. Das Right to Privacy hat in den USA bislang nicht den Status eines absoluten Weigerungsrechts.[933]

II. Völkerrecht

Während personenbezogenen Daten nach interlokalem Kollisionsrecht selten Schutz gewährt wird, bietet das Völkerrecht dafür einen größeren Spielraum. In der Discovery treten Konflikte mit ausländischem Recht nicht nur in Bezug auf das Datenschutzrecht, sondern ebenso im Hinblick auf andere Rechte mit Vertraulichkeitscharakter (z. B. das Betriebs- und das Bankgeheimnis) auf.[934] Für solche Konflikte entwickelten die amerikanischen Gerichte die nachstehenden Regeln, die auch bei ausländischem Datenschutzrecht herangezogen werden.

---

[930] Siehe: 2. Kapitel, B. I. 3.
[931] Siehe: 2. Kapitel, B. I. 3.
[932] REST 2d CONFL § 139, Comment d.
[933] Siehe: 2. Kapitel, B. II. 3.
[934] Siehe z. B. Société Internationale Pour Participations Industrielles et Commerciales, S. A. v. Rogers, 357 U.S. 197 (1958); United States v. Vetco Inc., 691 F.2d 1281 (9th Cir. 1981); Alfadda v. Fenn, 149 F.R.D. 28 (S.D.N.Y. 1993); SEC v. Banca della Svizzera Italiana, 92 F.R.D. 111 (S.D.N.Y. 1981).

1. Grundlagen der Comity-Analyse

Von zentraler Bedeutung für das internationale Kollisionsrecht ist das völkerrechtliche Gebot der Rücksichtnahme (Comity). Dieses Gebot wurde in Europa bereits im 17. Jahrhundert von dem niederländischen Juristen Ulrich Huber für das Kollisionsrecht nutzbar gemacht und im 19. Jahrhundert durch Joseph Story in den USA verbreitet. In der Leitentscheidung *Hilton v. Guyot* betonte der US Supreme Court 1895 die besondere Relevanz der Comity im Zusammenhang mit der Anerkennung ausländischer Urteile.[935] Die Comity stelle weder eine absolute Pflicht noch ein bloßes Entgegenkommen dar. Sie sei die Anerkennung, die ein Staat ausländischen Rechtsakten unter Berücksichtigung der internationalen Aufgaben und der Interessen seiner eigenen Bürger zuspreche.

Für die Discovery befand der US Court of Appeals des Second Circuit in den 1960er Jahren, dass die Dokumentenvorlage aufgrund des Gebots der Comity nicht angeordnet werden dürfe, wenn sie gegen ausländisches Recht verstoße.[936] Vorrangig sei der Rechtshilfeweg zu beschreiten.[937] Ausländisches Recht sei selbst dann zu respektieren, wenn die dahinter stehenden Rechtsanschauungen von denen der USA abwichen.[938] Der großzügige Ansatz des Second Circuit konnte sich zwar nicht allgemein durchsetzen. Jedoch diente er in der Folgezeit als Ausgangspunkt für die Comity-Analyse in der Discovery.[939]

2. Vorliegen eines Konflikts

Voraussetzung für die Comity-Analyse ist das Bestehen eines Konflikts zwischen amerikanischem und ausländischem Recht.[940] Die diesbezügliche Darlegungslast trägt die Partei, welche sich auf ausländisches Recht beruft.[941] Erfasst ein Discovery-Ersuchen personenbezogene Daten, die keinem Weigerungsrecht unterstehen, verpflichten FRCP 26(b)(1) Satz 1 und FRCP 34(a)(1)(A) zur Vorlage. Unterliegen die personenbezogenen Daten zugleich dem BDSG, so gilt das grundsätzliche Verbot der Datenverarbeitung nach § 4 Abs. 1 BDSG.

---

[935] Hilton v. Guyot, 159 U.S. 113, 163 f. (1895): „Comity, in the legal sense, is neither a matter of absolute obligation, on the one hand, nor of mere courtesy and good will, upon the other. But it is the recognition which one nation allows within its territory to the legislative, executive or judicial acts of another nation, having due regard both to international duty and convenience, and to the rights of its own citizens or of other persons who are under the protection of its laws.".
[936] In re Chase Manhattan Bank, 297 F.2d 611, 613 (2d Cir. 1962); Ings v. Ferguson, 282 F.2d 149, 152 (2d Cir. 1960). Dazu: Cohan, 87 Tex. L. Rev. 1009, 1013 ff. (2009).
[937] Ings v. Ferguson, 282 F.2d 149, 151 f. (2d Cir. 1960).
[938] In re Chase Manhattan Bank, 297 F.2d 611, 613 (2d Cir. 1962).
[939] In re Sealed Case, 825 F.2d 494, 497 f. (D.C. Cir. 1987); Arthur Andersen & Co. v. Finesilver, 546 F.2d 338, 341 f. (10th Cir. 1976); SEC v. Banca Della Svizzera Italiana, 92 F.R.D. 111, 115 ff. (S.D.N.Y. 1981). Dazu: Cohan, 87 Tex. L. Rev. 1009, 1014 ff. (2009) m. w. N.
[940] Volkswagen AG v. Valdez, 897 S.W. 2d 458, 461 f. (Tex. App. Corpus Christi 1995); Nanda/Pansius, Litigation of International Disputes in US Courts, § 15:7.
[941] Volkswagen AG v. Valdez, 897 S.W. 2d 458, 461 f. (Tex. App. Corpus Christi 1995).

10. Kapitel: Wege der amerikanischen Gerichte zur Konfliktlösung 149

Mithin besteht zwischen den amerikanischen Discovery-Vorschriften und deutschem Datenschutzrecht ein Konflikt im Sinne der Comity-Analyse.[942] Daran ändert die Möglichkeit der Herstellung ausreichender Garantien durch Vertragsklauseln nach § 4c Abs. 2 Satz 1 Halbsatz 2 Alt. 1 BDSG nichts. Dabei handelt es sich lediglich um eine Ausnahmeregelung, die von der Mitwirkung der eigenen und der gegnerischen Anwälte sowie der Genehmigung der Aufsichtsbehörde abhängig ist.

3. Interessenabwägung nach Restatement Second of Foreign Relations Law

Bei Bestehen eines Konflikts sind im nächsten Schritt die aus- und inländischen Interessen gegeneinander abzuwägen.[943] Das American Law Institute publizierte 1965 in REST 2d FOREL § 40[944] erstmals einen Katalog mit Kriterien für die Interessenabwägung bei Sachverhalten mit Auslandsbezug. Auch wenn mit REST 3d FOREL § 442(1)(c)[945] seit 1987 eine spezielle Regelung für die Discovery vorliegt, berufen sich einige Gerichte nach wie vor auf REST 2d FOREL § 40.[946] Im Einzelnen nennt die Vorschrift folgende Kriterien:

(1) vitale nationale Interessen beider Staaten;

(2) Art und Umfang der Belastung für die Person bei Durchsetzung der Vorschriften;

(3) Umfang der verlangten Teilakte, die im Ausland durchgeführt werden müssen;

(4) Staatsangehörigkeit der Person und

(5) inwieweit beide Staaten vernünftigerweise auf die Durchsetzung ihrer Vorschriften angewiesen sind, um deren Einhaltung zu gewährleisten.

In der Discovery berücksichtigen die Gerichte vornehmlich das zweite und das fünfte Kriterium.[947] Das zweite Kriterium verlangt eine realistische Aussicht auf Durchsetzung der ausländischen Vorschriften.[948] Bei Verstößen gegen das BDSG drohen der verantwortlichen

---

[942] So auch Volkswagen AG v. Valdez, 897 S.W. 2d 458, 461 f. (Tex. App. Corpus Christi 1995).
[943] Nanda/Pansius, Litigation of International Disputes in US Courts, § 17:33; Cohan, 87 Tex. L. Rev. 1009, 1015 ff. (2009), jeweils m. w. N.
[944] REST 2d FOREL § 40 ist als Volltext im Anhang zu finden.
[945] REST 3d FOREL § 442 ist als Volltext im Anhang zu finden.
[946] Siehe z. B. Cochran Consulting v. Uwatec USA, 102 F.3d 1224, 1227 f. (Fed. Cir. 1996); Richmark Corp. v. Timber Falling Consultants, 959 F.2d 1468, 1475 ff. (9th Cir. 1992); Dexia Credit Local v. Rogan, 231 F.R.D. 538, 542 (N.D. Ill. 2004); In re Grand Jury Subpoena, 218 F.Supp. 2d 544, 554 (S.D.N.Y. 2002).
[947] Richmark Corp. v. Timber Falling Consultants, 959 F.2d 1468, 1475 ff. (9th Cir. 1992); Pershing Pacific West, LLC v. MarineMax, Inc., 2013 U.S. Dist. LEXIS 33473 (S.D. Cal. 2013); Columbia Pictures Industries v. Justin Bunnell, 2007 U.S. Dist. LEXIS 46364 (C.D. Cal. 2007); Strauss v. Credit Lyonnais, S.A., 242 F.R.D. 199, 210 ff. (E.D.N.Y. 2007); Minpeco, S.A. v. Conticommodity Services Inc., 116 F.R.D. 517, 522 ff. (S.D.N.Y. 1987); Volkswagen AG v. Valdez, 897 S.W.2d 458, 463 f. (Tex. App. Corpus Christi 1995).
[948] United States v. First Nat'l City Bank, 396 F.2d 897, 905 (2d Cir. 1968); Minpeco, S.A. v. Conticommodity Services Inc., 116 F.R.D. 517, 526 (S.D.N.Y. 1987).

Stelle verhältnismäßig milde Sanktionen. Zu einer zivilrechtlichen Haftung kommt es selten, da Betroffene oft nichts von Verstößen erfahren oder ein materieller Schaden fehlt. Die in Einzelfällen für einen immateriellen Schaden zugesprochenen Beträge sind niedrig.[949] Eine Straftat liegt gemäß § 44 Abs. 1 BDSG erst dann vor, wenn eine in § 43 Abs. 2 BDSG bezeichnete vorsätzliche Handlung gegen Entgelt oder in der Absicht, sich oder einen anderen zu bereichern oder einen anderen zu schädigen begangen wurde. In der Discovery sind diese Voraussetzungen regelmäßig nicht erfüllt. Eine unbefugte Datenübermittlung stellt im Allgemeinen bloß eine Ordnungswidrigkeit nach § 43 Abs. 2 Nr. 1 BDSG dar. Hierfür sieht § 43 Abs. 3 Satz 1 BDSG eine Geldbuße von bis zu 300.000 Euro vor. Dieser Betrag kann nach § 43 Abs. 3 Satz 3 BDSG überschritten werden, wenn der wirtschaftliche Vorteil, den der Täter aus der Ordnungswidrigkeit gezogen hat, höher ist.[950]

Im Zusammenhang mit Datenübermittlungen in der Discovery fehlt es bislang an Präzedenzfällen zur Sanktionierung. Vor diesem Hintergrund besteht die Gefahr, dass ein amerikanisches Gericht eine Belastung für den Vorlagepflichtigen im Sinne von REST 2d FOREL § 40 ablehnt. Der Corpus Christi Court of Appeals stufte zum Beispiel in der Sache *Volkswagen AG v. Valdez* die Sanktionierung der Vorlage eines Telefonbuchs in der Discovery als ungewiss ein.[951] Ohne weitere Begründung gingen die Richter davon aus, dass ein deutsches Gericht aufgrund von Comity-Erwägungen von einer Verfolgung absehen werde und verneinten daher eine außergewöhnliche Belastung für die Volkswagen AG. In dem Verfahren *Pershing Pacific West, LLC v. MarineMax, Inc.* bestätigte der US District Court for the Southern District of California zwar, dass die Sanktionsgefahr nach dem BDSG ansich gegen die Offenlegung von in Deutschland belegenen Mitarbeiterdaten spreche.[952] Aufgrund der in Betracht kommenden Einwilligung der Mitarbeiter sei eine Sanktionierung indes fraglich. Letztlich ordnete das Gericht daher die Vorlage der Mitarbeiterdaten an. Bei geringen Bezügen des Vorlagepflichtigen zur Europäischen Union besteht überdies das Risiko, dass amerikanische Gerichte von einer selbstverursachten Belastung ausgehen. In dem Rechtsstreit *Columbia Pictures Industries v. Justin Bunnell* beriefen sich die Beklagten darauf, dass die vorzulegenden IP-Adressen auf einem Server in den Niederlanden

---

[949] z. B. ArbG Frankfurt am Main, RDV 2001, 190, 190: 1.300 DM für die rechtswidrige Videoüberwachung eines Arbeitnehmers; Oberwetter, NZA 2009, 1120, 1122 m. w. N.
[950] So verhängte zum Beispiel der Berliner Beauftragte für Datenschutz und Informationsfreiheit gegen die Deutsche Bahn AG eine Geldbuße von 1,1 Millionen Euro wegen Datenschutzverstößen bei der Korruptionsbekämpfung. Siehe: Berliner Beauftragter für Datenschutz und Informationsfreiheit, Pressemitteilung vom 23. Oktober 2009.
[951] Volkswagen AG v. Valdez, 897 S.W.2d 458, 463 f. (Tex. App. Corpus Christi 1995). Siehe dazu auch: Einleitung, A. und 10. Kapitel, D. II.
[952] Pershing Pacific West, LLC v. MarineMax, Inc., 2013 U.S. Dist. LEXIS 33473 (S.D. Cal. 2013).

gespeichert seien und das niederländische Datenschutzrecht die Offenlegung verbiete.[953] Der US District Court for the Central District of California ordnete dennoch die Vorlage an. Die Beklagten seien amerikanische Individuen und Unternehmen. Den Serverstandort hätten sie allein deshalb gewählt, um von niederländischem Datenschutzrecht zu profitieren.

4. Interessenabwägung nach Restatement Third of Foreign Relations Law

Nach REST 3d FOREL § 442(1)(c) sind bei der Interessenabwägung in der Discovery folgende fünf Kriterien zu berücksichtigen:

(1) die Bedeutung des Dokuments oder der Information für den Rechtsstreit;

(2) die Genauigkeit des Ersuchens;

(3) ob die Information aus den USA stammt;

(4) die Verfügbarkeit von anderen Methoden zur Erlangung der Information;

(5) das Ausmaß der Beeinträchtigung von wichtigen Interessen der USA bei Nichtbefolgung des Ersuchens in Relation zum Ausmaß der Beeinträchtigung wichtiger Interessen des ausländischen Staates bei Befolgung des Ersuchens.

In vielen Fällen ziehen die Gerichte nur ausgewählte Kriterien des REST 3d FOREL § 442(1)(c) für die Interessenabwägung heran. Der Court of Appeals of Ohio berücksichtigte in der Sache *Enquip Technologies Group v. Tycon Technoglass* zum Beispiel die ersten beiden Kriterien.[954] Die italienischen Beklagten beantragten unter Berufung auf die DSRL eine Protective Order. Allerdings legten sie nicht konkret dar, welche Daten überhaupt der DSRL unterfallen. Insofern war die Anwendung der Kriterien des REST 3d FOREL § 442(1)(c) schwierig. Der Court of Appeals of Ohio beschränkte sich auf die Feststellung, dass die Discovery-Ersuchen der Kläger nicht unangemessen weit, belastend oder irrelevant für den Rechtsstreit seien und versagte die Protective Order. In dem Multidistrikt-Verfahren *In re Baycol Products Litigation* verweigerte die beklagte Bayer AG die Vorlage von Leistungsbeurteilungen aufgrund entgegenstehenden deutschen Datenschutzrechts.[955] Der US District Court for the District of Minnesota entschied nach Erörterung der ersten vier Kriterien des REST 3d FOREL § 442(1)(c) zugunsten der Bayer AG und lehnte das Vorlageersuchen der Kläger ab. Zum Vorteil der Bayer AG wirkte sich aus, dass die Kläger die Leistungsbeurteilungen nicht genau bezeichneten und ihre Bedeutung für den Rechtsstreit nicht darlegten.

---

[953] Columbia Pictures Industries v. Justin Bunnell, 2007 U.S. Dist. LEXIS 46364 (C.D. Cal. 2007). In der Sache warfen Medienunternehmen den Betreibern der Internetseite TorrentSpy vor, das Herunterladen von urheberrechtlich geschützten Musik- und Filmdateien zu ermöglichen.
[954] EnQuip Techs. Group Inc. v. Tycon Technoglass, 2010 Ohio App. LEXIS 21 (Ohio App. 2010).
[955] In re Baycol Products Litigation, 2003 WL 22023449 (D. Minn. 2003).

Die Leistungsbeurteilungen seien von deutschen Mitarbeitern in Deutschland über andere deutsche Mitarbeiter verfasst worden. Die Kläger hätten nicht gezeigt, dass sie die Informationen nicht anderweitig erlangen können.

Die Interessenabwägung im engeren Sinne erfolgt unter dem fünften Kriterium des REST 3d FOREL § 442(1)(c). Nach der Kommentierung der Vorschrift sind dabei die über den Einzelfall hinausgehenden Interessen der USA und des ausländischen Staates einzubeziehen.[956] Zu berücksichtigen sei das Interesse der USA an der internationalen Zusammenarbeit bei der Rechtsdurchsetzung. Auf Seiten des ausländischen Staates müsse es sich um substantielle Interessen handeln. Ein besonderes Augenmerk sei auf Stellungnahmen des ausländischen Staates zu richten sowie darauf, ob er seine Interessen bereits außerhalb des Rechtsstreits zum Ausdruck gebracht habe. Die Interessen des ausländischen Staates dürften nicht bloß Ausdruck einer generellen Abwehr von Souveränitätsbeeinträchtigungen oder der Bevorzugung des eigenen Rechtssystems sein. Davon gehen die Gerichte vor allem bei sogenannten „Blocking Statutes" aus.[957] Dies sind streng genommen nur solche Gesetze, welche gezielt die Übermittlung von Beweismitteln für einen Rechtsstreit oder ein Ermittlungsverfahren ins Ausland untersagen.[958] Gleichwohl stuften die Gerichte in der Vergangenheit auch ausländische Datenschutzgesetze als Blocking Statutes ein. So bezeichnete zum Beispiel der US District Court for the Central District of California in dem Verfahren *Columbia Pictures Industries v. Justin Bunnell* das niederländische Datenschutzrecht ohne nähere Begründung als Blocking Statute.[959] Ebenso ging der US District Court for the Southern District of California in der Sache *Pershing Pacific West, LLC v. MarineMax, Inc.* davon aus, dass es sich bei dem BDSG um ein Blocking Statute handele.[960] Dem BDSG komme innerhalb der Comity-Analyse nur insofern Bedeutung zu, als es die Interessen Deutschlands

---

[956] Dazu und zum Folgenden: REST 3d FOREL § 442, Comment c.
[957] Société Nationale Industrielle Aérospatiale v. US District Court for the Southern District of Iowa, 482 U.S. 522, 543 ff. (1987); REST 3d FOREL § 442, Reporters' Notes 4 und 5 m. w. N.
[958] Vgl. Reichenberg, 9 Nw. J. Int.'l L. & Bus. 80, 85 f. (1988). So erließ Frankreich 1980 mit dem Gesetz Nr. 80-538 ein klassisches Blocking Statute. Aufgrund dieses Gesetzes verurteilte die Cour de Cassation einen französischen Anwalt 2007 wegen Datenübermittlungen für eine Discovery zu einer Geldstrafe von 10.000 Euro (Urteil vom 12. Dezember 2007, Az. 07-83228 - Christopher A). Weitere Beispiele für Blocking Statutes finden sich bei: REST 3d FOREL § 442, Reporters' Note 4.
[959] Columbia Pictures Industries v. Justin Bunnell, 2007 U.S. Dist. LEXIS 46364, 1, 49 (C.D. Cal. 2007): „[...] even if the Netherlands' statute applies and is read to prohibit defendants' preservation or production of the Server Log Data, it is well settled that foreign blocking statutes do not deprive an American court of the power to order a party subject to its jurisdiction to produce (let alone preserve) evidence even though the act of production may violate that statute.".
[960] Pershing Pacific West, LLC v. MarineMax, Inc., 2013 U.S. Dist. LEXIS 33473 (S.D. Cal. 2013): „The BDSG is a "blocking statute" that penalizes the unauthorized collection, processing or use of personal information. "Blocking statutes" such as the BDSG do not deprive American courts of the power to order a party to produce evidence under the Federal Rules, although the production of the evidence may violate the statute and subject the defendant to penalties.".

am Schutz des Persönlichkeitsrechts verdeutliche.[961] Im streitgegenständlichen Fall könne die Vorlage angeordnet und zugleich dem Persönlichkeitsrecht Rechnung getragen werden. Die deutsche Beklagte habe bereits begonnen, die Einwilligung der Mitarbeiter einzuholen. Im Übrigen könnten Dokumente mit personenbezogenen Daten geschwärzt und erforderlichenfalls *in camera* gesichtet werden. Alternativ sei eine Protective Order zu beantragen. Im Ergebnis ordnete das Gericht daher die Vorlage nach den FRCP an. Die Fragen nach der Wirksamkeit der Einwilligungserklärungen und einem angemessenen Schutzniveau erörterte das Gericht nicht. Offensichtlich fehlte es an einem diesbezüglichen Vortrag der Beklagten.

C. Deutsches Datenschutzrecht im Sanktionsstadium

Erfüllt eine Partei ihre Vorlagepflichten aufgrund des deutschen Datenschutzrechts nicht, kann das Gericht auf Antrag des Vorlageersuchenden oder von sich aus Sanktionen verhängen.[962] Die Grundsatzentscheidung zur Berücksichtigung von ausländischem Recht im Sanktionsstadium der Discovery traf der US Supreme Court 1958 in der Sache *Société Internationale v. Rogers*.[963] In diesem Fall verweigerte die Klägerin die Dokumentenvorlage unter Berufung auf das schweizer Bankgeheimnis und die Gefahr einer strafrechtlichen Verfolgung. In der Vorinstanz akzeptierte der US District Court for the District of Columbia die Einwände nicht und wies die Klage ab.[964] Der US Supreme Court befand hingegen, dass eine unterbliebene Vorlage nicht mit Klageabweisung sanktioniert werden dürfe, wenn die Klägerin nach Treu und Glauben alles getan habe, um für das ausländische Verbot eine Ausnahmegenehmigung zu erhalten.[965] In einer solchen Situation habe die Klägerin in gutem Glauben (Good Faith) gehandelt. Allerdings könne das Gericht nach eigenem Ermessen andere ungünstige Schlussfolgerungen aus der unterbliebenen Vorlage ziehen.

Das American Law Institute nahm den Good-Faith-Test des US Supreme Court in REST 3d FOREL § 442(2) auf. Danach kann das Gericht von dem Vorlagepflichtigen verlangen, bestmögliche Anstrengungen zu tätigen, um von ausländischen Behörden eine Vorlageerlaubnis zu erhalten.[966] Erlangt der Vorlageverpflichtete dennoch keine Erlaubnis, sind die in FRCP 37(b)(2) vorgesehenen Sanktionen nur eingeschränkt anwendbar. Das Gericht soll von

---

[961] Pershing Pacific West, LLC v. MarineMax, Inc., 2013 U.S. Dist. LEXIS 33473 (S.D. Cal. 2013).
[962] Zu den möglichen Sanktionen siehe: 4. Kapitel, C.
[963] Société Internationale Pour Participations Industrielles et Commerciales, S. A. v. Rogers, 357 U.S. 197 (1958). In der Sache verlangte die Klägerin Rückgabe von Vermögen, das die USA im Zweiten Weltkrieg aufgrund von Verbindungen zum deutschen Unternehmen I.G. Farben beschlagnahmten.
[964] Société Internationale Pour Participations Industrielles et Commerciales, S. A. v. McGranery, 111 F.Supp. 435 (D.D.C. 1953); bestätigt durch: Société Internationale Pour Participations Industrielles et Commerciales S.A. v. Brownell, 243 f. 2d 254 (D.C. Cir. 1957).
[965] Société Internationale Pour Participations Industrielles et Commerciales, S. A. v. Rogers, 357 U.S. 197, 208 ff. (1958).
[966] REST 3d FOREL § 442(2)(a).

einer Klageabweisung, dem Erlass eines Versäumnisurteils und dem Vorwurf der Missachtung des Gerichts absehen.[967] Gleichwohl können die vom Gegner behaupteten und aufgrund der verweigerten Vorlage nicht bewiesenen Tatsachen als wahr unterstellt werden.[968]

Der Good-Faith-Test ist auch heranzuziehen, wenn der Vorlagepflichtige unter Berufung auf § 4 Abs. 1 BDSG die Offenlegung personenbezogener Daten verweigert. In dieser Situation kann das Gericht den Vorlagepflichtigen dazu auffordern, bestmögliche Anstrengungen zu tätigen, um von der zuständigen deutschen Aufsichtsbehörde eine Genehmigung nach § 4c Abs. 2 BDSG zu erhalten. Eine Genehmigung setzt das Vorliegen ausreichender Datenschutzgarantien voraus. Ausreichende Datenschutzgarantien können nur über Vertragsklauseln hergestellt werden.[969] Verweigert die Gegenseite ihre Mitwirkung oder erteilt die Aufsichtsbehörde keine Genehmigung, so muss der Vorlagepflichtige vor Gericht darlegen, dass er bestmögliche Anstrengungen unternommen hat. Lediglich dann kann der Vorlagepflichtige mit milderen Sanktionen oder dem Absehen von Sanktionen rechnen. Letztlich steht die Entscheidung über die Sanktionierung aber im Ermessen des jeweiligen Gerichts.

D. Fallbeispiele

Bislang gibt es keine ausdifferenzierte Rechtsprechung zur Berücksichtigung ausländischen Datenschutzrechts in der Discovery. Dies liegt zum einen daran, dass das Datenschutzrecht ein relativ junges Rechtsgebiet ist. Zum anderen treten Konflikte vermehrt bei der Electronic Discovery auf, die erst seit den 1990er Jahren an Bedeutung gewonnen hat. Nachfolgend wird anhand von drei Fallbeispielen aufgezeigt, welche Position amerikanische Gerichte in der Vergangenheit einnahmen, wenn Vorlagepflichtige in der Discovery Einwände in Bezug auf deutsches Datenschutzrecht geltend machten.

I. Accessdata Corp. v. Alste Technologies GmbH

In dem Rechtsstreit *Accessdata Corp. v. Alste Technologies GmbH* stellte sich 2010 dem US District Court for the District of Utah die Frage nach der Berücksichtigung deutschen Datenschutzrechts in der Discovery.[970] Zugrunde lag dem Prozess eine Vertragsstreitigkeit. Die in Utah ansässige Klägerin verlangte Zahlung für eine von ihr entwickelte Software, welche die deutsche Beklagte in der Europäischen Union vertrieb. Die Beklagte verweigerte die Zahlung wegen angeblicher Softwaremängel.

---

[967] REST 3d FOREL § 442(2)(b).
[968] REST 3d FOREL § 422(2)(c).
[969] Siehe: 9. Kapitel, E. III.
[970] Accessdata Corp. v. Alste Techs. GmbH, 2010 U.S. Dist. LEXIS 4566 (D. Utah 2010); dazu die Anmerkungen: Knöpfel, RIW 2010, 403, 403 ff.; Spies, MMR 2010, 275, 276 ff.

10. Kapitel: Wege der amerikanischen Gerichte zur Konfliktlösung 155

1. Streitgegenständliche Discovery-Ersuchen

In der Discovery ersuchte die Klägerin die Beklagte um die Offenlegung verschiedener Informationen aus Deutschland. Mit Interrogatory Nr. 3 verlangte sie Auskunft über jede Kundenbeschwerde hinsichtlich der klägerischen Produkte.[971] Die Auskunft sollte folgende Angaben umfassen: Identifizierung des Kunden, Datum, Zeit und Kommunikationsweg der Beschwerde, Nummer des Produkts sowie Inhalt der Beschwerde. Mit Request for Production of Documents Nr. 1 forderte die Klägerin zudem alle Dokumente an, die mit der jeweiligen Beschwerde in Verbindung stehen.[972]

Gemäß Interrogarory Nr. 4 sollte die Beklagte ferner alle Zahlungen aufführen, die sie für Produkte oder Dienstleistungen der Klägerin erhalten hat.[973] Im Einzelnen verlangte die Klägerin folgende Informationen: Betrag, Form und Datum der Zahlungen sowie Identifizierung der Kunden und Produkte oder Dienstleistungen, für welche die Zahlungen erfolgten. Weiterhin sollte die Beklagte gemäß Request for Production of Documents Nr. 2 alle Dokumente vorlegen, welche mit den Zahlungen in Zusammenhang stehen.[974]

Zusätzlich begehrte die Klägerin mit Interrogatory Nr. 5 Auskunft über sämtliche Fälle, in denen die Beklagte außerstande war, ein bei der Klägerin bestelltes oder von ihr geliefertes Produkt zu verkaufen.[975] Dabei sollte die Beklagte folgende Details bekanntgeben: Produkt, Kunde, Datum der Bestellung und der Lieferung, Rechnungsnummer sowie den Grund, weshalb das Produkt nicht verkauft werden konnte. Mit Request for Production of Documents Nr. 3 verlangte die Klägerin die Vorlage aller Dokumente, die den Verkauf oder den versuchten Verkauf eines bestellten oder gelieferten Produkts belegen.[976]

2. Vorbringen der Beklagten

Die Beklagte widersprach den Discovery-Ersuchen der Klägerin. Sie wendete ein, dass die Ersuchen personenbezogene Daten von Kunden und Mitarbeitern erfassen, deren Offenlegung nach deutschem Datenschutzrecht unzulässig sei.[977] Die Klägerin akzeptierte die Einwände nicht und beantragte eine Vorlageanordnung. Vor Gericht trug die Beklagte vor, dass die Offenlegung personenbezogener Daten ein massiver Verstoß gegen fundamentale Grundsätze

---

[971] Accessdata Corp. v. Alste Techs. GmbH, 2010 U.S. Dist. LEXIS 4566, 1, 10 (D. Utah 2010).
[972] Accessdata Corp. v. Alste Techs. GmbH, 2010 U.S. Dist. LEXIS 4566, 1, 11 (D. Utah 2010).
[973] Accessdata Corp. v. Alste Techs. GmbH, 2010 U.S. Dist. LEXIS 4566, 1, 13 (D. Utah 2010).
[974] Accessdata Corp. v. Alste Techs. GmbH, 2010 U.S. Dist. LEXIS 4566, 1, 14 (D. Utah 2010).
[975] Accessdata Corp. v. Alste Techs. GmbH, 2010 U.S. Dist. LEXIS 4566, 1, 15 (D. Utah 2010).
[976] Accessdata Corp. v. Alste Techs. GmbH, 2010 U.S. Dist. LEXIS 4566, 1, 15 f. (D. Utah 2010).
[977] Accessdata Corp. v. Alste Techs. GmbH, 2010 U.S. Dist. LEXIS 4566, 1, 3 ff. (D. Utah 2010).

des deutschen Datenschutzrechts sei.[978] Bei einer Offenlegung setze sie sich der Gefahr einer zivil- und strafrechtlichen Haftung aus. Die Beklagte benannte aber keine konkreten Vorschriften des BDSG. Hilfsweise berief sich die Beklagte auf das HBÜ.[979] Die Offenlegung personenbezogener Daten dürfe allenfalls auf dem Rechtshilfeweg erfolgen.

3. Entscheidung des US District Court for the District of Utah

Für die Entscheidung über die Vorlageanordnung war beim US District Court for the District of Utah ein Magistrate Judge zuständig.[980] Er erachtete eine mündliche Anhörung für nicht erforderlich und entschied im schriftlichen Verfahren. Die datenschutzrechtlichen Einwände der Beklagten stufte der Magistrate Judge als unbegründet ein.[981] Die Beklagte habe keine Vorschriften genannt, welche der Offenlegung personenbezogener Daten in der Discovery entgegenstünden. Sodann nahm der Magistrate Judge selbst eine Prüfung anhand des BDSG vor.[982] Er befand, dass das BDSG die Offenlegung personenbezogener Daten nicht zwangsläufig verbiete. Insbesondere § 4c BDSG gestatte die Übermittlung personenbezogener Daten in Länder mit nicht angemessenem Schutzniveau, wenn der Betroffene einwillige oder die Übermittlung für die Geltendmachung, Ausübung oder Verteidigung von Rechtsansprüchen erforderlich sei. Die Beklagte habe nicht aufgezeigt, dass es ihr unmöglich sei oder sie wenigstens versucht habe, die Einwilligung der Betroffenen einzuholen. Im Übrigen betonte der Magistrate Judge, dass ein amerikanisches Gericht die Offenlegung personenbezogener Daten in der Discovery selbst dann anordnen könne, wenn das BDSG dies untersage.[983] Als Beleg zitierte er die *Aérospatiale*-Entscheidung des US Supreme Court.[984] Ein Blocking Statute hindere ein Gericht nicht daran, seiner Zuständigkeit unterliegenden Personen die Vorlage von Beweismitteln aufzugeben.

Eine Absage erteilte der Magistrate Judge ferner dem Hilfsantrag der Beklagten auf Beschreiten des Rechtshilfewegs.[985] Zu dieser Frage zog er erneut die *Aérospatiale*-Entscheidung heran. Die Discovery gegenüber ausländischen Parteien müsse nicht nach dem HBÜ erfolgen. Der Rechtshilfeweg sei allein dann zu beschreiten, wenn der Rechtsstreit ausländische Staaten als Parteien oder Souveräne mit gleichrangigen Interessen betreffe. Ebenso sei um Rechtshilfe zu ersuchen, wenn die Kosten für den Transport von Dokumenten oder Zeugen zu oder von

---

[978] Accessdata Corp. v. Alste Techs. GmbH, 2010 U.S. Dist. LEXIS 4566, 1, 4 (D. Utah 2010).
[979] Accessdata Corp. v. Alste Techs. GmbH, 2010 U.S. Dist. LEXIS 4566, 1, 6 ff. (D. Utah 2010).
[980] Accessdata Corp. v. Alste Techs. GmbH, 2010 U.S. Dist. LEXIS 4566, 1, 1 f. (D. Utah 2010). Zu den Aufgaben des Magistrate Judge siehe: 3. Kapitel, C. II.
[981] Accessdata Corp. v. Alste Techs. GmbH, 2010 U.S. Dist. LEXIS 4566, 1, 4 ff. (D. Utah 2010).
[982] Accessdata Corp. v. Alste Techs. GmbH, 2010 U.S. Dist. LEXIS 4566, 1, 5 (D. Utah 2010).
[983] Accessdata Corp. v. Alste Techs. GmbH, 2010 U.S. Dist. LEXIS 4566, 1, 5 (D. Utah 2010).
[984] Accessdata Corp. v. Alste Techs. GmbH, 2010 U.S. Dist. LEXIS 4566, 1, 5 f. (D. Utah 2010). Zur *Aérospatiale*-Entscheidung siehe: 3. Kapitel, D. I. 6. b) bb).
[985] Accessdata Corp. v. Alste Techs. GmbH, 2010 U.S. Dist. LEXIS 4566, 1, 6 f. (D. Utah 2010).

einem ausländischen Ort die Gefahr eines Missbrauchs der Discovery erhöhten. Im streitgegenständlichen Fall sei keine solche Ausnahme gegeben. Der Magistrate Judge kam daher zu dem Ergebnis, dass weder das BDSG noch das HBÜ der Vorlage entgegenstünden.

4. Bewertung

Die Entscheidung *Accessdata Corp. v. Alste Technologies GmbH* verdeutlicht, dass sich eine Partei in der Discovery ohne hinreichende Darlegung nicht erfolgreich auf deutsches Datenschutzrecht berufen kann. Die Beklagte erhob lediglich pauschale Einwände, ohne die relevanten Vorschriften des BDSG und des Grundgesetzes zu erwähnen. Gleichwohl prüfte der Magistrate Judge die Vorschriften des BDSG, wenn auch nur oberflächlich. Dies geht bereits über das hinaus, was von einem amerikanischen Gericht üblicherweise zu erwarten ist. Die Darlegungslast für ausländisches Recht trägt die Partei, welche sich darauf beruft. Kommt sie ihrer Darlegungslast nicht nach, ist das Gericht zu keiner Prüfung verpflichtet. Die Beklagte hätte für alle Discovery-Ersuchen belegen müssen, dass personenbezogene Daten im Sinne des BDSG betroffen sind. Zu Lasten der Beklagten wirkte sich aus, dass sie keine Bemühungen hinsichtlich der Einholung einer Einwilligung zeigte. Dies stufen die Gerichte schnell als Abwehrhaltung gegenüber der Discovery ein. Insofern verwundert es nicht, dass der Magistrate Judge das BDSG als Blocking Statute einordnete. Die Beklagte hätte klarstellen müssen, dass das BDSG den Schutz des Persönlichkeitsrechts der Betroffenen bezweckt und es sich um kein klassisches Blocking Statute handelt. Da die Beklagte das Bestehen eines Konflikts nicht ausreichend darlegte, war eine Interessenabwägung nach REST 3d FOREL § 442(1)(c) entbehrlich. Der Hilfsantrag der Beklagten auf Beschreiten des Rechtshilfewegs war wenig erfolgversprechend. In diesem Punkt folgte der Magistrate Judge der Rechtsprechung des US Supreme Courts, wonach das HBÜ keine Exklusivität beanspruche.[986]

II. Volkswagen AG v. Valdez

In der Sache *Volkswagen AG v. Valdez* befassten sich 1993 der Richter Rogelio Valdez am District Court of Cameron County[987] sowie 1995 der Court of Appeals of Texas[988] und der Supreme Court of Texas[989] mit deutschem Datenschutzrecht.[990] Im Ausgangsverfahren machten die Kläger gegenüber der Volkswagen AG und ihrer Tochter Volkswagen of

---

[986] Zur *Aérospatiale*-Entscheidung des US Supreme Court siehe: 3. Kapitel, D. I. 6. b) bb).
[987] Die Entscheidung des Richters Valdez findet sich auszugsweise bei: Volkswagen AG v. Valdez, 897 S.W.2d 458, 459 f. (Tex. App. Corpus Christi 1995).
[988] Volkswagen AG v. Valdez, 897 S.W.2d 458 (Tex. App. Corpus Christi 1995).
[989] Volkswagen AG v. Valdez, 909 S.W.2d 900 (Tex. 1995).
[990] Siehe dazu bereits: Einleitung, A.

America Inc. Produkthaftungsansprüche wegen eines Unfalls mit einem Volkswagen-Modell von 1970 geltend.[991]

1. Streitgegenständliches Discovery-Ersuchen

In der Discovery verlangten die Kläger die Vorlage des aktuellen Telefonbuchs der Volkswagen AG.[992] Damit wollten sie Personen ermitteln, die Auskunft über die Konstruktion des Volkswagen-Modells geben können. Das Telefonbuch enthielt Namen, Berufsbezeichnungen, Unternehmenspositionen und betriebliche Durchwahlen von mehr als 20.000 Mitarbeitern sowie Privattelefonnummern von Managern. Die Volkswagen AG verweigerte die Vorlage unter Berufung auf deutsches Datenschutzrecht.

2. Vorlageanordnung des Richters Valdez

Die Kläger traten den datenschutzrechtlichen Einwänden entgegen und beantragten bei dem am District Court of Cameron County zuständigen Richter Valdez eine Vorlageanordnung.[993] Die Volkswagen AG legte dem Richter zur Untermauerung ihrer Einwände Affidavits eines deutschen Anwalts und des Landesbeauftragten für den Datenschutz von Niedersachsen vor. Diese bekräftigten, dass das Telefonbuch personenbezogene Daten im Sinne des BDSG enthalte und eine Vorlage ohne Einwilligung der Betroffenen unzulässig sei. Die Ausnahmen des BDSG seien nicht anwendbar. Eine Vorlage könne mit Freiheitsstrafe bis zu einem Jahr sanktioniert werden. Die Kläger präsentierten keine Beweismittel, die das Vorbringen der Volkswagen AG widerlegten. Gleichwohl ordnete Richter Valdez die Vorlage an.

Daraufhin ermahnte der Landesbeauftragte für den Datenschutz von Niedersachsen die Volkswagen AG, dass die Vorlage des Telefonbuchs eine unzulässige Datenübermittlung sei.[994] Die Volkswagen AG stellte bei Richter Valdez insgesamt drei Anträge auf erneute Prüfung.[995] Dazu reichte sie ein weiteres Affidavit des Datenschutzrechtlers Professor Paul M. Schwartz und eine englische Übersetzung des BDSG ein. Richter Valdez lehnte alle Anträge der Volkswagen AG ab.

3. Entscheidung des Corpus Christi Court of Appeals

Da eine Vorlageanordnung in der Discovery als Zwischenentscheidung nicht selbstständig anfechtbar ist, beantragte die Volkswagen AG beim Corpus Christi Court of Appeals einen

---

[991] Volkswagen AG v. Valdez, 897 S.W.2d 458, 459 f. (Tex. App. Corpus Christi 1995).
[992] Volkswagen AG v. Valdez, 897 S.W.2d 458, 459 f. (Tex. App. Corpus Christi 1995).
[993] Volkswagen AG v. Valdez, 897 S.W.2d 458, 459 f. (Tex. App. Corpus Christi 1995).
[994] Volkswagen AG v. Valdez, 897 S.W.2d 458, 460 (Tex. App. Corpus Christi 1995).
[995] Volkswagen AG v. Valdez, 897 S.W.2d 458, 460 (Tex. App. Corpus Christi 1995).

Writ of Mandamus gegenüber Richter Valdez.[996] Der Corpus Christi Court of Appeals gab jedoch dem Antrag nicht statt. Eingangs wies das Gericht darauf hin, dass es im Ermessen des Richters liege, die Beschaffung von Beweismitteln aus dem Ausland nach den Texas Rules of Civil Procedure und nicht nach dem HBÜ anzuordnen.[997] Anschließend führte das Gericht eine Comity-Analyse durch.[998] Die von der Volkswagen AG vorgelegten Affidavits seien hinreichender Beweis für einen Konflikt zwischen dem BDSG und der Vorlageanordnung. Bei der Interessenabwägung stützte sich das Gericht auf REST 3d FOREL § 442(1)(c). Das Telefonbuch stamme aus Deutschland und mit seiner Vorlage würden personenbezogene Daten offengelegt. Allerdings seien die Telefonnummern und Berufsbezeichnungen vorrangig Daten der Kommunikation. Nach Ansicht des Gerichts komme den Klägern ein zwingendes Interesse an der Vorlage zu. Das Telefonbuch sei notwendig, um mit Mitarbeitern der Volkswagen AG Kontakt aufzunehmen. Das vorgelegte Telefonbuch von 1969 sei nicht aktuell. Unerheblich sei der Einwand der Volkswagen AG, dass sie den Klägern bereits alle für die Konstruktion des Volkswagen-Modells relevanten Mitarbeiter und Informationen mitgeteilt habe. Die Kläger seien berechtigt, diese Angaben in Frage zu stellen und nach weiteren Personen zu suchen. Andere in Betracht kommende Discovery-Instrumente habe die Volkswagen AG nicht vorgeschlagen. In der unterlassenen Vorlage sah das Gericht eine Gefährdung der Interessen der Kläger sowie des Bundesstaates Texas und der USA an der Rechtsdurchsetzung. Das Vorlageersuchen sei hinreichend genau und die Vorlage keine außergewöhnliche Belastung für die Volkswagen AG. Die Gefahr einer strafrechtlichen Sanktionierung in Deutschland stufte das Gericht als fraglich ein. Es sei davon auszugehen, dass ein deutsches Gericht aufgrund von Comity-Erwägungen von Sanktionen absehen werde.

4. Entscheidung des Supreme Court of Texas

Die Volkswagen AG verfolgte ihr Begehren vor dem Supreme Court of Texas weiter.[999] In dieser Instanz hatte die Volkswagen AG nunmehr Erfolg und erwirkte einen Writ of Mandamus. Vorab stellte der Supreme Court of Texas unter Hinweis auf die Affidavits fest, dass zwischen der Vorlageanordnung und deutschem Datenschutzrecht ein Konflikt bestehe.[1000] Als nächstes nahm er eine Interessenabwägung gemäß REST 3d FOREL § 442(1)(c) vor.[1001] Dabei kam der Supreme Court of Texas zu dem Ergebnis, dass die Datenschutzinteressen überwiegen und die Vorlageanordnung ermessensfehlerhaft ergangen

---

[996] Volkswagen AG v. Valdez, 897 S.W.2d 458 (Tex. App. Corpus Christi 1995). Ein Writ of Mandamus ist eine Anweisung eines höheren Gerichts an den Richter eines untergeordneten Gerichts. Siehe: 28 USC 1651; FRAP 21. Zu Rechtsmitteln in der Discovery: Junker, Discovery, S. 198 ff.
[997] Volkswagen AG v. Valdez, 897 S.W.2d 458, 459 (Tex. App. Corpus Christi 1995).
[998] Volkswagen AG v. Valdez, 897 S.W.2d 458, 461 f. (Tex. App. Corpus Christi 1995).
[999] Volkswagen AG v. Valdez, 909 S.W.2d 900, 900 ff. (Tex. 1995).
[1000] Volkswagen AG v. Valdez, 909 S.W.2d 900, 902 (Tex. 1995).
[1001] Volkswagen AG v. Valdez, 909 S.W.2d 900, 902 f. (Tex. 1995).

sei. Das Vorlageersuchen sei zwar hinreichend spezifiziert. Gleichwohl stünden den Klägern mehrere andere Discovery-Instrumente zur Verfügung, um Mitarbeiter der Volkswagen AG ausfindig zu machen. So lägen das Telefonbuch der Volkswagen AG von 1969 und das aktuelle Telefonbuch der Volkswagen of America Inc. vor. Zudem habe ein Ingenieur die Organisationsstrukturen der Volkswagen AG bekannt gegeben und 29 Mitarbeiter benannt, die hinsichtlich der Konstruktion des Volkswagen-Modells sachkundig seien. Weiterhin befand der Supreme Court of Texas, dass bei einer Vorlage des Telefonbuchs wichtige Interessen Deutschlands beeinträchtigt seien.[1002] Insofern berief er sich auf den von der deutschen Bundesregierung eingereichten Amicus Curiae Brief, der die besondere Bedeutung des Datenschutzes in Deutschland bestätigte. Eine Beeinträchtigung wichtiger Interessen der USA sei indes nicht ersichtlich. Dies gelte vor allem angesichts der verfügbaren anderen Discovery-Instrumente. Das Telefonbuch sei von geringer Relevanz für den Rechtsstreit, da es lediglich der Überprüfung bereits erlangter Informationen diene.

5. *Bewertung*

In der Sache *Volkswagen AG v. Valdez* war mit dem Telefonbuch ein eindeutig bestimmter Vorlagegegenstand gegeben. Die Darlegung der Anwendbarkeit des BDSG bereitete daher keine Schwierigkeiten. Die Volkswagen AG trug vor den Gerichten im Wesentlichen gleich vor. Die dennoch unterschiedlichen Entscheidungen zeigen, dass den Gerichten erhebliches Ermessen zukommt. Richter Valdez befasste sich nicht näher mit deutschem Datenschutzrecht und räumte dem Vorlageersuchen der Kläger den Vorrang ein. Gerade in konservativ geprägten Bundesstaaten wie Texas ist eine abwehrende Haltung gegenüber ausländischem Recht keine Seltenheit.

Sowohl der Corpus Christi Court of Appeals als auch der Supreme Court of Texas zogen für die Interessenabwägung REST 3d FOREL § 442(1)(c) heran, allerdings mit unterschiedlichem Ergebnis. So stellte der Corpus Christi Court of Appeals einseitig auf die Notwendigkeit des Telefonbuchs für den Rechtsstreit ab. Das Vorliegen berechtigter Interessen der Volkswagen AG machte er vom Bestehen einer Sanktionsgefahr abhängig, ohne sich näher mit dem deutschen Datenschutzrecht zu befassen. Der Supreme Court of Texas prüfte die Kriterien des REST 3d FOREL § 442(1)(c) ausführlicher. Zugunsten der Volkswagen AG wirkte sich vor allem die Verfügbarkeit anderer Discovery-Instrumente aus. Die Datenschutzinteressen legte die Volkswagen AG zur Überzeugung des Supreme Court of Texas mittels der Affidavits und des Amicus Curiae Briefs der Bundesregierung dar.

[1002] Volkswagen AG v. Valdez, 909 S.W.2d 900, 903 (Tex. 1995).

III. Vitamins Antitrust

Der US District Court for the District of Columbia beschäftigte sich 2001 in dem Kartellverfahren *Vitamins Antitrust* mit deutschem Datenschutzrecht.[1003] Die Kläger warfen den Beklagten Kartellvereinbarungen in Form von Preisabsprachen und Marktaufteilungen beim Vertrieb von Vitaminprodukten vor. Unter den Beklagten waren die Degussa-Hüls AG, die BASF AG und die Merck AG.

1. Streitgegenständliche Discovery-Ersuchen

In der Discovery verlangten die Kläger mit Interrogatory Nr. 5(A) die Identifizierung von Vorstandsmitgliedern, Geschäftsführern, Angestellten und Handelsvertretern, die in dem fraglichen Zeitraum für die Produktion, die Preisbildung, den Verkauf, das Marketing und den Vertrieb von Vitaminprodukten in den USA verantwortlich waren.[1004] Mit Interrogatory Nr. 5(B) forderten die Kläger darüber hinaus die Benennung von Vorstandsmitgliedern, Geschäftsführern, Angestellten und Handelsvertretern, die an den Kartellvereinbarungen beteiligt waren oder davon wussten.[1005] Gemäß Interrogatory Nr. 6 sollten die Beklagten für jede durch Interrogatory Nr. 5(B) identifizierte Person mitteilen, ob sie für die Produktion, die Preisbildung, den Verkauf, das Marketing oder den Vertrieb von Vitaminprodukten einen PC, ein Telefon oder ein Faxgerät benutzte und ob entstandene Kosten erstattet wurden.[1006]

Ferner verlangten die Kläger mit Document Request Nr. 5(c) die Vorlage sämtlicher Dokumente über Kommunikationsvorgänge und Treffen zwischen Verantwortlichen, welche Disziplinarmaßnahmen, Entlassungen, Suspendierungen oder Pensionierungen der durch Interrogatory Nr. 5(B) identifizierten Personen oder sonstiger mit den Kartellvereinbarungen in Verbindung stehender Personen betreffen.[1007] In Document Request Nr. 9 ersuchten die Kläger die Beklagten weiter um die Vorlage von Tagebüchern, Kalendern, Terminbüchern, Kreditkarten- und Reisekostenabrechnungen der durch Interrogatory Nr. 5(B) identifizierten Personen.[1008]

[1003] In re Vitamins Antitrust Litig., 2001 U.S. Dist. LEXIS 8904 (D.D.C. 2001) und In re Vitamin Antitrust Litig., 2001 U.S. Dist. LEXIS 11536 (D.D.C. 2001). Das Gericht musste sich zudem mit schweizer Datenschutzrecht befassen, da die Beklagten Lonza und F. Hoffmann-La Roche entsprechende Einwände gegen die Discovery-Ersuchen erhoben.
[1004] In re Vitamin Antitrust Litig., 2001 U.S. Dist. LEXIS 11536, 1, 52 f. (D.D.C. 2001).
[1005] In re Vitamin Antitrust Litig., 2001 U.S. Dist. LEXIS 11536, 1, 53 (D.D.C. 2001).
[1006] In re Vitamin Antitrust Litig., 2001 U.S. Dist. LEXIS 11536, 1, 53 (D.D.C. 2001).
[1007] In re Vitamin Antitrust Litig., 2001 U.S. Dist. LEXIS 11536, 1, 51 f. (D.D.C. 2001).
[1008] In re Vitamin Antitrust Litig., 2001 U.S. Dist. LEXIS 11536, 1, 52 (D.D.C. 2001).

2. Vorbringen der deutschen Beklagten

Die Beklagten verweigerten die Offenlegung der personenbezogenen Daten unter Berufung auf deutsches Datenschutzrecht und beantragten eine Protective Order.[1009] Die Beklagten trugen vor, dass die datenschutzrechtlichen Fragen noch nicht entscheidungsreif seien.[1010] Als Nachweis präsentierten sie ein Dokument mit dem Titel „German Privacy Law Decision Tree". Danach bedürfe es vorab einer Prüfung durch den betrieblichen Beauftragten für den Datenschutz, die Aufsichtsbehörde, die Betroffenen und die Kläger. Zur Bekräftigung ihres Vorbringens legten die Beklagten Gutachten der Datenschutzexperten Dr. Christoph Crisolli und Professor Paul M. Schwartz sowie eine englische Übersetzung des BDSG vor. Die Datenschutzexperten bestätigten die Anwendbarkeit des BDSG. Eine Offenlegung der personenbezogenen Daten sei wegen fehlender Einwilligung der Mitarbeiter und mangels Eingreifens einer Erlaubnisnorm untersagt. Insbesondere § 28 Abs. 1 Nr. 2 BDSG a. F.[1011] sei nicht anwendbar. Diese Vorschrift gestatte eine Offenlegung nur, wenn dies für die Zweckbestimmung des Arbeitsvertrages erforderlich sei. Auch § 28 Abs. 2 Nr. 1 a) a. F.[1012] sei nicht einschlägig. Nach dieser Ausnahme müsse die Offenlegung notwendig sein, um ein berechtigtes öffentliches Interesse zu wahren. Es dürfe keine objektiv vertretbare Alternative geben. Im streitgegenständlichen Fall seien die personenbezogenen Daten überflüssig, da sich die Beklagten bereits schuldig bekannt und dem Großteil der Discovery-Ersuchen nicht widersprochen hätten. Jedenfalls bestehe ein berechtigtes Interesse an der Geheimhaltung vor den zahlreichen Anwälten und sonstigen Personen, welche die personenbezogenen Daten trotz der Protective Order zu sehen bekämen.

Die Bundesregierung übermittelte zur Unterstützung der Beklagten einen Amicus Curiae Brief, in dem sie die zentrale Bedeutung des Datenschutzes im deutschen Rechtssystem bekräftigte.[1013] Als Beleg zitierte sie das Grundgesetz, das BDSG von 1977 und sechs Entscheidungen deutscher Gerichte, die sich vorwiegend mit der Offenlegung von Namen befassten. Die Degussa-Hüls AG legte zusätzlich eine Stellungnahme des Landesbeauftragten

---

[1009] In re Vitamin Antitrust Litig., 2001 U.S. Dist. LEXIS 11536, 1, 52 (D.D.C. 2001).
[1010] In re Vitamin Antitrust Litig., 2001 U.S. Dist. LEXIS 11536, 1, 53 (D.D.C. 2001).
[1011] § 28 Abs. 1 Nr. 2 BDSG in der Fassung vom 20. Dezember 1990: „Das Speichern, Verändern oder Übermitteln personenbezogener Daten oder ihre Nutzung als Mittel für die Erfüllung eigener Geschäftszwecke ist zulässig [...] soweit es zur Wahrung berechtigter Interessen der speichernden Stelle erforderlich ist und kein Grund zu der Annahme besteht, daß das schutzwürdige Interesse des Betroffenen an dem Ausschluß der Verarbeitung oder Nutzung überwiegt, [...]".
[1012] § 28 Abs. 2 BDSG in der Fassung vom 20. Dezember 1990: „Die Übermittlung oder Nutzung ist auch zulässig [...] 1. a) soweit es zur Wahrung berechtigter Interessen eines Dritten oder öffentlicher Interessen erforderlich ist [...] und kein Grund zu der Annahme besteht, daß der Betroffene ein schutzwürdiges Interesse an dem Ausschluß der Übermittlung hat.".
[1013] In re Vitamin Antitrust Litig., 2001 U.S. Dist. LEXIS 11536, 1, 68 f. (D.D.C. 2001).

für Datenschutz von Nordrhein-Westfalen vor.[1014] Dieser bestätigte ebenfalls das Offenlegungsverbot nach dem BDSG.

Hilfsweise beriefen sich die Beklagten auf REST 3d FOREL § 442(1)(c).[1015] Die angeforderten Informationen seien über andere Quellen verfügbar. Die Kläger hätten über 40 Discovery-Ersuchen und fünf mehrteilige Interrogatories an die Beklagten gerichtet. Das Interesse der USA an der Durchsetzung des Kartellrechts sei bereits durch das Strafverfahren, die Kronzeugenvereinbarung und die auferlegten Strafen befriedigt. Zudem seien die personenbezogenen Daten nicht ausschlaggebend für die Hauptfragen des Rechtsstreits.

3. Vorbringen der Kläger

Die Kläger traten dem Vorbringen der Beklagten entgegen.[1016] Die Discovery-Ersuchen seien eng gefasst und auf geschäftliche Daten mit Relevanz für den Rechtsstreit beschränkt. Zur Entkräftung der datenschutzrechtlichen Einwände präsentierten die Kläger das BDSG in deutscher und englischer Fassung, ein Affidavit von Professor Horst Ehmann sowie eine Erklärung von Professor Paul M. Schwartz aus einem anderen Rechtsstreit. Professor Ehmann erläuterte, dass das BDSG auf die Mehrzahl der Daten nicht anwendbar sei.[1017] Das Gesetz gelte lediglich für personenbezogene Daten aus Dateien im Sinne von § 3 Abs. 2 BDSG a. F.[1018] Anhand der vorhandenen Angaben sei nicht feststellbar, ob die Daten aus Dateien stammen. Dessen ungeachtet sei eine Offenlegung der Daten nach § 28 Abs. 2 Nr. 1 a) BDSG a. F. zulässig. Das Interesse an der Durchsetzung des Kartellrechts und die Schadensersatzinteressen seien wichtige Interessen der Öffentlichkeit und Dritter.

Weiter trugen die Kläger vor, dass die Offenlegung der Daten aufgrund von Comity-Erwägungen selbst bei einem Konflikt zum deutschen Datenschutzrecht gerechtfertigt sei.[1019] Insofern beriefen sich die Kläger auf die Entscheidung des US Supreme Court in *Société Internationale v. Rogers*[1020] und REST 3d FOREL § 422(1)(c). Den USA komme ein überwiegendes Interesse an der Durchsetzung des Kartellrechts zu. Die Interessen Deutschlands

---

[1014] In re Vitamin Antitrust Litig., 2001 U.S. Dist. LEXIS 11536, 1, 70 f. (D.D.C. 2001).
[1015] In re Vitamin Antitrust Litig., 2001 U.S. Dist. LEXIS 11536, 1, 58 ff. (D.D.C. 2001).
[1016] In re Vitamin Antitrust Litig., 2001 U.S. Dist. LEXIS 11536, 1, 61 ff. (D.D.C. 2001).
[1017] In re Vitamin Antitrust Litig., 2001 U.S. Dist. LEXIS 11536, 1, 62 ff. (D.D.C. 2001).
[1018] § 3 Abs. 2 BDSG in der Fassung vom 20. Dezember 1990: „Eine Datei ist 1. eine Sammlung personenbezogener Daten, die durch automatisierte Verfahren nach bestimmten Merkmalen ausgewertet werden kann (automatisierte Datei), oder 2. jede sonstige Sammlung personenbezogener Daten, die gleichartig aufgebaut ist und nach bestimmten Merkmalen geordnet, umgeordnet und ausgewertet werden kann (nicht-automatisierte Datei), wenn hierzu die einzelnen Akten und Aktensammlungen, es sei denn, daß sie durch automatisierte Verfahren umgeordnet und ausgewertet werden können.".
[1019] In re Vitamin Antitrust Litig., 2001 U.S. Dist. LEXIS 11536, 1, 66 ff. (D.D.C. 2001).
[1020] Siehe dazu oben: 10. Kapitel, C.

seien hingegen gering, da das BDSG nicht anwendbar sei und die Protective Order ein angemessenes Schutzniveau gewährleiste.

4. Special Master's Report and Recommendation

Der US District Court for the District of Columbia beauftragte einen Special Master[1021] mit der Klärung der Discovery-Streitigkeiten. Nach mündlicher Anhörung der Parteien erstattete der Special Master seinen Bericht.[1022] Hinsichtlich der datenschutzrechtlichen Fragen folgte er im Wesentlichen den Ausführungen der Kläger.[1023] Die Darlegungslast für entgegenstehendes ausländisches Recht treffe die Beklagten. Im gegebenen Fall hindere das BDSG die Beklagten nicht an der Beantwortung der Discovery-Ersuchen. Die Beklagten hätten nicht hinreichend dargelegt, dass die angeforderten Daten ausschließlich in Dateien vorhanden seien.

Doch selbst bei Anwendbarkeit des BDSG sei die Offenlegung nach § 28 Abs. 2 Nr. 1 a) a.F. zulässig.[1024] Professor Paul M. Schwartz habe in der von den Klägern vorgelegten Erklärung bestätigt, dass „erforderlich" im Sinne der Vorschrift nicht „absolut erforderlich" bedeute. Die Interrogatories seien hier erforderlich, um Schlüsselpersonen identifizieren und befragen zu können. Die Document Requests seien erforderlich, um die Inhalte der Treffen mit Wettbewerbern aufzuklären und herauszufinden, wie die Beklagten in die Kartellvereinbarungen verwickelte Mitarbeiter behandelten. Allein den Beklagten sei bekannt, welche Daten von den Discovery-Ersuchen umfasst seien.[1025] Die Kläger müssten sich nicht auf die Angaben der Beklagten verlassen. Dies gelte vor allem deshalb, weil im Zusammenhang mit den Kartellvereinbarungen die Vernichtung von belastenden Dokumenten im Raum stehe.

Nach Ansicht des Special Master biete die Protective Order ausreichenden Schutz.[1026] Daher komme den Betroffenen kein schutzwürdiges Interesse am Ausschluss der Übermittlung im Sinne von § 28 Abs. 2 Nr. 1 a) BDSG a. F zu. Die Protective Order gestatte die Datenverwendung ausschließlich für die Zwecke des Rechtsstreits. Zudem seien die Daten innerhalb von 90 Tagen nach Beendigung des Rechtsstreits zurückzugeben oder zu zerstören. Die Daten dürften lediglich gegenüber solchen Personen offengelegt werden, die mit dem Rechtsstreit befasst seien. Auf den Einwand der Beklagten, dass trotz der Protective Order viele Personen Zugang zu den Daten erhielten, entgegnete der Special Master lapidar, dass dies an der Viel-

---

[1021] Ein Special Master wird insbesondere bei komplexen Verfahren im Pretrial zur Entlastung der Richter mit speziellen Fragestellungen betraut wird. Siehe: FRCP 53(a)(1)(C); Manual for Complex Litigation, Fourth, § 11.53, S. 114 ff.
[1022] In re Vitamin Antitrust Litig., 2001 U.S. Dist. LEXIS 11536, 1, 1 ff. (D.D.C. 2001).
[1023] In re Vitamin Antitrust Litig., 2001 U.S. Dist. LEXIS 11536, 1, 71 ff. (D.D.C. 2001).
[1024] In re Vitamin Antitrust Litig., 2001 U.S. Dist. LEXIS 11536, 1, 75 f. (D.D.C. 2001).
[1025] In re Vitamin Antitrust Litig., 2001 U.S. Dist. LEXIS 11536, 1, 77 (D.D.C. 2001).
[1026] In re Vitamin Antitrust Litig., 2001 U.S. Dist. LEXIS 11536, 1, 78 f. (D.D.C. 2001).

10. Kapitel: Wege der amerikanischen Gerichte zur Konfliktlösung

zahl von anwaltlich vertretenen Personen und Opfern liege. Im Übrigen basiere die Protective Order auf dem übereinstimmenden Vorschlag der Parteien. Dabei habe die Beklagte keine Angemessenheitsprobleme geltend gemacht.

Schließlich befand der Special Master, dass die Offenlegung der Daten selbst bei einem Verstoß gegen das BDSG anzuordnen sei.[1027] Es sei anerkannt, dass amerikanische Gerichte eine Partei trotz entgegenstehenden ausländischen Rechts zur Befolgung der Discovery-Pflichten auffordern können. Dies gelte hier umso mehr, weil mit der Durchsetzung des Kartellrechts wichtige Interessen der USA betroffen seien.

5. *Entscheidung des US District Court for the District of Columbia*

Die Beklagten erhoben beim US District Court for the District of Columbia Einspruch gegen den Bericht des Special Master.[1028] Das Gericht stellte vorab fest, dass die Beklagten nicht dargelegt hätten, auf welche Daten das BDSG anwendbar sei.[1029] Dessen ungeachtet gestatte das BDSG die Offenlegung von Daten, wenn dies zur Wahrung öffentlicher Interessen oder der Interessen der Kläger erforderlich sei und den Betroffenen kein schutzwürdiges Geheimhaltungsinteresse zukomme.[1030] Im gegebenen Fall sei das Gericht geneigt, im Einklang mit dem Special Master von der Erforderlichkeit der Daten auszugehen. Die Beklagten hätten von Anfang an versucht, sich einer Haftung zu entziehen. So hätten sie die Zuständigkeit des Gerichts in Frage gestellt und einen Großteil der Discovery-Ersuchen nicht beantwortet. Die Kläger seien berechtigt, die Daten selbst zu sichten und eigene Schlüsse zu ziehen.

Anschließend prüfte das Gericht das Bestehen eines schutzwürdigen Geheimhaltungsinteresses der Betroffenen.[1031] Die angeforderten Daten seien persönlicher Natur und die Protective Order gewähre kein uneingeschränkt angemessenes Schutzniveau. Bei bloß geringen Abweichungen zwischen dem Schutzniveau der Protective Order und des BDSG dürften die Daten aber nicht geheimgehalten werden. Als Ergebnis hielt das Gericht fest, dass den Beklagten offenbar ein legitimes Datenschutzinteresse zukomme und die Protective Order eventuell nicht ausreiche, um vor einer strafrechtlichen Verfolgung in Deutschland zu schützen.[1032] Daher gestattete das Gericht ein sogenanntes „Privacy Log": Zunächst sei von den Beklagten konkret aufzuzeigen, welche Daten das BDSG schütze. Im Anschluss müssten die Klägern darlegen, ob diese Daten absolut notwendig seien und ob in einer Protective

---

[1027] In re Vitamin Antitrust Litig., 2001 U.S. Dist. LEXIS 11536, 1, 82 ff. (D.D.C. 2001).
[1028] In re Vitamins Antitrust Litig., 2001 U.S. Dist. LEXIS 8904, 1, 20 (D.D.C. 2001).
[1029] In re Vitamins Antitrust Litig., 2001 U.S. Dist. LEXIS 8904, 1, 48 f. (D.D.C. 2001).
[1030] In re Vitamins Antitrust Litig., 2001 U.S. Dist. LEXIS 8904, 1, 49 f. (D.D.C. 2001).
[1031] In re Vitamins Antitrust Litig., 2001 U.S. Dist. LEXIS 8904, 1, 52 f. (D.D.C. 2001).
[1032] In re Vitamins Antitrust Litig., 2001 U.S. Dist. LEXIS 8904, 1, 53 f. (D.D.C. 2001).

Order Maßnahmen zum Schutz der Beklagten vor einer Haftung vereinbart werden können. Die Aushandlung einer entsprechenden Protective Order überließ das Gericht den Parteien.

6. *Bewertung*

In dem Kartellverfahren *Vitamins Antitrust* betonten der Special Master und der US District Court for the District of Columbia, dass die Darlegungslast für ausländisches Recht bei dem Vorlagepflichtigen liege. Zwar präsentierte die Beklagten mit den Gutachten der Datenschutzexperten, der Stellungnahmen der Landesbeauftragten für Datenschutz, der englischen Fassung des BDSG und dem Amicus Curiae Brief der Bundesregierung geeignete Beweise. Allerdings entkräfteten die Kläger das Vorbringen der Beklagten, indem sie verdeutlichten, dass das BDSG von 1990 nur solche personenbezogene Daten schütze, die in oder aus Dateien verarbeitet werden. Im Gegensatz zu dem in *Volkswagen AG v. Valdez* vorzulegenden Telefonbuch betrafen die Discovery-Ersuchen hier eine Vielzahl von Daten. Die Beklagten versäumten dabei, für diese Daten konkret die Anwendbarkeit des BDSG aufzuzeigen. Damit blieb ungeklärt, inwiefern überhaupt ein Konflikt zwischen den FRCP und dem BDSG bestand. Anders als in *Accessdata Corp. v. Alste Technologies GmbH* und *Volkswagen AG v. Valdez* beschränkten sich die Interessen der USA darüber hinaus nicht auf die Rechtsdurchsetzung, sondern betrafen zugleich die Ahndung von Kartellrechtsverstößen. Im amerikanischen Kartellrecht ist der Zivilprozess ein wichtiges Regulierungsinstrument und die Discovery ein notwendiges Mittel zur Sachverhaltsaufklärung. Daher ordnen die Gerichte das Interesse an der Offenlegung von Informationen für gewöhnlich als vorrangig ein.

Eine Besonderheit stellt der von dem Special Master und dem US District Court for the District of Columbia gewählte Prüfungsmaßstab dar. Trotz des Vortrags der Parteien zu REST 3d FOREL § 442(1)(c) zogen sie für die Interessenabwägung direkt das BDSG heran. Der Special Master prüfte die Datenschutzinteressen jedoch nur oberflächlich. Er ging davon aus, dass die Protective Order ein angemessenes Schutzniveau gewährleiste, ohne die diesbezüglichen Anforderungen des BDSG zu erörtern. Der US District Court for the District of Columbia kam indes zu dem Ergebnis, dass die Protective Order kein uneingeschränkt angemessenes Schutzniveau biete. Er beschritt mit der Anordnung des Privacy Log, eines strengen Erforderlichkeitsmaßstabs und der Aushandlung einer neuen Protective Order letztlich einen Kompromissweg.

E. Ergebnis

Bei ausreichender Darlegung berücksichtigen die meisten amerikanischen Gerichte in der Discovery die Belange des deutschen Datenschutzrechts. Die Gerichte prüfen im Rahmen der Comity-Analyse, ob ein Konflikt zwischen dem Vorlageersuchen und deutschem Datenschutzrecht besteht. Damit das Gericht von einem Konflikt ausgeht, muss der Vorlagepflichtige für die vorzulegenden personenbezogenen Daten im Einzelnen die Anwendbarkeit des BDSG aufzeigen. Anschließend nehmen die Gerichte eine Interessenabwägung vor. Dabei orientieren sich die Gerichte überwiegend an REST 3d FOREL § 442(1)(c). Der Vorlagepflichtige muss möglichst umfassend auf andere Discovery-Instrumente verweisen. Bei der Frage nach einer Belastung für den Vorlagepflichtigen stellen die Gerichte vorrangig auf die Sanktionsgefahr in Deutschland ab. Wenig Beachtung findet die Tatsache, dass das BDSG dem Schutz der Rechte der Betroffenen dient und der Vorlagepflichtige somit die Rechte Dritter geltend macht. Das Angemessenheitserfordernis erörterten die Gerichte nicht näher. Bei direkter Relevanz der personenbezogenen Daten für den Rechtsstreit lässt sich eine Vorlageanordnung kaum verhindern. Vor allem wenn auf amerikanischer Seite neben dem Interesse an der Rechtsdurchsetzung zugleich wichtige Allgemeininteressen (z. B. an der Ahndung von Kartellrechtsverstößen) betroffen sind, gehen die Gerichte tendenziell von einem überwiegenden Vorlageinteresse aus. Dennoch gewähren die Gerichte gemeinhin Schutzmaßnahmen in einer Protective Order.

11. Kapitel: Vertragsklauseln für die Datenübermittlung in der Discovery

Das zehnte Kapitel dieser Arbeit hat gezeigt, dass die amerikanischen Gerichte bei hinreichender Darlegung des deutschen Datenschutzrechts überwiegend um einen Ausgleich der widerstreitenden Interessen bemüht sind und zumindest eine Protective Order erlassen. Allerdings ist eine Protective Order als alleiniges Instrument nicht zur Herstellung eines angemessenen Schutzniveaus geeignet.[1033] Das BDSG gestattet die Datenübermittlung in der Discovery ausnahmsweise, wenn Vertragsklauseln ausreichende Garantien für das Persönlichkeitsrecht des Betroffenen gewährleisten.[1034] Die Vertragsklauseln sind zwischen der verantwortlichen Stelle als Datenexporteur sowie ihren amerikanischen Anwälten und den Anwälten der Gegenseite als Datenempfänger zu vereinbaren.[1035] In diesem Kapitel soll erläutert werden, auf welche Weise in der Discovery eine Vertragslösung umgesetzt und mit einer Protective Order kombiniert werden kann (A.). Ob Vertragsklauseln im Einzelfall ausreichende Garantien bieten, prüft die zuständige Aufsichtsbehörde in einem Genehmigungsverfahren (B.). Um dadurch bedingte Verfahrensverzögerungen zu verhindern, sind spezielle Standardvertragsklauseln für die Datenübermittlung in der Discovery wünschenswert (C.). Den Rahmen hierfür sollte ein transatlantisches Datenschutzabkommen bilden (D.). Da es bislang noch keine entsprechenden Standardvertragsklauseln gibt, werden im letzten Abschnitt konkrete Formulierungsvorschläge entwickelt (E.).

A. Praktische Umsetzung in der Discovery

I. Einvernehmliches Vorgehen der Parteien

Die Umsetzung der Vertragslösung obliegt in erster Linie der verantwortlichen Stelle. Sie muss ihre Anwälte zu Beginn des Pretrial auf die Datenschutzinteressen hinweisen. Dabei sind der Grundrechtsrang des Datenschutzes in Deutschland und der Europäischen Union, der Anwendungsbereich des BDSG und die Anforderungen an eine zulässige Datenübermittlung zu erläutern. Während der Parteienkonferenz müssen die Anwälte der verantwortlichen Stelle mit der Gegenseite besprechen, in welchem Umfang voraussichtlich personenbezogene Daten in der Discovery vorzulegen sind. In diesem Zusammenhang sind die Datenschutzinteressen aufzuzeigen und folgende Maßnahmen zur Reduktion der Datenübermittlung zu erörtern: (1) Umgrenzung des Vorlageersuchens, (2) Nutzung anderer Informationsquellen, (3) Bestimmung des Vorlageformats, (4) Anonymisierung und Pseudonymisierung, (5) Filterung sowie

---

[1033] Siehe: 9. Kapitel, D. II. 4. e).
[1034] Siehe: 9. Kapitel, E. III.
[1035] Trifft die Vorlagepflicht ein verbundenes Konzernunternehmen und übermittelt der Datenexporteur die personenbezogenen Daten an dessen Rechtsabteilung, welche sie an die eigenen Prozessanwälte weiterleitet, sind die Vertragsklauseln sowohl mit dem Konzernunternehmen als auch mit den eigenen und den gegnerischen Prozessanwälten zu vereinbaren.

(6) eine Vorlage in Phasen.[1036] Hinsichtlich der notwendigen Datenübermittlung ist das Erfordernis der Gewährleistung ausreichender Garantien durch Vertragsklauseln zu verdeutlichen. Zur Vermeidung von Verfahrensverzögerungen sollten die Anwälte der Gegenseite frühzeitig einen Entwurf für die Vertragsklauseln unterbreiten. Sobald die zu übermittelnden personenbezogenen Daten feststehen, sind die Vertragsklauseln zu vereinbaren.

Weiterhin sollten sich die Parteien auf eine Protective Order verständigen und dem Gericht mit einer Erläuterung der Datenschutzinteressen zum Erlass vorlegen.[1037] Auch wenn die Protective Order als alleiniges Instrument kein angemessenes Schutzniveaus gewährleistet, vermag sie dennoch einen Teil der inhaltlichen Datenschutzgarantien zusätzlich abzusichern.[1038] Die Gefahren für das Persönlichkeitsrecht gehen insbesondere von den Anwälten der Gegenseite aus.[1039] Ihnen gegenüber dient die Protective Order neben den Vertragsklauseln als weiteres Schutzinstrument. Ferner bindet die Protective Order das Gericht und Dritte, die von ihr Kenntnis haben.

II. Entscheidung des Gerichts

Während die eigenen Anwälte der verantwortlichen Stelle im Regelfall zu einer Vertragslösung bereit sein werden, besteht das Risiko, dass die Gegenseite sich nicht darauf einlässt. In diesem Fall müssen die Parteien das Prozessgericht um eine Entscheidung ersuchen.[1040] Die Gegenseite ist indes gut beraten, sich um eine einvernehmliche Lösung zu bemühen. FRCP 26(c)(1) Satz 2 sieht ausdrücklich vor, dass die Parteien nach gutem Glauben erörtern müssen, wie Streitigkeiten in der Discovery ohne Beteiligung des Gerichts beigelegt werden können. Entscheidet das Gericht zugunsten der verantwortlichen Stelle, kann es der Gegenseite die durch die Streitigkeit entstandenen Kosten inklusive Anwaltskosten auferlegen.[1041]

Gemäß FRCP 26(c)(1) Satz 3 ist von dem Gericht zu prüfen, ob ein wichtiger Grund (Good Cause) für eine Protective Order besteht.[1042] Die diesbezügliche Darlegungs- und Beweislast trägt die verantwortliche Stelle. Ihre Anwälte müssen das Bestehen eines Konflikts zwischen den Vorlagepflichten und dem deutschen Datenschutzrecht aufzeigen.[1043] Für die vorzulegenden Dokumente sind detailliert die Anwendbarkeit des BDSG und die Unzulässigkeit der Datenübermittlung darzulegen. Die Anwälte sollten die Sache *Seattle Times Co. v. Rhinehart*

[1036] Zu diesen Maßnahmen siehe: 9. Kapitel, B.
[1037] Zu einer von den Parteien vereinbarten Protective Order siehe: 7. Kapitel, A.
[1038] Siehe: 9. Kapitel, D. II. 4. e) ee).
[1039] Siehe: 6. Kapitel, B.
[1040] Siehe: 7. Kapitel, B. I.
[1041] Vgl. FRCP 26(c)(3).
[1042] Siehe: 7. Kapitel, B. II.
[1043] Siehe: 10. Kapitel, B. II. 2.

11. Kapitel: Vertragsklauseln für die Datenübermittlung in der Discovery 171

heranziehen, in welcher der US Supreme Court befand, dass die Beeinträchtigung der Privatsphäre ein wichtiger Grund für eine Protective Order sei.[1044] Überdies sollten die Anwälte auf die Entscheidungen der US District Courts verweisen, die bestätigen, dass sich aus deutschem Datenschutzrecht ein wichtiger Grund für eine Protective Order ergeben könne.[1045]

Für die Interessenabwägung ziehen die Gerichte die Kriterien des REST 2d FOREL § 40[1046] und des REST 3d FOREL § 442(1)(c)[1047] heran. In diesem Zusammenhang müssen die Anwälte der verantwortlichen Stelle die in Betracht kommenden Maßnahmen zur Reduktion der Datenübermittlung darlegen.[1048] Zudem sind der Grundrechtsrang des Datenschutzes in Deutschland und der Europäischen Union sowie die Sanktionsgefahr bei einer unzulässigen Datenübermittlung zu veranschaulichen. Auf diese Weise können die Vorlagepflichten häufig abgewendet oder zumindest im Umfang reduziert werden. Hinsichtlich der zur Erfüllung der Vorlagepflichten notwendigen personenbezogenen Daten, haben die Anwälte dem Gericht das Erfordernis der Gewährleistung ausreichender Garantien durch Vertragsklauseln zu erläutern. Die Anwälte müssen darauf hinwirken, dass das Gericht die Gegenseite zum Vertragsschluss verpflichtet und die inhaltlichen Datenschutzgarantien weitestgehend in einer Protective Order regelt.

B. Genehmigungsverfahren - *de lege lata*

Nach Vertragsschluss muss die verantwortliche Stelle bei der zuständigen Aufsichtsbehörde eine Genehmigung für die Datenübermittlung einholen. Die Dauer des Genehmigungsverfahrens sollte die verantwortliche Stelle vorab erfragen, damit diese in dem Discovery Plan der Parteien und der Scheduling Order des Gerichts berücksichtigt werden kann. Mit dem Genehmigungsantrag sind eine Beschreibung der Datenübermittlung und die Vertragsklauseln in deutscher Sprache vorzulegen.[1049] Die Aufsichtsbehörde prüft daraufhin, ob die Vertragsklauseln ausreichende Garantien zum Schutz des Persönlichkeitsrechts gewährleisten. Ist dies der Fall, genehmigt sie nach § 4c Abs. 2 Satz 1 Halbsatz 1 BDSG die Datenübermittlung. Die Genehmigung ist ein Verwaltungsakt mit Drittwirkung für den Betroffenen.[1050] Dieser kann gegen die Genehmigung mit einem Widerspruch und einer Anfechtungsklage vorgehen.

[1044] Seattle Times Co. v. Rhinehart, 467 U.S. 20, 34 ff. (1984).
[1045] Pershing Pacific West, LLC v. MarineMax, Inc., 2013 U.S. Dist. LEXIS 33473 (S.D. Cal. 2013): In re Yasmin & Yaz (Drospirenone) Marketing, Sales Practices & Products Liability Litigation, 2011 U.S. Dist. LEXIS 130610 (S.D. Ill. 2011); In re Vitamins Antitrust Litig., 2001 U.S. Dist. LEXIS 8904, 1, 53 f. (D.D.C. 2001).
[1046] Siehe: 10. Kapitel, B. II. 3.
[1047] Siehe: 10. Kapitel, B. II. 4.
[1048] Zu den einzelnen Maßnahmen siehe: 9. Kapitel, B. und oben 11. Kapitel, A. I.
[1049] Eul/Eul, Datenschutz International, S. 78.
[1050] Wuermeling, Handelshemmnis Datenschutz, S. 163; Räther/Seitz, MMR 2002, 520, 521.

Versagt die Aufsichtsbehörde die Genehmigung, ist die verantwortliche Stelle zum Widerspruch und gegebenenfalls zur Verpflichtungsklage berechtigt.

Zur Harmonisierung der Genehmigungspraxis sieht Art. 26 Abs. 3 Satz 1 DSRL ein Abstimmungsverfahren auf europäischer Ebene vor. Danach muss Deutschland die EU-Kommission und die anderen Mitgliedstaaten über eine erteilte Genehmigung unterrichten. Diese können sodann nach Art. 26 Abs. 3 Satz 2 DSRL Widerspruch gegen die Genehmigung einlegen. Ist der Widerspruch begründet, beschließt die EU-Kommission geeignete Maßnahmen. Regelmäßig ist die Genehmigung zu widerrufen.

Sind in der Discovery verschiedene Konzerngesellschaften zur Datenübermittlung verpflichtet, muss jede das Genehmigungsverfahren bei der für sie zuständigen Aufsichtsbehörde durchführen.[1051] Um eine unterschiedliche Beurteilung der Vertragsklauseln zu vermeiden, haben die deutschen Aufsichtsbehörden vereinbart, dass die Aufsichtsbehörde am Hauptsitz des Konzerns die Genehmigungsverfahren koordiniert.[1052] Befinden sich die Gesellschaften in mehreren Mitgliedstaaten der Europäischen Union, kann der Konzern eine Aufsichtsbehörde als federführende Stelle vorschlagen.[1053] Diese ersucht die anderen Aufsichtsbehörden um eine Stellungnahme zu den Vertragsklauseln. Bestätigen die Aufsichtsbehörden die Gewährleistung ausreichender Garantien, gilt dies als Übereinkunft, auf mitgliedstaatlicher Ebene die notwendigen Genehmigungen zu erteilen.

C. Standardvertragsklauseln - *de lege feranda*

In der Praxis bedeuten die Gestaltung der Vertragsklauseln und das Genehmigungsverfahren für die verantwortliche Stelle einen beträchtlichen Zeit- und Kostenaufwand. Auf Seiten der Aufsichtsbehörden entsteht ein hoher Beratungs- und Kontrollbedarf. Vor allem das Abstimmungsverfahren mit der EU-Kommission und den anderen Mitgliedstaaten ist langwierig. Dabei besteht die Gefahr, dass das amerikanische Gericht von einer Verzögerung der Discovery ausgeht und ohne Rücksicht auf Abschluss des Genehmigungsverfahrens die Vorlage anordnet oder die Nichtvorlage sanktioniert. Bei realistischer Betrachtung führt dies zu Grauzonen und unzulässigen Datenübermittlungen in die USA.

De lege feranda wäre es wünschenswert, wenn die EU-Kommission nach Art. 26 Abs. 4 DSRL spezielle Standardvertragsklauseln für die Datenübermittlung in der Discovery anerkennen würde. Standardvertragsklauseln sind für alle Mitgliedstaaten verbindlich und

---
[1051] Scheja, Kundendatenbank, S. 188.
[1052] Berliner Beauftragter für den Datenschutz und Informationsfreiheit, Jahresbericht 2001, S. 142.
[1053] Artikel-29-Datenschutzgruppe, Arbeitsdokument Festlegung eines Kooperationsverfahrens zwecks Abgabe gemeinsamer Stellungnahmen zur Angemessenheit der verbindlich festgelegten unternehmensinternen Datenschutzgarantien, WP 107, S. 2.

machen das Genehmigungsverfahren überflüssig.[1054] Die EU-Kommission sprach sich ausdrücklich für die Annahme weiterer Standardvertragsklauseln aus.[1055] Standardvertragsklauseln dienen der Rechtssicherheit und der praktischen Handhabung des Datenschutzes. Die Parteien könnten bei der Vereinbarung von Standardvertragsklauseln sicher sein, sich für eine gesetzeskonforme Lösung entschieden zu haben. Die Betroffenen hätten die Gewissheit, dass ihr Grundrecht auf Datenschutz durch ausreichende Garantien geschützt ist. In den USA würden Standardvertragsklauseln der Gegenseite und dem Gericht auf transparente Weise die Anforderungen des europäischen Datenschutzrechts vermitteln. Bei Bedarf könnten Streitgenossen oder andere Datenempfänger den Standardvertragsklauseln beitreten. Um die Akzeptanz zu gewährleisten, sollten die Standardvertragsklauseln gemeinsam mit der amerikanischen Seite erarbeitet werden. Eine geeignete Organisation wäre das American Law Institute oder die Sedona Conference. Ergänzend könnte den Parteien ein Muster für eine Protective Order vorgegeben werden.

D. Notwendigkeit eines transatlantischen Datenschutzabkommens

Seit dem Urteil des EuGH vom 6. Oktober 2015 in der Sache *Schrems gegen Data Protection Commissioner*[1056] sind auch Vertragsklauseln in die Kritik geraten. Amerikanische Kanzleien sind zwar - anders als Unternehmen wie Facebook oder Microsoft - nicht an staatlichen Überwachungsprogrammen (z.B. PRISM oder Mainway) beteiligt. Gleichwohl ist nicht gänzlich auszuschließen, dass amerikanische Behörden in Einzelfällen auch auf anwaltliche Daten zugreifen.[1057] Unabhängig von der speziellen Situation in der Discovery besteht spätestens seit der Ungültigkeit des Safe-Harbor-Abkommens die Notwendigkeit für ein umfassendes Datenschutzabkommen zwischen der Europäischen Union und den USA, welches sämtliche Übermittlungen von personenbezogenen Daten erfasst. Die grundlegenden Anforderungen hat der EuGH in der Sache *Schrems gegen Data Protection Commissioner* verdeutlicht. Danach müssen die USA insbesondere den generellen und zweckfreien Zugriff staatlicher Behörden auf personenbezogene Daten verhindern.[1058] Zudem muss EU-Bürgern die Möglichkeit gegeben werden, mittels eines Rechtsbehelfs Zugang zu ihren personenbezogenen Daten zu

---

[1054] Eul/Eul, Datenschutz International, S. 80; Landesbeauftragter für den Datenschutz der Freien Hansestadt Bremen, Jahresbericht 2002, S. 140; Berliner Beauftragter für Datenschutz und Informationsfreiheit, Jahresbericht 2001, S. 142. Vereinzelt wird die Vorlage der Vertragsklauseln für notwendig erachtet, damit die Aufsichtsbehörde eine wortgetreue Übernahme prüfen kann (so Gola/Schomerus, BDSG § 4c Rn. 14; Deutlmoser/Filip, ZD-Beilage. 6/2012, 1, 9).
[1055] Pressemitteilung der EU-Kommission vom 7. Januar 2005, MEMO/05/3 - abrufbar unter: http://europa.eu/rapid/pressReleasesAction.do?reference=MEMO/05/3&format=HTML&aged=0&language=EN.
[1056] EuGH, Urteil Schrems/Data Protection Commissioner, C-362/14, ECLI:EU:C:2015:650. Siehe dazu bereits: 9. Kapitel, D. I.
[1057] Dies veranschaulicht der Artikel „Spying by N.S.A. Ally Entangled U.S. Law Firm" von James Risen und Laura Poitras (erschienen in The New York Times, Ausgabe vom 15. Februar 2014).
[1058] EuGH, Urteil Schrems/Data Protection Commissioner, C-362/14, ECLI:EU:C:2015:650, Rn. 92 f.

erlangen sowie ihre Berichtigung oder Löschung zu erwirken.[1059] In der Discovery wäre ein transatlantisches Datenschutzabkommen als alleiniges Schutzinstrument zwar nicht ausreichend, da die konkreten Verpflichtungen der Datenverarbeiter auf diese Weise nicht geregelt werden können. Ein Datenschutzabkommen wäre jedoch ein idealer Rahmen für die hier vorgeschlagenen Standardvertragsklauseln.

E. Formulierungsvorschläge

Gemäß Art. 26 Abs. 2 DSRL müssen die Vertragsklauseln ausreichende Garantien zum Schutz des Grundrechts auf Datenschutz bieten.[1060] Der Beurteilungsmaßstab für das Vorliegen ausreichender Garantien entspricht dem für die Prüfung der Angemessenheit des Schutzniveaus.[1061] Die Vertragsklauseln müssen folglich die im neunten Kapitel unter Abschnitt D. II. 2. und 3. dargestellten inhaltlichen und funktionellen Garantien umfassen. Nachstehend werden konkrete Formulierungen für Vertragsklauseln in der Discovery vorgeschlagen und erläutert. Soweit zweckdienlich wird auf die Standardvertragsklauseln der EU-Kommission von 2001 (SVK 2001)[1062] und von 2004 (SVK 2004)[1063] eingegangen.[1064]

I. Allgemeine Bestimmungen

1. Begriffsbestimmungen

Um eine einheitliche Interpretation der Vertragsklauseln zu gewährleisten, sind vorab die vertragsspezifischen Begriffe zu definieren. Für die datenschutzrechtlichen Ausdrücke sind die Definitionen der DSRL zu übernehmen.[1065] Auf diese Weise ist sichergestellt, dass die Vertragsklauseln in der Europäischen Union, den USA und sonstigen Drittländern im Einklang mit der DSRL ausgelegt werden. Die Begriffe des amerikanischen Zivilprozessrechts sind entsprechend den FRCP zu bestimmen.

Daraus ergibt sich folgender Formulierungsvorschlag:

[1059] EuGH, Urteil Schrems/Data Protection Commissioner, C-362/14, ECLI:EU:C:2015:650, Rn. 95.
[1060] Das Grundrecht auf Datenschutz nach Art. 8 GRCh konkretisiert die in Art. 26 Abs. 2 DSRL erwähnte Privatsphäre. Siehe dazu: 2. Kapitel, A. I. 4.
[1061] Artikel-29-Datenschutzgruppe, Arbeitsunterlage Übermittlungen personenbezogener Daten an Drittländer, WP 12, S. 18 f.; Siemen, Datenschutz als europäisches Grundrecht, S. 304 f.; Ellger, RabelsZ 60 (1996), 738, 756; Räther/Seitz, MMR 2002, 520, 521.
[1062] Entscheidung 2001/497/EG der EU-Kommission vom 15. Juni 2001, ABl. L 181/19.
[1063] Entscheidung 2004/915/EG der EU-Kommission vom 27. Dezember 2004, ABl. L 385/74.
[1064] Zu den SVK 2001 und den SVK 2004 siehe: 9. Kapitel, E. III.
[1065] In dieser Arbeit wird zum Zwecke einer einheitlichen Darstellung die Terminologie des BDSG verwendet. In den Formulierungsvorschlägen werden folgende Begriffe des BDSG durch die jeweiligen Ausdrücke der DSRL ersetzt: „verantwortliche Stelle" durch „Verantwortlicher"; „Betroffener" durch „betroffene Person" und „Aufsichtsbehörde" durch „Kontrollstelle".

11. Kapitel: Vertragsklauseln für die Datenübermittlung in der Discovery

„Im Rahmen der Vertragsklauseln gelten folgende Begriffsbestimmungen:
a) *Die Begriffe „personenbezogene Daten", „sensible Daten" bzw. „besondere Kategorien personenbezogener Daten", „Verarbeitung", „Verantwortlicher" „Auftragsdatenverarbeiter", „betroffene Person" und „Kontrollstelle" werden gemäß den Bestimmungen der Richtlinie 95/46/EG des Europäischen Parlaments und des Rates vom 24. Oktober 1995 verwendet.*
b) *„Datenexporteur" bezeichnet den für die Verarbeitung Verantwortlichen, der personenbezogene Daten für eine Discovery in die USA übermittelt.*
c) *„Datenempfänger" bezeichnet die Verantwortlichen, die sich bereit erklären, vom Datenexporteur oder einem anderen Datenempfänger personenbezogene Daten für eine Verarbeitung entsprechend den Bestimmungen dieser Vertragsklauseln entgegenzunehmen.*
d) *„Mitgliedstaat" und „mitgliedstaatlich" bezieht sich auf den jeweiligen Mitgliedstaat der Europäischen Union oder des Europäischen Wirtschaftsraums.*
e) *„Rechtsstreit" bezeichnet einen Zivilprozess in den USA.*
f) *„Discovery" umfasst das Verfahren zur Erlangung von Beweismitteln in einem Rechtsstreit einschließlich der Initial und der Final Disclosure.*
g) *„Vorlageersuchen" ist die Aufforderung zur Offenlegung von Dokumenten, elektronisch gespeicherten Information und sonstigen körperlichen Gegenständen im Rahmen der Discovery.*
h) *„Vorlageersuchender" bezeichnet die Partei, welche in der Discovery zur Offenlegung von Informationen auffordert.*
i) *„Vorlagepflichtiger" bezeichnet die Person, welche in der Discovery zur Offenlegung von Informationen verpflichtet ist.*
k) *„Depositions" sind Vernehmungen von Zeugen während der Discovery.*
l) *„Protective Order" ist die Anordnung eines amerikanischen Gerichts zum Schutz bestimmter Informationen im Rahmen des Rechtsstreits.*
m) *„Scheduling Order" ist die Anordnung des amerikanischen Gerichts bezüglich der Fristen der Discovery."*

2. *Anwendungsbereich und Zweck der Vertragsklauseln*

Anschließend sind der Anwendungsbereich und der Zweck der Vertragsklauseln zu verdeutlichen. Die Vertragsklauseln gelten für die Übermittlung und Verarbeitung personenbezogener Daten im Rahmen des jeweiligen Rechtsstreits. Der Zweck der Vertragsklauseln liegt in der Gewährleistung ausreichender Garantien im Sinne von Art. 26 Abs. 2 DSRL bei der Übermittlung personenbezogener Daten in die USA.

176 E. Formulierungsvorschläge

Der diesbezügliche Formulierungsvorschlag lautet wie folgt:

„*a) Die Vertragsklauseln gelten für die Übermittlung und Verarbeitung personenbezogener Daten im Rahmen des von den Vertragsparteien in Anlage A bezeichneten Rechtsstreits. Die Vertragsparteien benennen in Anlage A die Vorlageersuchen und Gerichtsanordnungen, welche die Vorlage personenbezogener Daten verlangen.*

b) Zweck der Vertragsklauseln ist die Gewährleistung ausreichender Garantien zum Schutz des Grundrechts auf Datenschutz der betroffenen Person bei der Übermittlung personenbezogener Daten in die USA für die Discovery des in Anlage A bezeichneten Rechtsstreits."

3. Einzelheiten der Datenübermittlung

Zur Herstellung der Transparenz bedarf es einer Beschreibung der Einzelheiten der Datenübermittlung.[1066] Die Datenübermittlung erfolgt für die Discovery des Rechtsstreits, damit der Datenexporteur oder ein mit ihm verbundenes Konzernunternehmen seine Vorlagepflichten erfüllen kann.[1067] Dieser Zweck bildet den Maßstab für die Beurteilung der Rechtmäßigkeit der späteren Datenverarbeitungen in den USA. Darüber hinaus müssen die Vertragsparteien die Betroffenen benennen. Die zu übermittelnden personenbezogenen Daten und sensiblen Daten sind - abhängig von einer Zusammengehörigkeit - einzeln oder nach Kategorien aufzuführen.

Vor diesem Hintergrund wird folgende Formulierung vorgeschlagen:

„*a) Die Datenübermittlung erfolgt für die Discovery des in Anlage A bezeichneten Rechtsstreits, damit der Datenexporteur oder ein mit ihm verbundenes Konzernunternehmen seine Vorlagepflichten erfüllen kann.*

b) Die Vertragsparteien benennen in Anlage A die betroffenen Personen.

c) Die Vertragsparteien bezeichnen in Anlage A einzeln oder nach Kategorien die zu übermittelnden personenbezogenen Daten sowie die zu übermittelnden sensiblen Daten."

II. Pflichten des Datenexporteurs

1. Gesetzmäßigkeit der bisherigen Datenverarbeitungen

Für die bisherigen Datenverarbeitungen einschließlich der Übermittlung in die USA ist der Datenexporteur verantwortlich. Er muss zusichern, dass die Datenverarbeitungen im Einklang

---

[1066] Vgl. Klausel 2 i. V. m. Anlage 1 SVK 2001 und Anhang B SVK 2004.
[1067] Siehe: 9. Kapitel, A.

mit dem mitgliedstaatlichen Datenschutzrecht erfolgt sind.[1068] Damit erklärt der Datenexporteur insbesondere, dass er die notwendigen Maßnahmen zur Gewährleistung der Datenverhältnismäßigkeit ergriffen hat. Er darf nur solche personenbezogenen Daten übermitteln, die von einem rechtmäßigen und hinreichend bestimmten Vorlageersuchen erfasst sind.[1069] Um die Übermittlung nicht relevanter personenbezogener Daten zu verhindern, sind die Datenbestände zu filtern.[1070] Enthalten vorzulegende Dokumente personenbezogene Daten, die nicht relevant sind, muss der Datenexporteur diese vor der Übermittlung anonymisieren oder pseudonymisieren.[1071] Die Dokumente mit relevanten personenbezogenen Daten sind mit einem sichtbaren Vermerk „Highly Confidential - Subject to European Data Protection Law" zu versehen, damit die Schutzbedürftigkeit für die Datenempfänger, das Gericht und Dritte erkennbar ist.

Daraus folgt der nachstehende Formulierungsvorschlag:

„a) *Der Datenexporteur versichert, dass die bisherigen Verarbeitungen der personenbezogenen Daten einschließlich der Übermittlung im Einklang mit dem für ihn geltenden Datenschutzrecht erfolgt sind.*

b) *Der Datenexporteur ergreift folgende Maßnahmen zur Wahrung der Datenverhältnismäßigkeit:*

aa) Er übermittelt nur solche personenbezogene Daten, die von einem rechtmäßigen und hinreichend bestimmten Vorlageersuchen umfasst sind.

bb) Er filtert seine Datenbestände, um die Übermittlung nicht relevanter personenbezogener Daten zu verhindern.

cc) Enthalten vorzulegende Dokumente personenbezogene Daten, die nicht relevant sind, anonymisiert oder pseudonymisiert er diese so früh wie möglich, spätestens aber vor der Übermittlung.

c) *Der Datenexporteur versieht Dokumente mit personenbezogenen Daten mit einem sichtbaren Vermerk „Highly Confidential - Subject to European Data Protection Law"."*

2. Information des Betroffenen

Der Betroffene ist nicht Vertragspartei und weiß häufig nicht, dass seine Daten für einen Rechtsstreit in den USA von Bedeutung sind. Zur Gewährleistung der Transparenz hat deshalb der Datenexporteur zu versichern, dass er den Betroffenen in einer für ihn verständ-

---

[1068] Dies verlangen auch Klausel 4 a) SVK 2001 und Klausel I a) SVK 2004.
[1069] Siehe: 9. Kapitel, B. I.
[1070] Siehe: 9. Kapitel, B. V.
[1071] Siehe: 9. Kapitel, B. IV.

lichen Sprache über die geplante Datenübermittlung informiert.[1072] Im Einzelnen muss der Datenexporteur dem Betroffenen die in Art. 11 Abs. 1 DSRL genannten Informationen erteilen.[1073] Abweichend von Klausel 4 b) SVK 2001 ist der Betroffene nicht nur bei sensiblen, sondern auch bei einfachen personenbezogenen Daten darüber in Kenntnis zu setzen, dass das Schutzniveau in der Discovery aus europäischer Sicht nicht angemessen ist. Denn die Information über das Schutzniveau ist regelmäßig von wesentlicher Bedeutung für die Entscheidung des Betroffenen hinsichtlich der Geltendmachung seiner Rechte. Auf Anfrage muss der Datenexporteur dem Betroffenen im Überblick die Datenverarbeitungsvorgänge im amerikanischen Zivilprozess[1074] erläutern, da diese gewöhnlich nicht bekannt sind.

Eine Ausnahme von der Informationspflicht erlaubt Art. 11 Abs. 2 Satz 1 DSRL, wenn die Information unmöglich ist oder einen unverhältnismäßigen Aufwand bedeutet.[1075] In diesem Fall sind nach Art. 11 Abs. 2 Satz 2 DSRL geeignete Garantien vorzusehen. Um einem Missbrauch vorzubeugen und die Kontrolle zu ermöglichen, muss der Datenexporteur versichern, dass er die Aufsichtsbehörde über die Nichterteilung der Information und deren Grund unterrichtet.

Nach dem Vorgesagten lautet der Formulierungsvorschlag wie folgt:

„a) *Der Datenexporteur setzt die betroffene Person in einer für sie verständlichen Sprache über die Verarbeitung ihrer personenbezogenen Daten für die Zwecke des in Anlage A benannten Rechtsstreits in Kenntnis. Im Einzelnen erteilt der Datenexporteur der betroffenen Person folgende Informationen:*
aa) den Rechtsstreit nach Beteiligten, Aktenzeichen und Prozessgericht;
bb) die Identität des Datenexporteurs;
cc) die Identität der Datenempfänger;
dd) die personenbezogenen Daten einzeln oder nach Kategorien;
ee) etwaige sensible Daten einzeln oder nach Kategorien;
ff) die Tatsache, dass das Datenschutzniveau in der Discovery aus europäischer Sicht nicht angemessen ist;
gg) die Rechte der betroffenen Person auf Auskunft, Widerspruch, Berichtigung, Löschung und Schadensersatz.
b) *Auf Nachfrage erläutert der Datenexporteur der betroffenen Person im Überblick die Datenverarbeitungsvorgänge im amerikanischen Zivilprozess.*

[1072] Vgl. § 33 Abs. 1 BDSG.
[1073] Siehe dazu: 9. Kapitel, D. II. 2. d) aa).
[1074] Siehe dazu: 6. Kapitel.
[1075] Siehe dazu: 9. Kapitel, D. II. 2. d) aa).

c) *Ausnahmsweise ist der Datenexporteur nicht zur Information der betroffenen Person verpflichtet, wenn sie unmöglich ist oder einen unverhältnismäßigen Aufwand bedeutet. In diesen Fällen benachrichtigt der Datenexporteur die Kontrollstelle von der Nichterteilung der Information und deren Grund."*

III. Pflichten der Datenempfänger

Zum Ausgleich des nicht angemessenen Schutzniveaus sind die Pflichten der Datenempfänger bei den Datenverarbeitungen in den USA zu regeln. Gemäß Klausel 5 b) SVK 2001 und Klausel II h) SVK 2004 verpflichten sich die Datenempfänger, die Datenverarbeitungen wahlweise nach den Datenschutzgesetzen des Herkunftsstaates des Datenexporteurs, einer Angemessenheitsentscheidung der EU-Kommission oder in Übereinstimmung mit den in einer Anlage benannten Datenschutzgrundsätzen vorzunehmen. Dabei wird bloß auf die jeweiligen Regelungen verwiesen, ohne die Pflichten der Datenempfänger gesondert aufzuführen. Durch einen solchen Verweis lässt sich die Befolgung der Pflichten nicht sicherstellen. Die amerikanischen Datenempfänger sind gemeinhin nicht mit dem europäischen Datenschutzrecht vertraut. Sie müssten ihre Pflichten eigenständig herausarbeiten, womit die Gefahr unterschiedlicher Interpretationen verbunden ist.[1076] Im Sinne der Rechtssicherheit sind die Pflichten der Datenempfänger deswegen unmittelbar in die Vertragsklauseln zu integrieren. Die Pflichten sind einheitlich für alle Datenempfänger zu bestimmen. Denn für den Betroffenen bedeuten sowohl die Datenverarbeitungen durch die Anwälte des Datenexporteurs als auch durch die Anwälte der Gegenseite einen Eingriff in sein Grundrecht auf Datenschutz. Zudem ermöglicht die einheitliche Regelung einen Vertragsbeitritt weiterer Datenempfänger.

1. Zweckbindung

Für die Datenverarbeitungen in den USA müssen die Vertragsklauseln den Grundsatz der Zweckbindung festlegen.[1077] Die Datenempfänger dürfen die personenbezogenen Daten grundsätzlich nur für die Zwecke des Rechtsstreits verarbeiten. Um oft vorkommende Datenverarbeitungen für Zwecke außerhalb des Rechtsstreits zu verhindern, sollten die Vertragsklauseln ausdrücklich auf ihre Unzulässigkeit hinweisen.[1078] Ausnahmsweise ist eine Datenverarbeitung für einen anderen Rechtsstreit, ein Strafverfahren oder ein Verfahren zur Gewährleistung der staatlichen Sicherheit gestattet, wenn eine Anordnung des zuständigen

---

[1076] So auch Räther/Seitz, MMR 2002, 520, 524.
[1077] Siehe dazu: 9. Kapitel, D. II. 2. a).
[1078] Zu Datenverarbeitungen für Zwecke außerhalb des Rechtsstreits siehe: 6. Kapitel, A. II. und B. II.

Gerichts bzw. der zuständigen Behörde vorliegt und die personenbezogenen Daten für das Verfahren direkt relevant sind.[1079]

Der Formulierungsvorschlag für die Regelung der Zweckbindung lautet wie folgt:

„a) *Die Datenempfänger verarbeiten die personenbezogenen Daten ausschließlich für die Zwecke des in Anlage A benannten Rechtsstreits.*
b) *Unzulässig ist insbesondere*
aa) eine Verarbeitung der personenbezogenen Daten für Werbezwecke;
bb) eine Verarbeitung der personenbezogenen Daten für einen anderen Rechtsstreit oder ein Strafverfahren, soweit nicht die unter c) genannten Voraussetzungen gegeben sind.
cc) eine Übermittlung der personenbezogenen Daten an Medienvertreter, Verbraucherorganisationen und sonstige Vertreter der Öffentlichkeit;
dd) eine Übermittlung der personenbezogenen Daten an außenstehende Anwälte oder Anwaltsorganisationen.
c) *Eine Verarbeitung für einen anderen Rechtsstreit, ein Strafverfahren oder ein Verfahren zur Gewährleistung der staatlichen Sicherheit ist ausnahmsweise zulässig, wenn eine Anordnung des zuständigen Gerichts bzw. der zuständigen Behörde vorliegt und die personenbezogenen Daten für das jeweilige Verfahren direkt relevant sind."*

2. *Information des Betroffenen bei Zweckänderung*

Für den Fall einer ausnahmsweise zulässigen Datenverarbeitung zu Zwecken außerhalb des Rechtsstreits, sind die Datenempfänger zur Information des Betroffenen in einer für ihn verständlichen Sprache zu verpflichten.[1080] Nur so ist die Transparenz gewahrt und der Betroffene zur Geltendmachung seiner Rechte in der Lage. Die Datenempfänger müssen dem Betroffenen die in Art. 11 Abs. 1 DSRL genannten Informationen erteilen.

Eine Ausnahme ist gemäß Art. 11 Abs. 2 Satz 1 DSRL zu gestatten, wenn die Information unmöglich ist oder einen unverhältnismäßigen Aufwand bedeutet.[1081] In einer solchen Situation ist die zuständige Aufsichtsbehörde über die Nichterteilung der Information und deren Grund in Kenntnis zu setzen. Ferner darf die Information unterbleiben, wenn in den USA das Verbot einer Ermittlungsbehörde zur Wahrung eines Untersuchungsgeheimnisses entgegensteht.

Der diesbezügliche Formulierungsvorschlag lautet wie folgt:

[1079] Siehe dazu: 9. Kapitel, D. II. 2. a).
[1080] Siehe dazu: 9. Kapitel, D. II. 2. d) aa).
[1081] Siehe dazu und zum Folgenden: 9. Kapitel, D. II. 2. d) aa).

11. Kapitel: Vertragsklauseln für die Datenübermittlung in der Discovery 181

„a) Bei einer Verarbeitung der personenbezogenen Daten für Zwecke außerhalb des Rechtsstreits erteilen die Datenempfänger der betroffenen Person folgende Informationen in einer für sie verständlichen Sprache:
aa) die geänderte Zweckbestimmung;
bb) die Identität des Datenempfängers;
cc) die Identität Dritter, an welche die personenbezogenen Daten übermittelt werden und die Tatsache, ob diese ein angemessenes Schutzniveau bieten;
dd) die personenbezogenen Daten einzeln oder nach Kategorien;
ee) etwaige sensible Daten einzeln oder nach Kategorien;
ff) die Rechte der betroffenen Person auf Auskunft, Widerspruch, Berichtigung, Löschung und Schadensersatz.
b) Ausnahmsweise sind die Datenempfänger nicht zur Information verpflichtet, wenn sie unmöglich ist oder einen unverhältnismäßigen Aufwand bedeutet. In diesen Fällen benachrichtigen die Datenempfänger die Kontrollstelle von der Nichterteilung der Information und deren Grund.
c) Ausnahmsweise darf die Information unterbleiben, wenn ein behördliches Verbot zur Wahrung eines Untersuchungsgeheimnisses entgegensteht. Nach Wegfall des Verbots ist die Information unverzüglich nachzuholen."

3. Datenverhältnismäßigkeit

Der Grundsatz der Datenverhältnismäßigkeit verlangt gemäß Art. 6 Abs. 1 c) DSRL, dass die Datenempfänger die personenbezogenen Daten nur insoweit verarbeiten, als sie der Zweckbestimmung entsprechen, dafür erheblich sind und nicht darüber hinausgehen.[1082] Können die Informationen aus anderen Quellen erlangt werden, sind diese vorrangig zu nutzen. Während der Depositions und der Hauptverhandlung ist den Datenempfängern die Verwendung der personenbezogenen Daten lediglich insofern zu gestatten, als sie für die Zeugenbefragungen oder die Beweisführung relevant sind. Stellt sich heraus, dass nicht die personenbezogenen Daten, sondern andere in einem Dokument enthaltene Informationen relevant sind, müssen die Datenempfänger Maßnahmen der Anonymisierung oder Pseudonymisierung ergreifen. Kopien von Dokumenten mit personenbezogenen Daten dürfen nur insoweit angefertigt werden, als dies für den jeweiligen Zweck unerlässlich ist. Die Datenempfänger haben die personenbezogenen Daten zu löschen oder an den Datenexporteur zurückzugeben, sobald ihre Aufbewahrung für die Zweckbestimmung nicht mehr erforderlich ist. Stehen der Löschung oder Rückgabe gesetzliche Aufbewahrungspflichten zur Wahrung der Rechte Dritter entgegen, darf stattdessen eine Sperrung der personenbezogenen Daten vorgenommen werden.

[1082] Siehe dazu und zum Folgenden: 9. Kapitel, D. II. 2. b).

182   E. Formulierungsvorschläge

Demzufolge wird folgende Formulierung vorgeschlagen:

„*a)*   *Die Datenempfänger verarbeiten die personenbezogenen Daten lediglich insoweit, als sie der Zweckbestimmung entsprechen, dafür erheblich sind und nicht darüber hinausgehen.*
b)   *Die Datenempfänger nutzen vorrangig andere Informationsquellen, bei denen keine personenbezogenen Daten verarbeitet werden.*
c)   *Sind nicht die personenbezogenen Daten, sondern andere in einem Dokument enthaltene Informationen relevant, ergreifen die Datenempfänger so früh wie möglich Maßnahmen der Anonymisierung oder Pseudonymisierung.*
d)   *Kopien von Dokumenten mit personenbezogenen Daten werden nur insoweit angefertigt, als dies für die Zweckbestimmung unerlässlich ist. Die Kopien sind als hoch vertraulich einzustufen und mit einem sichtbaren Vermerk „Highly Confidential - Subject to European Data Protection Law" zu versehen. Gleiches gilt für Notizen und sonstige Schriftstücke, in die personenbezogene Daten übertragen werden.*
e)   *Während der Depositions und der Hauptverhandlung verwenden die Datenempfänger die personenbezogenen Daten nur insoweit, als sie für die Zeugenbefragungen oder die Beweisführung relevant sind.*
f)   *Die Datenempfänger berücksichtigen schutzwürdige Interessen der betroffenen Person und gewährleisten, dass der durch die Datenverarbeitungen bewirkte Eingriff in ihr Grundrecht auf Datenschutz in angemessenem Verhältnis zur Zweckerreichung steht.*
g)   *Die Datenempfänger löschen die personenbezogenen Daten oder geben sie an den Datenexporteur zurück, sobald ihre Aufbewahrung für die Zweckbestimmung nicht mehr erforderlich ist. Stehen der Rückgabe oder Löschung gesetzliche Aufbewahrungspflichten zur Wahrung der Rechte Dritter entgegen, sind die personenbezogenen Daten zu sperren."*

4. Datenqualität

Überdies müssen die Vertragsklauseln dem Grundsatz der Datenqualität Rechnung tragen.[1083] Da einer Berichtigung häufig Beweissicherungsrechte entgegenstehen, ist den Datenempfängern zu gestatten, ersatzweise den personenbezogenen Daten eine Gegendarstellung oder einen Vermerk mit Hinweis auf die Unrichtigkeit beizufügen.

Der diesbezügliche Formulierungsvorschlag lautet wie folgt:

[1083] Siehe dazu und zum Folgenden: 9. Kapitel, D. II. 2. c).

"Bei Unrichtigkeit der personenbezogenen Daten nehmen die Datenempfänger eine Berichtigung vor. Stehen der Berichtigung Beweissicherungsrechte entgegen, fügen die Datenempfänger stattdessen den personenbezogenen Daten eine Gegendarstellung oder einen Vermerk mit Hinweis auf die Unrichtigkeit bei."

5. Datensicherheit

Seitens der Datenempfänger ist weiter zu versichern, dass sie über geeignete technische und organisatorische Vorkehrungen zum Schutz der personenbezogenen Daten vor unrechtmäßiger Zerstörung, Änderung und Weitergabe verfügen.[1084] Eine Auftragsdatenverarbeitung dürfen die Vertragsklauseln nur unter der Voraussetzung erlauben, dass der Auftragsdatenverarbeiter ausreichende Gewähr für die erforderlichen Sicherheitsmaßnahmen bietet. Eigenen Mitarbeitern und Auftragsdatenverarbeitern ist die Datenverarbeitung ausschließlich nach Weisung der Datenempfänger zu gestatten. Die Datenempfänger müssen dafür sorgen, dass sämtliche Personen, die Zugang zu den personenbezogenen Daten erhalten, ihre vertrauliche Behandlung zusichern. Ausnahmen dürfen die Vertragsklauseln nur für solche Situationen vorsehen, in denen der Vertraulichkeit gesetzliche Verpflichtungen entgegenstehen (z. B. Zeugenpflichten).

Dementsprechend wird folgende Formulierung vorgeschlagen:

„a) Die Datenempfänger verfügen über geeignete technische und organisatorische Voraussetzungen zum Schutz der personenbezogenen Daten vor unrechtmäßiger Zerstörung, zufälligem Verlust sowie unberechtigter Änderung, Weitergabe oder Zugang. Die zur Datensicherheit ergriffenen Maßnahmen benennen die Datenempfänger in Anlage A.

b) Bei einer Auftragsdatenverarbeitung sorgen die Datenempfänger dafür, dass der Auftragsdatenverarbeiter ausreichende Gewähr für die erforderlichen Sicherheitsmaßnahmen bietet.

c) Mitarbeiter und Auftragsdatenverarbeiter dürfen die personenbezogenen Daten nur nach Weisung der Datenempfänger verarbeiten. Die Datenempfänger unterrichten die Mitarbeiter und Auftragsdatenverarbeiter über die Pflichten nach diesen Vertragsklauseln in Einzelanweisungen oder Schulungen.

d) Die Datenempfänger erklären, dass sämtliche Personen, die Zugang zu den personenbezogenen Daten erhalten, zuvor schriftlich die vertrauliche Behandlung zusichern. Ausnahmsweise ist eine Person von der Vertraulichkeit entbunden, wenn ihr gesetzliche Verpflichtungen entgegenstehen."

[1084] Siehe dazu und zum Folgenden: 9. Kapitel, D. II. 2. e).

6. Beschränkung der Weiterübermittlung

Da die Vertragsklauseln allein bei den Datenempfängern ausreichende Garantien herstellen, ist die Weiterübermittlung der personenbezogenen Daten an Dritte zu beschränken.[1085] Ausnahmsweise ist eine Weiterübermittlung in versiegelter Form an das Prozessgericht, ein anderes Gericht oder eine Ermittlungsbehörde zulässig, sofern die personenbezogenen Daten für das jeweilige Verfahren direkt relevant sind. Außerdem ist die Weiterübermittlung gestattet, wenn der Dritte in der Europäischen Union ansässig ist oder die personenbezogenen Daten im Einklang mit einer positiven Angemessenheitsentscheidung der EU-Kommission verarbeitet.[1086] Ebenso ist eine Weiterübermittlung erlaubt, wenn der Dritte den Vertragsklauseln beitritt oder andere von der Aufsichtsbehörde genehmigte Klauseln unterzeichnet und auf diese Weise ausreichende Garantien herstellt.[1087]

Anlage 2 Nr. 6 a) und Anlage 3 Nr. 3 a) SVK 2001 sowie Klausel II i) iii) und iv) SVK 2004 ermöglichen zudem eine Weiterübermittlung, wenn die Grundsätze der Informationspflicht und der Wahlmöglichkeit beachtet werden. Danach müssen die Datenempfänger den Betroffenen über den Zweck der Weiterübermittlung, den Dritten und das möglicherweise unzureichende Schutzniveau informieren. Nach dem Grundsatz der Wahlmöglichkeit ist bei der Weiterübermittlung sensibler Daten die Zustimmung des Betroffenen erforderlich, während bei einfachen personenbezogenen Daten ein Widerspruchsrecht genügt. Die Zulässigkeit der Weiterübermittlung bei einem bloßen Widerspruchsrecht ist abzulehnen. Ein Widerspruchsrecht trägt den Gefahren für das Grundrecht auf Datenschutz nicht hinreichend Rechnung. Art. 26 Abs. 1 a) DSRL gestattet eine Ausnahme von dem Erfordernis eines angemessenen Schutzniveaus lediglich, wenn der Betroffene ohne jeden Zweifel einwilligt. Bei einer Einwilligung ist davon auszugehen, dass der Betroffene sich mit der Weiterübermittlung befasst und bewusst sein Grundrecht auf Datenschutz ausgeübt hat. Dies ist bei einem Widerspruchsrecht nicht gewährleistet. Daher ist in den Vertragsklauseln für die Discovery eine Weiterübermittlung nur bei einer Einwilligung zu gestatten.

Daraus ergibt sich der nachstehende Formulierungsvorschlag:

„*a)* *An das Prozessgericht, ein anderes Gericht oder eine staatliche Behörde dürfen die Datenempfänger die personenbezogenen Daten in versiegelter Form übermitteln, wenn die personenbezogenen Daten für das jeweilige Verfahren direkt relevant sind.*
b) *Im Übrigen dürfen die Datenempfänger die personenbezogenen Daten nur dann übermitteln, wenn*

[1085] Siehe dazu und zum Folgenden: 9. Kapitel, D. II. 2. h).
[1086] Vgl. Anlage 2 Nr. 6 und Anlage 3 Nr. 3 SVK 2001 sowie Klausel II i) i) SVK 2004.
[1087] Vgl. Anlage 2 Nr. 6 b) und Anlage 3 Nr. 3 b) SVK 2001 sowie Klausel II i) ii) SVK 2004.

aa) der Dritte in einem Mitgliedstaat ansässig ist;

bb) der Dritte die personenbezogenen Daten im Einklang mit einer positiven Angemessenheitsentscheidung der Europäischen Kommission verarbeitet;

cc) der Dritte den Vertragsklauseln beitritt oder andere von der Kontrollstelle genehmigte Datenvereinbarungen unterzeichnet;

dd) die betroffene Person zweifelsfrei ihre Einwilligung erteilt, nachdem der jeweilige Datenempfänger sie über den Zweck der Weiterübermittlung, den Dritten und das eventuell unzureichende Schutzniveau informiert hat."

7. Keine entgegenstehenden Verpflichtungen

Die Datenempfänger dürfen bei Vertragsschluss keinen gesetzlichen, gerichtlichen oder vertraglichen Verpflichtungen unterliegen, welche die Garantien der Vertragsklauseln beeinträchtigen.[1088] Andernfalls ist die Befolgung der Vertragsklauseln von vornherein gefährdet. Entgegenstehende Verpflichtungen können sich vor allem aus Anordnungen eines Gerichts oder einer Ermittlungsbehörde sowie aus Parteivereinbarungen ergeben. Deshalb sind in Anlage A zu den Vertragsklauseln etwaige parallele Rechtsstreitigkeiten und Ermittlungsverfahren zu benennen, für welche die personenbezogenen Daten relevant sein können. Erhalten die Datenempfänger nach Vertragsschluss Kenntnis von entgegenstehenden Verpflichtungen, müssen sie den Betroffenen, den Datenexporteur und die Aufsichtsbehörde benachrichtigen. Die Aufsichtsbehörde kann sodann geeignete Anordnungen treffen.

Vor diesem Hintergrund wird folgende Formulierung vorgeschlagen:

„a) Die Datenempfänger versichern, dass sie zum Zeitpunkt des Vertragsschlusses keinen gesetzlichen, gerichtlichen oder vertraglichen Verpflichtungen unterliegen, welche die Garantien der Vertragsklauseln beeinträchtigen.

b) Die Datenempfänger bezeichnen in Anlage A parallele Rechtsstreitigkeiten und Ermittlungsverfahren, für welche die personenbezogenen Daten von Bedeutung sein können.

c) Erhalten die Datenempfänger nach Vertragsschluss Kenntnis von entgegenstehenden gesetzlichen, gerichtlichen oder vertraglichen Verpflichtungen, benachrichtigen sie die betroffene Person, den Datenexporteur und die Kontrollstelle."

[1088] Vgl. Klausel 5 a) SVK 2001 und Klausel II c) SVK 2004.

IV. Gemeinsame Pflichten der Vertragsparteien

1. Reduktion der Datenübermittlung

Die Vertragsparteien müssen in der Discovery die Voraussetzungen dafür schaffen, dass der Umfang der Datenübermittlung weitestgehend reduziert wird. Das Vorlageersuchen ist hinreichend bestimmt zu formulieren und auf solche personenbezogene Daten zu beschränken, die für den Rechtsstreit direkt relevant sind und keinem Weigerungsrecht unterliegen.[1089] Lässt sich bei einer Dokumentengruppe nicht vorab bestimmen, ob darin enthaltene Informationen von Relevanz sind, ist ein Stichprobenverfahren durchzuführen.[1090] Ferner müssen die Vertragsparteien versichern, dass sie vorrangig Informationsquellen nutzen, bei denen keine personenbezogenen Daten verarbeitet werden.[1091] Bei der Vorlage elektronischer Dokumente, ist ein Format zu wählen, das die Offenlegung personenbezogener Daten möglichst verhindert.[1092] Darüber hinaus ist die Anonymisierung oder Pseudonymisierung nicht relevanter personenbezogener Daten zu vereinbaren.[1093] Bei einer umfangreichen Dokumentenvorlage müssen sich die Vertragsparteien auf eine Vorlage in Phasen verständigen und bei Gericht eine entsprechende Scheduling Order beantragen.[1094]

Insofern wird die nachstehende Formulierung vorgeschlagen:

„a)   *Die Vertragsparteien versichern, dass sie den Umfang der in die USA zu übermittelnden personenbezogenen Daten so weit wie möglich reduzieren.*

b)   *Die Vertragsparteien sorgen dafür, dass das Vorlageersuchen hinreichend bestimmt formuliert ist und nur solche personenbezogene Daten erfasst, die für den Rechtsstreit von direkter Relevanz sind und keinem Weigerungsrecht unterliegen.*

c)   *Lässt sich bei einer Dokumentengruppe nicht vorab bestimmen, ob darin enthaltene Informationen relevant sind, führen die Vertragsparteien ein Stichprobenverfahren durch. Dabei übermittelt der Datenexporteur zunächst Beispielsdokumente mit anonymisierten personenbezogenen Daten anhand derer die Relevanz weiterer Dokumente zu klären ist.*

d)   *Die Vertragsparteien nutzen vorrangig andere Informationsquellen, bei denen keine personenbezogenen Daten verarbeitet werden.*

[1089] Siehe: 9. Kapitel, B. I.
[1090] Siehe: 9. Kapitel, B. I. und 7. Kapitel, B. V. 2.
[1091] Siehe: 9. Kapitel, B. II.
[1092] Siehe: 9. Kapitel, B. III.
[1093] Siehe: 9. Kapitel, B. IV.
[1094] Siehe: 9. Kapitel, B. VI.

e) *Enthalten die vorzulegenden Dokumente personenbezogene Daten, die nicht von direkter Relevanz für den Rechtsstreit sind, so sind diese vor der Übermittlung zu anonymisieren oder zu pseudonymisieren.*

f) *Bei der Vorlage elektronischer Dokumente wählen die Vertragsparteien ein Format, das möglichst wenig personenbezogene Daten offenlegt.*

g) *Bei einer umfangreichen Dokumentenvorlage verständigen sich die Vertragsparteien auf eine Vorlage in Phasen. In der ersten Phase sind keine oder nur ausgewählte personenbezogene Daten vorzulegen. Sind weitere personenbezogene Daten relevant, darf die Vorlage schrittweise ausgeweitet werden. Die Vertragsparteien vereinbaren Fristen für die Phasen und beantragen bei Gericht eine entsprechende Scheduling Order."*

2. Beantragung einer Protective Order

Im Übrigen müssen die Vertragsparteien erklären, dass sie eine Protective Order vereinbaren und diese dem Gericht zum Erlass vorlegen. Die in der Discovery erforderlichen inhaltlichen Datenschutzgarantien sind in die Protective Order soweit wie möglich aufzunehmen. Dabei sind die im siebenten Kapitel dieser Arbeit beschriebenen Schutzmaßnahmen nutzbar zu machen.[1095] Zur Vermeidung einer Änderung der Protective Order sollten die Vertragsparteien vor Gericht einen wichtigen Grund für den begehrten Schutz darlegen.[1096] Die Vertragsparteien haben außerdem zu versichern, dass sie Anträgen auf Änderung der Protective Order entgegentreten und die Aufsichtsbehörde und den Betroffenen darüber informieren.

Der Formulierungsvorschlag lautet demnach wie folgt:

„*a)* *Die Vertragsparteien vereinbaren eine Protective Order und beantragen bei Gericht deren Erlass. Vor Gericht legen die Vertragsparteien einen wichtigen Grund für den begehrten Schutz dar. Insofern erläutern die Vertragsparteien die Anwendbarkeit des mitgliedstaatlichen Datenschutzrechts, das Erfordernis der Gewährleistung ausreichender Garantien sowie den Grundrechtsrang des Datenschutzes und die Sanktionsgefahr in der Europäischen Union.*

b) *Zur Absicherung der Datenschutzgarantien sind in der Protective Order die in Anlage B aufgeführten Regelungen vorzusehen. Sonstige Bestimmungen der Protective Order dürfen diesen Regelungen nicht entgegenstehen.*

c) *Anträgen auf Änderung der Protective Order treten die Vertragsparteien unter Verweis auf ihre Pflichten nach diesen Vertragsklauseln entgegen. Die Vertragsparteien informieren die Kontrollstelle und die betroffene Person über Änderungsanträge."*

[1095] Siehe dazu: 7. Kapitel, B. V.
[1096] Siehe dazu: 7. Kapitel, C. I. und oben 11. Kapitel, A. II.

Die notwendigen Regelungen der Protective Order sind in einer Anlage zu den Vertragsklauseln aufzuführen. Dafür werden folgende Formulierungen vorgeschlagen:

„a) *Der Begriff „personenbezogene Daten" bezeichnet gemäß Art. 2 a) Richtlinie 95/46/EG alle Informationen über eine bestimmte oder bestimmbare natürliche Person („betroffene Person"); als bestimmbar wird eine Person angesehen, die direkt oder indirekt identifiziert werden kann, insbesondere durch Zuordnung zu einer Kennummer oder zu einem oder mehreren spezifischen Elementen, die Ausdruck ihrer physischen, physiologischen, psychischen, wirtschaftlichen, kulturellen oder sozialen Identität sind.*

b) *Die Parteien reduzieren den Umfang der vorzulegenden personenbezogenen Daten soweit wie möglich. Hierzu ergreifen sie folgende Maßnahmen:*

aa) Die Parteien sorgen dafür, dass das Vorlageersuchen hinreichend bestimmt formuliert ist und nur solche personenbezogene Daten erfasst, die für den Rechtsstreit direkt relevant sind und keinem Weigerungsrecht unterliegen.

bb) Lässt sich bei einer Dokumentengruppe nicht vorab klären, ob darin enthaltene Informationen tatsächlich relevant sind, führen die Parteien ein Stichprobenverfahren durch. Dabei stellt der Vorlagepflichtige zunächst Beispielsdokumente mit anonymisierten personenbezogenen Daten zur Verfügung anhand derer die Relevanz weiterer Dokumente zu klären ist.

cc) Die Parteien nutzen vorrangig andere Informationsquellen, bei denen keine personenbezogenen Daten verarbeitet werden.

dd) Enthalten die vorzulegenden Dokumente personenbezogene Daten, die nicht von direkter Relevanz für den Rechtsstreit sind, so sind diese zu anonymisieren oder zu pseudonymisieren.

ee) Bei der Vorlage elektronischer Dokumente wählen die Parteien ein Format, das möglichst wenig personenbezogene Daten offenlegt.

ff) Bei einer umfangreichen Dokumentenvorlage verständigen sich die Parteien auf eine Vorlage in Phasen. In der ersten Phase sind keine oder nur ausgewählte personenbezogene Daten vorzulegen. Sind weitere personenbezogene Daten relevant, darf die Vorlage schrittweise ausgeweitet werden.

c) *Dokumente mit personenbezogenen Daten sind hoch vertraulich. Der Vorlagepflichtige versieht die Dokumente mit dem sichtbaren Vermerk „Highly Confidential - Subject to European Data Protection Law".*

d) *Dokumente mit personenbezogenen Daten dürfen einzig für die Zwecke des Rechtsstreits verwendet werden. Unzulässig sind insbesondere Verwendungen für*

Werbezwecke, andere Rechtsstreitigkeiten, Strafverfahren sowie Weiterübermittlungen an Medienvertreter, Verbraucherorganisationen, sonstige Vertreter der Öffentlichkeit und außenstehende Anwälte.

e) *Ausnahmsweise dürfen die Dokumente für einen anderen Rechtsstreit, ein Strafverfahren oder ein Verfahren zur Gewährleistung der staatlichen Sicherheit verwendet werden, wenn eine entsprechende Anordnung vorliegt und die personenbezogenen Daten für das jeweilige Verfahren direkt relevant sind. Eine Übermittlung der Dokumente darf dabei nur in versiegelter Form erfolgen. Sind die personenbezogenen Daten nicht relevant, muss der Adressat sie vor der Übermittlung der Dokumente anonymisieren oder pseudonymisieren.*

f) *Kopien von Dokumenten mit personenbezogenen Daten dürfen lediglich insoweit angefertigt werden, als dies für die Zweckbestimmung unerlässlich ist. Kopien sind als hoch vertraulich einzustufen und mit dem Vermerk „Highly Confidential - Subject to European Data Protection Law" zu versehen. Gleiches gilt für Notizen und sonstige Schriftstücke, in die personenbezogene Daten übertragen werden.*

g) *Eine ungeschützte Vorlage von Dokumenten mit personenbezogenen Daten bedeutet keinen Verzicht auf die Vertraulichkeit. In diesem Fall informiert der Vorlageersuchende den Vorlagepflichtigen unverzüglich und gibt die Dokumente für eine geschützte Vorlage zurück.*

h) *Dokumente mit personenbezogenen Daten dürfen lediglich von den Anwälten des Vorlageersuchenden, deren Mitarbeitern und Parteisachverständigen verwendet werden. Der Partei dürfen die Dokumente nur dann offengelegt werden, wenn dies für die Entscheidungsfindung notwendig ist.*

i) *Die Anwälte des Vorlageersuchenden gewährleisten in organisatorischer und technischer Hinsicht eine sichere Datenverarbeitung. Sie unterrichten ihre Mitarbeiter und Auftragsdatenverarbeiter in Einzelanweisungen oder Schulungen über den Inhalt der Protective Order.*

k) *Jede Person, die Zugang zu Dokumenten mit personenbezogenen Daten erhält, muss zuvor eine Vertraulichkeitserklärung unterzeichnen.*

l) *Während der Depositions und der Hauptverhandlung verwendet der Vorlageersuchende Dokumente mit personenbezogenen Daten nur insoweit, als sie für die Zeugenbefragungen oder die Beweisführung direkt relevant sind. Im Übrigen ist eine Verwendung der Dokumente lediglich unter Anonymisierung oder Pseudonymisierung der personenbezogenen Daten gestattet.*

m) *Bei Gericht sind Dokumente mit personenbezogenen Daten in anonymisierter oder pseudonymisierter Form einzureichen. Sind die personenbezogenen Daten für das Verfahren direkt relevant, dürfen die Dokumente stattdessen versiegelt eingereicht werden.*

n) *Der Vorlageersuchende löscht Dokumente mit personenbezogenen Daten oder gibt sie an den Vorlagepflichtigen zurück, sobald ihre Aufbewahrung für die Zwecke des Rechtsstreits nicht mehr erforderlich ist. Stehen der Rückgabe oder Löschung gesetzliche Aufbewahrungspflichten zur Wahrung der Rechte Dritter entgegen, sind die Dokumente zu sperren."*

V. Rechte des Betroffenen

Der Betroffene ist nicht Vertragspartei und kann daher weder die Gestaltung noch die Befolgung der Vertragsklauseln beeinflussen. Zum Ausgleich dieses strukturellen Nachteils sind die Rechte des Betroffenen unmittelbar in den Vertragsklauseln zu begründen.[1097] Somit handelt es sich um einen echten Vertrag zugunsten Dritter.

1. Auskunft

Der Grundsatz der Datentransparenz verlangt, dass die Vertragsparteien dem Betroffenen ein Auskunftsrecht einräumen.[1098] Der Betroffene muss gemäß Art. 12 a) DSRL in einer für ihn verständlichen Sprache frei und ungehindert in angemessenen Abständen ohne unzumutbare Verzögerung oder übermäßige Kosten Auskunft über die Verarbeitung seiner Daten erhalten. In inhaltlicher Hinsicht erstreckt sich das Auskunftsrecht auf die in Art. 12 a), 1. und 2. Spiegelstrich DSRL vorgesehenen Angaben. Auf Anfrage ist dem Betroffenen überdies ein Exemplar der Vertragsklauseln in einer für ihn verständlichen Sprache zur Verfügung zu stellen.[1099]

Ausnahmen dürfen die Vertragsklauseln für solche Situationen vorsehen, in denen die Auskunftserteilung die Mandatsausübung unverhältnismäßig beeinträchtigt oder das Attorney-Client Privilege berührt und der Mandant nicht einwilligt.[1100] In beiden Fällen müssen die Vertragsparteien der Aufsichtsbehörde und dem Betroffenen konkrete Tatsachen darlegen, damit sie das Bestehen einer Ausnahme prüfen können.

Demnach wird für das Auskunftsrecht folgende Formulierung vorgeschlagen:

[1097] Klausel 5 b) SVK 2001 und Klausel II h) SVK 2004 nehmen hinsichtlich der Rechte des Betroffenen wahlweise auf die im Anhang beigefügten Datenschutzgrundsätze, das mitgliedstaatliche Datenschutzrecht oder eine Angemessenheitsentscheidung der EU-Kommission Bezug. Eine solche Bezugnahme ist nicht sinnvoll. Sie dient weder der Rechtssicherheit noch einer guten Befolgungsrate.

[1098] Siehe dazu und zum Folgenden: 9. Kapitel, D. II. 2. d) bb).

[1099] Eine entsprechende Regelung enthalten Klausel 4 c) und Klausel 5 e) SVK 2001. Dagegen sieht Klausel I e) Satz 1 SVK 2004 vor, dass lediglich der Datenexporteur dem Betroffenen ein Exemplar der Vertragsklauseln aushändigen muss. Dies ist nicht sachgerecht. Der Betroffene kann sich in den USA aufhalten oder aus anderen Gründen vorzugsweise die Datenempfänger kontaktieren wollen.

[1100] Siehe dazu und zum Folgenden: 9. Kapitel, D. II. 2. d) bb).

„a) Die betroffene Person erhält von den Vertragsparteien in einer für sie verständlichen Sprache frei und ungehindert in angemessenen Abständen ohne unzumutbare Verzögerung oder übermäßige Kosten Auskunft über die Verarbeitung ihrer personenbezogenen Daten. Der jeweilige Adressat erteilt folgende Auskünfte:
aa) ob personenbezogene Daten der betroffenen Person verarbeitet werden;
bb) die Zweckbestimmung;
cc) die Kategorien der personenbezogenen Daten;
dd) etwaige Empfänger oder Empfängerkategorien;
ee) eine Mitteilung über die verarbeiteten personenbezogenen Daten;
ff) die Herkunft der personenbezogenen Daten.

b) Die Vertragsparteien übermitteln der betroffenen Person auf Anfrage ein Exemplar dieser Vertragsklauseln in einer für sie verständlichen Sprache.

c) Die Vertragsparteien dürfen die Auskunft verweigern, wenn ihre Erteilung die Mandatsausübung unverhältnismäßig beeinträchtigt oder das Attorney-Client Privilege verletzt und der Mandant nicht in die Weitergabe der Informationen einwilligt. Die jeweilige Vertragspartei legt die Gründe für die Auskunftsverweigerung der Kontrollstelle und der betroffenen Person dar.

d) Die Vertragsparteien bezeichnen in Anlage A eine Abteilung oder Person innerhalb ihrer Organisation, die für Anfragen zur Verarbeitung personenbezogener Daten zuständig ist."

2. Berichtigung, Löschung und Sperrung

Zur Gewährleistung der Datenqualität müssen die Vertragsparteien dem Betroffenen ein Recht auf Berichtigung von unrichtigen personenbezogenen Daten im Sinne von Art. 12 b) DSRL zusprechen.[1101] Beeinträchtigt eine Berichtigung die Beweisaussage der personenbezogenen Daten, kann der Betroffene stattdessen verlangen, dass die Vertragsparteien den personenbezogenen Daten eine Gegendarstellung oder einen Vermerk mit Hinweis auf die Unrichtigkeit beifügen. Zudem ist dem Betroffenen gemäß Art. 12 b) DSRL ein Recht auf Löschung seiner Daten einzuräumen, sobald eine Verarbeitung für die Zweckbestimmung nicht mehr erforderlich ist. Ausnahmsweise hat der Betroffene bloß ein Recht auf Sperrung, wenn gesetzliche Aufbewahrungspflichten zur Wahrung der Rechte Drittter der Löschung entgegenstehen.

Vor diesem Hintergrund ergibt sich folgender Formulierungsvorschlag:

„a) Die betroffene Person hat bei Unrichtigkeit ihrer personenbezogenen Daten ein Recht auf Berichtigung. Beeinträchtigt eine Berichtigung die Beweisaussage der personen-

---

[1101] Siehe dazu und zum Folgenden: 9. Kapitel, D. II. 2. f).

bezogenen Daten, kann die betroffene Person lediglich verlangen, dass den personenbezogenen Daten eine Gegendarstellung oder ein Vermerk mit Hinweis auf die Unrichtigkeit beigefügt wird.

b) *Die betroffene Person hat ein Recht auf Löschung ihrer personenbezogenen Daten, sobald die Zweckbestimmung eine Verarbeitung nicht mehr erfordert. Stehen einer Löschung gesetzliche Aufbewahrungspflichten zur Wahrung der Rechte Dritter entgegen, kann die betroffene Person die Sperrung ihrer personenbezogenen Daten verlangen."*

3. Widerspruch

Um dem Betroffenen die Ausübung seines Grundrechts auf Datenschutz zu ermöglichen, ist ihm gemäß Art. 14 a) DSRL ein Widerspruchsrecht hinsichtlich der Verarbeitung seiner Daten einzuräumen.[1102] Zur Begründung des Widerspruchs muss der Betroffene schutzwürdige, sich aus seiner Situation ergebende Gründe vorbringen.

Der diesbezügliche Formulierungsvorschlag lautet wie folgt:

„Die betroffene Person hat das Recht, jederzeit aus schutzwürdigen, sich aus ihrer Situation ergebenden Gründen Widerspruch gegen die Verarbeitung ihrer personenbezogenen Daten einzulegen. Bei einem berechtigten Widerspruch ist der jeweilige Adressat zur Einstellung der Datenverarbeitung verpflichtet."

4. Schadensersatz

Weiterhin müssen die Vertragsparteien erklären, dass sie gegenüber dem Betroffenen für Schäden haften, die sie durch eine Verletzung der vertraglichen Datenschutzgarantien verursachen.[1103] Klausel 6 Nr. 2 SVK 2001 sieht eine gesamtschuldnerische Haftung des Datenexporteurs und des Datenimporteurs vor. Demgegenüber bestimmt Klausel III a) Satz 3 SVK 2004, dass jede Partei für durch sie verursachte Schäden haftet. Eine Einzelhaftung ist auch für die Discovery vorzusehen. Denn Art. 23 Abs. 1 DSRL verlangt keine gesamtschuldnerische Haftung. Weiter ist in die Haftungsklausel eine Art. 23 Abs. 2 DSRL entsprechende Exkulpationsmöglichkeit aufzunehmen.

Somit wird folgende Formulierung vorgeschlagen:

„Jede Vertragspartei haftet gegenüber der betroffenen Person für Schäden, die sie durch eine Verletzung dieser Vertragsklauseln verursacht. Die Vertragspartei kann sich von der Haftung

---

[1102] Siehe dazu und zum Folgenden: 9. Kapitel, D. II. 2. g).
[1103] Siehe dazu: 9. Kapitel, D. II. 3. c).

befreien, wenn sie nachweist, dass sie nicht für die Verletzung der Vertragsklauseln verantwortlich ist."

VI. Schlussbestimmungen

1. Befugnisse der Aufsichtsbehörde

Eine große Herausforderung der Vertragslösung besteht darin, die Kontrolle der Befolgung der Datenschutzgarantien zu gewährleisten.[1104] In den USA existieren keine den mitgliedstaatlichen Aufsichtsbehörden vergleichbare Kontrollstellen. Klausel 5 d) SVK 2001 und Klausel II g) SVK 2004 begegnen diesem Problem, indem sie eine Prüfung der Datenverarbeitungsanlagen des Datenimporteurs durch den Datenexporteur oder einen von ihm ausgewählten Prüfer vorsehen. Eine solche Regelung ist nicht zweckmäßig. Die Prüfung wäre vom Entschluss des Datenexporteurs abhängig. Dabei ist weder sichergestellt, dass dem Datenexporteur die erforderliche Neutralität zukommt, noch dass er über die notwendigen Fachkenntnisse verfügt. Solange in den USA keine geeigneten Kontrollstellen existieren, kommt daher lediglich die vertragliche Einräumung eines Kontrollrechts der zuständigen europäischen Aufsichtsbehörde in Betracht.[1105]

Im Einzelnen müssen die Vertragsparteien der Aufsichtsbehörde die in Art. 28 Abs. 3 Satz 1, 1. Spiegelstrich DSRL vorgesehenen Untersuchungsbefugnisse gewähren.[1106] Die Vertragsparteien haben zuzusichern, dass sie redlich mit der Aufsichtsbehörde zusammenarbeiten und Anfragen innerhalb angemessener Frist bearbeiten. Auf Anforderung ist der Aufsichtsbehörde eine Kopie der personenbezogenen Daten zu übermitteln. Weitere Untersuchungsbefugnisse sind zur Vermeidung einer unangemessenen Belastung der Vertragsparteien an den begründeten Verdacht eines Vertragsverstoßes zu knüpfen.[1107] Die konkreten Prüfungsmaßnahmen muss die Aufsichtsbehörde im Einzelfall festlegen. Sie kann die Prüfung einem von ihr bestimmten Sachverständigen übertragen.[1108] Die Vertragsparteien müssen der Aufsichtsbehörde zudem die in Art. 28 Abs. 3 Satz 1, 2. Spiegelstrich DSRL geregelten Einwirkungsbefugnisse einräumen.[1109] Gleichwohl liegt eine Schwäche dieser Lösung darin, dass die Auf-

---

[1104] Artikel-29-Datenschutzgruppe, Arbeitsunterlage Übermittlungen personenbezogener Daten an Drittländer, WP 12, S. 21 f.; Engel, Richtlinie 95/46/EG, S. 191 f.; Ellger, RabelsZ 60 (1996), 738, 762; Ellger/Geis, CR 1996, 574, 576; Ehmann, CR 1991, 234, 235; Lütkemeier, DuD 1995, 597, 601; Simitis, CR 1991, 161, 177; ders., RDV 1990, 3, 12.
[1105] Vgl. Artikel-29-Datenschutzgruppe, Arbeitsunterlage Übermittlungen personenbezogener Daten an Drittländer, WP 12, S. 21.
[1106] Siehe dazu: 9. Kapitel, D. II. 3. a).
[1107] So auch Räther/Seitz, MMR 2002, 520, 524.
[1108] Vgl. Artikel-29-Datenschutzgruppe, Arbeitsunterlage Übermittlungen personenbezogener Daten an Drittländer, WP 12, S. 21.
[1109] Siehe dazu: 9. Kapitel, D. II. 3. a).

sichtsbehörde die Kontrollmaßnahmen in Konfliktsituationen nicht ohne die Hilfe amerikanischer Behörden durchsetzen kann. Abhilfe könnte das unter Abschnitt D. dieses Kapitels vorgeschlagene Datenschutzabkommen schaffen, das amerikanische Behörden in solchen Fällen zur Zusammenarbeit verpflichten sollte.

Ausnahmen von den Untersuchungs- und Einwirkungsbefugnissen dürfen die Vertragsklauseln für solche Fälle vorsehen, in denen eine Maßnahme das Attorney-Client Privilege verletzt oder die Rechtsverteidigung gefährdet.[1110] Um Missbräuche zu vermeiden und die Kontrolle zu ermöglichen, muss die betreffende Vertragspartei der Aufsichtsbehörde hierfür konkrete Anhaltspunkte darlegen.

Aus dem Vorgesagten folgt der nachstehende Formulierungsvorschlag:

„*a)* *Die Vertragsparteien arbeiten redlich mit der Kontrollstelle zusammen und bearbeiten Anfragen binnen angemessener Frist. Auf Verlangen übermitteln sie der Kontrollstelle eine Kopie der personenbezogenen Daten.*

b) *Bei begründetem Verdacht eines Vertragsverstoßes gewähren die Vertragsparteien der Kontrollstelle ein Prüfungsrecht. Die notwendigen Prüfungsmaßnahmen bestimmt die Kontrollstelle. Die Kontrollstelle kann einen von ihr bestimmten Sachverständigen mit der Prüfung betrauen.*

c) *Die Kontrollstelle ist berechtigt, die Sperrung oder Löschung der personenbezogenen Daten sowie das vorläufige oder endgültige Verbot einer Verarbeitung anzuordnen und eine Verwarnung an die Vertragsparteien zu richten. Die Vertragsparteien versichern, dass sie den Anordnungen nachkommen.*

d) *Ausnahmsweise darf eine Vertragspartei die unter a), b) und c) genannten Maßnahmen verweigern, wenn andernfalls das Attorney-Client Privilege verletzt oder die Rechtsverteidigung gefährdet wäre. Hierfür muss die Vertragspartei der Kontrollstelle konkrete Anhaltspunkte darlegen.*

e) *Die Vertragsparteien bezeichnen in Anlage A die zuständige Kontrollstelle.*"

2. *Anwendbares Recht*

Die Vertragsparteien haben darüber hinaus eine Rechtswahlklausel zu vereinbaren. Klausel 10 SVK 2001 und Klausel IV SVK 2004 bestimmen jeweils die Anwendbarkeit des Rechts des Mitgliedstaates, in dem der Datenexporteur ansässig ist. Zwar wird der Datenexporteur meistens in der Europäischen Union ansässig sein. Es sind aber auch Situationen denkbar, in denen der Datenexporteur in einem Drittland ansässig ist und das europäische Datenschutzrecht zur

---

[1110] Siehe dazu: 9. Kapitel, D. II. 3. a).

Anwendung kommt, weil er für die Datenverarbeitung auf im Gebiet der Europäischen Union belegene Mittel zurückgreift.[1111] Sachgerecht ist daher die Wahl des mitgliedstaatlichen Rechts, welches auf die Verarbeitung der zu übermittelnden personenbezogenen Daten anwendbar ist. Damit ist sichergestellt, dass die Vertragsklauseln im Einklang mit der DSRL ausgelegt werden.

Für die Rechtswahlklausel ergibt sich folgender Vorschlag:

„Die Vertragsklauseln unterliegen dem mitgliedstaatlichen Recht, welches auf die Verarbeitung der zu übermittelnden personenbezogenen Daten anwendbar ist."

3. Streitbeilegung

Schließlich ist in die Vertragsklauseln eine Regelung für die Beilegung von Streitigkeiten aufzunehmen.[1112] Klausel 7 SVK 2001 betrifft allein Streitigkeiten zwischen einer Vertragspartei und dem Betroffenen. Klausel V SVK 2004 bestimmt zusätzlich die Beilegung von Streitigkeiten mit der Aufsichtsbehörde. Weder die SVK 2001 noch die SVK 2004 regeln indes, auf welche Weise Streitigkeiten unter den Vertragsparteien beizulegen sind. Dies ist aber erforderlich, um die effektive Durchsetzung der Vertragsklauseln zu gewährleisten.

Für die Streitbeilegung ist ein gestuftes Vorgehen festzulegen. Zur Förderung einer gütlichen Einigung sollten die Vertragsparteien zunächst ein internes Beschwerdeverfahren vorsehen.[1113] Erzielen die Streitparteien keine Einigung, ist ein Schlichtungsverfahren durchzuführen. Klausel 7 Nr. 1 a) SVK 2001 bestimmt, dass das Schlichtungsverfahren vor einer unabhängigen Person oder der Aufsichtsbehörde erfolgt. Klausel V b) SVK 2004 geht hingegen von jedem allgemein zugänglichen, nicht bindenden Schlichtungsverfahren aus. Bei Streitigkeiten der Vertragsparteien untereinander oder zwischen einer Vertragspartei und dem Betroffenen ist ein von der Aufsichtsbehörde initiiertes Schlichtungsverfahren vorzugswürdig, da diese über die notwendigen Fachkenntnisse verfügt. Für Streitigkeiten mit der Aufsichtsbehörde ist zur Gewährleistung der Neutralität der Schlichtungsstelle dagegen ein allgemein zugängliches Schlichtungsverfahren notwendig.

Schließlich haben sich die Vertragsparteien den Entscheidungen eines mitgliedstaatlichen Gerichts zu unterwerfen.[1114] Parallel zur Rechtswahlklausel ist die Zuständigkeit der Gerichte

---

[1111] Siehe: 5. Kapitel, C. II.
[1112] Vgl. Artikel-29-Datenschutzgruppe, Arbeitsunterlage Übermittlungen personenbezogener Daten an Drittländer, WP 12, S. 19 f.
[1113] Vgl. zu entsprechenden Unternehmensregelungen: Artikel-29-Datenschutzgruppe, Arbeitsdokument mit einer Übersicht über die Bestandteile und Grundsätze verbindlicher unternehmensinterner Datenschutzregelungen, WP 153, S. 7.
[1114] Vgl. Klausel 7 Nr. 1 SVK 2001 und Klausel V b) und c) SVK 2004.

desjenigen Mitgliedstaats zu begründen, dessen Recht auf die Verarbeitung der zu übermittelnden personenbezogenen Daten anwendbar ist. Gemäß Klausel 7 Nr. 2 SVK 2001 können Streitigkeiten nach Absprache einem Schiedsgericht unterbreitet werden, sofern das Sitzland der Vertragspartei das UN-Übereinkommen über die Anerkennung und Vollstreckung ausländischer Schiedssprüche vom 10. Juni 1958 (UNÜ)[1115] ratifiziert hat. Eine solche Regelung ist auch in der Discovery sinnvoll. Die USA und die Mitgliedstaaten der Europäischen Union sind Vertragsparteien des UNÜ.[1116] Im Allgemeinen sind Schiedssprüche in den USA einfacher zu vollstrecken als staatliche Gerichtsurteile.[1117]

Daraus folgt der nachstehende Formulierungsvorschlag:

„*a)* *Die Vertragsparteien verpflichten sich, für die Beilegung von Streitigkeiten mit einer anderen Vertragspartei, der Kontrollstelle oder der betroffenen Person ein internes Beschwerdeverfahren vorzusehen. Sie bestimmen in Anlage A eine Abteilung oder Person, die sich mit Beschwerden befasst und über die erforderliche Unabhängigkeit verfügt.*

b) *Für den Fall, dass der Beschwerde nicht abgeholfen wird, erklären sich die Vertragsparteien mit einem Schlichtungsverfahren vor der Kontrollstelle einverstanden. Bei Streitigkeiten mit der Kontrollstelle kann diese ein Schlichtungsverfahren vor einer allgemein zugänglichen Schlichtungsstelle initiieren.*

c) *Die Vertragsparteien unterwerfen sich der Hoheit des zuständigen Gerichts des Mitgliedstaates, dessen Recht auf die Verarbeitung der zu übermittelnden personenbezogenen Daten anwendbar ist.*

d) *Nach Absprache können die jeweiligen Streitparteien ihre Streitigkeit alternativ einem Schiedsgericht unterbreitet.*"

4. Änderung der Vertragsklauseln

Die Vertragsparteien dürfen die Vertragsklauseln nicht nachträglich ändern.[1118] Sie dürfen allein die Angaben in der Anlage A aktualisieren.[1119] Zur Gewährleistung der Kontrolle sind Aktualisierungen der Aufsichtsbehörde und dem Betroffenen mitzuteilen.

Der entsprechende Formulierungsvorschlag lautet wie folgt:

[1115] BGBl. 1961 II, S. 122 ff.
[1116] Die Vertragsstaaten des UNÜ sind abrufbar unter: http://www.uncitral.org/uncitral/en/uncitral_texts/arbitration/NYConvention_status.html.
[1117] So sind die Gerichte z.B. nach Art. 3 UNÜ grundsätzlich verpflichtet, ausländische Schiedssprüche anzuerkennen und nach den eigenen Verfahrensvorschriften zu vollstrecken.
[1118] Zur Gefahr der Änderung vertraglicher Datenschutzgarantien: Ellger, RDV 1991, 121, 133; Lütkemeier, DuD 1995, 597, 601; Wohlgemuth, BB 1996, 690, 694.
[1119] Vgl. Klausel VII SVK 2004.

„*Die Vertragsparteien dürfen den Wortlaut der Vertragsklauseln nicht ändern. Sie dürfen lediglich die Angaben in Anlage A aktualisieren. Die Vertragsparteien teilen Aktualisierungen der Kontrollstelle und der betroffenen Person mit.*"

F. Fazit

Nach geltendem Recht sind Individualvertragsklauseln die einzige Möglichkeit, um für die Datenübermittlung in der Discovery ausreichende Garantien im Sinne von § 4c Abs. 2 Satz 1 Halbsatz 2 BDSG und Art. 26 Abs. 2 DSRL herzustellen. Bei der Gestaltung der Vertragsklauseln können die Besonderheiten des amerikanischen Zivilprozesses berücksichtigt werden. Durch die Kombination der Vertragsklauseln mit einer Protective Order lässt sich die Mehrzahl der inhaltlichen Datenschutzgarantien zusätzlich gegenüber dem Gericht und Dritten absichern. In der Praxis sind die Vertragsgestaltung und das Genehmigungsverfahren allerdings kompliziert und langwierig. Wünschenswert wären daher spezielle Standardvertragsklauseln im Sinne von Art. 26 Abs. 4 DSRL für die Datenübermittlung in der Discovery. Ungeachtet der besonderen Situation in der Discovery besteht spätestens seit dem Urteil des EuGH vom 6. Oktober 2015 in der Sache *Schrems gegen Data Protection Commissioner* eine Notwendigkeit für ein umfassendes Datenschutzabkommen zwischen der Europäischen Union und den USA. Ein solches Datenschutzabkommen wäre ein idealer Rahmen für die hier vorgeschlagenen Standarsvertragsklauseln.

12. Kapitel: Schlussbetrachtung

Der Konflikt zwischen der Discovery und deutschem Datenschutzrecht ist Ausdruck unterschiedlicher Rechtskulturen. Während in den USA die Informationsfreiheit im Vordergrund steht, wird in Deutschland die Datensparsamkeit betont. Diese Grundhaltung findet sich in beiden Ländern sowohl im Zivilprozessrecht als auch im Datenschutzrecht. Eine Lösung des Konflikts setzt ein Verständnis für dessen Ursachen (A.) und Reichweite (B.) voraus. Im konkreten Fall bedarf es der Initiative der verantwortlichen Stelle und ihrer Anwälte sowie der Kooperation der Gegenseite und des Gerichts (C.). Eine über den Einzelfall hinausgehende Lösung des Konflikts erfordert die rechtliche Gestaltung seitens der Europäischen Union und der USA (D.).

    A. Die Ursachen des Konflikts zwischen der Discovery und deutschem Datenschutzrecht liegen in verschiedenen historischen Erfahrungen und gesellschaftlichen Überzeugungen begründet. Das deutsche Datenschutzmodell entspricht dem traditionellen kontinental-europäischen Staats- und Grundrechtsverständnis. Der Staat übernimmt eine fürsorgliche Rolle und regelt gesellschaftliche Zusammenhänge ausführlich durch Gesetz. Das allgemeine Persönlichkeitsrecht ist nicht nur ein Abwehrrecht gegenüber staatlichen Stellen, sondern begründet zugleich die Pflicht des Staates, den Einzelnen vor den Gefahren der privatwirtschaftlichen Datenverarbeitung zu schützen. Dementsprechend regelt das BDSG als allgemeines Datenschutzgesetz sowohl die Datenverarbeitung öffentlicher als auch nichtöffentlicher Stellen. In den USA hingegen wird die privatwirtschaftliche Datenverarbeitung vorrangig der Selbstregulierung überlassen. Dies erklärt sich durch das ausgeprägte liberale Staatsverständnis. Die Amerikaner empfinden die staatliche Regulierung privater Aktivitäten gemeinhin als Beeinträchtigung ihrer individuellen Freiheiten. Das Right to Privacy ist primär ein Abwehrrecht gegenüber dem Staat, aus dem kein Schutzauftrag im privatwirtschaftlichen Bereich folgt. Die durch das First Amendment geschützte Informationsfreiheit ist grundsätzlich vorrangig gegenüber dem Right to Privacy.

Im amerikanischen Zivilprozess steht die Informationsfreiheit ebenfalls im Mittelpunkt. In der Discovery können die Parteien ohne das Gericht umfänglich Informationen von der Gegenseite und Dritten verlangen. Die Parteien entscheiden, in welchem Umfang personenbezogene Daten vorzulegen sind und auf welche Weise diese verwendet werden. Die hohe Parteiverantwortung ist Ausdruck des amerikanischen Freiheitsdenkens. Der Zivilprozess ist ein Zweikampf der Parteien, die eigenverantwortlich ihr Recht verteidigen. Die Discovery ermöglicht es den Parteien, den Sachverhalt ähnlich einer staatlichen Behörde zu erforschen. Die umfassende Sachverhaltsaufklärung dient nicht nur dem Individualrechtsschutz, sondern zugleich dem öffentlichen Interesse an der objektiven Wahrheit und einer gerechten Entscheidung. Eingeschränkt wird die Discovery bloß durch wenige Weigerungsrechte mit engem Anwendungsbereich. Das Right to Privacy begründet kein Weigerungsrecht. Die Gerichte schalten sich erst auf Antrag ein und untersagen zumeist nur die Offenlegung sensibler Daten. In Deutschland dagegen wird der Zivilprozess traditionell als Teil der staatlichen Daseinsvorsorge eingestuft. Das Gericht übernimmt eine aktive Rolle und wirkt durch prozessleitende Maßnahmen auf das Verfahren ein. Zweck des deutschen Zivilprozesses ist vorrangig der Individualrechtsschutz. Die Sachverhaltsaufklärung ist auf rechtserhebliche Tatsachen beschränkt. Die Parteien müssen sich primär der Beweismittel bedienen, die ihnen zur Verfügung stehen. Die Gegenseite und Dritte sind in Deutschland grundsätzlich nicht prozessual zur Sachverhaltsaufklärung verpflichtet. Sie müssen lediglich in Ausnahmefällen und selbst dann nur vor Gericht personenbezogene Daten offenlegen. Dabei gewährleistet die Grundrechtsbindung des Gerichts den Schutz des allgemeinen Persönlichkeitsrechts.

B. Zu dem Konflikt kommt es vor allem deshalb, weil sowohl die Discovery als auch das deutsche Datenschutzrecht einen umfassenden Ansatz verfolgen und exterritoriale Geltung beanspruchen. Geringe Berührungspunkte einer ausländischen Partei zum Bezirk eines amerikanischen Gerichts genügen, um dessen Zuständigkeit zu begründen. Die amerikanischen Gerichte betrachten den Rechtshilfeweg des HBÜ als nicht exklusiv und ordnen die Beschaffung von Beweismitteln aus dem Ausland überwiegend nach eigenem Prozessrecht an. Besonders Dokumente sind in der Discovery regelmäßig in hoher Zahl vorzulegen. Die Vorlagepflicht erstreckt sich nach FRCP 34(a)(1) nicht nur auf Papierdokumente, sondern zugleich auf elektronisch gespeicherte Informationen und sonstige bewegliche Gegenstände, die sich im Besitz, im Gewahrsam oder in der Kontrolle des Adressaten befinden. Es ist ausreichend, wenn der Adressat einen Herausgabeanspruch oder die faktische Zugriffsmöglichkeit auf die Dokumente hat. Daher sind auch von konzernverbundenen Unternehmen aufbewahrte personenbezogene Daten vorzulegen. In inhaltlicher Hinsicht kann die Dokumentenvorlage nach FRCP 26(b)(1) auf sämtliche Informationen ausgedehnt werden, die im Zusammenhang mit Angriffs- oder Verteidigungsmitteln einer Partei relevant sind, wobei das Kriterium der Relevanz tendenziell weit ausgelegt wird.

Der Konflikt zwischen der Discovery und deutschem Datenschutzrecht betrifft zumeist international agierende Kapitalgesellschaften, die als nicht-öffentliche Stellen Adressaten des BDSG sind. Sachlich ist das BDSG in der Discovery nach § 1 Abs. 2 Nr. 3 Halbsatz 1 BDSG anwendbar, wenn die vorzulegenden Dokumente personenbezogene Daten enthalten, die unter Einsatz von Datenverarbeitungsanlagen oder im Zusammenhang mit nicht automatisierten Dateien verarbeitet werden. Der Begriff „personenbezogene Daten" erfasst alle Einzelangaben über persönliche oder sachliche Verhältnisse einer bestimmten oder bestimmbaren Person. Das BDSG ist räumlich anwendbar, wenn die vorzulegenden personenbezogenen

12. Kapitel: Schlussbetrachtung

Daten von einer in Deutschland befindlichen Niederlassung verarbeitet werden. Dies gilt unabhängig vom Ort der Datenverarbeitung. Ferner kommt das BDSG zur Anwendung, wenn eine in einem Drittland befindliche Niederlassung die personenbezogenen Daten in Deutschland verarbeitet.

Sind in der Discovery Dokumente mit personenbezogenen Daten vorzulegen, muss die verantwortliche Stelle diese in die USA übermitteln. Nach § 4 Abs. 1 BDSG ist die Datenübermittlung lediglich zulässig, wenn das BDSG oder eine andere Rechtsvorschrift dies erlaubt oder der Betroffene einwilligt. Die Einwilligung kommt in der Discovery allenfalls dann als Rechtsgrundlage in Betracht, wenn wenige personenbezogene Daten vorzulegen sind und der Kreis der Betroffenen überschaubar ist. Nach der im Übrigen einschlägigen Rechtsgrundlage des § 4b Abs. 2, Abs. 1 i. V. m. § 28 Abs. 2 Nr. 1, Abs. 1 Satz 1 Nr. 2 BDSG ist die Datenübermittlung in der Discovery grundsätzlich unzulässig. Der Betroffene hat regelmäßig ein schutzwürdiges Interesse am Ausschluss der Datenübermittlung, da das Schutzniveau in der Discovery nicht angemessen ist. Häufig betrauen amerikanische Anwälte große Teams innerhalb ihrer Kanzlei sowie externe Dienstleister im In- und Ausland mit der Datensichtung. Vor allem bei den Anwälten der Gegenseite ist nicht sichergestellt, dass die Datenverarbeitung auf die Zwecke des Rechtsstreits beschränkt ist. Die Anwälte geben in der Discovery erlangte personenbezogene Daten oft bereitwillig an Medienvertreter, Verbraucherorganisationen, andere Anwälte und staatliche Ermittlungsbehörden weiter. Die Daten des Betroffenen können in Datenbanken von Anwaltsorganisationen auftauchen und einer Vielzahl von Anwälten zur Verfügung stehen. Zum Teil verwenden die Anwälte die personenbezogenen Daten auch für Werbezwecke und eigene Parallelverfahren. Die wenigen für Anwälte geltenden Datenschutzregelungen sichern in der Discovery nicht die für ein angemessenes Schutzniveau erforderlichen Garantien.

C. Die Verantwortung für eine Lösung des Konflikts tragen zunächst die verantwortliche Stelle und ihre amerikanischen Anwälte. Ihnen kommt die Rolle als Vermittler zwischen den Rechtskulturen zu. Zu Beginn des Pretrial muss die verantwortliche Stelle ihre Anwälte auf die der Discovery entgegenstehenden Datenschutzinteressen hinweisen. Während der Parteienkonferenz haben die Anwälte die Datenschutzinteressen mit der Gegenseite zu besprechen. Dabei ist zu erörtern, inwiefern die Datenübermittlung durch eine Umgrenzung des Vorlageersuchens, die Nutzung anderer Informationsquellen, eine Anonymisierung oder Pseudonymisierung, die Auswahl des Vorlageformats, eine Filterung der Datenbestände oder eine Vorlage in Phasen reduziert werden kann. Für die zur Erfüllung der Vorlagepflichten erforderlichen personenbezogenen Daten muss die verantwortliche Stelle mit ihren Anwälten und den Anwälten der Gegenseite in Vertragsklauseln ausreichende Datenschutzgarantien im Sinne von § 4c Abs. 2 Satz 1 Halbsatz 2 BDSG und Art. 26 Abs. 2 DSRL vereinbaren.

Sodann ist bei der zuständigen Aufsichtsbehörde eine Genehmigung für die Datenübermittlung nach § 4c Abs. 2 Satz 1 BDSG zu beantragen. Um die Befolgung der Datenschutzgarantien in den USA sicherzustellen, sind die Vertragsklauseln mit einer Protective Order zu kombinieren. Eine Protective Order bindet neben der Gegenseite auch das Gericht und Dritte, die Kenntnis von ihr haben.

Können sich die Parteien nicht einigen, ist das Gericht um eine Entscheidung zu ersuchen. Bei hinreichender Darlegung der Datenschutzinteressen sind die amerikanischen Gerichte gemeinhin zu einer Kompromisslösung bereit. Die Gerichte prüfen zunächst, ob ein Konflikt zwischen den Vorlagepflichten und deutschem Datenschutzrecht besteht. Hierzu sind im Einzelnen die Anwendbarkeit des BDSG und die Unzulässigkeit der Datenübermittlung zu verdeutlichen. Anschließend nehmen die Gerichte eine Interessenabwägung vor. In diesem Zusammenhang müssen die Anwälte der verantwortlichen Stelle die Maßnahmen zur Reduktion der Datenübermittlung, den Grundrechtsrang des Datenschutzes und die Sanktionsgefahr in der Europäischen Union aufzeigen. Hinsichtlich der erforderlichen Datenübermittlung ist das Erfordernis der Gewährleistung ausreichender Datenschutzgarantien zu erläutern. Die Anwälte der verantwortlichen Stelle müssen darauf hinwirken, dass das Gericht die Gegenseite zum Abschluss der Vertragsklauseln verpflichtet und eine Protective Order erlässt.

D. Die Gestaltung der Vertragsklauseln und das Genehmigungsverfahren sind zeitaufwändig. Für die verantwortliche Stelle besteht das Risiko, dass das amerikanische Gericht eine Verzögerung der Discovery annimmt und vor Abschluss des Genehmigungsverfahrens die Vorlage anordnet oder eine unterbliebene Vorlage sanktioniert. Abhilfe würden spezielle Standardvertragsklauseln im Sinne von Art. 26 Abs. 4 DSRL für die Datenübermittlung in der Discovery schaffen. Diese sollten in ein umfassendes transatlantisches Datenschutzabkommen eingebettet werden. Stellt die EU-Kommission fest, dass Standardvertragsklauseln ausreichende Garantien bieten, ist dies für die Mitgliedstaaten verbindlich. Es bedarf keiner Genehmigung der nationalen Aufsichtsbehörden. Standardvertragsklauseln dienen der Rechtssicherheit und vermitteln auf transparente Weise die Anforderungen des europäischen Datenschutzrechts. Um die Akzeptanz sicherzustellen, sind die Standardvertragsklauseln gemeinsam mit einer geeigneten Organisation in den USA (z. B. dem American Law Institute oder der Sedona Conference) zu erarbeiten. Bei der Gestaltung der Vertragsklauseln kann den Besonderheiten des amerikanischen Zivilprozesses und dem Charakter der Discovery als Parteiverfahren Rechnung getragen werden. Von amerikanischer Seite wäre den Parteien ergänzend ein Muster für eine Protective Order vorzugeben, das als Anlage den Standardvertragsklauseln beigefügt werden kann. Bildlich ausgedrückt dienen die Standardvertrags-

12. Kapitel: Schlussbetrachtung

klauseln als Brücke zwischen der amerikanischen und der europäischen Rechtskultur. Ein konkreter Formulierungsvorschlag für die Standardvertragsklauseln wird im elften Kapitel unter Abschnitt E. dargestellt und im nachfolgenden Anhang zusammengefasst.

Anhang:
Standardvertragsklauseln für die Datenübermittlung in der Discovery

I. Allgemeine Bestimmungen

1. Begriffsbestimmungen

Im Rahmen der Vertragsklauseln gelten folgende Begriffsbestimmungen:

a) Die Begriffe „personenbezogene Daten", „sensible Daten" bzw. „besondere Kategorien personenbezogener Daten", „Verarbeitung", „Verantwortlicher" „Auftragsdatenverarbeiter", „betroffene Person" und „Kontrollstelle" werden gemäß den Bestimmungen der Richtlinie 95/46/EG des Europäischen Parlaments und des Rates vom 24. Oktober 1995 verwendet.

b) „Datenexporteur" bezeichnet den für die Verarbeitung Verantwortlichen, der personenbezogene Daten für eine Discovery in die USA übermittelt.

c) „Datenempfänger" bezeichnet die Verantwortlichen, die sich bereit erklären, vom Datenexporteur oder einem anderen Datenempfänger personenbezogene Daten für eine Verarbeitung entsprechend den Bestimmungen dieser Vertragsklauseln entgegenzunehmen.

d) „Mitgliedstaat" und „mitgliedstaatlich" bezieht sich auf den jeweiligen Mitgliedstaat der Europäischen Union oder des Europäischen Wirtschaftsraums.

e) „Rechtsstreit" bezeichnet einen Zivilprozess in den USA.

f) „Discovery" umfasst das Verfahren zur Erlangung von Beweismitteln in einem Rechtsstreit einschließlich der Initial und der Final Disclosure.

g) „Vorlageersuchen" ist die Aufforderung zur Offenlegung von Dokumenten, elektronisch gespeicherten Information und sonstigen körperlichen Gegenständen im Rahmen der Discovery.

h) „Vorlageersuchender" bezeichnet die Partei, welche in der Discovery zur Offenlegung von Informationen auffordert.

i) „Vorlagepflichtiger" bezeichnet die Person, welche in der Discovery zur Offenlegung von Informationen verpflichtet ist.

k) „Depositions" sind Vernehmungen von Zeugen während der Discovery.

l) „Protective Order" ist die Anordnung eines amerikanischen Gerichts zum Schutz bestimmter Informationen im Rahmen des Rechtsstreits.

m) „Scheduling Order" ist die Anordnung des amerikanischen Gerichts bezüglich der Fristen der Discovery.

2. Anwendungsbereich und Zweck der Vertragsklauseln

a) Die Vertragsklauseln gelten für die Übermittlung und Verarbeitung personenbezogener Daten im Rahmen des von den Vertragsparteien in Anlage A bezeichneten Rechtsstreits. Die Vertragsparteien benennen in Anlage A die Vorlageersuchen und Gerichtsanordnungen, welche die Vorlage personenbezogener Daten verlangen.

b) Zweck der Vertragsklauseln ist die Gewährleistung ausreichender Garantien zum Schutz des Grundrechts auf Datenschutz der betroffenen Person bei der Übermittlung personenbezogener Daten in die USA für die Discovery des in Anlage A bezeichneten Rechtsstreits.

3. Einzelheiten der Datenübermittlung

a) Die Datenübermittlung erfolgt für die Discovery des in Anlage A bezeichneten Rechtsstreits, damit der Datenexporteur oder ein mit ihm verbundenes Konzernunternehmen seine Vorlagepflichten erfüllen kann.

b) Die Vertragsparteien benennen in Anlage A die betroffenen Personen.

c) Die Vertragsparteien bezeichnen in Anlage A einzeln oder nach Kategorien die zu übermittelnden personenbezogenen Daten sowie die zu übermittelnden sensiblen Daten.

II. Pflichten des Datenexporteurs

1. Gesetzmäßigkeit der bisherigen Datenverarbeitungen

a) Der Datenexporteur versichert, dass die bisherigen Verarbeitungen der personenbezogenen Daten einschließlich der Übermittlung im Einklang mit dem für ihn geltenden Datenschutzrecht erfolgt sind.

b) Der Datenexporteur ergreift folgende Maßnahmen zur Wahrung der Datenverhältnismäßigkeit:

aa) Er übermittelt nur solche personenbezogene Daten, die von einem rechtmäßigen und hinreichend bestimmten Vorlageersuchen umfasst sind.

bb) Er filtert seine Datenbestände, um die Übermittlung nicht relevanter personenbezogener Daten zu verhindern.

cc) Enthalten vorzulegende Dokumente personenbezogene Daten, die nicht relevant sind, anonymisiert oder pseudonymisiert er diese so früh wie möglich, spätestens aber vor der Übermittlung.

c) Der Datenexporteur versieht Dokumente mit personenbezogenen Daten mit einem sichtbaren Vermerk „Highly Confidential - Subject to European Data Protection Law".

2. Information des Betroffenen

a) Der Datenexporteur setzt die betroffene Person in einer für sie verständlichen Sprache über die Verarbeitung ihrer personenbezogenen Daten für die Zwecke des in Anlage A benannten Rechtsstreits in Kenntnis. Im Einzelnen erteilt der Datenexporteur der betroffenen Person folgende Informationen:

aa) den Rechtsstreit nach Beteiligten, Aktenzeichen und Prozessgericht;

bb) die Identität des Datenexporteurs;

cc) die Identität der Datenempfänger;

dd) die personenbezogenen Daten einzeln oder nach Kategorien;

ee) etwaige sensible Daten einzeln oder nach Kategorien;

ff) die Tatsache, dass das Datenschutzniveau in der Discovery aus europäischer Sicht nicht angemessen ist;

gg) die Rechte der betroffenen Person auf Auskunft, Widerspruch, Berichtigung, Löschung und Schadensersatz.

b) Auf Nachfrage erläutert der Datenexporteur der betroffenen Person im Überblick die Datenverarbeitungsvorgänge im amerikanischen Zivilprozess.

c) Ausnahmsweise ist der Datenexporteur nicht zur Information der betroffenen Person verpflichtet, wenn sie unmöglich ist oder einen unverhältnismäßigen Aufwand bedeutet. In diesen Fällen benachrichtigt der Datenexporteur die Kontrollstelle von der Nichterteilung der Information und deren Grund.

III. Pflichten der Datenempfänger

1. Zweckbindung

a) Die Datenempfänger verarbeiten die personenbezogenen Daten ausschließlich für die Zwecke des in Anlage A benannten Rechtsstreits.

b) Unzulässig ist insbesondere

aa) eine Verarbeitung der personenbezogenen Daten für Werbezwecke;

bb) eine Verarbeitung der personenbezogenen Daten für einen anderen Rechtsstreit oder ein Strafverfahren, soweit nicht die unter c) genannten Voraussetzungen gegeben sind.

cc) eine Übermittlung der personenbezogenen Daten an Medienvertreter, Verbraucherorganisationen und sonstige Vertreter der Öffentlichkeit;

dd) eine Übermittlung der personenbezogenen Daten an außenstehende Anwälte oder Anwaltsorganisationen.

c) Eine Verarbeitung für einen anderen Rechtsstreit, ein Strafverfahren oder ein Verfahren zur Gewährleistung der staatlichen Sicherheit ist ausnahmsweise zulässig, wenn eine Anordnung des zuständigen Gerichts bzw. der zuständigen Behörde vorliegt und die personenbezogenen Daten für das jeweilige Verfahren direkt relevant sind.

2. Information des Betroffenen bei Zweckänderung

a) Bei einer Verarbeitung der personenbezogenen Daten für Zwecke außerhalb des Rechtsstreits erteilen die Datenempfänger der betroffenen Person folgende Informationen in einer für sie verständlichen Sprache:

aa) die geänderte Zweckbestimmung;

bb) die Identität des Datenempfängers;

cc) die Identität Dritter, an welche die personenbezogenen Daten übermittelt werden und die Tatsache, ob diese ein angemessenes Schutzniveau bieten;

dd) die personenbezogenen Daten einzeln oder nach Kategorien;

ee) etwaige sensible Daten einzeln oder nach Kategorien;

ff) die Rechte der betroffenen Person auf Auskunft, Widerspruch, Berichtigung, Löschung und Schadensersatz.

b) Ausnahmsweise sind die Datenempfänger nicht zur Information verpflichtet, wenn sie unmöglich ist oder einen unverhältnismäßigen Aufwand bedeutet. In diesen Fällen benachrichtigen die Datenempfänger die Kontrollstelle von der Nichterteilung der Information und deren Grund.

c) Ausnahmsweise darf die Information unterbleiben, wenn ein behördliches Verbot zur Wahrung eines Untersuchungsgeheimnisses entgegensteht. Nach Wegfall des Verbots ist die Information unverzüglich nachzuholen.

3. Datenverhältnismäßigkeit

a) Die Datenempfänger verarbeiten die personenbezogenen Daten lediglich insoweit, als sie der Zweckbestimmung entsprechen, dafür erheblich sind und nicht darüber hinausgehen.

b) Die Datenempfänger nutzen vorrangig andere Informationsquellen, bei denen keine personenbezogenen Daten verarbeitet werden.

c) Sind nicht die personenbezogenen Daten, sondern andere in einem Dokument enthaltene Informationen relevant, ergreifen die Datenempfänger so früh wie möglich Maßnahmen der Anonymisierung oder Pseudonymisierung.

d) Kopien von Dokumenten mit personenbezogenen Daten werden nur insoweit angefertigt, als dies für die Zweckbestimmung unerlässlich ist. Die Kopien sind als hoch vertraulich einzustufen und mit einem sichtbaren Vermerk „Highly Confidential - Subject to European Data Protection Law" zu versehen. Gleiches gilt für Notizen und sonstige Schriftstücke, in die personenbezogene Daten übertragen werden.

e) Während der Depositions und der Hauptverhandlung verwenden die Datenempfänger die personenbezogenen Daten nur insoweit, als sie für die Zeugenbefragungen oder die Beweisführung relevant sind.

f) Die Datenempfänger berücksichtigen schutzwürdige Interessen der betroffenen Person und gewährleisten, dass der durch die Datenverarbeitungen bewirkte Eingriff in ihr Grundrecht auf Datenschutz in angemessenem Verhältnis zur Zweckerreichung steht.

g) Die Datenempfänger löschen die personenbezogenen Daten oder geben sie an den Datenexporteur zurück, sobald ihre Aufbewahrung für die Zweckbestimmung nicht mehr erforderlich ist. Stehen der Rückgabe oder Löschung gesetzliche Aufbewahrungspflichten zur Wahrung der Rechte Dritter entgegen, sind die personenbezogenen Daten zu sperren.

4. Datenqualität

Bei Unrichtigkeit der personenbezogenen Daten nehmen die Datenempfänger eine Berichtigung vor. Stehen der Berichtigung Beweissicherungsrechte entgegen, fügen die Datenempfänger stattdessen den personenbezogenen Daten eine Gegendarstellung oder einen Vermerk mit Hinweis auf die Unrichtigkeit bei.

5. Datensicherheit

a) Die Datenempfänger verfügen über geeignete technische und organisatorische Voraussetzungen zum Schutz der personenbezogenen Daten vor unrechtmäßiger Zerstörung, zufälligem Verlust sowie unberechtigter Änderung, Weitergabe oder Zugang. Die zur Datensicherheit ergriffenen Maßnahmen benennen die Datenempfänger in Anlage A.

b) Bei einer Auftragsdatenverarbeitung sorgen die Datenempfänger dafür, dass der Auftragsdatenverarbeiter ausreichende Gewähr für die erforderlichen Sicherheitsmaßnahmen bietet.

c) Mitarbeiter und Auftragsdatenverarbeiter dürfen die personenbezogenen Daten nur nach Weisung der Datenempfänger verarbeiten. Die Datenempfänger unterrichten Mitarbeiter und Auftragsdatenverarbeiter über die Pflichten nach diesen Vertragsklauseln in Einzelanweisungen oder Schulungen.

d) Die Datenempfänger erklären, dass sämtliche Personen, die Zugang zu den personenbezogenen Daten erhalten, zuvor schriftlich die vertrauliche Behandlung zusichern. Ausnahmsweise ist eine Person von der Vertraulichkeit entbunden, wenn ihr gesetzliche Verpflichtungen entgegenstehen.

6. Beschränkung der Weiterübermittlung

a) An das Prozessgericht, ein anderes Gericht oder eine staatliche Behörde dürfen die Datenempfänger die personenbezogenen Daten in versiegelter Form übermitteln, wenn die personenbezogenen Daten für das jeweilige Verfahren direkt relevant sind.

b) Im Übrigen dürfen die Datenempfänger die personenbezogenen Daten nur dann übermitteln, wenn

aa) der Dritte in einem Mitgliedstaat ansässig ist;

bb) der Dritte die personenbezogenen Daten im Einklang mit einer positiven Angemessenheitsentscheidung der Europäischen Kommission verarbeitet;

cc) der Dritte den Vertragsklauseln beitritt oder andere von der Kontrollstelle genehmigte Datenvereinbarungen unterzeichnet;

dd) die betroffene Person zweifelsfrei ihre Einwilligung erteilt, nachdem der jeweilige Datenempfänger sie über den Zweck der Weiterübermittlung, den Dritten und das eventuell unzureichende Schutzniveau informiert hat.

7. Keine entgegenstehenden Verpflichtungen

a) Die Datenempfänger versichern, dass sie zum Zeitpunkt des Vertragsschlusses keinen gesetzlichen, gerichtlichen oder vertraglichen Verpflichtungen unterliegen, welche die Garantien der Vertragsklauseln beeinträchtigen.

b) Die Datenempfänger bezeichnen in Anlage A parallele Rechtsstreitigkeiten und Ermittlungsverfahren, für welche die personenbezogenen Daten von Bedeutung sein können.

c) Erhalten die Datenempfänger nach Vertragsschluss Kenntnis von entgegenstehenden gesetzlichen, gerichtlichen oder vertraglichen Verpflichtungen, benachrichtigen sie die betroffene Person, den Datenexporteur und die Kontrollstelle.

IV. Gemeinsame Pflichten der Vertragsparteien

1. Reduktion der Datenübermittlung

a) Die Vertragsparteien versichern, dass sie den Umfang der in die USA zu übermittelnden personenbezogenen Daten so weit wie möglich reduzieren.

b) Die Vertragsparteien sorgen dafür, dass das Vorlageersuchen hinreichend bestimmt formuliert ist und nur solche personenbezogene Daten erfasst, die für den Rechtsstreit von direkter Relevanz sind und keinem Weigerungsrecht unterliegen.

c) Lässt sich bei einer Dokumentengruppe nicht vorab bestimmen, ob darin enthaltene Informationen relevant sind, führen die Vertragsparteien ein Stichprobenverfahren durch. Dabei übermittelt der Datenexporteur zunächst Beispieldokumente mit anonymisierten personenbezogenen Daten anhand derer die Relevanz weiterer Dokumente zu klären ist.

d) Die Vertragsparteien nutzen vorrangig andere Informationsquellen, bei denen keine personenbezogenen Daten verarbeitet werden.

e) Enthalten die vorzulegenden Dokumente personenbezogene Daten, die nicht von direkter Relevanz für den Rechtsstreit sind, so sind diese vor der Übermittlung zu anonymisieren oder zu pseudonymisieren.

f) Bei der Vorlage elektronischer Dokumente wählen die Vertragsparteien ein Format, das möglichst wenig personenbezogene Daten offenlegt.

g) Bei einer umfangreichen Dokumentenvorlage verständigen sich die Vertragsparteien auf eine Vorlage in Phasen. In der ersten Phase sind keine oder nur ausgewählte personenbezogene Daten vorzulegen. Sind weitere personenbezogene Daten relevant, darf die Vorlage schrittweise ausgeweitet werden. Die Vertragsparteien vereinbaren Fristen für die Phasen und beantragen bei Gericht eine entsprechende Scheduling Order.

2. *Beantragung einer Protective Order*

a) Die Vertragsparteien vereinbaren eine Protective Order und beantragen bei Gericht deren Erlass. Vor Gericht legen die Vertragsparteien einen wichtigen Grund für den begehrten Schutz dar. Insofern erläutern die Vertragsparteien die Anwendbarkeit des mitgliedstaatlichen Datenschutzrechts, das Erfordernis der Gewährleistung ausreichender Garantien sowie den Grundrechtsrang des Datenschutzes und die Sanktionsgefahr in der Europäischen Union.

b) Zur Absicherung der Datenschutzgarantien sind in der Protective Order die in Anlage B aufgeführten Regelungen vorzusehen. Sonstige Bestimmungen der Protective Order dürfen diesen Regelungen nicht entgegenstehen.

c) Anträgen auf Änderung der Protective Order treten die Vertragsparteien unter Verweis auf ihre Pflichten nach diesen Vertragsklauseln entgegen. Die Vertragsparteien informieren die Kontrollstelle und die betroffene Person über Änderungsanträge.

V. Rechte der betroffenen Person

1. Auskunft

a) Die betroffene Person erhält von den Vertragsparteien in einer für sie verständlichen Sprache frei und ungehindert in angemessenen Abständen ohne unzumutbare Verzögerung oder übermäßige Kosten Auskunft über die Verarbeitung ihrer personenbezogenen Daten. Der jeweilige Adressat erteilt folgende Auskünfte:

aa) ob personenbezogene Daten der betroffenen Person verarbeitet werden;

bb) die Zweckbestimmung;

cc) die Kategorien der personenbezogenen Daten;

dd) etwaige Empfänger oder Empfängerkategorien;

ee) eine Mitteilung über die verarbeiteten personenbezogenen Daten;

ff) die Herkunft der personenbezogenen Daten.

b) Die Vertragsparteien übermitteln der betroffenen Person auf Anfrage ein Exemplar dieser Vertragsklauseln in einer für sie verständlichen Sprache.

c) Die Vertragsparteien dürfen die Auskunft verweigern, wenn ihre Erteilung die Mandatsausübung unverhältnismäßig beeinträchtigt oder das Attorney-Client Privilege verletzt und der Mandant nicht in die Weitergabe der Informationen einwilligt. Die jeweilige Vertragspartei legt die Gründe für die Auskunftsverweigerung der Kontrollstelle und der betroffenen Person dar.

d) Die Vertragsparteien bezeichnen in Anlage A eine Abteilung oder Person innerhalb ihrer Organisation, die für Anfragen zur Verarbeitung personenbezogener Daten zuständig ist.

2. *Berichtigung, Löschung und Sperrung*

a) Die betroffene Person hat bei Unrichtigkeit ihrer personenbezogenen Daten ein Recht auf Berichtigung. Beeinträchtigt eine Berichtigung die Beweisaussage der personenbezogenen Daten, kann die betroffene Person lediglich verlangen, dass den personenbezogenen Daten eine Gegendarstellung oder ein Vermerk mit Hinweis auf die Unrichtigkeit beigefügt wird.

b) Die betroffene Person hat ein Recht auf Löschung ihrer personenbezogenen Daten, sobald die Zweckbestimmung eine Verarbeitung nicht mehr erfordert. Stehen einer Löschung gesetzliche Aufbewahrungspflichten zur Wahrung der Rechte Dritter entgegen, kann die betroffene Person die Sperrung ihrer personenbezogenen Daten verlangen.

3. *Widerspruch*

Die betroffene Person hat das Recht, jederzeit aus schutzwürdigen, sich aus ihrer Situation ergebenden Gründen Widerspruch gegen die Verarbeitung ihrer personenbezogenen Daten einzulegen. Bei einem berechtigten Widerspruch ist der jeweilige Adressat zur Einstellung der Datenverarbeitung verpflichtet.

4. *Schadensersatz*

Jede Vertragspartei haftet gegenüber der betroffenen Person für Schäden, die sie durch eine Verletzung dieser Vertragsklauseln verursacht. Die Vertragspartei kann sich von der Haftung befreien, wenn sie nachweist, dass sie nicht für die Verletzung der Vertragsklauseln verantwortlich ist.

VI. Schlussbestimmungen

1. Befugnisse der Kontrollstelle

a) Die Vertragsparteien arbeiten redlich mit der Kontrollstelle zusammen und bearbeiten Anfragen binnen angemessener Frist. Auf Verlangen übermitteln sie der Kontrollstelle eine Kopie der personenbezogenen Daten.

b) Bei begründetem Verdacht eines Vertragsverstoßes gewähren die Vertragsparteien der Kontrollstelle ein Prüfungsrecht. Die notwendigen Prüfungsmaßnahmen bestimmt die Kontrollstelle. Die Kontrollstelle kann einen von ihr bestimmten Sachverständigen mit der Prüfung betrauen.

c) Die Kontrollstelle ist berechtigt, die Sperrung oder Löschung der personenbezogenen Daten sowie das vorläufige oder endgültige Verbot einer Verarbeitung anzuordnen und eine Verwarnung an die Vertragsparteien zu richten. Die Vertragsparteien versichern, dass sie den Anordnungen nachkommen.

d) Ausnahmsweise darf eine Vertragspartei die unter a), b) und c) genannten Maßnahmen verweigern, wenn andernfalls das Attorney-Client Privilege verletzt oder die Rechtsverteidigung gefährdet wäre. Hierfür muss die Vertragspartei der Kontrollstelle konkrete Anhaltspunkte darlegen.

e) Die Vertragsparteien bezeichnen in Anlage A die zuständige Kontrollstelle.

2. *Anwendbares Recht*

Die Vertragsklauseln unterliegen dem mitgliedstaatlichen Recht, welches auf die Verarbeitung der zu übermittelnden personenbezogenen Daten anwendbar ist.

3. *Streitbeilegung*

a) Die Vertragsparteien verpflichten sich, für die Beilegung von Streitigkeiten mit einer anderen Vertragspartei, der Kontrollstelle oder der betroffenen Person ein internes Beschwerdeverfahren vorzusehen. Sie bestimmen in Anlage A eine Abteilung oder Person, die sich mit Beschwerden befasst und über die erforderliche Unabhängigkeit verfügt.

b) Für den Fall, dass der Beschwerde nicht abgeholfen wird, erklären sich die Vertragsparteien mit einem Schlichtungsverfahren vor der Kontrollstelle einverstanden. Bei Streitigkeiten mit der Kontrollstelle kann diese ein Schlichtungsverfahren vor einer allgemein zugänglichen Schlichtungsstelle initiieren.

c) Die Vertragsparteien unterwerfen sich der Hoheit des zuständigen Gerichts des Mitgliedstaates, dessen Recht auf die Verarbeitung der zu übermittelnden personenbezogenen Daten anwendbar ist.

d) Nach Absprache können die jeweiligen Streitparteien ihre Streitigkeit alternativ einem Schiedsgericht unterbreitet

4. *Änderung des Vertrages*

Die Vertragsparteien dürfen den Wortlaut der Vertragsklauseln nicht ändern. Sie dürfen lediglich die Angaben in Anlage A aktualisieren. Die Vertragsparteien teilen Aktualisierungen der Kontrollstelle und der betroffenen Person mit.

Anlage A zu den Standardvertragsklauseln:
Angaben zur konkreten Datenübermittlung

I. Rechtsstreit

Zuständiges Gericht: ....
Aktenzeichen: ....
Beteiligte: ....

II. Vorlageersuchen oder Gerichtsanordnung

Die personenbezogenen Daten werden aufgrund des folgenden Vorlageersuchens bzw. folgender Gerichtsanordnung in die USA übermittelt:

Vorlageersuchende Partei: ....
Vorlagepflichtige Partei: ....
Datum: ....

III. Personenbezogene Daten

Für die Zwecke des Rechtsstreits werden folgende personenbezogene Daten bzw. Datenkategorien in die USA übermittelt:

....
....

IV. Sensible Daten

Für die Zwecke des Rechtsstreits werden folgende sensible Daten bzw. Datenkategorien in die USA übermittelt:

....
....

V. Betroffene Personen

Die personenbezogenen Daten beziehen sich auf folgende betroffene Personen:

....
....

VI. Maßnahmen zur Datensicherheit

Die Datenempfänger ergreifen folgende technische und organisatorische Maßnahmen zur Gewährleistung der Datensicherheit:

....
....

VII. Parallele Rechtsstreitigkeiten und Ermittlungsverfahren

Für folgende parallele Rechtsstreitigkeiten und Ermittlungsverfahren können die personenbezogenen Daten relevant sein (bitte nach Parteien und Gericht bzw. Ermittlungsbehörde sowie Aktenzeichen aufführen):

....

....

VIII. Zuständige Kontrollstelle

....

IX. Für Anfragen zuständige Stelle innerhalb der Organisation der Vertragsparteien

Datenexporteur: ....

Datenempfänger: ....

Datenempfänger: ....

X. Für Beschwerden zuständige Stelle innerhalb der Organisation der Vertragsparteien

Datenexporteur: ....

Datenempfänger: ....

Datenempfänger: ....

Anlage B zu den Standardvertragsklauseln:
Datenschutzregelungen für die Protective Order

a) Der Begriff „personenbezogene Daten" bezeichnet gemäß Art. 2 a) Richtlinie 95/46/EG alle Informationen über eine bestimmte oder bestimmbare natürliche Person („betroffene Person"); als bestimmbar wird eine Person angesehen, die direkt oder indirekt identifiziert werden kann, insbesondere durch Zuordnung zu einer Kennnummer oder zu einem oder mehreren spezifischen Elementen, die Ausdruck ihrer physischen, physiologischen, psychischen, wirtschaftlichen, kulturellen oder sozialen Identität sind.

b) Die Parteien reduzieren den Umfang der vorzulegenden personenbezogenen Daten soweit wie möglich. Hierzu ergreifen sie folgende Maßnahmen:

aa) Die Parteien sorgen dafür, dass das Vorlageersuchen hinreichend bestimmt formuliert ist und nur solche personenbezogene Daten erfasst, die für den Rechtsstreit direkt relevant sind und keinem Weigerungsrecht unterliegen.

bb) Lässt sich bei einer Dokumentengruppe nicht vorab klären, ob darin enthaltene Informationen tatsächlich relevant sind, führen die Parteien ein Stichprobenverfahren durch. Dabei stellt der Vorlagepflichtige zunächst Beispielsdokumente mit anonymisierten personenbezogenen Daten zur Verfügung anhand derer die Relevanz weiterer Dokumente zu klären ist.

cc) Die Parteien nutzen vorrangig andere Informationsquellen, bei denen keine personenbezogenen Daten verarbeitet werden.

dd) Enthalten die vorzulegenden Dokumente personenbezogene Daten, die nicht von direkter Relevanz für den Rechtsstreit sind, so sind diese zu anonymisieren oder zu pseudonymisieren.

ee) Bei der Vorlage elektronischer Dokumente wählen die Parteien ein Format, das möglichst wenig personenbezogene Daten offenlegt.

ff) Bei einer umfangreichen Dokumentenvorlage verständigen sich die Parteien auf eine Vorlage in Phasen. In der ersten Phase sind keine oder nur ausgewählte personenbezogene Daten vorzulegen. Sind weitere personenbezogene Daten relevant, darf die Vorlage schrittweise ausgeweitet werden.

c) Dokumente mit personenbezogenen Daten sind hoch vertraulich. Der Vorlagepflichtige versieht die Dokumente mit dem sichtbaren Vermerk „Highly Confidential - Subject to European Data Protection Law".

d) Dokumente mit personenbezogenen Daten dürfen einzig für die Zwecke des Rechtsstreits verwendet werden. Unzulässig sind insbesondere Verwendungen für Werbezwecke, andere Rechtsstreitigkeiten, Strafverfahren sowie Weiterübermittlungen an Medienvertreter, Verbraucherorganisationen, sonstige Vertreter der Öffentlichkeit und außenstehende Anwälte.

e) Ausnahmsweise dürfen die Dokumente für einen anderen Rechtsstreit, ein Strafverfahren oder ein Verfahren zur Gewährleistung der staatlichen Sicherheit verwendet werden, wenn eine entsprechende Anordnung vorliegt und die personenbezogenen Daten für das jeweilige Verfahren direkt relevant sind. Eine Übermittlung der Dokumente darf dabei nur in versiegelter Form erfolgen. Sind die personenbezogenen Daten nicht relevant, muss der Adressat sie vor der Übermittlung der Dokumente anonymisieren oder pseudonymisieren.

f) Kopien von Dokumenten mit personenbezogenen Daten dürfen lediglich insoweit angefertigt werden, als dies für die Zweckbestimmung unerlässlich ist. Kopien sind als hoch vertraulich einzustufen und mit dem Vermerk „Highly Confidential - Subject to European Data Protection Law" zu versehen. Gleiches gilt für Notizen und sonstige Schriftstücke, in die personenbezogene Daten übertragen werden.

g) Eine ungeschützte Vorlage von Dokumenten mit personenbezogenen Daten bedeutet keinen Verzicht auf die Vertraulichkeit. In diesem Fall informiert der Vorlageersuchende den Vorlagepflichtigen unverzüglich und gibt die Dokumente für eine geschützte Vorlage zurück.

h) Dokumente mit personenbezogenen Daten dürfen lediglich von den Anwälten des Vorlageersuchenden, deren Mitarbeitern und Parteisachverständigen verwendet werden. Der Partei dürfen die Dokumente nur dann offengelegt werden, wenn dies für die Entscheidungsfindung notwendig ist.

i) Die Anwälte des Vorlageersuchenden gewährleisten in organisatorischer und technischer Hinsicht eine sichere Datenverarbeitung. Sie unterrichten ihre Mitarbeiter und Auftragsdatenverarbeiter in Einzelanweisungen oder Schulungen über den Inhalt der Protective Order.

k) Jede Person, die Zugang zu Dokumenten mit personenbezogenen Daten erhält, muss zuvor eine Vertraulichkeitserklärung unterzeichnen.

l) Während der Depositions und der Hauptverhandlung verwendet der Vorlageersuchende Dokumente mit personenbezogenen Daten nur insoweit, als sie für die Zeugenbefragungen oder die Beweisführung direkt relevant sind. Im Übrigen ist eine Verwendung der Dokumente lediglich unter Anonymisierung oder Pseudonymisierung der personenbezogenen Daten gestattet.

m) Bei Gericht sind Dokumente mit personenbezogenen Daten in anonymisierter oder pseudonymisierter Form einzureichen. Sind die personenbezogenen Daten für das Verfahren direkt relevant, dürfen die Dokumente stattdessen versiegelt eingereicht werden.

n) Der Vorlageersuchende löscht Dokumente mit personenbezogenen Daten oder gibt sie an den Vorlagepflichtigen zurück, sobald ihre Aufbewahrung für die Zwecke des Rechtsstreits nicht mehr erforderlich ist. Stehen der Rückgabe oder Löschung gesetzliche Aufbewahrungspflichten zur Wahrung der Rechte Dritter entgegen, sind die Dokumente zu sperren.

Anhang:
Wichtige Regelungen des amerikanischen Zivilprozessrechts

A. Auszug aus den FRCP

Fassung vom 1. Dezember 2015

Der komplette Text der FRCP ist abrufbar unter:
http://www.uscourts.gov/rules-policies/current-rules-practice-procedure/federal-rules-civil-procedure

Rule 16. Pretrial Conferences; Scheduling; Management

(a) *Purposes of a Pretrial Conference.* In any action, the court may order the attorneys and any unrepresented parties to appear for one or more pretrial conferences for such purposes as:
(1) expediting disposition of the action;
(2) establishing early and continuing control so that the case will not be protracted because of lack of management;
(3) discouraging wasteful pretrial activities;
(4) improving the quality of the trial through more thorough preparation; and
(5) facilitating settlement.

(b) *Scheduling.*
(1) Scheduling Order. Except in categories of actions exempted by local rule, the district judge or a magistrate judge when authorized by local rule must issue a scheduling order:
(A) after receiving the parties' report under Rule 26(f); or
(B) after consulting with the parties' attorneys and any unrepresented parties at a scheduling conference.
(2) Time to Issue. The judge must issue the scheduling order as soon as practicable, but unless the judge finds good cause for delay, the judge must issue it within the earlier of 90 days after any defendant has been served with the complaint or 60 days after any defendant has appeared.
(3) Contents of the Order.
(A) Required Contents. The scheduling order must limit the time to join other parties, amend the pleadings, complete discovery, and file motions.
(B) Permitted Contents. The scheduling order may:
(i) modify the timing of disclosures under Rules 26(a) and 26(e)(1);
(ii) modify the extent of discovery;
(iii) provide for disclosure, discovery, or preservation of electronically stored information;
(iv) include any agreements the parties reach for asserting claims of privilege or of protection as trial-preparation material after information is produced, including agreements reached under Federal Rule of Evidence 502;

(v) direct that before moving for an order relating to discovery, the movant must request a conference with the court;
(vi) set dates for pretrial conferences and for trial; and
(vii) include other appropriate matters.
(4) Modifying a Schedule. A schedule may be modified only for good cause and with the judge's consent.

(c) *Attendance and Matters for Consideration at a Pretrial Conference.*
(1) Attendance. A represented party must authorize at least one of its attorneys to make stipulations and admissions about all matters that can reasonably be anticipated for discussion at a pretrial conference. If appropriate, the court may require that a party or its representative be present or reasonably available by other means to consider possible settlement.
(2) Matters for Consideration. At any pretrial conference, the court may consider and take appropriate action on the following matters:
(A) formulating and simplifying the issues, and eliminating frivolous claims or defenses;
(B) amending the pleadings if necessary or desirable;
(C) obtaining admissions and stipulations about facts and documents to avoid unnecessary proof, and ruling in advance on the admissibility of evidence;
(D) avoiding unnecessary proof and cumulative evidence, and limiting the use of testimony under Federal Rule of Evidence 702;
(E) determining the appropriateness and timing of summary adjudication under Rule 56;
(F) controlling and scheduling discovery, including orders affecting disclosures and discovery under Rule 26 and Rules 29 through 37;
(G) identifying witnesses and documents, scheduling the filing and exchange of any pretrial briefs, and setting dates for further conferences and for trial;
(H) referring matters to a magistrate judge or a master;
(I) settling the case and using special procedures to assist in resolving the dispute when authorized by statute or local rule;
(J) determining the form and content of the pretrial order;
(K) disposing of pending motions;
(L) adopting special procedures for managing potentially difficult or protracted actions that may involve complex issues, multiple parties, difficult legal questions, or unusual proof problems;
(M) ordering a separate trial under Rule 42(b) of a claim, counterclaim, crossclaim, third-party claim, or particular issue;
(N) ordering the presentation of evidence early in the trial on a manageable issue that might, on the evidence, be the basis for a judgment as a matter of law under Rule 50(a) or a judgment on partial findings under Rule 52(c);
(O) establishing a reasonable limit on the time allowed to present evidence; and
(P) facilitating in other ways the just, speedy, and inexpensive disposition of the action.

(d) *Pretrial Orders.* After any conference under this rule, the court should issue an order reciting the action taken. This order controls the course of the action unless the court modifies it.

(e) *Final Pretrial Conference and Orders.* The court may hold a final pretrial conference to formulate a trial plan, including a plan to facilitate the admission of evidence. The conference must be held as close to the start of trial as is reasonable, and must be attended by at least one attorney who will conduct the trial for each party and by any unrepresented party. The court may modify the order issued after a final pretrial conference only to prevent manifest injustice.

(f) *Sanctions.*
(1) In General. On motion or on its own, the court may issue any just orders, including those authorized by Rule 37(b)(2)(A)(ii)–(vii), if a party or its attorney:
(A) fails to appear at a scheduling or other pretrial conference;
(B) is substantially unprepared to participate - or does not participate in good faith - in the conference; or
(C) fails to obey a scheduling or other pretrial order.
(2) Imposing Fees and Costs. Instead of or in addition to any other sanction, the court must order the party, its attorney, or both to pay the reasonable expenses—including attorney's fees—incurred because of any noncompliance with this rule, unless the noncompliance was substantially justified or other circumstances make an award of expenses unjust.

Rule 26. Duty to Disclose; General Provisions Governing Discovery

(a) *Required Disclosures.*
(1) Initial Disclosure.
(A) In General. Except as exempted by Rule 26(a)(1)(B) or as otherwise stipulated or ordered by the court, a party must, without awaiting a discovery request, provide to the other parties:
(i) the name and, if known, the address and telephone number of each individual likely to have discoverable information - along with the subjects of that information - that the disclosing party may use to support its claims or defenses, unless the use would be solely for impeachment;
(ii) a copy - or a description by category and location - of all documents, electronically stored information, and tangible things that the disclosing party has in its possession, custody, or control and may use to support its claims or defenses, unless the use would be solely for impeachment;
(iii) a computation of each category of damages claimed by the disclosing party - who must also make available for inspection and copying as under Rule 34 the documents or other evidentiary material, unless privileged or protected from disclosure, on which each computation is based, including materials bearing on the nature and extent of injuries suffered; and
(iv) for inspection and copying as under Rule 34, any insurance agreement under which an insurance business may be liable to satisfy all or part of a possible judgment in the action or to indemnify or reimburse for payments made to satisfy the judgment.
(B) Proceedings Exempt from Initial Disclosure. The following proceedings are exempt from initial disclosure:
(i) an action for review on an administrative record;
(ii) a forfeiture action in rem arising from a federal statute;

(iii) a petition for habeas corpus or any other proceeding to challenge a criminal conviction or sentence;
(iv) an action brought without an attorney by a person in the custody of the United States, a state, or a state subdivision;
(v) an action to enforce or quash an administrative summons or subpoena;
(vi) an action by the United States to recover benefit payments;
(vii) an action by the United States to collect on a student loan guaranteed by the United States;
(viii) a proceeding ancillary to a proceeding in another court; and
(ix) an action to enforce an arbitration award.
(C) Time for Initial Disclosures - In General. A party must make the initial disclosures at or within 14 days after the parties' Rule 26(f) conference unless a different time is set by stipulation or court order, or unless a party objects during the conference that initial disclosures are not appropriate in this action and states the objection in the proposed discovery plan. In ruling on the objection, the court must determine what disclosures, if any, are to be made and must set the time for disclosure.
(D) Time for Initial Disclosures - For Parties Served or Joined Later. A party that is first served or otherwise joined after the Rule 26(f) conference must make the initial disclosures within 30 days after being served or joined, unless a different time is set by stipulation or court order.
(E) Basis for Initial Disclosure; Unacceptable Excuses. A party must make its initial disclosures based on the information then reasonably available to it. A party is not excused from making its disclosures because it has not fully investigated the case or because it challenges the sufficiency of another party's disclosures or because another party has not made its disclosures.
[...]
(3) Pretrial Disclosures.
(A) In General. In addition to the disclosures required by Rule 26(a)(1) and (2), a party must provide to the other parties and promptly file the following information about the evidence that it may present at trial other than solely for impeachment:
(i) the name and, if not previously provided, the address and telephone number of each witness - separately identifying those the party expects to present and those it may call if the need arises;
(ii) the designation of those witnesses whose testimony the party expects to present by deposition and, if not taken stenographically, a transcript of the pertinent parts of the deposition; and
(iii) an identification of each document or other exhibit, including summaries of other evidence -separately identifying those items the party expects to offer and those it may offer if the need arises.
(B) Time for Pretrial Disclosures; Objections. Unless the court orders otherwise, these disclosures must be made at least 30 days before trial. Within 14 days after they are made, unless the court sets a different time, a party may serve and promptly file a list of the following objections: any objections to the use under Rule 32(a) of a deposition designated by another party under Rule 26(a)(3)(A)(ii); and any objection, together with the grounds for it, that may be made to the admissibility of materials identified under Rule 26(a)(3)(A)(iii). An

objection not so made - except for one under Federal Rule of Evidence 402 or 403 - is waived unless excused by the court for good cause.
(4) Form of Disclosures. Unless the court orders otherwise, all disclosures under Rule 26(a) must be in writing, signed, and served.

(b) *Discovery Scope and Limits.*
(1) Scope in General. Unless otherwise limited by court order, the scope of discovery is as follows: Parties may obtain discovery regarding any nonprivileged matter that is relevant to any party's claim or defense and proportional to the needs of the case, considering the importance of the issues at stake in the action, the amount in controversy, the parties' relative access to relevant information, the parties' resources, the importance of the discovery in resolving the issues, and whether the burden or expense of the proposed discovery outweighs its likely benefit. Information within this scope of discovery need not be admissible in evidence to be discoverable.
(2) Limitations on Frequency and Extent.
(A) When Permitted. By order, the court may alter the limits in these rules on the number of depositions and interrogatories or on the length of depositions under Rule 30. By order or local rule, the court may also limit the number of requests under Rule 36.
(B) Specific Limitations on Electronically Stored Information. A party need not provide discovery of electronically stored information from sources that the party identifies as not reasonably accessible because of undue burden or cost. On motion to compel discovery or for a protective order, the party from whom discovery is sought must show that the information is not reasonably accessible because of undue burden or cost. If that showing is made, the court may nonetheless order discovery from such sources if the requesting party shows good cause, considering the limitations of Rule 26(b)(2)(C). The court may specify conditions for the discovery.
(C) When Required. On motion or on its own, the court must limit the frequency or extent of discovery otherwise allowed by these rules or by local rule if it determines that:
(i) the discovery sought is unreasonably cumulative or duplicative, or can be obtained from some other source that is more convenient, less burdensome, or less expensive;
(ii) the party seeking discovery has had ample opportunity to obtain the information by discovery in the action; or
(iii) the proposed discovery is outside the scope permitted by Rule 26(b)(1).
(3) Trial Preparation: Materials.
(A) Documents and Tangible Things. Ordinarily, a party may not discover documents and tangible things that are prepared in anticipation of litigation or for trial by or for another party or its representative (including the other party's attorney, consultant, surety, indemnitor, insurer, or agent). But, subject to Rule 26(b)(4), those materials may be discovered if:
(i) they are otherwise discoverable under Rule 26(b)(1); and
(ii) the party shows that it has substantial need for the materials to prepare its case and cannot, without undue hardship, obtain their substantial equivalent by other means.
(B) Protection Against Disclosure. If the court orders discovery of those materials, it must protect against disclosure of the mental impressions, conclusions, opinions, or legal theories of a party's attorney or other representative concerning the litigation.

(C) Previous Statement. Any party or other person may, on request and without the required showing, obtain the person's own previous statement about the action or its subject matter. If the request is refused, the person may move for a court order, and Rule 37(a)(5) applies to the award of expenses. A previous statement is either:
(i) a written statement that the person has signed or otherwise adopted or approved; or
(ii) a contemporaneous stenographic, mechanical, electrical, or other recording - or a transcription of it - that recites substantially verbatim the person's oral statement.
(4) Trial Preparation: Experts.
(A) Deposition of an Expert Who May Testify. A party may depose any person who has been identified as an expert whose opinions may be presented at trial. If Rule 26(a)(2)(B) requires a report from the expert, the deposition may be conducted only after the report is provided.
(B) Trial-Preparation Protection for Draft Reports or Disclosures. Rules 26(b)(3)(A) and (B) protect drafts of any report or disclosure required under Rule 26(a)(2), regardless of the form in which the draft is recorded.
(C) Trial-Preparation Protection for Communications Between a Party's Attorney and Expert Witnesses. Rules 26(b)(3)(A) and (B) protect communications between the party's attorney and any witness required to provide a report under Rule 26(a)(2)(B), regardless of the form of the communications, except to the extent that the communications:
(i) relate to compensation for the expert's study or testimony;
(ii) identify facts or data that the party's attorney provided and that the expert considered in forming the opinions to be expressed; or
(iii) identify assumptions that the party's attorney provided and that the expert relied on in forming the opinions to be expressed.
(D) Expert Employed Only for Trial Preparation. Ordinarily, a party may not, by interrogatories or deposition, discover facts known or opinions held by an expert who has been retained or specially employed by another party in anticipation of litigation or to prepare for trial and who is not expected to be called as a witness at trial. But a party may do so only:
(i) as provided in Rule 35(b); or
(ii) on showing exceptional circumstances under which it is impracticable for the party to obtain facts or opinions on the same subject by other means.
(E) Payment. Unless manifest injustice would result, the court must require that the party seeking discovery:
(i) pay the expert a reasonable fee for time spent in responding to discovery under Rule 26(b)(4)(A) or (D); and
(ii) for discovery under (D), also pay the other party a fair portion of the fees and expenses it reasonably incurred in obtaining the expert's facts and opinions.
(5) Claiming Privilege or Protecting Trial-Preparation Materials.
(A) Information Withheld. When a party withholds information otherwise discoverable by claiming that the information is privileged or subject to protection as trial-preparation material, the party must:
(i) expressly make the claim; and
(ii) describe the nature of the documents, communications, or tangible things not produced or disclosed - and do so in a manner that, without revealing information itself privileged or protected, will enable other parties to assess the claim.

(B) Information Produced. If information produced in discovery is subject to a claim of privilege or of protection as trial-preparation material, the party making the claim may notify any party that received the information of the claim and the basis for it. After being notified, a party must promptly return, sequester, or destroy the specified information and any copies it has; must not use or disclose the information until the claim is resolved; must take reasonable steps to retrieve the information if the party disclosed it before being notified; and may promptly present the information to the court under seal for a determination of the claim. The producing party must preserve the information until the claim is resolved.

(c) *Protective Orders.*
(1) In General. A party or any person from whom discovery is sought may move for a protective order in the court where the action is pending - or as an alternative on matters relating to a deposition, in the court for the district where the deposition will be taken. The motion must include a certification that the movant has in good faith conferred or attempted to confer with other affected parties in an effort to resolve the dispute without court action. The court may, for good cause, issue an order to protect a party or person from annoyance, embarrassment, oppression, or undue burden or expense, including one or more of the following:
(A) forbidding the disclosure or discovery;
(B) specifying terms, including time and place or the allocation of expenses, for the disclosure or discovery;
(C) prescribing a discovery method other than the one selected by the party seeking discovery;
(D) forbidding inquiry into certain matters, or limiting the scope of disclosure or discovery to certain matters;
(E) designating the persons who may be present while the discovery is conducted;
(F) requiring that a deposition be sealed and opened only on court order;
(G) requiring that a trade secret or other confidential research, development, or commercial information not be revealed or be revealed only in a specified way; and
(H) requiring that the parties simultaneously file specified documents or information in sealed envelopes, to be opened as the court directs.
(2) Ordering Discovery. If a motion for a protective order is wholly or partly denied, the court may, on just terms, order that any party or person provide or permit discovery.
(3) Awarding Expenses. Rule 37(a)(5) applies to the award of expenses.

(d) *Timing and Sequence of Discovery.*
(1) Timing. A party may not seek discovery from any source before the parties have conferred as required by Rule 26(f), except in a proceeding exempted from initial disclosure under Rule 26(a)(1)(B), or when authorized by these rules, by stipulation, or by court order.
(2) Early Rule 34 Requests.
Time to Deliver. More than 21 days after the summons and complaint are served on a party, a request under Rule 34 may be delivered:
(i) to that party by any other party, and
(ii) by that party to any plaintiff or to any other party that has been served.

(B) When Considered Served. The request is considered to have been served at the first Rule 26(f) conference.
(3) Sequence. Unlessthe parties stipulate or the court orders otherwise for the parties' and witnesses' convenience and in the interests of justice:
(A) methods of discovery may be used in any sequence; and
(B) discovery by one party does not require any other party to delay its discovery.

(e) *Supplementing Disclosures and Responses.*
(1) In General. A party who has made a disclosure under Rule 26(a) - or who has responded to an interrogatory, request for production, or request for admission - must supplement or correct its disclosure or response:
(A) in a timely manner if the party learns that in some material respect the disclosure or response is incomplete or incorrect, and if the additional or corrective information has not otherwise been made known to the other parties during the discovery process or in writing; or
(B) as ordered by the court.
(2) Expert Witness. For an expert whose report must be disclosed under Rule 26(a)(2)(B), the party's duty to supplement extends both to information included in the report and to information given during the expert's deposition. Any additions or changes to this information must be disclosed by the time the party's pretrial disclosures under Rule 26(a)(3) are due.

(f) *Conference of the Parties; Planning for Discovery.*
(1) Conference Timing. Except in a proceeding exempted from initial disclosure under Rule 26(a)(1)(B) or when the court orders otherwise, the parties must confer as soon as practicable - and in any event at least 21 days before a scheduling conference is to be held or a scheduling order is due under Rule 16(b).
(2) Conference Content; Parties' Responsibilities. In conferring, the parties must consider the nature and basis of their claims and defenses and the possibilities for promptly settling or resolving the case; make or arrange for the disclosures required by Rule 26(a)(1); discuss any issues about preserving discoverable information; and develop a proposed discovery plan. The attorneys of record and all unrepresented parties that have appeared in the case are jointly responsible for arranging the conference, for attempting in good faith to agree on the proposed discovery plan, and for submitting to the court within 14 days after the conference a written report outlining the plan. The court may order the parties or attorneys to attend the conference in person.
(3) Discovery Plan. A discovery plan must state the parties' views and proposals on:
(A) what changes should be made in the timing, form, or requirement for disclosures under Rule 26(a), including a statement of when initial disclosures were made or will be made;
(B) the subjects on which discovery may be needed, when discovery should be completed, and whether discovery should be conducted in phases or be limited to or focused on particular issues;
(C) any issues about disclosure, discovery, or preservation of electronically stored information, including the form or forms in which it should be produced;
(D) any issues about claims of privilege or of protection as trial-preparation materials, including - if the parties agree on a procedure to assert these claims after production - whether to ask the court to include their agreement in an order under Federal Rule of Evidence 502;

(E) what changes should be made in the limitations on discovery imposed under these rules or by local rule, and what other limitations should be imposed; and
(F) any other orders that the court should issue under Rule 26(c) or under Rule 16(b) and (c).
(4) Expedited Schedule. If necessary to comply with its expedited schedule for Rule 16(b) conferences, a court may by local rule:
(A) require the parties' conference to occur less than 21 days before the scheduling conference is held or a scheduling order is due under Rule 16(b); and
(B) require the written report outlining the discovery plan to be filed less than 14 days after the parties' conference, or excuse the parties from submitting a written report and permit them to report orally on their discovery plan at the Rule 16(b) conference.
[...]

Rule 34. Producing Documents, Electronically Stored Information, and Tangible Things, or Entering onto Land, for Inspection and Other Purposes

(a) *In General.* A party may serve on any other party a request within the scope of Rule 26(b):
(1) to produce and permit the requesting party or its representative to inspect, copy, test, or sample the following items in the responding party's possession, custody, or control:
(A) any designated documents or electronically stored information - including writings, drawings, graphs, charts, photographs, sound recordings, images, and other data or data compilations - stored in any medium from which information can be obtained either directly or, if necessary, after translation by the responding party into a reasonably usable form; or
(B) any designated tangible things; or
(2) to permit entry onto designated land or other property possessed or controlled by the responding party, so that the requesting party may inspect, measure, survey, photograph, test, or sample the property or any designated object or operation on it.

(b) *Procedure.*
(1) Contents of the Request. The request:
(A) must describe with reasonable particularity each item or category of items to be inspected;
(B) must specify a reasonable time, place, and manner for the inspection and for performing the related acts; and
(C) may specify the form or forms in which electronically stored information is to be produced.
(2) Responses and Objections.
(A) Time to Respond. The party to whom the request is directed must respond in writing within 30 days after being served or - if the request was delivered under Rule 26(d)(2) - within 30 days after the parties' first Rule 26(f) conference. A shorter or longer time may be stipulated to under Rule 29 or be ordered by the court.
(B) Responding to Each Item. For each item or category, the response must either state that inspection and related activities will be permitted as requested or state with specificity the grounds for objecting to the request, including the reasons. The responding party may state that it will produce copies of documents or of electronically stored information instead of permitting inspection. The production must then be completed no later than the time for inspection specified in the request or another reasonable time specified in the response.

(C) Objections. An objection must state whether any responsive materials are being withheld on the basis of that objection. An objection to part of a request must specify the part and permit inspection of the rest.
(D) Responding to a Request for Production of Electronically Stored Information. The response may state an objection to a requested form for producing electronically stored information. If the responding party objects to a requested form - or if no form was specified in the request - the party must state the form or forms it intends to use.
(E) Producing the Documents or Electronically Stored Information. Unless otherwise stipulated or ordered by the court, these procedures apply to producing documents or electronically stored information:
(i) A party must produce documents as they are kept in the usual course of business or must organize and label them to correspond to the categories in the request;
(ii) If a request does not specify a form for producing electronically stored information, a party must produce it in a form or forms in which it is ordinarily maintained or in a reasonably usable form or forms; and
(iii) A party need not produce the same electronically stored information in more than one form.

(c) *Nonparties.* As provided in Rule 45, a nonparty may be compelled to produce documents and tangible things or to permit an inspection.

Rule 37. Failure to Make Disclosures or to Cooperate in Discovery; Sanctions

(a) *Motion for an Order Compelling Disclosure or Discovery.*
(1) In General. On notice to other parties and all affected persons, a party may move for an order compelling disclosure or discovery. The motion must include a certification that the movant has in good faith conferred or attempted to confer with the person or party failing to make disclosure or discovery in an effort to obtain it without court action.
(2) Appropriate Court. A motion for an order to a party must be made in the court where the action is pending. A motion for an order to a nonparty must be made in the court where the discovery is or will be taken.
(3) Specific Motions.
(A) To Compel Disclosure. If a party fails to make a disclosure required by Rule 26(a), any other party may move to compel disclosure and for appropriate sanctions.
(B) To Compel a Discovery Response. A party seeking discovery may move for an order compelling an answer, designation, production, or inspection. This motion may be made if:
(i) a deponent fails to answer a question asked under Rule 30 or 31;
(ii) a corporation or other entity fails to make a designation under Rule 30(b)(6) or 31(a)(4);
(iii) a party fails to answer an interrogatory submitted under Rule 33; or
(iv) a party fails to produce documents or fails to respond that inspection will be permitted - or fails to permit inspection - as requested under Rule 34.
(C) Related to a Deposition. When taking an oral deposition, the party asking a question may complete or adjourn the examination before moving for an order.

(4) Evasive or Incomplete Disclosure, Answer, or Response. For purposes of this subdivision (a), an evasive or incomplete disclosure, answer, or response must be treated as a failure to disclose, answer, or respond.
(5) Payment of Expenses; Protective Orders.
(A) If the Motion Is Granted (or Disclosure or Discovery Is Provided After Filing). If the motion is granted - or if the disclosure or requested discovery is provided after the motion was filed - the court must, after giving an opportunity to be heard, require the party or deponent whose conduct necessitated the motion, the party or attorney advising that conduct, or both to pay the movant's reasonable expenses incurred in making the motion, including attorney's fees. But the court must not order this payment if:
(i) the movant filed the motion before attempting in good faith to obtain the disclosure or discovery without court action;
(ii) the opposing party's nondisclosure, response, or objection was substantially justified; or
(iii) other circumstances make an award of expenses unjust.
(B) If the Motion Is Denied. If the motion is denied, the court may issue any protective order authorized under Rule 26(c) and must, after giving an opportunity to be heard, require the movant, the attorney filing the motion, or both to pay the party or deponent who opposed the motion its reasonable expenses incurred in opposing the motion, including attorney's fees. But the court must not order this payment if the motion was substantially justified or other circumstances make an award of expenses unjust.
(C) If the Motion Is Granted in Part and Denied in Part. If the motion is granted in part and denied in part, the court may issue any protective order authorized under Rule 26(c) and may, after giving an opportunity to be heard, apportion the reasonable expenses for the motion.

(b) *Failure to Comply with a Court Order.*
(1) Sanctions Sought in the District Where the Deposition Is Taken. If the court where the discovery is taken orders a deponent to be sworn or to answer a question and the deponent fails to obey, the failure may be treated as contempt of court. If a deposition-related motion is transferred to the court where the action is pending, and that court orders a deponent to be sworn or to answer a question and the deponent fails to obey, the failure may be treated as contempt of either the court where the discovery is taken or the court where the action is pending.
(2) Sanctions Sought in the District Where the Action Is Pending.
(A) For Not Obeying a Discovery Order. If a party or a party's officer, director, or managing agent -or a witness designated under Rule 30(b)(6) or 31(a)(4) - fails to obey an order to provide or permit discovery, including an order under Rule 26(f), 35, or 37(a), the court where the action is pending may issue further just orders. They may include the following:
(i) directing that the matters embraced in the order or other designated facts be taken as established for purposes of the action, as the prevailing party claims;
(ii) prohibiting the disobedient party from supporting or opposing designated claims or defenses, or from introducing designated matters in evidence;
(iii) striking pleadings in whole or in part;
(iv) staying further proceedings until the order is obeyed;
(v) dismissing the action or proceeding in whole or in part;
(vi) rendering a default judgment against the disobedient party; or

(vii) treating as contempt of court the failure to obey any order except an order to submit to a physical or mental examination.
(B) For Not Producing a Person for Examination. If a party fails to comply with an order under Rule 35(a) requiring it to produce another person for examination, the court may issue any of the orders listed in Rule 37(b)(2)(A)(i) - (vi), unless the disobedient party shows that it cannot produce the other person.
(C) Payment of Expenses. Instead of or in addition to the orders above, the court must order the disobedient party, the attorney advising that party, or both to pay the reasonable expenses, including attorney's fees, caused by the failure, unless the failure was substantially justified or other circumstances make an award of expenses unjust.

(c) *Failure to Disclose, to Supplement an Earlier Response, or to Admit.*
(1) Failure to Disclose or Supplement. If a party fails to provide information or identify a witness as required by Rule 26(a) or (e), the party is not allowed to use that information or witness to supply evidence on a motion, at a hearing, or at a trial, unless the failure was substantially justified or is harmless. In addition to or instead of this sanction, the court, on motion and after giving an opportunity to be heard:
(A) may order payment of the reasonable expenses, including attorney's fees, caused by the failure;
(B) may inform the jury of the party's failure; and
(C) may impose other appropriate sanctions, including any of the orders listed in Rule 37(b)(2)(A)(i) - (vi).
(2) Failure to Admit. If a party fails to admit what is requested under Rule 36 and if the requesting party later proves a document to be genuine or the matter true, the requesting party may move that the party who failed to admit pay the reasonable expenses, including attorney's fees, incurred in making that proof. The court must so order unless:
(A) the request was held objectionable under Rule 36(a);
(B) the admission sought was of no substantial importance;
(C) the party failing to admit had a reasonable ground to believe that it might prevail on the matter; or
(D) there was other good reason for the failure to admit.

(d) *Party's Failure to Attend Its Own Deposition, Serve Answers to Interrogatories, or Respond to a Request for Inspection.*
(1) In General.
(A) Motion; Grounds for Sanctions. The court where the action is pending may, on motion, order sanctions if:
(i) a party or a party's officer, director, or managing agent - or a person designated under Rule 30(b)(6) or 31(a)(4) - fails, after being served with proper notice, to appear for that person's deposition; or
(ii) a party, after being properly served with interrogatories under Rule 33 or a request for inspection under Rule 34, fails to serve its answers, objections, or written response.
(B) Certification. A motion for sanctions for failing to answer or respond must include a certification that the movant has in good faith conferred or attempted to confer with the party failing to act in an effort to obtain the answer or response without court action.

(2) Unacceptable Excuse for Failing to Act. A failure described in Rule 37(d)(1)(A) is not excused on the ground that the discovery sought was objectionable, unless the party failing to act has a pending motion for a protective order under Rule 26(c).
(3) Types of Sanctions. Sanctions may include any of the orders listed in Rule 37(b)(2)(A)(i) - (vi). Instead of or in addition to these sanctions, the court must require the party failing to act, the attorney advising that party, or both to pay the reasonable expenses, including attorney's fees, caused by the failure, unless the failure was substantially justified or other circumstances make an award of expenses unjust.

(e) *Failure to Preserve Electronically Stored Information.* If electronically stored information that should have been preserved in the anticipation or conduct of litigation is lost because a party failed to take reasonable steps to preserve it, and it cannot be restored or replaced through additional discovery, the court:
(1) upon finding prejudice to another party from loss of the information, may order measures no greater than necessary to cure the prejudice; or
(2) only upon finding that the party acted with the intent to deprive another party of the information's use in the litigation may:
(A) presume that the lost information was unfavorable to the party;
(B) instruct the jury that it may or must presume the information was unfavorable to the party; or
(C) dismiss the action or enter a default judgment.

(f) *Failure to Participate in Framing a Discovery Plan.* If a party or its attorney fails to participate in good faith in developing and submitting a proposed discovery plan as required by Rule 26(f), the court may, after giving an opportunity to be heard, require that party or attorney to pay to any other party the reasonable expenses, including attorney's fees, caused by the failure.

Rule 45. Subpoena

(a) *In General.*
(1) Form and Contents.
(A) Requirements - In General. Every subpoena must:
(i) state the court from which it issued;
(ii) state the title of the action, the court in which it is pending, and its civil-action number;
(iii) command each person to whom it is directed to do the following at a specified time and place: attend and testify; produce designated documents, electronically stored information, or tangible things in that person's possession, custody, or control; or permit the inspection of premises; and
(iv) set out the text of Rule 45(c) and (d).
(B) Command to Attend a Deposition - Notice of the Recording Method. A subpoena commanding attendance at a deposition must state the method for recording the testimony.
(C) Combining or Separating a Command to Produce or to Permit Inspection; Specifying the Form for Electronically Stored Information. A command to produce documents, electronically stored information, or tangible things or to permit the inspection of premises may be included

in a subpoena commanding attendance at a deposition, hearing, or trial, or may be set out in a separate subpoena. A subpoena may specify the form or forms in which electronically stored information is to be produced.

(D) Command to Produce; Included Obligations. A command in a subpoena to produce documents, electronically stored information, or tangible things requires the responding party to permit inspection, copying, testing, or sampling of the materials.

(2) Issued from Which Court. A subpoena must issue as follows:

(A) for attendance at a hearing or trial, from the court for the district where the hearing or trial is to be held;

(B) for attendance at a deposition, from the court for the district where the deposition is to be taken; and

(C) for production or inspection, if separate from a subpoena commanding a person's attendance, from the court for the district where the production or inspection is to be made.

(3) Issued by Whom. The clerk must issue a subpoena, signed but otherwise in blank, to a party who requests it. That party must complete it before service. An attorney also may issue and sign a subpoena as an officer of:

(A) a court in which the attorney is authorized to practice; or

(B) a court for a district where a deposition is to be taken or production is to be made, if the attorney is authorized to practice in the court where the action is pending.

(b) *Service.*

(1) By Whom; Tendering Fees; Serving a Copy of Certain Subpoenas. Any person who is at least 18 years old and not a party may serve a subpoena. Serving a subpoena requires delivering a copy to the named person and, if the subpoena requires that person's attendance, tendering the fees for 1 day's attendance and the mileage allowed by law. Fees and mileage need not be tendered when the subpoena issues on behalf of the United States or any of its officers or agencies. If the subpoena commands the production of documents, electronically stored information, or tangible things or the inspection of premises before trial, then before it is served, a notice must be served on each party.

(2) Service in the United States. Subject to Rule 45(c)(3)(A)(ii), a subpoena may be served at any place:

(A) within the district of the issuing court;

(B) outside that district but within 100 miles of the place specified for the deposition, hearing, trial, production, or inspection;

(C) within the state of the issuing court if a state statute or court rule allows service at that place of a subpoena issued by a state court of general jurisdiction sitting in the place specified for the deposition, hearing, trial, production, or inspection; or

(D) that the court authorizes on motion and for good cause, if a federal statute so provides.

(3) Service in a Foreign Country. 28 U.S.C. §1783 governs issuing and serving a subpoena directed to a United States national or resident who is in a foreign country.

(4) Proof of Service. Proving service, when necessary, requires filing with the issuing court a statement showing the date and manner of service and the names of the persons served. The statement must be certified by the server.

(c) *Protecting a Person Subject to a Subpoena.*
(1) Avoiding Undue Burden or Expense; Sanctions. A party or attorney responsible for issuing and serving a subpoena must take reasonable steps to avoid imposing undue burden or expense on a person subject to the subpoena. The issuing court must enforce this duty and impose an appropriate sanction - which may include lost earnings and reasonable attorney's fees - on a party or attorney who fails to comply.
(2) Command to Produce Materials or Permit Inspection.
(A) Appearance Not Required. A person commanded to produce documents, electronically stored information, or tangible things, or to permit the inspection of premises, need not appear in person at the place of production or inspection unless also commanded to appear for a deposition, hearing, or trial.
(B) Objections. A person commanded to produce documents or tangible things or to permit inspection may serve on the party or attorney designated in the subpoena a written objection to inspecting, copying, testing or sampling any or all of the materials or to inspecting the premises - or to producing electronically stored information in the form or forms requested. The objection must be served before the earlier of the time specified for compliance or 14 days after the subpoena is served. If an objection is made, the following rules apply:
(i) At any time, on notice to the commanded person, the serving party may move the issuing court for an order compelling production or inspection.
(ii) These acts may be required only as directed in the order, and the order must protect a person who is neither a party nor a party's officer from significant expense resulting from compliance.
(3) Quashing or Modifying a Subpoena.
(A) When Required. On timely motion, the issuing court must quash or modify a subpoena that:
(i) fails to allow a reasonable time to comply;
(ii) requires a person who is neither a party nor a party's officer to travel more than 100 miles from where that person resides, is employed, or regularly transacts business in person - except that, subject to Rule 45(c)(3)(B)(iii), the person may be commanded to attend a trial by traveling from any such place within the state where the trial is held;
(iii) requires disclosure of privileged or other protected matter, if no exception or waiver applies; or
(iv) subjects a person to undue burden.
(B) When Permitted. To protect a person subject to or affected by a subpoena, the issuing court may, on motion, quash or modify the subpoena if it requires:
(i) disclosing a trade secret or other confidential research, development, or commercial information;
(ii) disclosing an unretained expert's opinion or information that does not describe specific occurrences in dispute and results from the expert's study that was not requested by a party; or
(iii) a person who is neither a party nor a party's officer to incur substantial expense to travel more than 100 miles to attend trial.
(C) Specifying Conditions as an Alternative. In the circumstances described in Rule 45(c)(3)(B), the court may, instead of quashing or modifying a subpoena, order appearance or production under specified conditions if the serving party:

(i) shows a substantial need for the testimony or material that cannot be otherwise met without undue hardship; and
(ii) ensures that the subpoenaed person will be reasonably compensated.

(d) *Duties in Responding to a Subpoena.*
(1) Producing Documents or Electronically Stored Information. These procedures apply to producing documents or electronically stored information:
(A) Documents. A person responding to a subpoena to produce documents must produce them as they are kept in the ordinary course of business or must organize and label them to correspond to the categories in the demand.
(B) Form for Producing Electronically Stored Information Not Specified. If a subpoena does not specify a form for producing electronically stored information, the person responding must produce it in a form or forms in which it is ordinarily maintained or in a reasonably usable form or forms.
(C) Electronically Stored Information Produced in Only One Form. The person responding need not produce the same electronically stored information in more than one form.
(D) Inaccessible Electronically Stored Information. The person responding need not provide discovery of electronically stored information from sources that the person identifies as not reasonably accessible because of undue burden or cost. On motion to compel discovery or for a protective order, the person responding must show that the information is not reasonably accessible because of undue burden or cost. If that showing is made, the court may nonetheless order discovery from such sources if the requesting party shows good cause, considering the limitations of Rule 26(b)(2)(C). The court may specify conditions for the discovery.
(2) Claiming Privilege or Protection.
(A) Information Withheld. A person withholding subpoenaed information under a claim that it is privileged or subject to protection as trial-preparation material must:
(i) expressly make the claim; and
(ii) describe the nature of the withheld documents, communications, or tangible things in a manner that, without revealing information itself privileged or protected, will enable the parties to assess the claim.
(B) Information Produced. If information produced in response to a subpoena is subject to a claim of privilege or of protection as trial-preparation material, the person making the claim may notify any party that received the information of the claim and the basis for it. After being notified, a party must promptly return, sequester, or destroy the specified information and any copies it has; must not use or disclose the information until the claim is resolved; must take reasonable steps to retrieve the information if the party disclosed it before being notified; and may promptly present the information to the court under seal for a determination of the claim. The person who produced the information must preserve the information until the claim is resolved.

(e) *Contempt.* The issuing court may hold in contempt a person who, having been served, fails without adequate excuse to obey the subpoena. A nonparty's failure to obey must be excused if the subpoena purports to require the nonparty to attend or produce at a place outside the limits of Rule 45(c)(3)(A)(ii).

B. Auszug aus dem Restatement Second of Foreign Relations Law

§ 40 Limitations On Exercise Of Enforcement Jurisdiction

Where two states have jurisdiction to prescribe and enforce rules of law and the rules they may prescribe require inconsistent conduct upon the part of a person, each state is required by international law to consider, in good faith, moderating the exercise of its enforcement jurisdiction, in the light of such factors as
(a) vital national interests of each of the states,
(b) the extent and the nature of the hardship that inconsistent enforcement actions would impose upon the person,
(c) the extent to which the required conduct is to take place in the territory of the other state,
(d) the nationality of the person, and
(e) the extent to which enforcement by action of either state can reasonably be expected to achieve compliance with the rule prescribed by that state.

§ 139 Privileged Communications

(1) Evidence that is not privileged under the local law of the state which has the most significant relationship with the communication will be admitted, even though it would be privileged under the local law of the forum, unless the admission of such evidence would be contrary to the strong public policy of the forum.

(2) Evidence that is privileged under the local law of the state which has the most significant relationship with the communication but which is not privileged under the local law of the forum will be admitted unless there is some special reason why the forum policy favoring admission should not be given effect.

C. Auszug aus dem Restatement Third of Foreign Relations Law

§ 442 Requests For Disclosure: Law Of The United States

(1) (a) A court or agency in the United States, when authorized by statute or rule of court, may order a person subject to its jurisdiction to produce documents, objects, or other information relevant to an action or investigation, even if the information or the person in possession of the information is outside the United States.

(b) Failure to comply with an order to produce information may subject the person to whom the order is directed to sanctions, including finding of contempt, dismissal of a claim or defense, or default judgment, or may lead to a determination that the facts to which the order was addressed are as asserted by the opposing party.

(c) In deciding whether to issue an order directing production of information located abroad, and in framing such an order, a court or agency in the United States should take into account the importance to the investigation or litigation of the documents or other information requested; the degree of specificity of the request; whether the information originated in the United States; the availability of alternative means of securing the information; and the extent to which noncompliance with the request would undermine important interests of the United States, or compliance with the request would undermine important interests of the state where the information is located.

(2) If disclosure of information located outside the United States is prohibited by a law, regulation, or order of a court or other authority of the state in which the information or prospective witness is located, or of the state of which a prospective witness is a national,

(a) a court or agency in the United States may require the person to whom the order is directed to make a good faith effort to secure permission from the foreign authorities to make the information available;

(b) a court or agency should not ordinarily impose sanctions of contempt, dismissal, or default on a party that has failed to comply with the order for production, except in cases of deliberate concealment or removal of information or of failure to make a good faith effort in accordance with paragraph (a);

(c) a court or agency may, in appropriate cases, make findings of fact adverse to a party that has failed to comply with the order for production, even if that party has made a good faith effort to secure permission from the foreign authorities to make the information available and that effort has been unsuccessful.

Literaturverzeichnis

Abel, Ralf B. (Hrsg.): Datenschutz in Anwaltschaft, Notariat und Justiz, München 2003 (zitiert: Bearbeiter in Abel, Datenschutz in Anwaltschaft, Notariat und Justiz).

Abele, Jon R.: Emotional Distress: Proving Damages, Tucson, AZ 2003 (zitiert: Abele, Emotional Distress).

Allman, Thomas Y.: Inadvertent Spoliation of ESI after the 2006 Amendments: The Impact of Rule 37(e), 2009 Fed. Cts. L. Rev. 2 - 37 (2009).

Bareiß, Andreas: Pflichtenkollisionen im transnationalen Beweisverkehr (Diss.), Tübingen 2014 (zitiert: Bareiß, Pflichtenkollisionen).

Beckhaus, Gerrit M.: Die Bewältigung von Informationsdefiziten bei der Sachverhaltsaufklärung (Diss.), Tübingen 2010 (zitiert: Beckhaus, Die Bewältigung von Informationsdefiziten).

Beckmann, Ralph: Das Haager Beweisübereinkommen und seine Bedeutung für die Pre-Trial-Discovery, IPRax 1990, 201 - 205.

Berman, Seth: Cross-border Challenges for e-Discovery, 11 Bus. L. Int'l 123 - 131 (2010).

Bergmann, Lutz/ *Möhrle*, Roland/ *Herb*, Armin: Datenschutzrecht, Kommentar zum Bundesdatenschutzgesetz, den Datenschutzgesetzen der Länder und Kirchen sowie zum bereichsspezifischen Datenschutz, Stuttgart, Stand: 49. Ergänzungslieferung, Juli 2015 (zitiert: Bergmann/Möhrle/Herb, BDSG).

Bertele, Joachim: Souveränität und Verfahrensrecht (Diss.), Tübingen 1998.

Bodenhausen, Eckard von: U.S. Discovery and Data Protection Laws in Europe, DAJV Newsletter 1/2012, 14 - 17.

Bodenschatz, Nadine: Der europäische Datenschutzstandard (Diss.), Frankfurt am Main 2010.

Blanchard, Charles P.: When Discovery in the U.S. Collides with Foreign Privacy Laws, For The Defense, No. 1, 2013, 12 - 15.

Blaner, Kathleen L.: The Emperor has no Clothes: How Courts Deny Protection for Confidential Information, 70 Def. Couns. J. 12 - 21 (2003).

Brandeis, Louis D.: What Publicity Can Do, Harper's Weekly, 20. Dezember 1913, S. 10 - 13.

Branigan, Thomas P./ *Gentile*, David J.: Foreign Privacy Laws in US Courts, For The Defense, No. 3, 2008, 62 - 65.

Brazil, Wayne D.: The Adversary Character of Civil Discovery: A Critique and Proposals for Change, 31 Vand. L. Rev. 1295 - 1361 (1978).

Breyer, Michael: Kostenorientierte Steuerung des Zivilprozesses (Diss.), Tübingen 2006.

Brink, Stefan/ *Schmidt*, Stephan: Die rechtliche (Un-)Zulässigkeit von Mitarbeiterscreenings - Vom schmalen Pfad der Legalität, MMR 2010, 592 - 596.

Brisch, Klaus M./ *Laue*, Philip: E-Discovery und Datenschutz, RDV 2010, 1 - 7.

Brugger, Winfried: Demokratie, Freiheit, Gleichheit: Studien zum Verfassungsrecht der USA, Berlin 2002 (zitiert: Brugger, Demokratie, Freiheit, Gleichheit).

ders.: Neuere Rechtsprechung des U. S. Supreme Court, JZ 2008, 773 - 784.

Buchner, Benedikt: Kläger- und Beklagtenschutz im Recht der internationalen Zuständigkeit (Diss.), Tübingen 1998.

ders.: Informationelle Selbstbestimmung im Privatrecht (Habil.), Tübingen 2006 (zitiert: Buchner, Informationelle Selbstbestimmung).

Bull, Hans Peter: Neue Bewegung im Datenschutz - Missbrauchsbekämpfung oder Ausbau bereichsspezifischer Regelungen?, ZRP 2008, 233 - 236.

Büllesbach, Alfred (Hrsg.): Datenverkehr ohne Datenschutz?, Köln 1999 (zitiert: Verfasser in Büllesbach, Datenverkehr ohne Datenschutz?).

Büllesbach, Alfred/ *Höss-Löw*, Petra: Vertragslösung, Safe Harbor oder Privacy Code of Conduct, DuD 2001, 135 - 138.

Buxbaum, Hannah L.: The Private Attorney General in a Global Age: Public Interests in Private International Antitrust Litigation, 26 Yale J. Int'l L. 219 - 263 (2001).

Calliess, Christian/ *Ruffert*, Matthias (Hrsg.): EUV/AEUV, 4. Auflage, München 2011 (zitiert: Bearbeiter in Calliess/Ruffert, EUV/AEUV).

Campbell, Richard P.: The Protective Order in Products Liability Litigation: Safeguard or Misomer?, 31 B.C.L. Rev. 771 - 836 (1990).

Caylor, Marissa L. P.: Modernizing the Hague Evidence Convention: A Proposed Solution to Cross-Border Discovery Conflicts during Civil and Commercial Litigation, 28 B.U. Int'l L.J. 341 - 387 (2010).

Chalmers, James: The Hague Evidence Convention and Discovery Inter Partes: Trial Court Decisions Post-Aerospatiale, 8 Tul. J. Int'l & Comp. L. 189 - 214 (2000).

Chlapowski, Francis S.: The Constitutional Protection of Information Privacy, 71 B.U.L. Rev. 133 - 160 (1991).

Cloud, Morgan: The 2000 Amendments to the Federal Discovery Rules and the Future of Adversarial Pretrial Litigation, 74 Temp. L. Rev. 27 - 57 (2001).

Cohan, Keith Y.: Note: The Need for a Refined Balancing Approach when American Discovery Orders Demand the Violation of Foreign Law, 87 Tex. L. Rev. 1009 - 1044 (2009).

Cooper, Jordana: Beyond Judicial Discretion: Toward a Rights-Based Theory of Civil Discovery and Protective Orders, 36 Rutgers L. J. 775 - 820 (2005).

Dammann, Ulrich/ *Simitis*, Spiros: EG-Datenschutzrichtlinie, Baden-Baden 1997 (zitiert: Dammann/Simitis, DSRL).

Danna, Sasha K.: The Impact of Electronic Discovery on Privilege and the Applicability of the Electronic Communications Privacy Act, 38 Loy. L.A. L. Rev. 1683 - 1743 (2005).

Däubler, Wolfgang/ *Klebe*, Thomas/ *Wedde*, Dieter/ *Weichert*, Thilo (Hrsg.): Bundesdatenschutzgesetz, 3. Auflage, Frankfurt am Main 2010 (zitiert: Bearbeiter in Däubler/Klebe/Wedde/Wiechert, BDSG).

Däubler, Wolfgang: Grenzüberschreitender Datenschutz - Handlungsmöglichkeiten des Betriebsrats, RDV 1998, 96 - 102.

Dauster, Manfred/ *Braun*, Franz: Verwendung fremder Daten im Zivilprozess und zivilprozessuale Beweisverbote, NJW 2000, 313 - 319.

DeFilippis, Andrew J.: Securing Informationships: Recognizing a Right to Privacy in Fourth Amendment Jurisprudence, 115 Yale L. J. 1086 - 1121 (2006).

Deutlmoser, Ralf/ *Filip*, Alexander: Europäischer Datenschutz und US-amerikanische (e-) Discovery-Pflichten, ZD-Beilage 6/2012, 1 - 23.

Dietz, Theresa: Die Grand Jury im amerikanischen Strafprozessrecht, German American Law Journal vom 30. September 2010, abrufbar unter: http://www.amrecht.com/dietz-grand-jury-usa-2010.shtml.

Doré, Laurie: Secrecy by Consent: The Use and Limits of Confidentiality in the Pursuit of Settlement, 74 Notre Dame L. Rev. 283 - 402 (1999).

Ehmann, Eugen: „Vertragslösungen" auf der Basis der EG-Datenschutzrichtlinie?, CR 1991, 234 - 236.

Eichholtz, Stephanie: Die US-amerikanische Class Action und ihre deutschen Funktionsäquivalente (Diss.), Tübingen 2002 (zitiert: Eichholtz, Die US-amerikanische Class Action).

Ellger, Reinhard: Vertragslösungen als Ersatz für ein angemessenes Schutzniveau bei Datenübermittlungen in Drittstaaten nach dem neuen Europäischen Datenschutzrecht,

RabelsZ 60 (1996), 738 - 770.

ders.: Datenschutz und europäischer Binnenmarkt (Teil 2), RDV 1991, 121 - 135.

Ellger, Reinhard/ *Geis*, Ivo: Tagungsbericht, Datenübermittlungen in Staaten außerhalb der Europäischen Union, CR 1996, 574 - 577.

Engel, Alexandra: Reichweite und Umsetzung des Datenschutzes gemäß der Richtlinie 95/46/EG für aus der Europäischen Union in Drittländer exportierte Daten am Beispiel der USA (Diss.), Berlin 2003 (zitiert: Engel, Richtlinie 95/46/EG).

Erbs, Georg/ *Kohlhaas*, Max/ *Ambs*, Friedrich (Hrsg.): Strafrechtliche Nebengesetze, 204. Ergänzungslieferung, München 2015 (zitiert: Bearbeiter in Erbs/Kohlhaas, Strafrechtliche Nebengesetze).

Eul, Harald/ *Eul*, Petra: Datenschutz International, Frechen 2011.

Fink, Simon: Datenschutz zwischen Staat und Markt, Die „Safe Harbor"-Lösung als Ergebnis einer strategischen Interaktion zwischen der EU, den USA und der IT-Industrie (Mag.), Konstanz 2002 (zitiert: Fink, Datenschutz zwischen Staat und Markt).

Flägel, Peter/ *Georg*, Jasper von: E-Discovery nach US-Zivilverfahrensrecht und deutsches Datenschutzrecht, RIW 2013, 439 - 443.

Frankel, Marvin E.: The Search for Truth: An Umpireal View, 123 U. Pa. L. Rev. 1031 - 1058 (1975).

Freeman, Rod/ *Duchesne*, Cecile/ *Polly*, Sebastian: Kampf der Kulturen: Europäischer Datenschutz vs. außereuropäische Auskunftsansprüche, PHI 2012, 22 - 25.

Freer, Richard D.: Introduction to Civil Procedure, 3. Auflage, New York 2012.

Friedenthal, Jack H.: Secrecy in Civil Litigation: Discovery and Party Agreements, 9 J. L. & Pol'y 67 - 99 (2000).

Friedenthal, Jack H./ *Kane*, Mary Kay/ *Miller*, Arthur: Civil Procedure, 4. Auflage, St. Paul, MN 2005.

Friedman, Brad N.: Mass Products Liability Litigation: A Proposal for Dissemination of Discovered Material Covered by a Protective Order, 60 N.Y.U.L. Rev. 1137 - 1161 (1985).

Friederich, Brian: Comment: Reinforcing the Hague Convention on Taking Evidence Abroad After Blocking Statutes, Data Privacy Directives, and Aerospatiale, 12 San Diego Int'l L.J. 263 - 298 (2010).

Fröhlich, Anita: Sind Privatpersonen an die Menschenrechte gebunden? Vergleich der Verfassungsrechtsprechung in Deutschland, USA und Kolumbien zur Grundrechtseinwirkung im Privatrecht, Beiträge Nürnberger Menschenrechtszentrum, 2005 (zitiert: Fröhlich in Beiträge Nürnberger Menschenrechtszentrum) abrufbar unter: http://www.menschenrechte.org/lang/de/verstehen/privatpersonen-menschenrechte.

Forster, Oliver/ *Almughrabi*, Osama: Managing the Conflict Between U.S. E-Discovery and the German Data Protection Act, 36 Hastings Int'l & Comp. L. Rev. 111 - 143 (2013).

Froomkin, Michael: The Death of Privacy?, 52 Stan. L. Rev. 1461 - 1543 (2000).

Geiger, Andreas: Die Einwilligung in die Verarbeitung von persönlichen Daten als Ausübung des Rechts auf informationelle Selbstbestimmung, NVwZ 1989, 35 - 38.

Genz, Alexander: Datenschutz in Europa und den USA (Diss.), Wiesbaden 2004.

Gerber, David J.: Extraterritorial Discovery and the Conflict of Procedural Systems: Germany and the United States, 34 Am. J. Comp. L. 745 - 788 (1986).

ders.: International Discovery after Aérospatiale: The Quest for an Analytic Framework, 82 Am. J. Int'l L. 521 - 555 (1988).

Geschonneck, Alexander/ *Meyer*, Jörg/ *Scheben*, Barbara: Anonymisierung im Rahmen der forensischen Datenanalyse, BB 2011, 2677 - 2680.

Giegerich, Thomas: Privatwirkung der Grundrechte in den USA: die State Action Doctrine des US Supreme Court und die Bürgerrechtsgesetzgebung des Bundes (Diss.), Berlin 1992 (zitiert: Giegerich: Privatwirkung der Grundrechte in den USA).

Gola, Peter: Die Datenschutzgesetze der Bundesländer - ein Überblick, MDR 1980, 181 - 184.

Gola, Peter/ *Klug*, Christoph/ *Körffer*, Barbara/ *Schomerus*, Rudolf: BDSG Bundesdatenschutzgesetz, Kommentar, 12. Auflage, München 2015 (zitiert: Gola/Schomerus, BDSG).

Goldstein, Andrew D.: Sealing and Revealing: Rethinking the Rules Governing Public Access to Information Generated Through Litigation, 81 Chi.-Kent. L. Rev. 375 - 437 (2006).

Göpfert, Burkard: How To Survive: Eine Deposition als German Law Expert, in Bachmann, Birgit u. a. (Hrsg.), Grenzüberschreitungen: Beiträge zum Internationalen Verfahrensrecht und zur Schiedsgerichtsbarkeit, Festschrift für Peter Schlosser zum 70. Geburtstag, Tübingen 2005, S. 215 - 225 (zitiert: Göpfert in FS Schlosser).

Göpfert, Burkard/ *Meyer*, Stephan T.: Datenschutz bei Unternehmenskauf: Due Diligence und Betriebsübergang, NZA 2011, 486 - 493.

Grabitz, Eberhard (Begr.)/ *Hilf*, Meinhard/ *Nettesheim*, Martin (Hrsg.): Das Recht der Europäischen Union, Band 4, Sekundärrecht, 40. Ergänzungslieferung, München

2009 (zitiert: Bearbeiter in Grabitz/Hilf/Nettesheim, Das Recht der Europäischen Union).

Grenig, Jay E.: Stipulations Regarding Discovery Procedure, 21 Am. J. Trial Advoc. 547 - 564 (1998).

Grenig, Jay E./ *Kinsler*, Jeffrey S.: Handbook of Federal Civil Discovery and Disclosure, 2. Auflage, Eagan 2002.

Habscheid, Walther J. (Hrsg.): Der Justizkonflikt mit den Vereinigten Staaten von Amerika, Bielefeld 1986.

ders.: Das Recht auf Beweis, ZZP 96 (1983), 306 - 334.

Hanloser, Stefan: e-discovery - Datenschutzrechtliche Probleme und Lösungen, DuD 2008, 785 - 789.

Hartmann, Matthias H. (Hrsg.): Internationale E-Discovery und Information Governance, Berlin 2011 (zitiert: Bearbeiter in Hartmann, Internationale E-Discovery).

Hausmaninger, Herbert/ *Selb*, Walter: Römisches Privatrecht, 9. Auflage, Wien 2001.

Hazard, Geoffrey C./ *Tait*, Colin C./ *Fletcher*, William A./ *Bundy*, Stephen McG.: Pleading and Procedure, 9. Auflage, New York 2005.

Henssler, Martin: Grundlagen des US-amerikanischen Berufsrechts der Rechtsanwälte, AnwBl 10/2002, 557 - 566.

Hess, Andreas: American Social and Political Thought: A Concise Introduction, Edinburgh 2000 (zitiert: Hess, American Social and Political Thought).

Hess, Burkhard: Aktuelle Brennpunkte des transatlantischen Justizkonflikts, AG 2005, 897 - 906.

Hoenig, Michael: Privacy Interests and Confidentiality Orders, N.Y.L.J. vom 10. Dezember 2007.

Hoofnagle, Chris: Comparative Study on different approaches to new privacy challenges in particular in the light of technological developments, United States of America, 2010, abrufbar unter: http://ec.europa.eu/justice/policies/privacy/docs/studies/new_privacy_challenges/final_report_country_report_B1_usa.pdf (zitiert: Hoofnagle, Comparative Study on different approaches to new privacy challenges, USA).

Hören, Thomas/ *Sieber*, Ulrich/ *Holznagel*, Bernd (Hrsg.): Handbuch Multimedia-Recht, 42. Ergänzungslieferung, München 2015 (zitiert: Bearbeiter in Hören/Sieber/Holznagel, Multimedia-Recht).

Hornung, Gerrit: Eine Datenschutz-Grundverordnung für Europa?, ZD 3/2012, 99 - 106.

Hotchkiss, Anita/ *Fleming*, Diane M.: Protecting and Enforcing Protective Orders: Easier said than done, 71 Def. Couns. J. 161 - 171 (2004).

Huber, Stefan: Entwicklung transnationaler Modellregeln für Zivilverfahren: am Beispiel der Dokumentenvorlage (Diss.), Tübingen 2008 (zitiert: Huber, Transnationale Modellregeln).

Hughes, Heather L.: HIPAA & HITECH and the Discovery Process, US Legal Support 2011, abrufbar unter: http://www.uslegalsupport.com/wp-content/uploads/HIPAA-Paper-2011.pdf.

Isensee, Josef/ *Kirchhof*, Paul (Hrsg.): Handbuch des Staatsrechts, Band I, Historische Grundlagen, 3. Auflage, Heidelberg 2003 (zitiert: Bearbeiter in Isensee/Kirchhof, Handbuch des Staatsrechts, Band I).

dies.: Handbuch des Staatsrechts, Band IX, Allgemeine Grundrechtslehren, 3. Auflage, Heidelberg 2011 (zitiert: Bearbeiter in Isensee/Kirchhof, Handbuch des Staatsrechts, Band IX).

Jaeckel, Fritz: Die Reichweite der lex fori im internationalen Zivilprozessrecht, Berlin 1995 (zitiert: Jaeckel, Die Reichweite der lex fori).

Jäger, Wolfgang/ *Haas*, Christoph M./ *Welz*, Wolfgang (Hrsg.): Regierungssystem der USA, 3. Auflage, München/Wien 2007 (zitiert: Bearbeiter in Jäger/Welz/Haas, Regierungssystem der USA).

Jarass, Hans D.: Charta der Grundrechte der Europäischen Union, 2. Auflage, München 2013.

Jotzo, Florian: Gilt deutsches Datenschutzrecht auch für Google, Facebook & Co. bei grenzüberschreitendem Datenverkehr?, MMR 2009, 232 - 237.

Juenger, Friedrich K.: Forum Shopping, Domestic and International, 63 Tul. L. Rev. 553 - 574 (1989).

Junker, Abbo: Discovery im deutsch-amerikanischen Rechtsverkehr (Diss.), Heidelberg 1987 (zitiert: Junker, Discovery).

ders.: Electronic Discovery gegen deutsche Unternehmen, Frankfurt am Main 2008 (zitiert: Junker, Electronic Discovery).

ders.: Der deutsch-amerikanische Rechtsverkehr in Zivilsachen - Zustellungen und Beweisaufnahmen, JZ 1989, 121 - 129.

ders.: US-amerikanische „Discovery" als Herausforderung des Internationalen Zivilprozeßrechts, in Heldrich, Andreas/ Kono, Toshiyuki (Hrsg.), Herausforderungen des Internationalen Zivilverfahrensrechts, Tübingen 1994, S. 103-118 (zitiert: Junker in Heldrich/Kono, Herausforderungen des Internationalen Zivilverfahrensrechts).

Kaser, Max/ *Hackl*, Karl: Das römische Zivilprozessrecht, 2. Auflage, München 1996.

Kersting, Mark Oliver: Der Schutz des Wirtschaftsgeheimnisses im Zivilprozess (Diss.), Bielefeld 1995 (zitiert: Kersting, Wirtschaftsgeheimnis).

Klein, Benjamin L.: Trust, Respect, and Cooperation May Keep Us Out of Jail: A Practical Guide to Navigating the European Union Privacy Directive's Restrictions on American Discovery Procedure, 25 Geo. J. Legal Ethics 623 - 644 (2012).

Klein, Eckart: Grundrechtliche Schutzpflicht des Staates, NJW 1989, 1633 - 1640.

Knapp, Kristen A.: Enforcement of U.S. Electronic Discovery Law against Foreign Companies: Should U.S. Courts Give Effect to the EU Data Protection Directive, 10 Rich. J. Global L. & Bus. 111 - 133 (2010).

Knöpfel, Oliver: Kommentar zu AccessData Corp. v. ALSTE Technologies GmbH, RIW 2010, 403 - 407.

Koch, Harald: Haager Zustellungsübereinkommen oder „Zustellungsdurchgriff" auf Muttergesellschaften?, IPRax 1989, 313 - 314.

Kock, Martin/ *Francke*, Julia: Mitarbeiterkontrolle durch systematischen Datenabgleich zur Korruptionsbekämpfung, NZA 2009, 646 - 651.

Kommers, Donald P.: Kann das deutsche Verfassungsrechtsdenken Vorbild für die Vereinigten Staaten sein?, Der Staat 37 (1998), 335 - 347.

Konrad, Sabine: Der Schutz der Vertrauenssphäre zwischen Rechtsanwalt und Mandant im Zivilprozess, NJW 2004, 710 - 713.

Korff, Douwe: EC Study on Implementation of Data protection Directive, Study Contract ETD/2001/B5-3001/A/49, Comparative Summary of National Laws, Cambridge, UK, 2002 (zitiert: Korff, EC Study on Implementation of Data Protection Directive, Comparative Summary of National Laws).

Kosseff, Jeff: The Elusive Value: Protecting Privacy During Class Action Discovery, 97 Geo. L.J. 289 - 321 (2008).

Krapfl, Claudia: Die Dokumentenvorlage im internationalen Schiedsverfahren: Ein deutsch-US-amerikanischer Vergleich (Diss.), Frankfurt am Main 2007 (zitiert: Krapfl, Dokumentenvorlage).

Kropholler, Jan: Internationales Privatrecht, 6. Auflage, Tübingen 2006.

Kutscha, Martin: Mehr Datenschutz - aber wie?, ZRP 2010, 112 - 114.

ders.: Mehr Schutz von Computerdaten durch ein neues Grundrecht?, NJW 2008, 1042 - 1044.

Kutz, Ashley A.: Rethinking the „Good Cause" Requirement: A New Federal Approach to Granting Protective Orders Under F.R.C.P. 26(c), 42 Val. U. L. Rev. 291 - 339 (2007).

Lambrich, Thomas/ *Cahlik*, Nina: Austausch von Arbeitnehmerdaten im multinationalen Konzern - Datenschutz- und betriebsverfassungsrechtliche Rahmenbedingungen, RDV 2002, 287 - 299.

Langbein, John H.: The German Advantage in Civil Procedure, 52 U. Chi. L. Rev. 823 - 866 (1985).

Lange, Dieter G./ Black, Stephen F.: Der Zivilprozess in den Vereinigten Staaten, Heidelberg 1987.

Leible, Stefan/ *Ruffert*, Matthias (Hrsg.): Völkerrecht und IPR, Jena 2006 (zitiert: Verfasser in Leible/Ruffert, Völkerrecht und IPR).

Leipold, Dieter: Lex fori, Souveränität, Discovery, Heidelberg 1989 (zitiert: Leipold, Lex fori).

Lepsius, Oliver: Verwaltungsrecht unter dem Common Law, Tübingen 1997.

Linke, Christine E.: Europäisches Internationales Verwaltungsrecht (Diss.), Frankfurt am Main 2001.

Lorenz, Stephan: Die Neuregelung der pre-trial-Discovery im US-amerikanischen Zivilprozeßrecht - Inspiration für den deutschen und europäischen Zivilprozeß?, ZZP 111 (1998), 35 - 65.

Luban, David: Settlements and the Erosion of the Public Realm, 83 Geo. L. J. 2619 - 2662 (1995).

Luch, Anika D.: Das neue „IT-Grundrecht" - Grundbedingung einer „Online-Handlungsfreiheit", MMR 2011, 75 - 79.

Lütkemeier, Sven: EU-Datenschutzrichtlinie - Umsetzung in nationales Recht, DuD 1995, 597 - 603.

Lux, Johannes/ *Glienke*, Tobias: US-Discovery versus deutsches Datenschutzrecht, RIW 2010, 603 - 607.

Main, Thomas O.: Traditional Equity and Contemporary Procedure, 78 Wash. L. Rev. 429 - 514 (2003).

Mann, Marius E.: Anwaltliche Verschwiegenheit und Corporate Governance (Diss.), Köln 2009.

Marcus, Richard L.: The Revival of Fact Pleading Under the Federal Rules of Civil Procedure, 86 Colum. L. Rev. 433 - 494 (1986).

ders.: Myth and Reality in Protective Order Litigation, 69 Cornell L. Rev. 1 - 75 (1983).

Masing, Johannes: Herausforderungen des Datenschutzes, NJW 2012, 2305 - 2311.

ders.: Abschied von den Grundrechten, Süddeutsche Zeitung, Ausgabe vom 9. Januar 2012, S. 10.

Maultzsch, Felix: Streitentscheidung und Normbildung durch den Zivilprozess (Habil.), Tübingen 2010.

Maunz, Theodor/ *Dürig*, Günter (Begr.): Grundgesetz, Kommentar, 75. Ergänzungslieferung, München 2015 (zitiert: Bearbeiter in Maunz/Dürig, GG).

Meyer, Jürgen (Hrsg.): Charta der Grundrechte der Europäischen Union, 4. Auflage, Baden-Baden 2014 (zitiert: Bearbeiter in Meyer, Charta der Grundrechte der Europäischen Union).

Michaels, Ralf: The New European Choice-of-Law Revolution, 82 Tul. L. Rev. 1607 - 1644 (2008).

Miedbrodt, Anja: Unterschiede im Regulierungsverständnis der deutschen und der amerikanischen Rechtskultur, in Bizer, Johannes u. a. (Hrsg.), Umbruch von Regelungssystemen in der Informationsgesellschaft, Freundesgabe für Alfred Büllesbach, Stuttgart 2002, S. 273 - 282 (zitiert: Miedbrodt in Freundesgabe Büllesbach).

Miller, Arthur R.: Confidentiality, Protective Orders, and Public Access to the Courts, 105 Harv. L. Rev. 427 - 502 (1991).

Mössle, Klaus P.: Extraterritoriale Beweisbeschaffung im internationalen Wirtschaftsrecht (Diss.), Baden-Baden 1990 (zitiert: Mössle, Extraterritoriale Beweisbeschaffung).

Moore, James William: Moore's Federal Practice, Vol. 6, Chapters 24 - 29, 3. Auflage, New York 2008 (zitiert: Bearbeiter, Volume-Chaper Moore's Federal Practice - Civil).

ders.: Moore's Federal Practice, Vol. 7, Chapters 30 - 37, 3. Auflage, New York 2008 (zitiert: Bearbeiter, Volume-Chaper Moore's Federal Practice - Civil).

Müller, Harald: Die Gerichtspflichtigkeit wegen „doing business" (Diss.), Köln 1992.

Müller-Bonanni, Thomas/ *Schell*, Jan: Datenschutzrechtliche Aspekte sog. „Whistleblower Hotlines", ArbRB 2006, 299 - 302.

Musielak, Hans-Joachim: Kommentar zur Zivilprozessordnung, 12. Auflage, München 2015 (zitiert: Bearbeiter in Musielak, ZPO).

ders.: Beweiserhebung bei auslandsbelegenen Beweismitteln, in Schütze, Rolf A. (Hrsg.), Einheit und Vielfalt des Rechts: Festschrift für Reinhold Geimer zum 65. Geburtstag,

München 2002, S. 761 - 778 (zitiert: Musielak in FS Geimer).

Nagel, Heinrich/ *Gottwald*, Peter: Internationales Zivilprozessrecht, 7. Auflage, Köln 2013.

Nakamura, Hideo: Die Institution und Dogmatik des Zivilprozesses, ZZP 99 (1986), 1 - 33.

Nanda, Ved P./ *Pansius*, David K.: Litigation of International Disputes in US Courts, 2. Auflage, New York 2008.

Nelson, Sharon D./ *Olsen*, Bruce A./ *Simek*, John W.: The Electronic Evidence and Discovery Handbook, Chicago 2006.

Nickels, Danel Michelle: Casting the Discovery Net Too Wide: Defense Attempts to Disclose Nonparty Medical Records in a Civil Action, 34 Ind. L. Rev. 479 - 500 (2001).

Oates, Daniel J.: HIPAA Hypocrisy and the Case for Enforcing Federal Privacy Standards Under State Law, 30 Seattle Univ. L. R. 745 - 776 (2007).

Oberwetter, Christian: Überwachung und Ausspähung von Arbeitnehmern am Arbeitsplatz – alles ohne Entschädigung?, NZA 2009, 1120 - 1123.

Osthaus, Wolf: Informationszugang für den internationalen Prozess zwischen lex fori und lex causae (Diss.), Göttingen 2005 (zitiert: Osthaus, Informationszugang).

Özbek, Hakan: Datenschutz konformer Einsatz von E-Discovery Systemen, DuD 2010, 576 - 580.

Palandt, Otto (Begr.): Bürgerliches Gesetzbuch, Kommentar, 75. Auflage, München 2016 (zitiert: Bearbeiter in Palandt, BGB).

Peckham, Robert F.: The Federal Judge as a Case Manager: The New Role in Guiding a Case from Filing to Disposition, 69 Cal. L. Rev. 770 - 805 (1990).

Pfeil-Kammerer, Christa: Deutsch-amerikanischer Rechtshilfeverkehr in Zivilsachen (Diss.), Tübingen 1987.

Prosser, William L.: Privacy, 48 Cal. L. Rev. 383 - 423 (1960).

Prütting, Hans/ *Gehrlein*, Markus (Hrsg.): ZPO, Kommentar, 7. Auflage, Köln 2015 (zitiert: Bearbeiter in Prütting/Gehrlein, ZPO).

Rath, Michael/ *Klug*, Saskia: e-Discovery in Germany?, K&R 2008, 596 - 600.

Räther, Philipp C./ *Seitz*, Nicolai: Übermittlung personenbezogener Daten in Drittstaaten - Angemessenheitsklausel, Safe Harbor und die Einwilligung, MMR 2002, 425 - 433.

dies.: Ausnahmen bei Datentransfer in Drittstaaten - Die beiden Ausnahmen nach § 4c Abs. 2 BDSG: Vertragslösung und Code of Conduct, MMR 2002, 520 - 528.

Rauscher, Thomas/ *Wax*, Peter/ *Wenzel*, Joachim (Hrsg.): Münchener Kommentar zur Zivilprozessordnung, Band 1, §§ 1 - 354, 4. Auflage, München 2013 (zitiert: Bearbeiter in MüKo-ZPO).

dies.: Münchener Kommentar zur Zivilprozessordnung, Band 3, §§ 1025 - 1109, EGZPO, GVG, EGGVG, UKlaG, Internationales und Europäisches Zivilprozessrecht, 4. Auflage, München 2013 (zitiert: Bearbeiter in MüKo-ZPO).

Rechberger, Walter H.: Die Ideen Franz Kleins und ihre Bedeutung für die Entwicklung des Zivilprozessrechts in Europa, R. L. R. 25 (2008), 101 - 110.

Reichenberg, Kurt: The Recognition of Foreign Privileges in the United States Discovery Proceedings, 9 Nw. J. Int.'l L. & Bus. 80 - 137 (1988).

Reidenberg, Joel R.: Privacy Protection and the Interdependence of Law, Technology and Self-Regulation, 2000, abrufbar unter: http://reidenberg.home.sprynet.com/Interdependence.htm.

ders.: Resolving Conflicting International Data Privacy Rules in Cyberspace, 52 Stan. L. Rev. 1315 - 1371 (2000).

ders.: Setting Standards for Fair Information Practice in the U.S. Private Sector, 80 Iowa L. Rev. 497 - 551 (1995).

ders.: Privacy in the Information Economy - A Fortress or Frontier for Individual Rights?, 44 Fed. Comm. L. J. 195 - 243 (1992).

Reimann, Mathias: Beyond Fishing - Weitreichende Neuerungen im amerikanischen Discovery-Verfahren, IPRax 1994, 152 - 156.

Reyes, Carla L.: The U.S. Discovery-EU Privacy Directive Conflict: Constructing a Three-Tiered Compliance Strategy, 19 Duke J. Comp. & Int'l L. 357 - 387 (2009).

Riemann, Thomas: Künftige Regelungen des grenzüberschreitenden Datenverkehrs, CR 1997, 762 - 766.

Riesenhuber, Karl: Die Einwilligung des Arbeitnehmers im Datenschutzrecht, RdA 2011, 257 - 265.

Risen, James/ *Poitras*, Laura, Spying by N.S.A. Ally Entangled U.S. Law Firm, The New York Times, Ausgabe vom 15. Februar 2014.

Roßnagel, Alexander (Hrsg.): Handbuch Datenschutzrecht, München 2003 (zitiert: Bearbeiter in Roßnagel, Handbuch Datenschutzrecht).

Roßnagel, Alexander/ *Schnabel*, Christoph: Das Grundrecht auf Gewährleistung der Vertraulichkeit und Integrität informationstechnischer Systeme und sein Einfluss auf das Privatrecht, NJW 2008, 3534 - 3538.

Roßnagel, Alexander/ *Scholz*, Philip: Datenschutz durch Anonymität und Pseudonymität - Rechtsfolgen der Verwendung anonymer und pseudonymer Daten, MMR 2000, 721 - 731.

Rowe, Thomas D.: A Square Peg in a Round Hole? The 2000 Limitation on the Scope of Federal Civil Discovery, 69 Tenn. L. Rev. 13 - 33 (2001).

Rubenfeld, Jed: The Right of Privacy, 102 Harv. L. Rev. 737 - 807 (1989).

Rubenstein, William B.: On What A "Private Attorney General" Is - And Why It Matters, 57 Vand. L. Rev. 2129 - 2173 (2004).

Rüpke, Giselher: Datenschutz, Mandatsgeheimnis und anwaltliche Kommunikationsfreiheit, NJW 2008, 1121 - 1125.

ders.: Mehr Rechtssicherheit für anwaltliche Datenverarbeitung - Ein Vorschlag zur informationsrechtlichen Ergänzung der Bundesrechtsanwaltsordnung, ZRP 2008, 87 - 90.

Schaar, Peter: Datenschutz im Internet, München 2002.

ders.: Neues Datenschutzrecht für das Internet, RDV 2002, 4 - 14.

Schack, Haimo: Einführung in das US-amerikanische Zivilprozessrecht, 4. Auflage, München 2011.

Schaffland, Hans-Jürgen/ *Wiltfang*, Noeme: Bundesdatenschutzgesetz, Kommentar, Berlin, Stand: Ergänzungslieferung 5/2015, Oktober 2015 (zitiert: Schaffland/Wiltfang, BDSG).

Scheben, Barbara/ *Klos*, Christian/ *Geschonneck*, Alexander: Evidence and Disclosure Management (EDM) - Eine (datenschutz-) rechtliche Analyse, CCZ 2012, 13 - 17.

Scheindlin, Hon. Shira A./ *Rabkin*, Jeffrey: Electronic Discovery in Federal Civil Litigation: Is Rule 34 up to the Task?, 41 B. C. L. Rev. 327 - 382 (2000).

Scheja, Gregor: Datenschutzrechtliche Zulässigkeit einer weltweiten Kundendatenbank (Diss.), Baden-Baden 2006 (zitiert: Scheja, Kundendatenbank).

Scherer, Joachim: Die „Telekom-Affäre": Neue Chance für das Telekommunikationsgeheimnis?, MMR 2008, 433 - 434.

Schlosser, Peter: Der Justizkonflikt zwischen den USA und Europa, Berlin 1985.

Schütze, Rolf A.: Die Allzuständigkeit amerikanischer Gerichte, Berlin 2003.

Schultz, Courtney I.: Legal Offshoring: A Cost-Benefit Analysis, 35 J. Corp. L. 639 - 661 (2010).

Schwartz, Paul M.: Preemption and Privacy, 118 Yale L. J. 902 - 947 (2009).

ders.: Privacy and Democracy in Cyberspace , 52 Vand. L. Rev. 1607 - 1702 (1999).

ders.: European Data Protection Law and Restrictions on International Data Flows, 80 Iowa L. Rev. 471 - 496 (1995).

Seffer, Adi: Deutscher Datenschutz und US-Zivilprozessrecht, ITRB 2002, 66 - 68.

Siemen, Birte: Datenschutz als europäisches Grundrecht (Diss.), Berlin 2006.

Simitis, Spiros (Hrsg.): Bundesdatenschutzgesetz, Kommentar, 8. Auflage, Baden-Baden 2014 (zitiert: Bearbeiter in Simitis, BDSG).

ders.: Der Transfer von Daten in Drittländer - ein Streit ohne Ende?, CR 2000, 472 - 481.

ders.: Die EU-Datenschutzrichtlinie - Stillstand oder Anreiz?, NJW 1997, 281 - 288.

ders.: Verarbeitung von Arbeitnehmerdaten, CR 1991, 161 - 178.

ders.: Datenschutz und Europäische Gemeinschaft, RDV 1990, 3 - 23.

Solove, Daniel J.: Privacy and Power: Computer Databases and Metaphors for Information Privacy, 53 Stan. L. Rev. 1393 - 1462 (2001).

ders.: Conceptualizing Privacy, 90 Cal. L. Rev. 1087 - 1155 (2002).

Spies, Axel/ *Schröder*, Christian: Auswirkungen der elektronischen Beweiserhebung (eDiscovery) in den USA auf deutsche Unternehmen, MMR 2008, 275 - 281.

Spies, Axel: US District Court Utah: Deutsches Datenschutzrecht blockiert nicht die US-Beweiserhebung (E-Discovery), MMR 2010, 275 - 277.

Spindler, Gerald/ *Schuster*, Fabian (Hrsg.): Recht der elektronischen Medien, 3. Auflage, München 2015 (zitiert: Bearbeiter in Spindler/Schuster, Recht der elektronischen Medien).

Stadler, Astrid: Der Schutz des Unternehmensgeheimnisses im deutschen und U.S.-amerikanischen Zivilprozess und im Rechtshilfeverfahren (Diss.), Tübingen 1989 (zitiert: Stadler, Unternehmensgeheimnis).

Stein, Friedrich/ *Jonas*, Martin (Begr.): ZPO, Kommentar zur Zivilprozessordnung, Band 1, Einleitung, §§ 1 - 40, 22. Auflage, Tübingen 2003 (zitiert: Bearbeiter in Stein/Jonas, ZPO).

dies.: ZPO, Kommentar zur Zivilprozessordnung, Band 5, §§ 128 - 252, 22. Auflage, Tübingen 2005 (zitiert: Bearbeiter in Stein/Jonas, ZPO).

dies.: ZPO, Kommentar zur Zivilprozessordnung, Band 3, §§ 328 - 510b, 22. Auflage, Tübingen 2006 (zitiert: Bearbeiter in Stein/Jonas, ZPO).

Story, Joseph: Commentaries on the Conflict of Laws, 3. Auflage, Boston 1846.

Streinz, Rudorf/ *Michl*, Walther: Die Drittwirkung des europäischen Datenschutzgrundrechts (Art. 8 GRCh) im deutschen Privatrecht, EuZW 2011, 384 - 388.

Stürner, Rolf: Die Aufklärungspflicht der Parteien des Zivilprozesses (Habil.), Tübingen 1976 (zitiert: Stürner, Aufklärungspflicht).

ders.: U.S.-amerikanisches und europäisches Verfahrensverständnis, in Lutter, Marcus u. a. (Hrsg.), Festschrift für Ernst C. Stiefel zum 80. Geburtstag, München 1987, S. 763 - 784 (zitiert: Stürner in FS Stiefel).

ders.: Der Justizkonflikt zwischen den U.S.A. und Europa, in Habscheid, Walther J. (Hrsg.), Der Justizkonflikt mit den Vereinigten Staaten von Amerika, Bielefeld 1986, S. 3 - 63 (zitiert: Stürner in Habscheid, Justizkonflikt).

Subrin, Stephen N.: Fishing Expeditions Allowed: The Historical Background of the 1938 Federal Discovery Rules, 39 B. C. L. Rev. 691 - 745 (1998).

Taeger, Jürgen/ *Gabel*, Detlev (Hrsg.): Kommentar zum BDSG und zu den Datenschutzvorschriften des TKG und TMG, 2. Auflage, Frankfurt am Main 2013 (zitiert: Bearbeiter in Taeger/Gabel, BDSG).

Terwangne, Cécile de/ *Louveaux*, Sophie: Data Protection and Online Networks, MMR 1998, 451 - 457.

Thole, Christoph/ *Gnauck*, Christoph : Electronic Discovery - neue Herausforderungen für grenzüberschreitende Rechtsstreitigkeiten, RIW 2012, 417 - 423.

Thüsing, Gregor: Verbesserungsbedarf beim Beschäftigtendatenschutz, NZA 2011, 16 - 20.

Tiedemann, Klaus: Datenübermittlung als Straftatbestand, NJW 1981, 945 - 952.

Timmins, David: Note: Protective Orders in Products Liability Litigation: Striking the Proper Balance, 48 Wash. & Lee L. Rev. 1503 - 1543 (1991).

Tinnefeld, Marie-Theres: Die Novellierung des BDSG im Zeichen des Gemeinschaftsrechts, NJW 2001, 3078 - 3083.

Tinnefeld, Marie-Theres/ *Buchner*, Benedikt/ *Petri*, Thomas: Einführung in das Datenschutzrecht, 5. Auflage, München 2012.

Tinnefeld, Marie-Theres/ *Petri*, Thomas/ *Brink*, Stefan: Aktuelle Fragen um ein Beschäftigtendatenschutzgesetz - Eine erste Analyse und Bewertung, MMR 2010, 727 - 735.

Volokh, Eugene: Freedom of Speech and Information Privacy: The Troubling Implications of a Right to Stop People From Speaking About You, 52 Stan. L. Rev. 1049 - 1124 (2000).

Vöneky, Silja: Recht, Moral und Ethik: Grundlagen und Grenzen demokratischer Legitimation für Ethikgremien (Habil.), Tübingen 2010 (zitiert: Vöneky, Recht, Moral und Ethik).

Walkowiak, Vincent A.: The Attorney-Client Privilege in Civil Litigation: Protecting and Defending Confidentiality, 4. Auflage, Chicago 2008 (zitiert: Walkowiak, The Attorney-Client Privilege in Civil Litigation).

Wagner, Gerhard: Datenschutz im Zivilprozess, ZZP 108 (1995), 193 - 218.

ders.: Urkundenedition durch Prozessparteien - Auskunftspflicht und Weigerungsrechte, JZ 2007, 706 - 719.

Wanagas, Susanne: Ein Jahr BDSG-Novelle II - Rückblick unter besonderer Berücksichtigung der Fragen der Auftragsdatenverarbeitung und der Informationspflichten, DStR 2010, 1908 - 1911.

Warren, Samuel D./ *Brandeis*, Louis D.: The Right to Privacy, 4 Harv. L. Rev. 193 - 220 (1890).

Weichert, Thilo: Datenschutz auch bei Anwälten?, NJW 2009, 550 - 554.

Wente, Jürgen: Informationelles Selbstbestimmungsrecht und absolute Drittwirkung der Grundrechte, NJW 1984, 1446 - 1447.

Werner, Olaf: Verwertung rechtswidrig erlangter Beweismittel, NJW 1988, 993 - 1002.

Wescott, Lawrence: The Increasing Importance of Metadata in Electronic Discovery, 14 Rich. J.L. & Tech. 10 - 24 (2008).

Wessels, Juliane: Die anwaltliche Datenverarbeitung im Spannungsfeld von anwaltlicher Verschwiegenheit und Datenschutz, Kammer-Report Hamm, 4/2011.

Westin, Alan F.: Privacy and Freedom, New York 1967.

Westin, Alan F./ *Baker*, Michael A.: Databanks in a Free Society, New York 1972.

Whitman, James Q.: The Two Western Cultures of Privacy: Dignity Versus Liberty, 113 Yale L. J. 1151 - 1221 (2004).

Whitten, Ralph U.: U.S. Conflict-of-Laws Doctrine and Forum Shopping, International and Domestic, 37 Tex. Int'l L. J. 559 - 589 (2002).

Wilske, Stephan: Datenschutz in den USA, CR 1993, 297 - 307.

Wintzer Nachtigäller, Christoph: Amerikanische und europäische Wettbewerbsforcierung im Berufsrecht des Rechtsanwalts (Diss.), Hamburg 2005.

Withers, Kenneth J.: Computer-Based Discovery in Federal Civil Litigation, 2000 Fed. Cts. L. Rev. 2 - 26 (2000).

ders.: Electronically Stored Information: The December 2006 Amendments to the Federal Rules of Civil Procedure, 4 Nw. J. Tech. & Intell. Prop. 171 - 211 (2000).

Wohlgemuth, Hans H.: Auswirkungen der EG-Datenschutzrichtlinie auf den Arbeitnehmer-Datenschutz, BB 1996, 690 - 695.

Wuermeling, Ulrich: Handelshemmnis Datenschutz (Diss.), Köln 2000.

Yeazell, Stephen C.: Judging Rules, Ruling Judges, 61 Law & Contemp. Probs. 229 - 252 (1998).

Zekoll, Joachim: US-Amerikanisches Produkthaftpflichtrecht vor deutschen Gerichten (Diss.), Baden-Baden 1987.

ders.: Liability for Defective Products and Services, 50 Am. J. Comp. L. 121 - 159 (2002).

Zekoll, Joachim/ *Bolt*, Jan: Die Pflicht zur Vorlage von Urkunden im Zivilprozess - Amerikanische Verhältnisse in Deutschland?, NJW 2002, 3129 - 3124.

Zimmermann, Georg von: Whistleblowing und Datenschutz, RDV 2006, 242 - 249.

Zitrin, Richard A.: The Case Against Secret Settlements (Or What You Don't Know Can Hurt You), 2 J. Inst. Stud. Leg. Eth. 115 - 123 (1999).

Dokumente der Artikel-29-Datenschutzgruppe

Die Dokumente sind abrufbar unter:
http://ec.europa.eu/justice/data-protection/article-29/documentation

Stellungnahme 8/2010 zum anwendbaren Recht, WP 179, angenommen am 16. Dezember 2010.

Arbeitsunterlage 1/2009 über Offenlegungspflichten im Rahmen der vorprozessualen Beweiserhebung bei grenzübergreifenden zivilrechtlichen Verfahren (pre-trial discovery), WP 158, angenommen am 11. Februar 2009.

Arbeitsdokument „Rahmen für verbindliche unternehmensinterne Datenschutzregelungen", WP 154, angenommen am 24. Juni 2008.

Arbeitsdokument mit einer Übersicht über die Bestandteile und Grundsätze verbindlicher unternehmensinterner Datenschutzregelungen, WP 153, angenommen am 24. Juni 2008.

Stellungnahme 4/2007 zum Begriff „personenbezogene Daten", WP 136, angenommen am 20. Juni 2007.

Arbeitsdokument „Festlegung eines Kooperationsverfahrens zwecks Abgabe gemeinsamer Stellungnahmen zur Angemessenheit der verbindlich festgelegten unternehmensinternen Datenschutzgarantien", WP 107, angenommen am 14. April 2005.

Arbeitspapier Datenschutzfragen im Zusammenhang mit der RFID-Technik, WP 105, angenommen am 19. Januar 2005.

Empfehlung zu einigen Mindestanforderungen für die Online-Erhebung personenbezogener Daten in der Europäischen Union, WP 43, angenommen am 17. Mai 2001.

Stellungnahme 2/99 zur Angemessenheit der „Internationalen Grundsätze des sicheren Hafens", ausgegeben vom Wirtschaftsministerium der USA am 19. April 1999, WP 19, angenommen am 3. Mai 1999.

Stellungnahme 1/99 zum Stand des Datenschutzes in den Vereinigten Staaten und zu den derzeitigen Verhandlungen zwischen der Europäischen Kommission und der amerikanischen Regierung, WP 15, angenommen am 26. Januar 1999.

Arbeitsunterlage: Übermittlungen personenbezogener Daten an Drittländer: Anwendung von Artikel 25 und 26 der Datenschutzrichtlinie der EU, WP 12, angenommen am 24. Juli 1998.

Dokumente der Sedona Conference

Die Dokumente sind abrufbar unter: https://thesedonaconference.org/publications

International Principles on Discovery, Disclosure and Data Protection: Best Practices, Recommendations and Principles for Addressing the Preservation Discovery of Protected Data in U.S. Litigation, European Union Edition, Dezember 2011 (zitiert: Sedona Conference, International Principles).

Comment of The Sedona Conference Working Group 6 to Article 29 Data Protection Working Party Working Document 1/2009, 30. Oktober 2009.

International Overview of Discovery, Data Privacy & Disclosure Requirements, September 2009.

Framework for Analysis of Cross-Border Discovery Conflicts: A Practical Guide to Navigating the Competing Currents of International Data Privacy and e-Discovery, August 2008 (zitiert: Sedona Conference, Framework for Analysis of Cross-Border Discovery Conflicts).

Best Practices Addressing Protective Orders, Confidentiality and Public Access in Civil Cases, März 2007.

Die angegebenen Internetseiten wurden zuletzt am 31. Dezember 2015 besucht.

Stichwortverzeichnis

Admissibility 33
Adversary System 27
Advisory Committee 37
Affidavit 54, 89, 101, 158 ff., 163
Aktionendenken 32
Aliens 36
Allgemeines Persönlichkeitsrecht (siehe auch Persönlichkeitsrecht) 4, 7 f., 21 f., 26 f., 32, 147, 199 f.
American Association for Justice (AAJ) 84, 86
American Bar Association (ABA) 80, 132
American Law Institute (ALI) 15 f., 38, 145, 149, 153, 173, 202
American Rule 30 Fn. 236
Amicus Curiae Brief 160, 162, 166
Angemessenheit des Datenschutzniveaus 4, 6, 12, 14, 78, 81, 105 f., 109, 114 ff., 153, 156, 164 ff., 169 f., 174, 178 ff., 184 f., 201
– Ausnahmen 139 ff., 169 f.
– Beurteilungsmaßstab 117 ff.
– Entscheidung der EU-Kommission 78, 115 f., 118, 128, 143, 179, 184
Anonymisierung 9, 111 ff., 121, 135, 169, 177, 181 f., 186 ff., 189, 201
Answer (siehe Klageerwiderung)
Anwälte 5, 27 f., 30, 37, 39, 43 ff., 48 f., 57, 75 f., 77 ff., 90, 93, 95 f., 98 ff., 102, 105 ff., 109 ff., 117, 119 ff., 135 ff., 139, 142 ff., 149, 162, 169 ff., 179 f., 189, 199, 201 f.
Anwaltskosten 61 f., 88, 170
Artikel-29-Datenschutzgruppe 3, 118, 141
Attorney-Client Privilege 55, 125, 129, 190 f., 194
Aufbewahrung
– von Daten 74, 132, 138
– von Dokumenten 56 f., 63 f., 80

Aufsichtsbehörde (siehe auch Kontrollstelle) 3, 6, 10, 66, 123, 138 f., 143, 149, 154, 162, 169, 171 f., 178, 180, 184 f., 187, 190, 193 ff., 201
Auftragsdatenverarbeiter 65, 75, 78, 126, 130, 175, 183, 189
Augenschein 24
Augenscheinsobjekte 43
Ausforschung 29, 31, 46
Ausforschungsgefahr 26, 29, 40
Ausforschungsverbot 26, 46
Auskunftspflicht 119
Auskunftsrecht 9, 11 f., 18, 119, 123 ff., 136, 178, 181, 190 f.

Backup-Dateien 51
Bankgeheimnis 147, 153
Beauftrager für den Datenschutz 10, 66, 162
Beibringungsgrundsatz 23
Bench Trial 48
Berechtigtes Interesse der verantwortlichen Stelle 109 f., 122, 127
Berufsrichter 24
Betriebsgeheimnis 147
Betroffene, -r, betroffene Person 1 f., 5, 7 ff., 14, 16 f., 19 f., 26 f., 30, 32, 65 f., 72, 74, 77 f., 80, 86 f., 91, 103 ff., 109, 112 ff., 116 ff., 120 ff., 134 ff., 141 f., 150, 156 ff., 162, 164 f., 167, 169, 171, 173, 175 ff., 184 f., 187 f., 190 ff., 195 ff., 201
Beweisaufnahme 40, 46 ff.
Beweisbeschaffung 39, 47, 142, 159, 200
Beweiserhebung 24, 26, 31
Beweislast 25, 170
Beweismittel 1, 23 f., 26 ff., 32 f., 39, 45 ff., 53, 62, 80 ff., 89, 100, 111, 141 f., 152, 156, 158 f., 175, 200
Beweissicherung, -srechte 122, 127, 182 f.

Binding Corporate Rules (siehe Unternehmensregelungen, verbindliche)
Blocking Statute 152, 156 f.
Bundesdatenschutzgesetz (BDSG) 1 f., 4 f., 8 ff., 14, 16, 65 ff., 89 f., 103 ff., 109 f., 112 ff., 117, 139 ff., 147 ff., 152, 154, 156 ff., 162 ff., 169 ff., 197, 199 ff.

Children's Online Privacy Act (COPPA) 18
Circuit, -s 35, 80, 85, 100, 102, 148
Class Action 38
Closing Statements 49
Common Law 15 f., 23, 33, 46
Common Law Right to Privacy 15 f.
Complaint (siehe Klageschrift)
Complex Litigation 38, 84
Contempt of Court 61 ff., 102
Conference of the Parties (siehe Parteienkonferenz)
Confidentiality Agreement (siehe Vertraulichkeitsvereinbarung)
Conflict of Laws (siehe Kollisionsrecht)
Contingency Fee (siehe Erfolgshonorar)
Control (siehe Kontrolle über Dokumente)
Comity (-Analyse) 148 ff., 152, 159, 163, 167
Court of Appeals 35, 80, 85, 137, 148, 150 f., 157 ff.
Cross-Examination (siehe Kreuzverhör)
Custodian (siehe Verwahrer)

Data Compilations 51
Data Security Law 20
Dateien, nicht automatisierte 71, 73 f., 76, 163, 200
Datenbanken 54, 84, 86, 201
Datenempfänger 73, 77, 105 ff., 109, 112, 114, 116 f., 123 f., 128, 142 f., 169, 173, 175, 177 ff., 191
Datenexporteur 143, 169, 175 ff., 181 f., 185 f., 193 f.

Datenimporteur 143
Datenqualität 11, 118, 122, 127, 136, 182, 191
Datensammlung 9, 14, 16, 51
Datenschutzabkommen 169, 173 f., 194, 197, 202
Datenschutzgarantien 6, 117, 120, 154, 192 f., 201 f.
– Absicherung durch Rechtsinstrumente 130 ff.
– ausreichende 140 ff., 149, 154, 169 ff., 178, 184 f., 187, 197, 201 f.
– funktionelle 117 ff., 128 ff., 174
– inhaltliche 117 f. 120 ff., 170 f., 174, 187, 197
Datenschutz-Grundverordnung 4, 13 f.
Datenschutzkonvention des Europarates 11, 118
Datenschutzmodelle 7, 199
Datenschutzniveau (siehe Angemessenheit des Datenschutzniveaus)
Datensicherheit 20, 118, 125 f., 136, 183
Datensparsamkeit 9, 199
Datentransparenz 9, 11, 118, 123, 128, 136 f., 176 f., 180, 190
Datenübermittlung 75 f., 78 f., 81 ff.
– in Drittländer 4, 12, 14, 78, 114 f., 117 ff., 128, 139 ff., 156
– in die USA 5 f., 75 ff., 87, 92, 97, 103 ff., 109 ff., 145, 169 ff., 201 f.
Datenverarbeitung 1 f., 5, 7 ff., 16 ff., 65 ff., 73 ff., 105 ff., 110, 119 ff., 126 f., 130 ff., 135, 139, 142, 148, 175 ff., 188 ff., 194 ff., 199 ff.
– Besonderheiten der anwaltlichen Datenverarbeitung 119 f.
– im amerikanischen Zivilprozess 77 ff.
Datenverarbeitungsanlagen 2, 71, 73, 76, 193, 200
Datenverarbeitungsphasen 5, 19, 74 ff., 77, 105
Datenverhältnismäßigkeit 5, 11, 118, 121 f., 127, 135, 177, 181

Datenvermeidung 9
Datenweiterübermittlung, Beschränkung der 118, 128, 184 f., 189
Department of Justice 85
Depositions 29, 43 ff., 48, 78 f., 81 f., 84, 88 Fn. 568, 95, 111, 120 f., 136, 175, 181 f. 189
Dienstleister 76 f., 81, 128, 201
Discovery 1 ff., 23, 25, 27 ff., 33 ff., 37 ff., 48 f., 51 ff., 60 ff., 64 ff., 70 ff., 93, 99, 103 ff., 109 ff., 115 ff., 119 ff., 136, 138 ff., 169 ff., 178, 184, 186 f., 192, 196 f., 199 ff.
Discovery Plan 40 ff., 171
Discovery-Instrumente 29, 43 ff., 46, 111, 159 f., 167
Discovery-Kosten 30, 51 ff., 78, 89, 156 f.
District Court, -s 1, 35, 37, 47, 150 ff., 156, 164 f., 171
Diversity of Citizensip Jurisdiction 36
Doing Business 36
Dokumente 4, 28 f., 33, 40 ff., 48, 51 ff., 56 ff., 61 ff., 71, 76 ff., 87, 90, 92, 95 f., 99 ff., 104, 111 ff., 121, 132, 136, 142, 153, 155 f., 161, 164, 170, 175, 177, 181 f., 186 ff., 200 f.
Dokumentenvorlage 4 f., 29, 31, 46, 51 ff., 59, 62, 64 ff., 74, 76, 87, 101, 113 f., 135, 142, 148, 153, 155, 186 ff., 200
Drittland 12, 67 ff., 76, 114 f., 119, 128, 130, 194, 201
Drivers Privacy Protection Act 16
Due Process 64
Düsseldorfer Kreis 140

Einstweiliger Rechtsschutz 101, 137
Einwilligung 1, 5, 12, 16, 19, 26, 103 ff., 109, 145, 150, 153, 156 ff., 162, 184 f., 201
– Bestimmtheit 105 f.
– freie Entscheidung 106 f.
– Informationspflicht 104 f.
– Rechtsnatur und Form 103 f.

– Widerruflichkeit 107
EG-Datenschutzrichtlinie (DSRL) 4, 10 ff., 67 ff., 115, 117 ff., 133 f., 138, 140 f., 143, 151, 172, 174 f., 178, 180 f., 184, 190 ff., 195, 197, 201 f.
E-Government Act 79
Electronic Communications Privacy Act 18
Electronic Discovery 2, 51, 56, 93 Fn. 613, 154
Electronically Stored Information (siehe elektronisch gespeicherte Informationen)
Elektronisch gespeicherte Informationen 2, 4, 29, 41 ff., 51 f., 64, 175, 200
E-Mail, -s 2, 18, 51, 57, 63, 79, 84, 104
Entry onto Land or other Property 29, 45
Equity(-Verfahren) 33
Erfolgshonorar 30
Erforderlichkeit 9, 109 ff., 122, 128, 140 f., 156, 162, 164 f., 181 f., 191
– Änderung des Vorlageformats 112, 169, 201
– Anonymisierung und Pseudonymisierung 112, 169, 201
– Filterung 113, 169, 201
– Nutzung anderer Informationsquellen 111, 169, 201
– Umgrenzung des Vorlageersuchens 110 f., 169, 201
– Vorlage in Phasen 114, 170, 201
EU-Kommission 10 f., 13, 68, 78, 115 f., 118, 128, 143, 172 ff., 179, 184 f., 202
Europäische Menschenrechtskonvention (EMRK) 12
Evidence Sharing 83
Examination (siehe Verhör)

Fair and Accurate Credit Transactions Act 132
Fair Credit Reporting Act (FRCA) 17
Federal Courts 35
Federal Judicial Center 38
Federal Privacy Act 16

Federal Question Jurisdiction 36
Federal Rules of Civil Procedure (FRCP) 4, 33, 37, 40 ff., 48 f., 51 ff., 56 ff., 79, 82 f., 87 ff., 96, 98, 101, 110 ff., 125, 132, 134, 146, 148, 153, 166, 170, 174, 200
Federal Rules of Evidence (FRE) 41, 54
Federal Trade Commission 131 f.
First Amendment 22, 199
Fishing Expeditions 29
Fourth Amendment 14
Freiheitsgedanke 22

Garantien (siehe Datenschutzgarantien)
Genehmigung(-sverfahren) für Vertragsklauseln 6, 143, 149, 154, 169, 171 ff., 197, 201 f.
Gerichtsgebühren 30
Gesundheitsdaten 18, 30, 56, 91, 102, 131, 134, 147
Good Cause (siehe Protective Order)
Good Faith 153
Gramm-Leach-Bliley-Act (GLBA) 18
Grand Jury Subpoena 80, 85, 100
Grundrecht auf Datenschutz 7
– europäisches 12 f., 119, 121, 127, 135, 173 f., 176, 179, 182, 184, 192
Grundrechte-Charta (GRCh) 12, 119
Grundrechtsbindung 31, 33, 200
Grundsatz der Datenqualität (siehe Datenqualität)
Grundsatz der Datensicherheit (siehe Datensicherheit)
Grundsatz der Datensparsamkeit (siehe Datensparsamkeit)
Grundsatz der Datentransparenz (siehe Datentransparenz)
Grundsatz der Datenverhältnismäßigkeit (siehe Datenverhältnismäßigkeit)
Grundsatz der Datenvermeidung (siehe Datenvermeidung)
Grundsatz der Erforderlichkeit (siehe Erforderlichkeit)

Grundsatz der Zweckbindung (siehe Zweckbindung)
Grundsatz der praktischen Konkordanz 27

Haager Beweisübereinkommen (HBÜ) 46 ff., 141 f., 156 f., 159, 200
– Art. 23 HBÜ 46, 48, 141 f.
– Exklusivität 47 f., 141 f., 157, 200
Haager Zustellungsübereinkommen (HZÜ) 40
Harmonisierung 10 ff., 117, 172
Hauptverhandlung 1, 24, 28 ff., 39, 41, 45 f., 48, 53 f., 78 ff., 82, 96, 120 f., 136, 181 f., 189
Health Insurance Portability and Accountability Act (HIPAA) 18, 131
Historischer Gesamtsachverhalt 28 ff.

in camera-Sichtung 54, 90, 96, 153
Inferior Courts 35
Infliction of Emotional Distress 137 f.
Informationspflicht der verantwortlichen Stelle 9, 104 f., 107, 114, 123 f., 177 ff., 184 f., 187
Initial Disclosure 41 f.
International Law (siehe Völkerrecht)
International Principles on Discovery, Disclosure and Data Protection 3, 138 f.
Interrogatories 29, 43, 111, 163 f.
Intervention 88, 98, 134
Invasion of Privacy 137 f.
IT-Abteilung 75, 77, 81
IT-Experten 75

Judicial Conference of the United States 37
Judicial Districts 35
Jurisdiction 36 f.
Jury 24, 28, 39, 48 f., 79
Jury Trial 28 f., 48 f.
Justizkonflikt 2

Stichwortverzeichnis 259

Kartellrecht (-sverstöße) 34, 163, 165 ff.
Klageabweisung 60 f., 63, 102, 153 f.
Klageerwiderung 24, 39
Klageschrift 24, 28, 39, 49
Klagestattgabe 61, 102
Klagezustellung 36, 39 f., 42, 56, 74
Kollisionsrecht 38, 145 ff.
Kontrolle über Dokumente 53 f., 56, 58, 64, 200
Kontrollstelle (siehe auch Aufsichtsbehörde) 129, 137, 174 Fn. 1065, 175, 179, 181, 185, 187, 191, 193 f., 196 f.
Konzernprivileg 76
Kostenrisiko, -tragung (siehe auch Anwalts- und Discovery-Kosten) 30, 51 ff., 62 f., 88, 102, 134, 170
Kreuzverhör 45

Legal Offshoring 78
Lex fori 145
Litigation Hold 57, 63
Litigation-Pakete der AAJ 84
Local Rules 37 f., 41
Löschung von Daten 9 ff., 74 f., 96, 122, 126 f., 129 f., 136, 174, 178, 181 f., 190 ff., 194

Magistrate Judge 38, 156 f.
Manual for Complex Litigation 38, 84
Medienvertreter 5, 82 f., 85, 99, 102, 105, 121, 180, 189, 201
Menschenwürde 21 f.
Metadaten 52, 112
Minimum Contacts 36 f.
Minor Courts 35
Model Rules of Professional Conduct der ABA (ABA Model Rules) 80 f., 84, 124, 132
Multidistrict Litigation 38
Multiparty Litigation 38

Niederlassungsprinzip 68

Notice Pleading 28

OECD-Richtlinien 17, 118
Office for Privacy Protection 20
Online-Durchsuchung 7 f.
Opening Statements 48
Ordre Public 40
Other Data Compilations 51
Own Case Rule 33

Paralegals 77 f., 81 f., 126
Parallelverfahren 5, 83 ff., 99, 102, 121, 135, 201
Parteienkonferenz 40 f., 57, 169, 201
Patriot Act 17
Personal Jurisdiction 36
Personenbezogene Daten 1, 3, 5 ff., 11 f., 17, 26 f., 30 ff., 49, 64 ff., 74 ff., 87 f., 90 ff., 103, 107, 110 ff., 116 f., 119 ff., 128 ff., 139 ff., 144 f., 147 f., 153 ff., 162 f., 166 f., 169 ff., 199 ff.
Persönlichkeitsrecht 4 f., 7 f., 20 f., 26 f., 32, 66, 74, 76 f., 103 ff., 130, 139 ff., 147, 153, 157, 169 ff., 199 f.
Physical and Mental Examination 29, 45
Preliminary Injunction 101
Preservation (siehe Aufbewahrung)
Preservation Order 57
Pressefreiheit 22
Pretrial 27 f., 38, 39 ff., 141, 169, 201
Pretrial Conference 27, 41 f., 48 f.
Pretrial Disclosure 48
Pretrial Order, -s 42, 49, 60
Privacy Log 165 f.
Privacy Policies 17
Privacy Protection Act 16
Privilege (siehe Weigerungsrecht)
Production of Documents (siehe Dokumentenvorlage)
Produkthaftungsverfahren 1, 45, 82 f., 85
Protective Order 5, 31, 41, 62, 83 ff., 87 ff., 106, 134 ff., 151, 153, 162,

164 ff., 169 ff., 173, 175, 187 ff., 197, 202
- Änderung 96 ff.
- Durchsetzung 101 f.
- Entscheidung des Gerichts 88 ff.
- Schutzmaßnahmen 92 ff.
- Vereinbarung der Parteien 87 f.
Prozessleitung 23 f., 27 f.
Pseudonymisierung 9, 92, 112 ff., 121, 135 f., 169, 177, 181 f., 186 ff., 201
Public Hazard 83
Punitive Damages 34

Recht auf Berichtigung 9, 11 f., 16, 18, 118, 122 f., 126 f., 130, 136, 174, 178, 181 ff., 191 f.
Recht auf Gewährleistung der Vertraulichkeit und Integrität informationstechnischer Systeme 7 f.
Recht auf informationelle Selbstbestimmung 4, 7
Recht auf Löschung 9, 11, 122 Fn. 787, 126 f., 129 f., 136, 173 f., 178, 181 f., 190 ff., 194
Recht auf Schadensersatz bzw. Entschädigung 8, 10 f., 16, 18, 119, 130, 137, 178, 181, 192
Recht auf Sperrung 9, 126 f., 129, 136, 181 f., 190 ff., 194
Recht auf Widerspruch 9, 11, 18, 114, 116 ff., 127, 136, 178, 181, 184, 192
Rechtshilfe 40, 46 ff., 80, 141 f., 148, 156 f., 200
Rechtshilfeersuchen 46 ff.
Rechtswahlklausel 194 f.
Red Flags Rule 132
Redefreiheit 22
Reduktion der Datenübermittlung 169, 171, 186, 202
Reform des europäischen Datenschutzrechts 13 f.
Regulierung des Datenschutzes 7 ff.
Regulierungsmodelle 20 ff.

Relevante Dokumente bzw. Daten 1, 29, 31, 33, 54, 56 f., 64, 74 f., 92 f., 95 f., 99, 111 ff., 120 f., 128, 134 f., 138, 177, 180 ff., 184 ff., 200
Relevanz(-kriterium) 52 f., 90 f., 111 f., 136, 141, 160, 163, 167, 200
Reputationsschäden 10
Request for Admission 29, 45
Request for Document Production (siehe Vorlageersuchen)
Restatements of the Law 38
Restatement of the Law Second, Torts 16
Restatement Second of Conflict of Laws (REST 2d CONFL) 38, 145 ff.
Restatement Second of Foreign Relations Law (REST 2d FOREL) 38, 146, 149 f., 171
Restatement Third of Foreign Relations Law (REST 3d FOREL) 38, 111, 146, 149, 151 ff., 157, 159 f., 163, 166 f., 171
Richtlinien der Vereinten Nationen 118
Right to Financial Privacy Act 16
Right to Information Privacy 15 f.
Right to Privacy 14 ff., 19, 21 f., 30 ff., 34, 37, 55 f., 64, 132, 147, 199 f.

Sachverhaltsaufklärung 1, 2, 23 ff., 49, 132, 166, 199, 200
Safe-Harbor-Abkommen 115 ff., 173
Sanktionen bei Datenschutzverstößen 10, 118, 128 f., 149 f., 158 ff., 167, 171, 187, 202
Sanktionen bei Discoveryverstößen 59 ff., 110, 153 f., 172
- contempt of court 61 f.
- indirekte Sanktionen 60 f.
Scheduling Conference 40, 42
Scheduling Order 40 ff., 60, 88, 114, 171, 175, 186 f.
Schlüssigkeitskontrolle 24, 28, 49
Schutzniveau (siehe Angemessenheit des Datenschutzniveaus)

Schutzwürdige Interessen des Betroffenen 109, 114 f., 121, 127, 144, 164 f., 182, 192, 201
Sedona Conference 3, 138 f., 173, 202
Selbstregulierung des Datenschutzes 1, 17, 21, 23, 199
Sensible Daten 9, 11, 27, 102, 104 f., 116 f., 126, 134, 147, 175 f., 178, 181
Sitzprinzip 67 f.
Special Master 164 ff.
Spoliation of Evidence 62 f.
Sporting Theory of Justice 27
Standards for Privacy of Individually Identifiable Health Information 18 f.
Standardvertragsklauseln 143, 169, 172 ff., 197, 202 f.
Standesrecht, -regeln, anwaltliche(-s) 80, 124, 130, 132 f.
Standing Committee 37
Standing Orders 37 f.
State Action Doctrine 15
State Courts 35
Steering Committees 81
Stelle
– öffentliche 9 f., 199
– nicht-öffentliche 2, 9 f., 65, 71, 73, 76, 199 f.
– verantwortliche 6, 9 ff., 65 ff., 74 ff., 103 ff., 109 ff., 117, 120, 123 ff., 130, 133 ff., 138, 140, 143 f., 149 f., 169 ff., 199 ff.
Stichprobenverfahren 93, 111, 136, 186, 188
Strafverfahren, parallele 80, 85, 94, 100, 120, 163, 179 f., 189
Streitbeilegungsklausel 195
Streitgegenstand 140 f.
Streitgenossen 43, 173
Subject Matter Jurisdiction 36
Subpoena (siehe auch Grand Jury Subpoena) 44, 57, 63 f., 94 f.
Summons 39

Sunshine in Litigation Act 5 Fn. 30, 83 f., 99
Superior Court 35, 89

Telecommunications Act 18
Temporary Restraining Order 101
Territorialitätsprinzip 67 ff.
Transfer Protocol 138
Treble Damages 34
Trial (siehe Hauptverhandlung)

Umbrella Protective Order 88, 97
Unternehmensregelungen, verbindliche 142
Urkunde, -n 24 f., 43
Urkundenvorlage 24 f.
Urkundsbeamter 45, 79
US Constitution 19, 22, 36, 48
US Supreme Court 14 f., 22, 28, 36 f., 47, 89, 142, 146, 148, 153, 156 f., 163, 171

Venue 36
Verbot mit Erlaubnisvorbehalt 9, 11 f., 65
Verbraucherorganisationen 82 f., 85, 99, 102, 105, 121, 180, 189, 201
Verdict 49
Verfahrenseinleitung 39 f.
Verhör 45
Vertragsklauseln 6, 133 f., 139, 143 f., 149, 154, 169 ff., 201 ff.
– Formulierungsvorschläge 174 ff.
– Kontrolle der Befolgung 178, 193 f., 196
Vertraulichkeitspflicht, anwaltliche 55, 80, 119, 124 ff., 129, 132 f.
Vertraulichkeitsvereinbarung 87 f.
Verwahrer 88, 95, 101, 136
Völkerrecht 38, 146, 147 ff.
Volkszählungsurteil 4, 7, 15, 21
Vorlageersuchen 1 f., 43 ff., 51, 57 f., 64 f., 71 ff., 78, 84, 90, 110 ff., 125, 147, 151, 159 f., 167, 175 ff., 186, 188

Vorlagepflicht (-en) 5, 25, 27, 51, 53, 56, 59 f., 64, 75, 78, 87, 104, 106, 109 ff., 113, 120, 125, 127, 153, 170 f., 176, 200 ff.

Wahrheitsfindung 29, 55, 84, 102, 147
Weigerungsrecht 29, 32, 54 ff., 58, 64, 77, 80, 111, 132, 146 ff., 186, 188, 200
Werbezwecke 84 ff., 121, 180, 189, 201
Writ of mandamus 159

Zeugnisverweigerungsrecht 26, 147
Zivilprozessordnung (ZPO) 24 ff., 32, 147
Zustellung 23, 27, 39 f., 42, 56, 58, 74
Zweckänderung 124, 136, 180 f.
Zweckbindung 9, 11, 77, 81, 118, 120 f., 135, 179 f.
Zweikampf der Parteien 27 f., 31, 199

The manufacturer's authorised representative in the EU is Springer Nature Customer Service Centre GmbH, Europaplatz 3, 69115 Heidelberg, Germany. If you have any concerns regarding our products, please contact ProductSafety@springernature.com

Printed and bound by CPI Group (UK) Ltd, Croydon, CR0 4YY
23/03/2026
02076674-0008